特殊环境路基设计与施工关键技术研究

李 晋 崔新壮 宋德果 袁 凯 著

中国水利水电出版社
www.waterpub.com.cn
·北 京·

内 容 提 要

本书针对公路建设中的特殊环境路基工程问题，分九个专题进行阐述。内容包括：公路特殊路基设计新理念，临近既有构造物的预应力管桩静压施工技术，振动液化地基强夯加固技术，滨海咸水区地基水泥土桩加固技术，等级路改建高速公路中旧路基利用技术，公路高边坡路基柔性防护技术，路基碾压盲区及弱碾区动力补强技术，特殊路基景观绿化设计，基于无线传输的公路施工现场监控系统设计。

本书可作为土木工程及相关领域的科研、设计和施工人员的技术参考书。

图书在版编目（CIP）数据

特殊环境路基设计与施工关键技术研究／李晋等著．—北京：中国水利水电出版社，2018.4（2024.8重印）
 ISBN 978-7-5170-6412-1

Ⅰ．①特… Ⅱ．①李… Ⅲ．①特殊环境—影响—公路路基—设计—研究②特殊环境—影响—公路路基—工程施工—研究 Ⅳ．①U416.1

中国版本图书馆 CIP 数据核字（2018）第 084231 号

书　　名	**特殊环境路基设计与施工关键技术研究** TESHU HUANJNG LUJI SHEJI YU SHIGONG GUANJIAN JISHU YANJIU
作　　者	李晋　崔新壮　宋德果　袁凯　著
出版发行	中国水利水电出版社 （北京市海淀区玉渊潭南路 1 号 D 座　100038） 网址：www.waterpub.com.cn E-mail：sales@waterpub.com.cn 电话：（010）68367658（营销中心）
经　　售	北京科水图书销售中心（零售） 电话：（010）88383994、63202643、68545874 全国各地新华书店和相关出版物销售网点
排　　版	北京智博尚书文化传媒有限公司
印　　刷	三河市佳星印装有限公司
规　　格	185mm×260mm　16 开本　19.5 印张　462 千字
版　　次	2018 年 10 月第 1 版　2024 年 8 月第 3 次印刷
印　　数	2001—2200 册
定　　价	89.00 元

凡购买我社图书，如有缺页、倒页、脱页的，本社营销中心负责调换

版权所有·侵权必究

前　言

随着我国"一带一路"倡议和交通强国战略的实施，当代公路建设在东部向海上发展，西部向荒漠延伸，这些正在建设或者筹划中的公路建设带动了路基工程的发展，同时也带来了一系列新的技术难题需要攻克。我国地域辽阔，从内陆到沿海，由平原到山区，分布着多种多样的土类，地理环境、工程条件、气候条件、地质成因等因素也存在巨大差异，会使路基的设计计算与施工技术极为复杂。设计者与工程建设者考虑的问题不单单是工程本身的技术问题，而是以环境为制约条件的多个因素，这就对公路工程设计者和建设者提出了更高的要求。在这些特殊环境下修筑路基工程，处理好公路发展与环境相和谐、资源有效利用的关系，是公路建设者面临的重要课题。

本书针对公路建设中的部分特殊环境路基工程问题，如临近既有构造物地基、液化地基、盐渍土地基、弱碾区路基、路基高边坡、路基景观设计及施工监控等开展专题论述，以期能抛砖引玉，推动路基设计与施工技术的发展。路基设计与施工技术日新月异，工程实践丰富多彩，特殊的路基设计与施工环境在公路建设中层出不穷，千变万化，给研究人员和工程建设者既带来了挑战，也带来了机遇。本书由来自高校、设计院、科研单位和工程一线的技术人员，结合多年从事公路路基设计理论研究和工程实践的经验合作编写而成，其目的是为广大公路设计和建设工程技术人员及有关专业人员提供一本先进实用的参考书。无论是从工程设计还是从工程应用的角度，本书的出版都是必要的。

全书由山东交通学院李晋、王保群、左珅、孙大志，山东大学崔新壮、张炯，山东省交通规划设计院张珂、王成军，中铁十四局集团有限公司宋德果，济南金曰公路工程有限公司袁凯、纪绫、熊大路，山东铁正工程试验检测中心有限公司鲁爱民、苏磊、矫恒信、吴新萍，泰安恒大机械有限公司曹斌、刘涛，郑州大学郭院成，交通运输部公路科学研究院王园，山东省路桥集团有限公司周新波，山东高速集团有限公司辛公峰，内蒙古交通设计研究院有限责任公司邵先胜，京新高速公路临白段工程建管办陈德智，巴彦淖尔市交通建设工程质量监督站王旭纪等合作完成。

本书在编写过程中参考了国内外许多专家学者的研究成果和文献，同时本书的编辑、出版和发行得到了中国水利水电出版社的大力支持，在此一并致以衷心的感谢。

本书的出版得到了交通部科技项目（2011319817480）、国家自然科学基金（51778346、51479105）和山东省重点研发计划（2017GGX50102）的资助。

由于公路工程技术发展迅速，路基设计方法和建设技术不断更新，加之编者水平和时间所限，书中难免存在不妥之处，诚望得到读者批评、指正。

编　者
2018 年 1 月

目 录

第1章 公路特殊路基设计新理念 ... 1
1.1 路基分类 ... 1
1.1.1 一般路基 ... 1
1.1.2 特殊路基 ... 1
1.1.3 处治特殊路基的一般技术措施 ... 2
1.2 特殊路基断面设计 ... 3
1.2.1 整体式路基断面设计 ... 3
1.2.2 不对称路基断面设计 ... 4
1.2.3 分离式路基设计 ... 4
1.2.4 路侧设计 ... 11
1.2.5 高速公路中间带的安全设计 ... 13
1.3 特殊路基填挖控制 ... 14
1.4 特殊路基边坡防护 ... 15
1.4.1 边坡防护类型 ... 15
1.4.2 支挡结构类型 ... 17
1.4.3 存在的主要问题 ... 20
1.4.4 生态护坡简介 ... 21
1.5 山区路基排水设计 ... 22
1.5.1 排水设施的分类 ... 22
1.5.2 山区排水系统设计基本原则 ... 23
1.5.3 各种排水构造物的配合 ... 24
1.6 台背路基设计 ... 26
1.6.1 搭板设计 ... 27
1.6.2 灰土换填 ... 29
1.6.3 加筋土 ... 29
1.6.4 EPS轻质填料 ... 30
1.6.5 楔形柔性搭板 ... 30
1.6.6 挤密桩 ... 32
1.6.7 小结 ... 32

第2章 邻近既有构筑物的静压预应力管桩施工技术 ... 34
2.1 预应力管桩静压法施工概况 ... 34
2.2 邻近既有构筑物的预应力管桩挤土效应分析 ... 35

  2.2.1 施工邻近程度界定 ··· 35
  2.2.2 沉桩施工扰动效应力学分析 ·· 37
 2.3 邻近既有构筑物的预应力管桩施工过程数值模拟 ································· 43
  2.3.1 数值计算模型的建立 ·· 43
  2.3.2 计算结果分析 ·· 46
 2.4 邻近既有构筑物的预应力管桩静压施工工艺 ·· 54
  2.4.1 工艺特点 ··· 54
  2.4.2 适用范围 ··· 54
  2.4.3 工艺原理 ··· 54
  2.4.4 操作要点 ··· 55
  2.4.5 施工流程 ··· 56
  2.4.6 邻近构筑物动态监测 ·· 57
  2.4.7 材料与设备 ··· 58
  2.4.8 施工安全措施 ·· 58
 2.5 邻近既有构筑物的预应力管桩静压施工技术应用效果分析 ···················· 59
  2.5.1 测试方案 ··· 59
  2.5.2 测试结果分析 ·· 60
 2.6 主要结论 ·· 63

第3章 弱碾区及振动液化地基强夯加固技术 ·· 65
 3.1 强夯法概述 ·· 65
 3.2 强夯加固机理 ··· 66
  3.2.1 动力固结理论 ·· 67
  3.2.2 振动波压密理论 ·· 70
  3.2.3 强夯加固机理的探讨 ·· 74
 3.3 强夯处理方法的影响因素 ··· 77
  3.3.1 土体的工程特性 ·· 77
  3.3.2 地基土的含水量及地下水位 ·· 78
  3.3.3 夯击功能 ··· 78
  3.3.4 夯击加载机具 ·· 79
  3.3.5 夯点的布设及夯击方式 ··· 79
 3.4 强夯设计 ·· 80
  3.4.1 加固深度 ··· 80
  3.4.2 夯击能的确定 ·· 84
  3.4.3 夯击遍数的确定 ·· 84
  3.4.4 相邻夯击两遍之间间歇时间的确定 ··· 86
  3.4.5 夯距的确定 ··· 86
  3.4.6 强夯处理范围 ·· 87
  3.4.7 垫层与排水沟 ·· 87

3.5 强夯振动危害及评价指标 ·· 87
   3.5.1 振动的参数及评价指标 ·· 88
   3.5.2 环境场地振动的控制标准 ··· 90
3.6 强夯设备及施工方法 ··· 93
   3.6.1 强夯设备 ··· 93
3.7 工程实例 ·· 96
   3.7.1 地基强夯试验 ·· 96
   3.7.2 路堤强夯试验 ·· 98
   3.7.3 施工注意事项 ·· 99

第4章 滨海咸水区地基水泥土桩加固技术

4.1 滨海地下咸水区含盐土的主要特点及分布概况 ·· 101
   4.1.1 滨海地下咸水区含盐土的成因 ·· 101
   4.1.2 滨海地下咸水区含盐土的主要特点 ·· 102
   4.1.3 滨海地下咸水区含盐土的分布概况 ·· 102
4.2 水泥土固化原理 ··· 103
   4.2.1 水泥土的概念 ·· 103
   4.2.2 水泥土的固化原理 ·· 103
4.3 黄河三角洲滨海地区水泥土劣化规律 ·· 105
   4.3.1 水土特性分析 ·· 105
   4.3.2 水泥土劣化规律 ··· 108
4.4 咸水区水泥土桩复合地基沉降和承载性状现场观测 ·· 121
   4.4.1 观测指标 ··· 121
   4.4.2 观测设备与埋设 ··· 122
   4.4.3 观测结果与分析 ··· 124
4.5 黄河三角洲咸水区水泥土桩耐久性设计 ·· 129
   4.5.1 耐久性设计方案 ··· 129
   4.5.2 方案论证与分析 ··· 131

第5章 等级路改建高速公路中旧路基利用技术

5.1 绪论 ··· 138
5.2 不均匀沉降处理技术 ··· 140
   5.2.1 排水预压法 ·· 141
   5.2.2 复合地基法 ·· 141
   5.2.3 轻质路基填料法 ··· 143
5.3 新老路基结合部拼接技术 ··· 144
   5.3.1 边坡削坡和台阶开挖 ··· 144
   5.3.2 土工材料的应用 ··· 145
5.4 新老路基差异沉降控制标准研究 ·· 147
   5.4.1 差异沉降量控制标准 ··· 147

4　特殊环境路基设计与施工关键技术研究

　　5.4.2　施工动态控制标准 ·· 149
5.5　老路基利用中工程资料的收集 ·· 150
　　5.5.1　改建公路工程地质勘察 ·· 150
　　5.5.2　路基工程的地质勘察 ·· 151
　　5.5.3　路面工程的地质勘察 ·· 151
　　5.5.4　沿线筑路材料料场的工程地质勘察 ·· 152
　　5.5.5　强夯法的岩土工程勘察 ·· 152
5.6　工程实例 ·· 152
　　5.6.1　工程概况 ·· 152
　　5.6.2　老路基利用引起的不均匀沉降分析 ·· 155

第6章　公路高边坡路基柔性防护技术 170
6.1　柔性防护技术概况 ·· 170
　　6.1.1　绪论 ·· 170
　　6.1.2　国内外研究概况 ·· 171
　　6.1.3　植物护坡工程技术应用方面的进展 ·· 172
6.2　土工格室绿色生态防护技术 ·· 173
　　6.2.1　土工格室植草护坡设计 ·· 173
　　6.2.2　土工格室柔性挡墙技术 ·· 174
　　6.2.3　土工格室柔性挡墙计算模式研究 ·· 174
6.3　工程应用技术研究 ·· 182
　　6.3.1　工程概况 ·· 182
　　6.3.2　防护设计方案 ·· 183
　　6.3.3　稳定性验算 ·· 184
　　6.3.4　格室挡墙工程性状数值仿真 ·· 186
　　6.3.5　观测方案 ·· 190
　　6.3.6　现场测试结果分析 ·· 192
6.4　现场施工及质量控制技术 ·· 197
　　6.4.1　土工格室植草护坡施工与质量检测 ·· 197
　　6.4.2　土工格室柔性挡墙施工与质量检测 ·· 199
　　6.4.3　效益综合评价 ·· 200

第7章　路基填筑碾压盲区及弱碾区动力补强技术 202
7.1　路基填筑压实技术概述 ·· 202
　　7.1.1　常规路基压实技术 ·· 202
　　7.1.2　常规压实技术不足之处 ·· 203
7.2　路基填筑碾压盲区及弱碾区动力补强理论分析 ···································· 204
　　7.2.1　振动压实理论 ·· 204
　　7.2.2　拟静力法计算土体压实应力位移 ·· 205
　　7.2.3　基于应力波对冲击压实研究分析 ·· 209

7.3 路基分层填筑动力压实数值模拟计算 ································ 213
7.3.1 数值计算模型建立 ·· 213
7.3.2 计算结果分析 ·· 215
7.4 路基填筑碾压盲区及弱碾区动力补强施工工艺 ······················· 232
7.4.1 施工工艺特点 ·· 232
7.4.2 适用范围 ··· 232
7.4.3 工艺原理 ··· 232
7.4.4 材料与设备 ·· 234
7.4.5 施工质量控制 ·· 235
7.4.6 施工安全措施 ·· 236
7.4.7 环保措施 ··· 237
7.4.8 效益分析 ··· 237
7.5 路基填筑碾压盲区及弱碾区动力补强效果评价 ······················· 237
7.5.1 省道 S316 永莘线动力补强应用效果分析 ························· 237
7.5.2 禹城市振兴大道路基动力补强应用效果分析 ······················ 240
7.6 小 结 ··· 244

第8章 公路路基景观绿化设计 ·· 246
8.1 公路景观绿化设计 ··· 246
8.1.1 公路景观绿化的功能及作用 ·· 246
8.1.2 公路景观绿化设计的范围与内容 ···································· 247
8.2 总体设计要点 ··· 256
8.2.1 总体设计思路和原则 ·· 256
8.2.2 应重视的几点问题 ·· 260
8.2.3 服务社会的几点考虑 ·· 261
8.2.4 整体协调 ··· 262
8.3 公路景观设计案例 ··· 263
8.3.1 景观设计分段 ·· 263
8.3.2 总体规划构思 ·· 264
8.3.3 景观设计要点 ·· 264
8.3.4 图案设计说明 ·· 265
8.3.5 分项景观设计 ·· 265
8.3.6 景观分项评价及改进 ·· 271
8.4 公路生态景观恢复效果仿真方法介绍 ··································· 274
8.4.1 生态景观恢复效果三维动态仿真方法 ······························· 274
8.4.2 某高速公路生态景观恢复效果仿真 ·································· 277

第9章 基于无线传输的公路施工现场监控系统设计 ······················ 281
9.1 引言 ·· 281
9.2 无线局域网技术概述 ·· 281

9.2.1 无线局域网标准简介 ·········· 282
  9.2.2 无线技术的特性（802.11 标准） ·········· 282
  9.2.3 无线技术和有线技术的比较 ·········· 283
  9.2.4 无线局域网的未来 ·········· 284
 9.3 业务分析 ·········· 284
  9.3.1 现场调研情况 ·········· 284
  9.3.2 无线视频监控原理 ·········· 284
  9.3.3 无线传输设备的频率选择与规划 ·········· 284
  9.3.4 各监控点至分控中心距离分析 ·········· 286
  9.3.5 各监控点所需网络带宽分析 ·········· 287
  9.3.6 无线设备选型 ·········· 287
 9.4 系统设计 ·········· 287
  9.4.1 网络传输方式 ·········· 288
  9.4.2 设计概述 ·········· 288
  9.4.3 整体流程简述 ·········· 288
  9.4.4 数据采集部分简述 ·········· 289
  9.4.5 信号变换传输部分简述 ·········· 289
  9.4.6 公路各合同段监控点无线链路设计 ·········· 290
 9.5 功能介绍 ·········· 292
  9.5.1 网络实现 ·········· 292
  9.5.2 对画面实时监控 ·········· 292
  9.5.3 云台控制 ·········· 294
  9.5.4 录像、抓拍 ·········· 294
  9.5.5 音频监听、对讲、广播 ·········· 294
  9.5.6 回放 ·········· 294
  9.5.7 火灾预警 ·········· 294
  9.5.8 异常速度分析 ·········· 297

参考文献 ·········· 300

第1章

公路特殊路基设计新理念

1.1 路基分类

我国地域辽阔，地形、土壤地质和自然气候条件差异大，筑路材料来源也不相同。在这些不同工程自然环境条件下修建公路遇到的工程技术问题也将不同，处理措施也不一样，如西南的云贵川地区，山区地形陡峻，地质条件复杂，夏季暴雨多，因此滑坡、泥石流和山洪对路基的损毁及高填方和深挖方路基边坡的稳定是路基设计中需要解决的特殊路基问题；西北的新疆、甘肃地区，气候干旱少雨，公路通过沙漠和戈壁时，干稳定性和盐渍是这些地区的特殊路基问题；青藏高原地区，除了不良工程地质条件外，多年冻土是其路基设计需要解决的特殊路基问题；广东、浙江等东南沿海地区，地势平坦，路基填方高度小，但水系发达，软土较多，是影响其路基稳定的主要土壤地质条件，软土地基处理是路基设计施工必须解决的问题；在北方地区则主要解决路基季节性冻胀和翻浆病害。在这些具有特殊地形、土壤地质条件和气候环境条件地区进行路基设计施工，除采用路基设计施工规范的一般方法外，还必须针对具体的特殊工程环境条件，采取专门的设计和施工技术措施。所以，特殊路基工程是关于特殊工程环境条件下的路基设计、施工和质量控制的科学。特殊路基工程需要解决的特殊问题具有以下特点：对工程质量和道路安全运营影响大；需要采取特殊设计和施工措施才能保证路基的安全可靠；工程造价高。因此，研究特殊路基，做好特殊路基设计对保证道路质量和安全运营具有重要意义。

1.1.1 一般路基

路基是在天然地面上用土石填筑或开挖后形成的带状人工土工构筑物。路基处于各种不同的自然环境中，通常把无不良地形、地质和水文条件，不需要采取特殊措施和进行单独设计验算的路基称为一般路基。

一般路基的设计参数，直接按路基设计规范取值，不需专门对其进行力学强度、结构和稳定性等计算。一般路基的施工只有开挖、填筑、压实等三个主要技术措施。同时，采取一般的防护、支持、加固和排水措施。

1.1.2 特殊路基

特殊路基是指位于不良地形、不良土壤地质条件、不良水文条件和特殊地理气候自然环境下的路基，以及高填方、深挖方路基。与一般路基相比，特殊路基存在强度低、稳定性差、易产生病害等问题，路基所处工程自然环境条件具有明显的特殊性。因此，必须进行个别设计，并采取专门的技术处治措施，才能保证路基的强度和稳定性。

形成特殊路基的原因十分复杂，特殊路基的设计理论、计算方法和处治措施各不相同，因此特殊路基类型的划分尚没有一个统一标准。但根据特殊路基形成的主要原因，特殊路基可划分为以下五个类型。

（一）不良工程地质条件下的路基

主要指位于滑坡、崩塌、岩堆、膨胀土等不良工程地质地段的路基。这类路基的稳定性主要受不良工程地质的影响，易产生病害，治理难度大，工程费用高。

（二）不良水文和水文地质条件下的路基

这类路基长年或周期性地受到大量水的浸泡、冲刷作用，其强度和稳定性受到水的影响，主要有浸水路堤、软土、翻浆和泥石流等特殊水文地质地段的路基。

（三）特殊地理环境下的路基

这类路基在我国有典型的地域特征，只分布在特定的区域，主要有黄土、多年冻土、盐渍土、沙漠、雪害、岩溶和涎流冰等地区的路基。

（四）高填方路基

指填方高度超过 18 m（土质）或 20 m（填石）的路基。这是山区高等级公路修建中为利用挖方土石而产生的一种新的特殊路基结构形式。这种路基边坡较高，若仍按常规方法进行结构设计，不能确保填方边坡的稳定性。因此，对高填方路堤的边坡设计，应通过稳定性验算确定。同时，由于其填筑高度大、填料不均匀，易产生工后沉降而引起路面的开裂破坏，因此沉降稳定是高填方路基设计和施工质量控制的另一特殊性。

（五）深挖方路基

指一般工程地质条件下挖方深度超过 20 m 的路堑，这是为满足线形标准要求而通过大量开挖后形成的一种新的特殊路基结构形式。由于这种路基开挖破坏了天然坡体的平衡，产生了人为的边坡稳定问题，稳定性受边坡地质构造、岩质的影响。对深挖形成的路堑高边坡设计，应通过稳定性验算确定，视边坡稳定情况采取必要的支挡、锚固措施进行加固，同时加强防护和排水。

1.1.3 处治特殊路基的一般技术措施

特殊路基的形成常常是多种因素综合作用的结果。例如，翻浆是水、土质和气温的综合作用，泥石流是暴雨、地形、土质的综合作用，滑坡是地质、水、施工活动的综合作用。因此，对特殊路基的处治必须根据特殊路基所处的自然环境条件及其产生的原因和特点，采取相应的处治技术措施，一般有以下几种。

（一）绕避

特殊路基的处治不仅技术复杂，施工难度大，而且费用高昂，因此在公路选线时，若遇到特殊不良水文地质条件等特殊路基条件，应尽量绕避，如必须通过，应选择最短路径穿过。

（二）改路基为桥梁和隧道

当特殊路基处治工程费用很高时，可以考虑通过桥梁或隧道的方案进行，经技术经济比较后确定。

(三) 预防

采取工程措施，如排水（沙漠除外）、封闭或隔离等，限制或消除发生路基病害的某些条件，避免特殊路基引发的路基路面病害。

(四) 提高路基强度和稳定性

通过工程技术措施改善土质成分、增强岩体自身的稳定性等，如提高土体的内摩阻力（增大内摩擦角和粘聚力等）。

(五) 支挡

修建支挡结构物，增加路基稳定性，提高抵抗造成路基病害破坏的能力。在实际的工程实践中，上述五种措施不是孤立的，通常可综合采用，以提高处治效果。

1.2 特殊路基断面设计

合理的断面组成是公路融入自然、适应自然的前提，对于断面设计而言，在平原区或自然条件较好的地区，整体式路基的优势是工程集中，节省土方、占地及边坡防护工程量，有利于施工组织管理、便于道路的运营养护。通常一般路基的断面形式为整体式路基，其中整体式路基可分为对称式路基和不对称式路基。

特殊路基断面主要为分离式路基。山岭重丘区，山高谷深，横坡陡峻，地形及地质情况复杂。高速公路技术指标高，路基宽度大，当路线通过横坡陡峻的地段时，如果采用整体式的路基断面将导致高填深挖，工程量增大，难以顾全横向填挖平衡，导致大量的弃方，造成对自然景观的破坏和环境污染，高边坡也存在工程隐患。对路线每个方向进行单独的线形设计，分离式错幅布设车道较一般整体断面能更好地适应地形，可最大限度地利用路线走廊内的空间资源，消除整体路基带来的不利因素，分离式路基能够有效地减少路基开挖宽度，减少对原始山体的破坏。因此，山区高等级公路设计中采用分离式路基是一种有效的解决方法。

1.2.1 整体式路基断面设计

《公路工程技术标准》（JTG B01-2003）中规定，一般路基断面布置如图1-1所示。对于频繁设置爬坡车道的路段，由于地形条件复杂、工程量大，可充分利用下坡方向硬路肩的宽度，重新布置道路横断面，在路基宽度不变的情况下，设置上坡所需的爬坡车道（图1-2）。

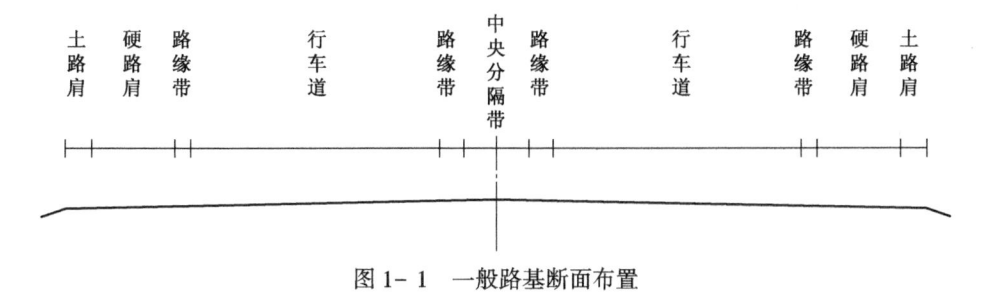

图1-1 一般路基断面布置

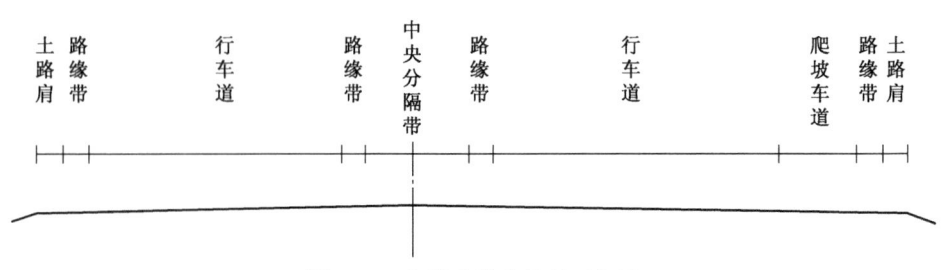

图 1-2　爬坡路段路基断面布置

1.2.2　不对称路基断面设计

传统设计的断面组成一般是左右幅对称布设，由于未考虑交通量及交通组成的不对称，特别是重车上坡路段较多时，断面通行能力相对较小，而空车下坡则通行能力相对较大。设计如能针对此特点，合理调整断面宽度，使左右断面不对称地适应交通量及交通组成（图1-3），这样就会在不增加工程投资的情况下，更好地发挥高速公路的功能及效率。路堑两侧地质条件往往因岩石构造制约而不同，左侧顺层时右侧则为逆层，两侧采用不同的坡率则更能适应自然，降低工程造价。

图 1-3　左右幅交通量不对称

1.2.3　分离式路基设计

（一）分离式路基平面布线

高速公路具有明显的分向分道行驶的特征，在山区高速公路设计中，应根据地形、地质、环境保护等条件，本着因地制宜的原则，合理地利用地形和地质条件，对每个方向进行独立的线形设计，可平面线形相同，而纵断面线形分上下线，或每向行车道均单独设计，甚至使行车道分设在河谷两侧或山脊两侧坡面上。这样不仅可最大限度地利用布线走廊内的空间资源，还可以在较大范围内重新寻求路线单向布线的途径，从而最大限度地消除采用整体式路基所带来的不利因素。

高速公路采用分离式路基时，包括等宽的或不等宽的中央分隔带，两侧行车道也可不等高。因此，可以将分离式路基分为两类，一是纵断面分离式路基；二是平面分离式路基。

1. 纵断面分离式路基

纵断面分离式路基是指左右路幅为一条平面设计线，而纵断面线采用不同设计高程的路基形式，分离式路基的设计仅是在纵断面设计方面。

（1）沿河（沟）地段布线

沿河（沟）布线是山区高速公路常用的布线方式，但由于受到河道泄洪、河道自然弯曲形态、临河一侧陡峻山体及其地质条件的限制，布线常常较为困难。尤其是在 V 形河谷布线时，不可避免地会出现高边坡（图 1-4），在地质条件较差的路段，高边坡的治理费用较为昂贵，并且大量开挖山体易使山体植被遭受破坏，不利于环境保护。因此，在对河道泄洪、山体横坡及工程地质条件等因素进行综合分析后，可采用分离式路基，提高临山体一侧的路幅设计高度。

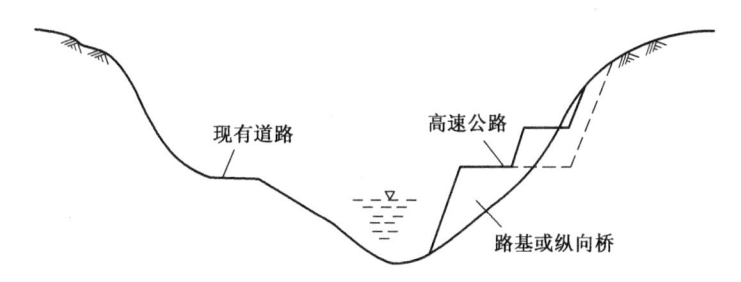

图 1-4 位于 V 形河谷或陡坡地段的纵断面分离式路基

（2）斜坡地段布线

斜坡布线是山区或丘陵区十分常见的布线方式（图 1-5），地面横坡使得路线横向有一定的高差，若按整体式断面设计，斜坡下方的左半幅路基的填土高度较高。若采用分离式路基可降低高度，减小土石方数量，节省占地(图 1-6)。同时，双向行车道之间的眺望可增强公路的美感，特别是在植被茂密、风景良好的地段，这种做法能更好地协调线形与地形的关系，减少对自然环境的破坏。另外，这种布线方式还可减轻或消除对方车灯的眩光，有利于行车安全。

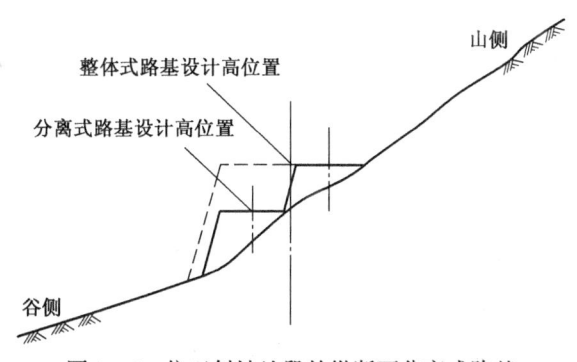

图 1-5 位于斜坡地段的纵断面分离式路基

（3）地形起伏较大地段布线

起伏较大的地形条件对纵面设计是较为困难的，存在着纵断面指标与工程量的矛盾，要

图 1-6 斜坡地段分离式路基

提高纵断面设计指标，就必然会出现高填深挖的现象，有时即使采用较低的纵断面设计指标，也不会获得良好的效果。在这种情况下，可考虑采用分离式路基，在充分考虑了地形和构筑物设置等条件后，上坡方向的纵坡可适当放缓，下坡方向的纵坡可适当放陡，这样可大大减少土石方数量，减轻废方处理的难度。

2. 平面分离式路基

平面分离式路基是指左右路幅分开，每一幅都具有独立的平面线形设计线的路基形式。

（1）同一走廊带布线时的分离式路基

路线穿越峡谷或陡坡地段时，单侧布线一般较为困难，即使采用同一平面布线时的分离式路基也会存在高边坡、压缩河道等情况，此时可考虑将上、下行路基分开布置于两侧的山坡上（图 1-7 和图 1-8），独立进行平纵面设计，这样可使路线平纵面设计变得十分灵活，以最大限度地适应地形、地质条件的变化，充分利用路线走廊带内的空间资源。

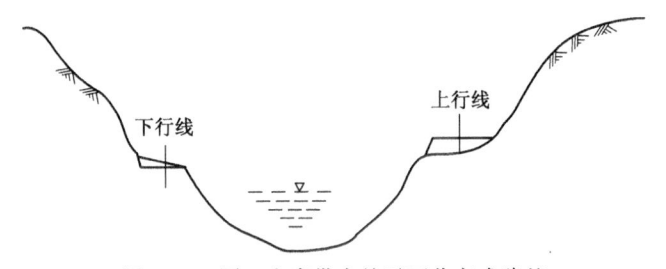

图 1-7 同一走廊带内的平面分离式路基

（2）不同走廊带布线时的分离式路基

有时同一走廊带布置的分离式路基不仅会受到地形、地质条件的影响，也会受到既有公路、铁路或其他管线设施的严重制约。在这种情况下，可考虑寻求新的路线走廊，开辟另外一幅路基。如图 1-9 所示，上、下行路线环抱一个山丘，路线随山丘两侧地形的变化而变化，与地形地势十分协调。

图 1- 8　平面分离式路基

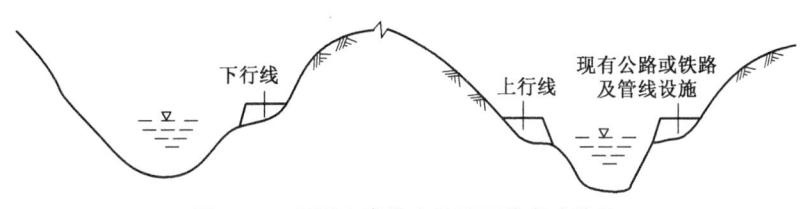

图 1- 9　不同走廊带内的平面分离式路基

(二) 分离式路基平面接线设计

分离式路基的平面接线设计就是分离式路基与整体式路基如何衔接的问题，包括平面线形的连接和纵断面高程的连接问题。由于纵断面分离式路基不存在平面分离的问题，因此这里只介绍平面分离式路基（图 1-10）的平面接线设计。

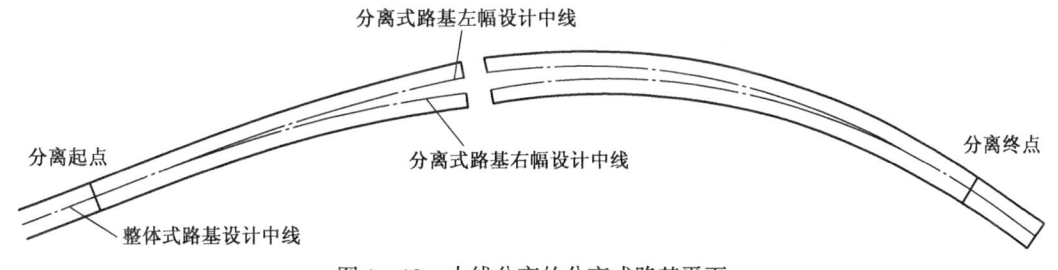

图 1- 10　中线分离的分离式路基平面

在平面定线之前，为了与整体式路基衔接良好，首先必须确定整体式和分离式路基的以下几个设计要素：①整体式和分离式标准横断面尺寸；②设计线的位置；③纵断面设计高程线的位置；④超高旋转轴的位置和超高方式。对于不同的路幅宽度和设计者的设计习惯，可能会有不同的接线设计方法，确定的设计要素也不同。一般在平面设计中，合幅后整体式路基的里程桩号以左幅终点里程来推算。常用的接线方法有以下几种。

1. 中线直接分离的接线方法

这种方法采用的整体式路基和分离式路基标准横断面分别见图1-11、图1-12。分离式路基左、右幅的平面设计线的位置位于每一幅的左侧路基边缘。纵断面设计线的位置位于每一幅的左侧距路基边缘的距离为整体式路基中央分隔带宽度的一半处。

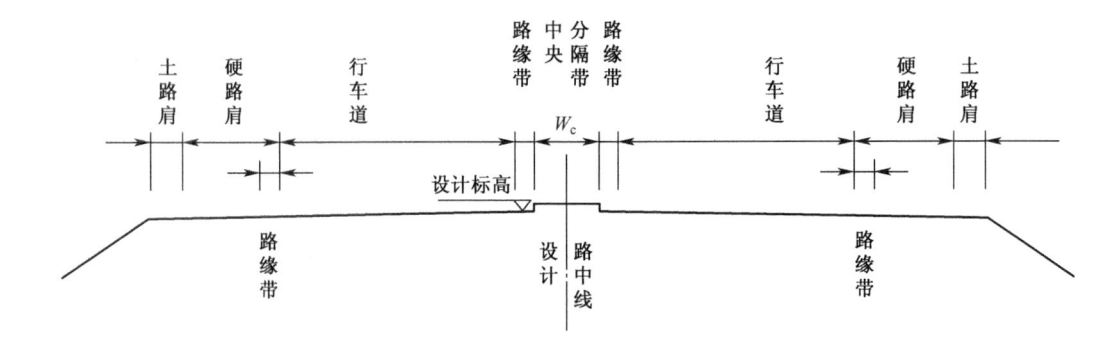

图1-11 整体式路基横断面

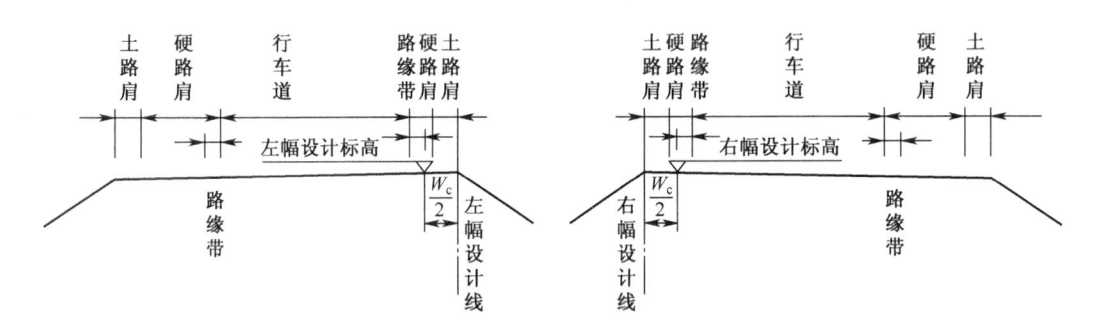

图1-12 中线直接分离的分离式路基横断面

在纵断面设计时，分离式路基路段需独立设计。但要注意处理好整体式路基与分离式路基纵断面的衔接问题。一般情况下，分离式路基在分幅处的纵坡应与该处整体式路基的纵坡保持一致。由于路基是分离式的，左、右幅之间就形成了一个楔形端，左、右幅的第一个变坡点的位置应该位于楔形端之后大于或等于一个竖曲线切线长的位置，这样就能保证整体式路基与分离式路基在纵断面上衔接平顺。路基合幅处的处理与分幅处相同。

这种方法使分离式路基平面设计线的位置对应于整体式路基中央分隔带的中心，纵断面设计线的位置与整体式路基的位置一致，纵断面设计简单，避免了因路拱横坡造成的纵断面设计线标高错位，从而达到简化设计的目的。

2. 中线错位的接线方法

中线错位的接线方法在路基分离起点和终点处与整体式路基的平面线形之间会出现错位，根据错位的大小，可以分为两种情况，一种错位的距离为整体式路基中央分隔带宽度的一半；另一种错位距离较大，在分离起点和终点之间，左、右幅的设计中线为左、右幅的行车道中心线。

（1）小错位接线方法

这种方法采用的小错位的分离式路基标准的平面和横断面分别见图1-13、图1-14。分离式路基左、右幅的平面设计线位于距左侧路基边缘的距离为整体式路基中央分隔带宽度的一半处，即整体式路基的设计高程的位置。分离式路基纵断面设计线的位置与平面设计线的位置相同。整体式路基与分离式路基纵断面衔接的处理方法与中线直接分离的方法相同。

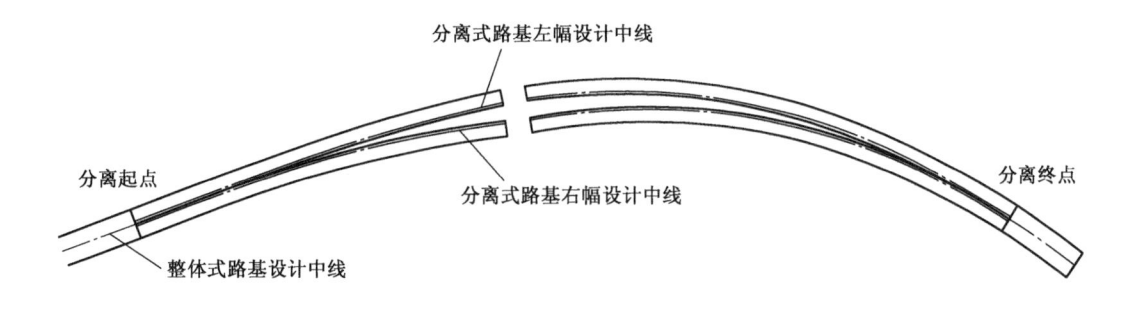

图1-13 小错位的分离式路基平面

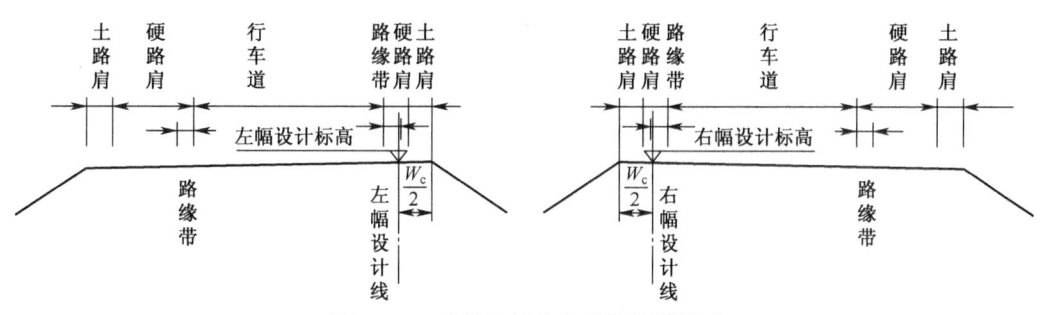

图1-14 小错位的分离式路基横断面

该方法设计思路简单、明了，避免了当对向车道分离与合并时对中央分隔带加宽宽度和长度的确定。纵断面高程连续统一，在纵断面设计过程中避免了因路拱横坡造成的纵断面设计线标高错位，设计计算比较简单。

（2）大错位的接线方法

这种方法采用的大错位的分离式路基标准平面和横断面分别见图1-15、图1-16。分离式路基左、右幅的平面设计线位于左、右幅行车道的中心线上。分离式路基纵断面设计线的位置与平面设计线的位置相同。

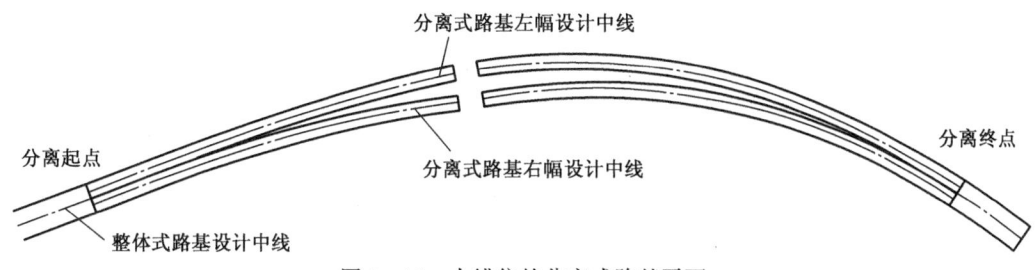

图1-15 大错位的分离式路基平面

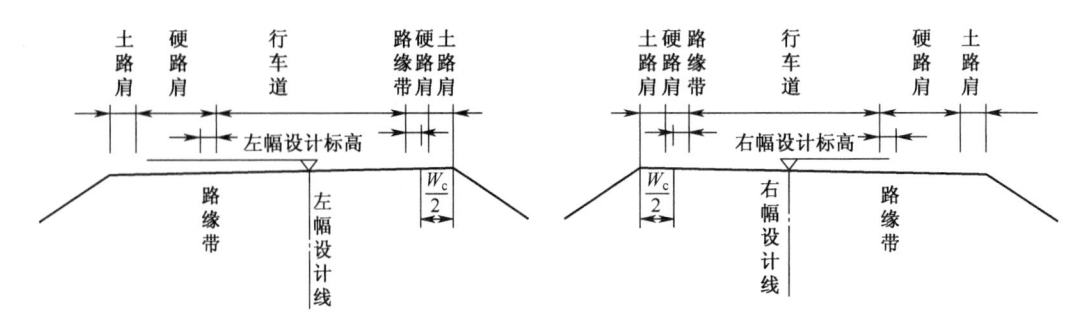

图 1-16 大错位的分离式路基横断面

在路线纵断面设计中，由于路基分离，分离式路基纵断面设计左、右幅原则上不受左右幅标高的影响。但分幅、合幅处必须要与整体式路基平顺衔接（图1-17）。因此，左、右幅纵坡设计的分幅点、合幅点标高，必须与整体式路基设计标高协调一致。对大错位接线方法的分幅路段纵坡设计时，其路基设计标高位于行车道中心线。

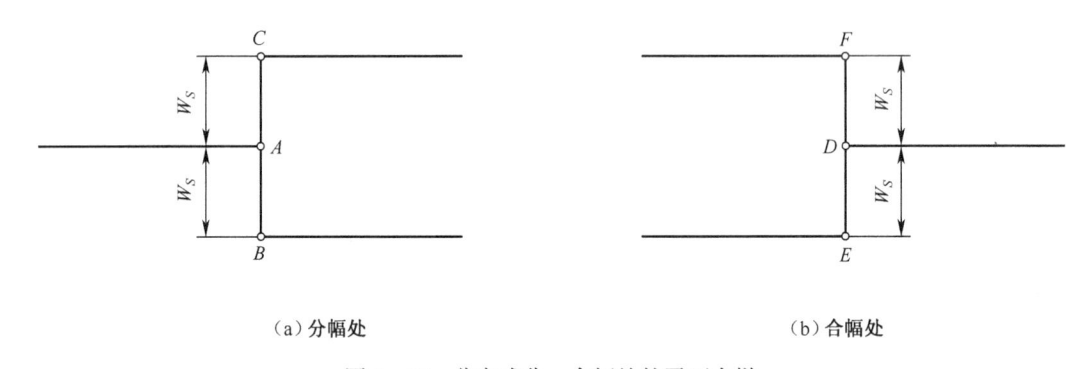

（a）分幅处　　　　　　　　　　（b）合幅处

图 1-17 分离式分、合幅处的平面大样

分幅处，左幅 C 处的设计标高，由整体式路基 A 处的设计标高（A 处的设计标高与该处中央分隔带边缘的设计标高相同）减去该断面的路面横坡（无超高时为路拱横坡）引起的高差 h_z 来确定，用式（1-1）计算。左幅的第一段纵坡与分幅处 C 点的纵坡相同。分幅处右幅 B 点的设计标高及纵坡设计与左幅相似。

$$h_z = \left(W_S - \frac{W_C}{2}\right)i_C \tag{1-1}$$

式中：W_S——分幅处分离式路基平面设计线与整体式路基平面设计线的距离（m）；
　　　W_C——整体式路基中央分隔带宽度（m）；
　　　i_C——分幅处左幅的路面横坡。

由于路基是分离式的，在分、合幅处，左、右幅之间会形成一个楔形端。借鉴立体交叉端部设计的经验，根据《规范》的规定，该处应设置一个鼻端，鼻端半径的大小根据需要一般采用 1.0~0.6 m。鼻端以前至分幅起点，其纵坡由左幅纵断面、横断面设计控制。具体做法如下：在鼻端前任意选两个相邻点，根据这两点对应左幅的设计标高和横断面宽度确定这两点的标高，以这两点的坡值为右幅的第一段纵坡。分离式路基的第一个变坡点的位置应设在分离式路基与整体式路基分岔之后（鼻端以后）相当于一个竖曲线切线长的距离之外，这样可保证分岔之前的分离式路基的纵坡与整体式路基的纵坡协调一致。右幅做法类似。合幅处的设计与分幅处相同。有了分幅、合幅处的设计纵坡，分幅中间段的纵断面设计与一般路基相同。

1.2.4 路侧设计

（一）护栏、道牙

美国的路侧护栏设计时认为：如果路侧净区宽度超过一定值，就不必设置路侧护栏了。实际上由于公路用地及工程费用的原因，大多数很难满足其路侧净区的要求，必须设置路侧护栏以防护车辆驶出道路碰撞路侧障碍物。对于护栏的设计以下将着重从两个方面进行研究：①保持舒畅的行车环境，从固有的栅栏印象中解脱出来，给人以轻快的感觉。固有的栅栏构造给人以鸟笼似的束缚感，也容易产生警示压迫感。当然，创新设计也应该有一定的警告作用，提示人们这是公路的边界，最好给人一种潜在的警示意识，既起到防护作用，又不会让人压抑。②色调和构思的处理。目前，能够看到很多脱离了多年枯燥乏味的陈旧设计，在色彩的构思上融入地方特色的新范例。但是，如果在强调个性上下太多功夫的话，反而会失去地方的品位，产生不协调的景致。设计上的关键在于充分考虑地方的氛围和风格，不要太强调自我，同时尽量避免周围设施和设计风格发生冲突。

护栏的颜色最好采用材料的原色，它是富于自然表现力的色彩。但是，有时为了避免腐蚀，不得不进行涂饰。在选择涂饰色彩时，必须注意颜色的亮度、彩度对高速公路景观带来的影响。

高亮度、高色彩的颜色适用于明快的高速公路风格。虽然使用低亮度、低色彩度的护栏，容易给人昏暗的感觉，但事实上，高亮度、高色彩度的颜色，容易和周围的颜色发生冲突，而且使景观显得杂乱无章。此外，使用不那么醒目的低亮度、低色彩度的护栏，就不会和周围的颜色发生冲突，使高速公路景观显得紧凑和谐（不醒目的颜色容易给夜间行车造成危险，可以考虑在护栏靠近机动车道的一侧，使用路边线轮廓标志）。

不要让连续护栏的线条给人呆滞的感觉；要注意线形的歪斜，特别是由于和机动车碰撞而变形的护栏要尽早修复；不要随意并排使用构思风格不同的两种护栏等等。

公路道牙在满足安全行驶的前提下，要保证规整、线条挺拔，同时铺筑高度统一、整齐、接缝平整。有条件的地方可以就地取材采用天然石材道牙或卵石道牙。

（二）路侧净区

路侧净区是指通过放缓路基边坡、设置可逾越的排水设施等手段，在路侧保留的无障碍和比较平坦的地带。宽容和人性化的路侧净区可降低交通事故概率、减轻事故损失，因此是路基设计时需考虑的因素之一。公路设施类型、车速、平面线形和路堤边坡都影响着路侧净区的宽度，如图 1-18 和图 1-19 所示，虽然处于山区，但在条件容许时，充分利用路侧边沟、填平段落、挖平段落及原有地形，人工制造路侧净区。处处体现以人为本的"宽容"理念，尽力营造宽容的路侧环境，使驾乘人员能充分感受到人文关怀之美。

（三）取土坑、弃土场

取土坑、弃土场是公路建设过程中堆积废弃土方的场所，往往含有建筑垃圾和其他许多不适宜植物生长的物质，绿化应该以恢复植被和保持水土为主要目的。对于多雨地区，取土

图1-18 宽阔的路侧净区

图1-19 宽阔的路侧净区

坑可以根据当地情况按自然形状修葺成鱼塘。

弃土场的绿化暂时种植生命力较强的植物,以达到"黄土不露天"的目的,又具有一定的景观效果;同时,播种散植一些当地的豆科野生种或驯化种,这样的播种植物直根系比较发达,可以深入土层,固定土壤,而且豆科植物本身自带固氮的根瘤菌,可以达到肥沃土壤的效果。

(四) 边沟、排水沟

边沟和排水沟设计时为了不影响自然的景观,可采用隐式形式,即把边沟和排水沟用盖板盖上后在其上进行植被掩盖。

1.2.5 高速公路中间带的安全设计

高速公路的修建是为汽车服务，道路自身设计是汽车能否安全行驶的最基本的保障，其中间带在高速公路行车中占有重要的作用，中间带的形式、宽度、护栏安装高度和路缘石位置是降低和减轻高速公路交通事故的重要设计因素，针对我国中间带事故率高的原因进行分析后对中间带的设计有如下要求。

（一）中间带形式

据研究发现凸型中间带的事故率高于凹型中间带，因此，从安全角度来考虑应设置较宽的凹型中间带以降低事故率，从而减少人员伤亡和降低经济损失，以提高道路自身的安全性。但是由于我国土地资源紧缺普遍采用凸型中间带形式，用改变护栏高度、路缘石位置、侧向余宽、提高护栏和立柱刚度等措施来弥补这种形式的缺陷。

（二）护栏宽度

对国内多条高速公路所发生的与中间带有关的交通事故调查表明，中间带宽的高速公路比中间带窄的高速公路的事故率低。同时，美国的研究也表明，在一定范围内中间带随着宽度的增加事故率会逐渐下降，并经试验研究发现中间带的侧向余宽至少应该为 1 m。因此，从我国的实际出发并根据国外的经验，我国的高速公路中间带宽度应该大于 3.00 m。

（三）护栏高度

为适应我国交通组成发生的变化原有护栏高度不能符合现有交通状况，经研究确定护栏的安装高度应该设置为 87.6 cm，此高度能满足防止小汽车钻撞事故和大中型车辆的越出事故，并与美国经足尺试验确定的护栏安装高度近似。

（四）路缘石位置

经研究发现，路缘石的位置对车辆的碰撞能产生不同后果，放置于护栏前面的路缘石不利于行车，并且对碰撞后车辆有不利影响，应采取措施避免这种现象的出现。一种措施是去除路缘石（图 1-20），另一种措施是将路缘石的安装与护栏面齐平或位于护栏后侧，如图 1-21、图 1-22 所示。

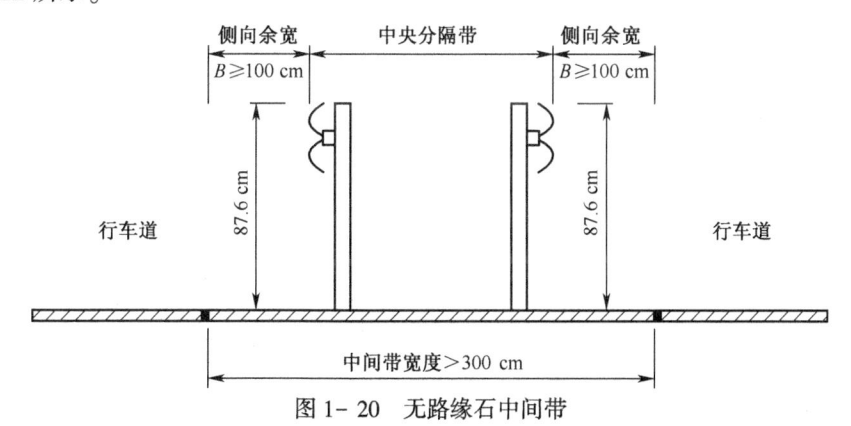

图 1-20 无路缘石中间带

对我国目前高速公路中间带的几何特征作以上调整后，可通过道路设计自身来提高防止发生事故的可能性，尤其在对中间带的几何特征改变后能有效降低和减轻高速公路与中间带有关的交通事故，保障了道路交通安全。

图 1-21　路缘石和护栏面齐平

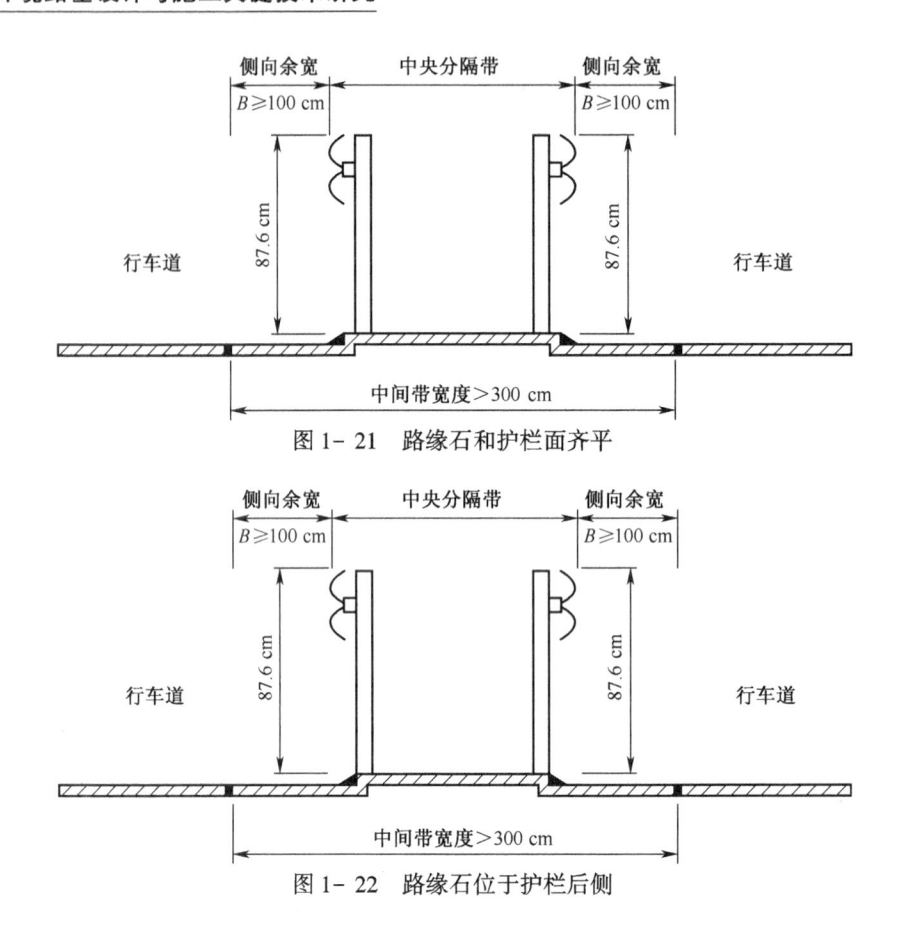

图 1-22　路缘石位于护栏后侧

1.3　特殊路基填挖控制

　　高边坡路基自稳能力不足，且路基加固与支挡工程的长期性能影响公路运营安全，因此控制路基高度可以保证公路路基稳定和营运安全。据统计，控制路基填土高度，每 100 km 高速公路可节省土地 1 000~2 000 亩，且可以节省大量跨线构筑物和防护工程，有利于保护环境，节约耕地。

　　山区地形复杂，高路堤常与陡坡路堤相伴生，存在边坡稳定性不足和路堤不均匀变形问题，并占用大量良田；深路堑或挖方高边坡不仅存在边坡长期稳定问题，而且对周围环境景观产生影响。路基填方高度、挖方深度、边坡高度，直接关系到工程安全、工程投资和环保景观，从整个社会经济综合效益考虑，高路堤和深路堑不是最佳工程方案。《公路路基设计规范》（JTG D30—2004）对路基填挖高度进行了限制，第 1.0.7 条规定："路基设计宜避免高路堤与深路堑。当路基中心填方高度超过 20 m、中心挖方深度超过 30 m 时，宜结合线路方案与桥梁、隧道等构筑物或分离式路基作方案比选。"在进行方案比选时，要树立全寿命周期成本的设计理念，既要考虑建设期间的工程量、施工方法等因素，又要考虑运营期间因路基病害所增加的养护维修工程量和因此造成的运营效益损失，还要考虑整个社会效益。在工程投资相差不多的情况下，建议优先选用桥隧工程以及采用新技术、新工艺、新材料的工程方案。

按照"不破坏是最大的保护"的设计理念，路基填挖高度指标的控制原则如下：

①路基中心填方高度不应大于 20 m。若填方高度大于 20 m 时，原则上采用桥梁。在地形复杂的狭窄沟谷地带，当路基弃方数量大、且难以选择较为合适的堆放弃方场地时，经采取切实可行的工程措施，在保证路基稳定，消除路基不均匀沉降变形并对周围环境景观不产生影响的前提下，可选用高路堤方案。

②路基中心挖方深度不应超过 30 m。若挖方深度超过 30 m 时，原则上采用隧道。

③路基挖方边坡高度不应超过 40 m（或边坡高度大于 1.6 倍路基宽度值）。若超过 40 m 时，需要结合优化路线方案，可采用桥梁或隧道或半桥半路、半隧半路、纵向分离式路基等（图 1-23、图 1-24）。桥隧比例可达到 20%~50%。

图 1-23 半桥半路

图 1-24 半隧半路

1.4 特殊路基边坡防护

1.4.1 边坡防护类型

路基在水、风、冰冻等自然因素的长期作用下，经常发生变形和破坏。例如，边坡的表土剥落，形成冲沟以及滑坍等。为保证边坡的稳定性，除做好排水工程外，还必须采取有效的措施，对黏土、粉砂、细砂及容易风化的岩石路基边坡，进行必要的防护与加固。

防护与加固工程的重点是路堑边坡，尤其是地质不良与水文地质不良地段的路堑、容易受水冲刷的边坡、不稳定的山坡更应该重视。

防护与加固工程不仅可以稳定路基，而且可以美化路容，提高公路的使用品质。例如，植物防护可以消灭施工痕迹，使景观协调，形成良好的视觉效果。

我国公路边坡常用的防护措施可归纳为以下四种类型：刚性圬工防护（或称刚性防护）、柔性防护（传统称封面防护）、植物防护、复合型防护。这四种防护措施的具体形式、使用材料、技术要点及适用条件见表1-1所示。

表1-1 我国常用坡面防护措施类型

防护类型	具体形式	使用材料	技术要点	适用边坡类型
圬工防护（刚性防护）	实体式护面墙	浆砌片石、块石；现浇混凝土或混凝土预制块	混凝土强度不低于C15，浆砌用砂浆强度不低于M5，寒冷地区不低于M7.5；应设置伸缩缝泄水孔	易风化的软质岩石边坡或岩石较破碎的挖方边坡；易受侵蚀土质边坡
	干砌片石护坡	片石、碎石或沙砾石	铺砌层下应设置碎石或沙砾石垫层	周期性浸水的路堤边坡；易受水流侵蚀土质边坡、软岩边坡
	浆砌（卵）石护坡	片石或卵石；砂浆	砂浆强度不低于M5；设置碎石或沙砾石垫层	
	水泥混凝土预制块护坡	水泥混凝土预制块	预制块的混凝土强度不低于C15；预制块砌缝用沥青麻筋等填塞；预制块底下设垫层	
	锚干铁丝网喷浆或喷射混凝土护坡	锚杆；铁丝网或土工格栅；1:3水泥砂浆	锚杆应嵌入稳固基岩内	坡面岩石与基岩分开并有可能下滑的挖方边坡
柔性防护（封面）	抹面	石灰炉渣灰浆、石灰炉渣三合土或水泥石灰砂浆；沥青	厚度宜为3~7 cm	易风化的软质岩石挖方边坡
	捶面	水泥炉渣混合土、石灰炉渣三合土或四合土	厚度宜为10~15 cm	土质边坡或易风化的岩石边坡
	喷浆或喷射混凝土	砂浆；喷射混凝土；金属网或土工格栅；锚钉	喷浆所用砂浆强度不低于M10；喷射混凝土强度不低于C15，混凝土中骨料最大粒径不超过15 mm；设伸缩缝及泄水孔	易风化、裂隙、节理发育、坡面不平整的岩石挖方边坡

续表

防护类型	具体形式	使用材料	技术要点	适用边坡类型
植物防护	种草	植物种子或苗木	选用适合当地气候条件、根系发达、叶茎低矮或有葡萄茎的多年生草种	经常性浸水的路堤边坡不宜采用
	铺草皮			
	植树		树种选择能迅速生长且根深枝密的矮灌木类	坡率等于或缓于1:1.5；公路弯道内侧严禁栽植高大树木
复合型防护	框格骨架+植物	混凝土、浆砌片（块）石或卵（砾）石等圬工材料；草或树木	圬工骨架或护面墙骨架的强度、结构形式应满足跨拱高度及宽度要求；坡率应缓于1:0.75；选择生长快速、茎叶发达的植物	坡率较缓的路堑边坡；非浸水土质路堤边坡
	窗孔式护面墙+种草			
	拱式护面墙+种草			
	六角空心砖护坡+种草	六角空心砖护坡；草	坡率选择应保障护坡体的稳定	

1.4.2 支挡结构类型

目前，公路边坡中主要支挡结构物为挡土墙。近年来，随着我国公路建设的发展，对于公路线形提出了更高的要求。公路挡土墙作为公路建设中必不可少的一部分，也同样适应于公路事业发展的需要。由于公路挡土墙的结构形式较多而且适用范围各不相同，而且我国各个地区工程地质有着很大的差异，因此应根据我国各地区对公路支挡工程的不同要求而采用不同的支挡结构形式。

在各国公路建设中，对于高边坡的破坏已给予了高度的重视，并根据各地质情况、设计要求和施工方法，设计并运用了各种类型的挡土墙结构形式。目前，国内外所采用的支挡构筑物类型很多，如重力式挡土墙、悬臂式挡土墙、扶壁式挡土墙、锚杆挡土墙、锚定板挡土墙、土钉墙、抗滑挡土墙、抗滑桩和加筋土挡土墙等。各类挡土墙的特点及适用范围见表1-2。

表1-2 各类挡土墙特点及适用范围

类型	结构示意图	特点及适用范围
重力式	墙身	主要依靠墙身自重保持稳定。它取材容易，形式简单，施工简便，适用范围广泛。当地基承载力低时，可于墙底设钢筋混凝土基座，以减薄墙身，减少开挖量

续表

类型	结构示意图	特点及适用范围
衡重式	(上墙、衡重台、下墙示意图)	利用衡重台上的填土和全墙重心后移增加墙身稳定,减小断面尺寸。墙胸陡,下墙背仰斜,可降低墙高,减少基础开挖。适于山区、地面横坡陡的路肩墙,也可用于路堑墙或路堤墙
悬臂式	(立壁、钢筋、墙踵板、墙趾板示意图)	采用钢筋混凝土材料,由立壁、墙趾板、墙踵板三个部分组成;断面尺寸较小。墙高时立壁下部的弯矩大,耗钢筋多。适用于石料缺乏地区及挡土墙高度不大于 6 m 地段。当墙高大于 6 m 时,可用扶壁式
扶壁式	(墙面板、扶肋、墙趾板、墙踵板示意图)	沿墙长方向每隔一定距离加一道扶肋,把墙面板与墙踵板连接起来。在高墙时,较悬臂式经济
加筋土式	(破裂面、墙面板、活动区、稳定区、拉筋、基础示意图)	由墙面板、拉筋和填土三部分组成,借助于拉筋与基础之间的摩擦作用,把土的侧压力传给拉筋,从而稳定土体。施工简便、外形美观、占地面积小,而且对地基的适应性强。适用于缺乏石料的地区和大型填方工程

续表

类型	结构示意图	特点及适用范围
锚杆式		由肋柱、挡土板、锚杆组成，靠锚杆拉力维持挡土墙的平衡。肋柱、挡板可预制。适用于石料缺乏、挡土墙高度超过 12 m，或开挖基础有困难的地区，一般较宜于路堑墙。小锚杆挡土墙锚杆短，适用于岩层边坡覆盖土较薄的地段
锚定板式		结构特点与锚杆式相似，只是在锚杆的端部用锚定板固定于稳定区。填土易将锚杆压弯，产生次应力。适用于缺乏石料的路堤墙和路肩墙，墙高时可分级修建
竖向预应力锚杆式		锚杆竖向锚固在地基中，并砌筑于墙身内，最后张拉锚杆，利用锚杆的弹性回缩对墙身施加预应力来提高挡土墙的稳定性。适用于岩质地基，多用于抗滑挡土墙
土钉式		由土体、土钉和护面板三部分组成。利用土钉对天然土体就地实施加固，并与喷射混凝土护面板相结合，形成类似于重力式挡土墙的复合加强体，从而使开挖坡面稳定。常用于稳定挖方边坡、挖方工程的临时支护

续表

类型	结构示意图	特点及适用范围
桩板式		由钢筋混凝土锚固桩和挡土板组成。利用深埋的锚固段的锚固作用和被动抗力抵抗侧向土压力，从而维护挡土墙的稳定。适用于岩质地基、土压力较大、要求基础深埋的地段，墙高不受一般挡土墙高度的限制。开挖面小，施工较为安全

挡土墙设计方法有两种，即容许应力法和极限状态法。以往挡土墙设计一直采用容许应力法，新颁布的《公路挡土墙设计与施工技术规范》则明确要求使用极限状态法。从理论上讲，极限状态法更加科学、合理，是发展的趋势，但目前正处于两种方法的交替过渡时期，而且由于极限状态法在公路挡土墙设计方面研究不够充分，尚缺乏工程实践应用。此外，大量的理论计算表明，在相同的设计指标下，运用极限状态法和容许应力法所得墙身截面相差较大。

根据墙体刚度的不同，挡土墙分为刚性挡土墙和柔性挡土墙。刚性挡土墙是指墙体本身刚度较大，在土压力作用下墙体基本不变形或变形很小的挡土墙，如用砖、石、混凝土、钢筋混凝土等材料建筑的重力式挡土墙、悬臂式挡土墙、扶壁式挡土墙等，在计算这种挡土墙上的土压力时，可以不考虑墙体变形对土压力及其分布的影响。柔性挡土墙是指墙体的刚度不大，在土压力作用下墙体本身会产生变形的挡土墙，如支撑墙、板桩墙、锚定板挡土墙等，在计算这类挡土墙上的土压力时，应考虑墙体变形的影响。

1.4.3 存在的主要问题

由于我国公路，特别是高等级公路的大规模建设开展较晚，对路基边坡（包括路堤与路堑边坡）防护技术研究较少。公路边坡的防护措施主要从铁路的边坡防护、水利的河岸护坡、地基的基坑处理等工程中借鉴而来，主要以圬工工程防护为主。在借鉴过程中也只是考虑其工程效应，对公路的景观效应考虑很少。

与铁路、水利、地基处理工程不同，公路景观在公路建设，特别是高等级公路的建设中要求更高。而公路边坡是公路景观的重要组成部分。随着我国经济条件的改善，高等级公路上的旅行越来越成为人们生活的重要组成部分。因此，高速公路的边坡防护应更重视环境与景观的因素。

从目前建成的高等级公路实际调查来看，我国高速公路的设计也是大多沿袭过去普通公路的设计习惯。路基边坡防护大量采用浆砌片（块）石护坡与喷射水泥浆等灰色圬工防护方式，生物防护这种绿色防护则采用较少。仅有的少量植草、植树设计也只是从绿化角度考虑，而非从生态恢复和边坡稳固角度考虑。浆砌片（块）石与混凝土这种灰色僵硬的工程防护方式不仅美观效果差，而且存在以下自身难以克服的缺陷：

①边坡坡面采用圬工防护或不采取防护措施时，由于缺乏植物生长环境，被破坏了的植被很难迅速恢复，加剧了生态系统的退化。这种现象在我国北方的干旱地区尤为明显。生态系统的退化不利于水分涵养，进而会引发水土流失、河流淤塞、气候异常等一系列环境问题。

②路堑边坡上的大量裸露岩石、土壤和混凝土不利于吸收阳光、噪声和汽车尾气，破坏了自然生态的和谐，大大降低了人们旅行的景观舒适度，与高速公路快捷舒适的优点不相匹配，从一定程度上给行车带来了不安全因素。

③由于岩石、混凝土在雨水侵蚀与冻融作用下会发生老化，因而随着时间推移，圬工防护措施的效果会越来越差，最后直至完全破坏。而后期整治费用很高。

④特别是实体护面墙防护，由于其刚性及封闭性特点，极易在暴雨季节造成边坡中应力与孔隙水骤然集中，导致边坡坡体局部破坏，进而引发防护体破坏，使得防护作用失效。

⑤实体护面墙由于墙背后的防水措施布设较困难，以及施工处治不易搞彻底等缺陷，护面墙底下的土质边坡容易引发生潜蚀性冲刷破坏。由于湿陷性黄土边坡的湿陷性破坏，更易引发这种类型的侵蚀，从而导致护面墙的整体倾覆或局部破坏。

⑥圬工防护需大量的建筑石材及大量的劳动力。一方面很多高速公路施工场地周围缺乏优质砌筑材料；另一方面大量的劳动力使用，使得这些防护工程造价很高。而一旦这些防护体破坏，后期整治难度极大，费用极高。

随着我国经济发展进入一个新的阶段，生态环境保护的理念逐渐得到普及，并受到重视。公路工程建设者受到来自生态环境保护方面的压力越来越大。如何快速恢复开挖边坡的生态环境并实现坡面的植被保护是一个急需研究和解决的问题。

1.4.4 生态护坡简介

植物生态护坡作为一项工程技术，其研究主要包括与植物护坡理论与应用技术两方面的内容。目前，边坡的植物防护技术研究在国际上尚处于发展阶段。植物生态护坡研究形成一门学科，还是近十几年的事，直至今日仍没有一个统一而贴切的术语，英文有称其为biotechnique, soilbioengineering, vegetation, revegetation 等，国内有植物固坡、植物护坡、植被护坡、生态边坡、坡面生态工程、坡面绿化之称等。

美、欧、日等发达国家与地区建设高速公路的时间比较早，对路基边坡防护进行了长期的研究和实践。鉴于上述原因，这些国家已基本废除了浆砌片石、喷射水泥砂浆等破坏自然环境的护面工艺，取而代之的是各种柔性防护与生态防护措施。柔性防护措施主要采用近年来出现的新材料、新技术，如土工格栅、土工织物、基质喷播等。

使用新材料的柔性防护技术与植物护坡相结合构成一种复合型生态防护技术。该技术为一种柔性、开放式、三维立体的防护形式，并具有生态保护功能，不仅能克服圬工工程措施（如护面墙）的不足，而且施工成本比工程措施要低许多。

国内外关于植物护坡的理论研究主要包括以下三方面的内容：植物生长对坡体中孔隙水压力的影响、植物浅根的加筋和深根的锚固作用、植物体对坡面雨水冲刷侵蚀的防护作用。目前，欧美国家常用的植物护坡方法有活枝捆垛（live fascine）、活枝扦插（live cutting）、树枝压条（brush layer）、枝条篱墙（wattle fence）等，主要应用于公路边坡的植被防护及河堤岸。另外，液压喷播技术（hydroseeding or hydraulic mulching）自 20 世纪 50 年代发明后至今亦获得广泛应用，80 年代又发明了三维网植草护坡方法。

日本植物护坡工程技术研究方面处于领先地位。在日本，植物护坡被称为坡面绿化。1951 年，川端勇作开发了采用外来草种的植生盘用于道路坡面，标志着以牧草类为代表的外来草种开始用于坡面绿化。1958 年 4 月在大阪香里团开发了喷射种子法。后来又经多次试验，采用沥青乳剂覆盖膜养生。1973 年开发出的纤维土绿化工法（fiber-soil greening method），后来相继开发出高次团粒绿化工法（soil flock greening method）、连续纤维绿化工法（TG 绿化工法）。这三种绿化工法是日本近 20 年来常用的厚层基材喷射工法。在日本，其他常用的坡面绿化工法还有框格植被绿化工法（包括预制框格、现浇框格）、绿化网等。另外，1995 年日本又开始进行植被型多孔混凝土的研发，并取得一定成效。

国内在植物护坡技术应用方面的研究始于 20 世纪 90 年代。90 年代以前一般多采用撒草种、穴播或沟波、铺草皮、片石骨架植草、空心六棱砖植草等护坡方法。1989 年，广东省水利水电科学研究所从香港引进一台喷播机，开始在华南地区进行液压喷播试验。1990~1991 年，中国黄土高原治山技术培训中心与日本合作在黄土高原首次进行了坡面喷涂绿化技术（即液压喷播）试验研究。此后，经过十余年左右的发展完善，液压喷播技术已广泛应用于我国不同地区的公路、铁路及堤坝等工程中的边坡防护。1993 年我国引进土工材料植草护坡技术随着土木工程界与塑料纸制品厂家合作，开发研制出了各式各样的土工材料产品，如三维植被网、土工格栅、土工网、土工格室等，结合植草技术在铁路、公路、水利工程的边坡中陆续获得应用。

采用复合型柔性生态防护措施后，随着植物的生长，植物茎叶和根系不断发育和伸展，复合防护体抵御坡面侵蚀的能力会越来越强，防护效果会越来越好。这一点与圬工材料随时间老化正好相反。此外，护坡植物还具有改善景观功能，使旅行者体验到清新、和谐、安定的美感，同时可以降低噪声、减少光污染，保证行车安全。边坡植物还可以促进有机污染的降解、净化大气、调节小气候功能。复合型生态防护技术不仅具有生态环境保护意义，而且对改善旅行环境和提高人们生活质量发挥着积极作用。

1.5 山区路基排水设计

排水系统是由各种拦截、汇集、拦蓄、输送、排放地表水或地下水的排水设施和构筑物组成的总体。排水系统设计就是合理布置各排水设施，使各种排水设施协调配合，衔接自然，使公路排水与路基路面综合治理，防护加固工程相互配合，防止水土流失，确保路基路面的强度与稳定性，提高道路的通行能力。从排水角度来讲，路基排水复杂。

1.5.1 排水设施的分类

公路排水可分为地表排水和地下排水两大类。地表排水包括路面排水、边坡排水及相邻地带排水；地下排水包括挖方段地下排水、填方段地下排水、半填半挖段地下排水及中央分隔带地下排水（图 1-25）。地表排水设施按其功能可分为边沟、排水沟、截水沟及中央分隔带排水等，断面形式有矩形、梯形、浅碟形、三角形、皿形、浅碟形配合矩形暗沟排水及漫流等。

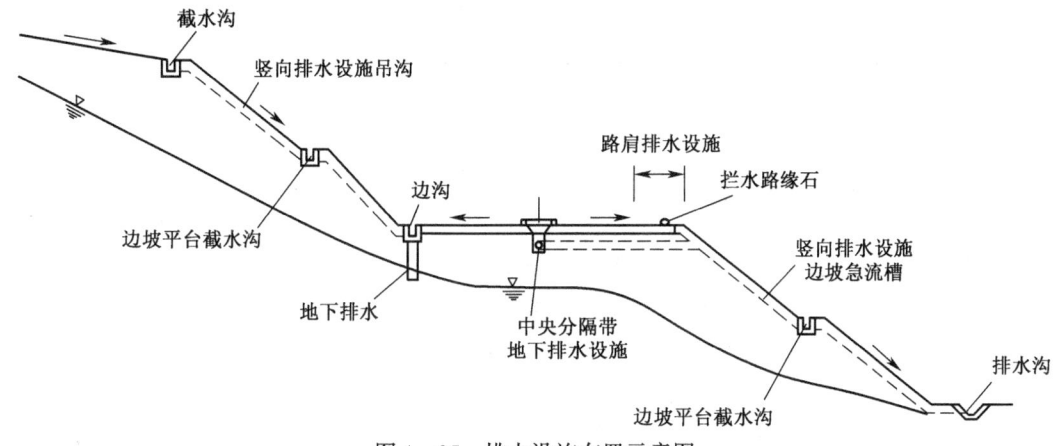

图 1-25 排水设施布置示意图

1.5.2 山区排水系统设计基本原则

（一）远接远送

对可能进入路界的地表水及早拦截，以免进入路基范围造成路基冲蚀和沉陷。排出路界的水要送入自然沟槽，或排入蒸发池，不可轻率处理水的出口，做到水路来龙去脉清晰。

（二）以排为主，防排结合

首先要将地面径流迅速排出路基范围，减少渗漏时间。同时，排水构筑物一般都是线状的，降雨是通过面积汇流而入排水沟和截水沟的，路基表面（如坡面）在少量雨水作用下也可能发生病害，这就要靠防护措施予以解决。高路堑边坡不仅坡顶要设截水沟（一级或多级），坡面也要用喷锚、人工条纹、设护坡道等进行防护。工程中采用的拱架式坡面防护就是防排结合的例子（图 1-26）。

图 1-26 锚杆拱形护坡

（三）汇流面积不宜大

水流的冲刷能量取决于流量和流速，汇流面积大必然导致洪峰流量大，易造成冲刷破坏。所以截水沟长度一般不超过 500 m，大于 500 m 时中间预设跌水将截流量分别走走。边沟长度也不宜过长，一般不超过 1 000 m。天水-靖宁公路上就有一处边沟长达 2 km，结果在出口处造成严重冲刷，威胁道路安全。几个小冲沟若流量很小，可归并后通过涵洞排出，但必须调查清楚每个沟的确切汇水区域。总之，应尽量避免水的过分集中，减少出口冲刷和沿途渗漏。

（四）顺应地形

自然界的地形是长期内外因力作用的结果，具有相对的平衡性和稳定性。排水设施也应顺应自然地形，尽量减少对自然系统的改变。黄土地区较大的冲沟沟底抗冲蚀能力强，公路排水尽量送至沟底；进入小冲沟的排水沟出口宜进行铺砌等防护，避免因流量增大造成严重破坏。对穿过公路的明显天然沟槽，一般宜依沟设涵，不必勉强改沟与合并。

（五）统一布置，逐项设计

查明水源和大的水流去向，先进行总体安排，然后对各类排水构造详细设计。一般是先桥涵、地下水，后截水沟、排水沟、急流槽等。有时需对几种排水防护方案进行对比分析，确定可行的方案。

1.5.3 各种排水构筑物的配合

（一）地下排水与地表排水的配合

黄土地区地下水位埋藏较深，一般路基均位于地下水位之上，所以路基范围地下水活动较少。但在特殊条件下，也会见到地下水危害路基的情况，例如黄土与基岩的接触面，黄土中的红层都可成为相对不透水层，使黄土中形成上层滞水或潜水；滑坡、泥石流堆积体的下界面也可成为地下水的通道；路堤的修筑阻断了地下水的移动方向，在路堤附近可能形成地下水相对富积区等。

地下水是由地表雨水渗透形成的，设置地表拦截排水设施可有效减少地下水渗透量。如图 1-27、图 1-28 所示，用截水沟拦截流向滑坡体的地面水，并在滑坡体上设排水沟，减少雨水的入渗，同时在挡墙上设排水孔，将少量土壤水分排入边沟。如图 1-28，修筑路堤导致 A 处形成一个小洼地，上面汇水量很小，不必设涵，在路堤下设横向渗沟，疏导少量地下水，简便易行。

总之，公路排水以尽量减少地表水入渗为原则，如果有危害性地下水活动，就必须降低水位或予以排除。

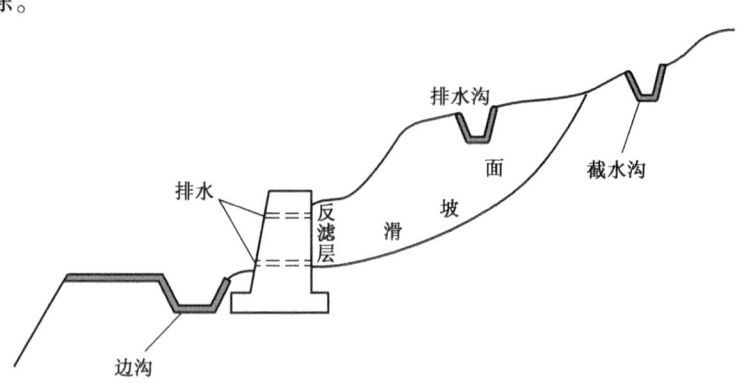

图 1-27 地表排水与地下排水

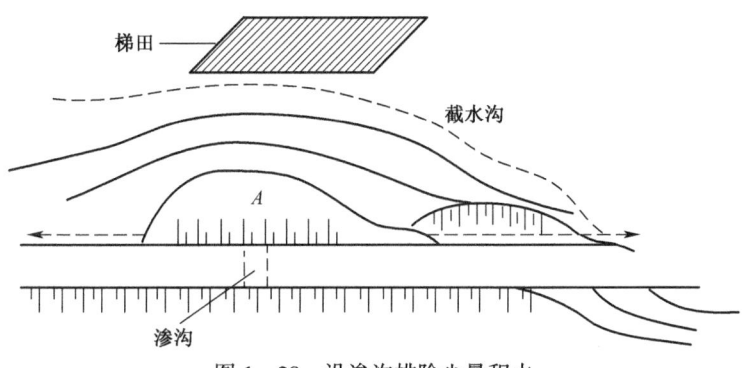

图 1- 28　设渗沟排除少量积水

(二) 路面排水与路基排水的衔接

路面表面排水和结构层排水是公路排水系统的一部分，它和路基排水必须有机地联系在一起，形成完整的排水系统。

当路堤低于 2.5 m 时，可采用散排方式排除路面水，但路肩必须经硬化处理。散排的水流排入设在路堤坡脚的排水沟，沿纵向排走。路堑处路面水以散排方式进入边沟，边沟内侧壁同路肩合二为一，形成完整的防护面，避免雨水渗入路面基层。

路面设拦水带时，通过急流槽将路面汇水引至坡脚，消能后通过排水沟排至自然沟槽。高路堤下部可采用拱架式排水和防护。路面结构层排水系统排水量很小，其出口不能直接同急流槽相通，避免雨水回灌。

(三) 各种排水构筑物的搭配

黄土山区在路线纵剖面图上，地形沟槽很多，逢沟设涵造价高。有些沟槽在纵剖面图上看较大，但在平面上看很短，这时可采用沟、涵相互搭配，解决排水问题。

如图 1-29 所示，三条冲沟中，如 B 点地势较 A、C 两点低，A、B、C 三点相距不远，同时 A、C 两沟水流又较小时，可扩大上游路基边沟，将 A、C 两沟的洪水引至 B 处，并作加固处理，减少涵洞数量。但涵洞并非越少越好，要因地制宜。如图 1-30 所示，当线跨越冲积扇时，可加宽加深主沟槽 B，使大量洪水沿 B 处涵洞排泄，但暴雨时仍会有一部分水流向 A 处和 C 处，这时可在 A、C 处分别设孔径较小的涵洞，排泄来水。

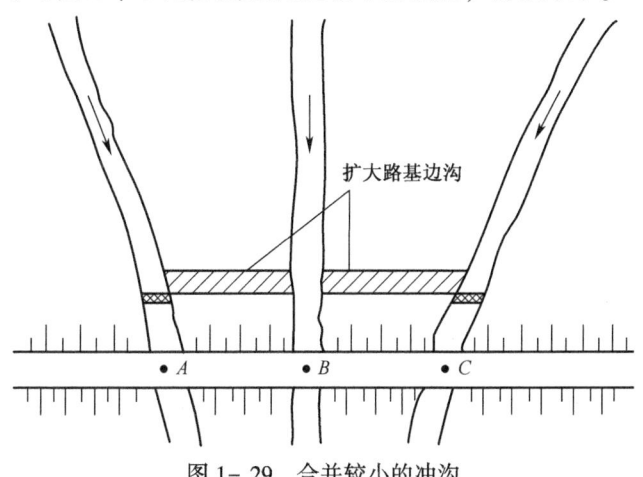

图 1- 29　合并较小的冲沟

图 1-30　增设涵洞排水

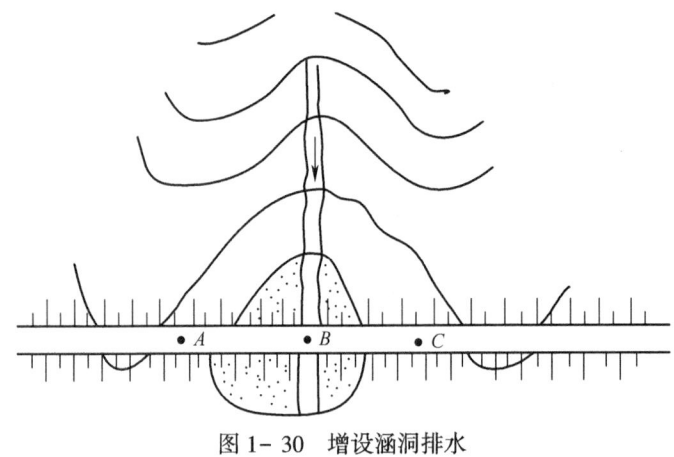

截水沟的水一般不能直接排入路基边沟，但由于地形限制或从经济因素考虑，可加大边沟，将截水沟截取的地表径流通过急流槽排入边沟（图 1-31）。

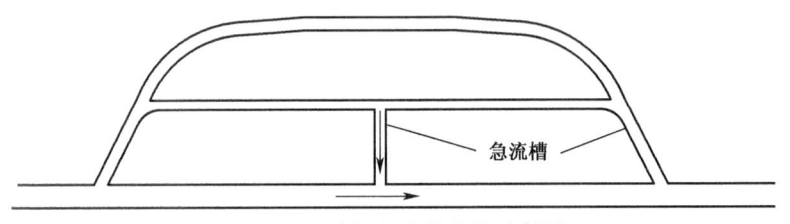

图 1-31　路堑急流槽布设示意图

（四）排水与防护、加固的关系

一般来讲，小型排水构造要比加固、防护成本低。但单纯的排水或防护加固往往工程效果不明显。公路排水是为了保证路基干燥、稳定的措施，和防护加固的最终目的完全一致。实践证明，排水工程与防护、加固工程相结合具有极大的优越性。

北方干旱山区，坡陡，地表破碎，植物生长很困难。当设排水设施后，坡面冲刷问题得以缓解，但坡面上仍会有雨水入渗和轻微的破坏，这时可选择适合当地气候条件的植物进行生物防护。矮路堤路面水漫流、高路堤边坡下部均会有不同程度的冲刷破坏，采用植物防护或矿料防护能有效弥补排水系统的不足。植物防护需要水，而公路排水系统水多为患，因此可以利用蒸发池、水窖等排水系统中的蓄水设施补充植物防护用水的不足。

1.6　台背路基设计

近年来高等级公路发展迅猛，但是从已投入使用的高等级公路来看，仍存在着一些问题，其中较为普遍的问题是：桥梁台后普遍存在着搭板断裂及不均匀沉降的问题，最终导致桥头跳车现象的产生，这种现象几乎在每条高速公路上都有，只是数量多少和程度轻重的差别。桥头跳车问题的存在，一方面，不仅影响行车的安全、速度、舒适及人们对高速公路的总体评价，影响公路使用性能和运输效益的发挥，同时也影响了车辆的使用寿命，严重的，可能导致交通事故的发生。此外,桥头跳车还会加速桥台台背、桥头伸缩缝以及接缝路面的破坏。若不及时养护还会在桥台与台背部分出现更为严重的问题,养护期间在此部分破坏的修复费用支出也是相当大的。另一方面,基于高等级公路的特性要求,桥梁和通道数量较多,特别是在平原、河网和人口稠密地区,几乎每 300~400 m 就有一座桥梁或通道。因此,桥头跳车已成为高等级公路营运中应该重视并亟待解决的问题。

1.6.1 搭板设计

(一)处治机理

桥头搭板是目前我国高等级公路建设中常用的方法,通过搭板把集中的不均匀沉降量分散在搭板长度范围内,使在柔性路堤产生的较大沉降逐渐过渡至刚性桥台上,达到匀顺纵坡的目的,使车辆通过时跳跃现象大为减少。

(二)搭板的构造设计

合理设置桥头搭板可有效解决局部沉陷和错台的状况,但不能解决纵坡变化情况,因为当桥台和台背路堤之间发生不均匀沉降后,搭板两端分别随两者下沉,即桥头搭板绕简支端转动,纵坡变化仍然存在。显然,确定合理的搭板长度是搭板设计的关键。

1. 搭板长度的确定

从理论上讲,板的长度越长越好,但实际施工中板长不可能没有限制。一方面,受力学方面的限制;另一方面,搭板过长也不经济。所以,搭板的长度在实际使用中总是限制在一定的范围内。搭板长度的确定应综合考虑两个方面的问题:①搭板长度 L 应大于不均匀沉降段长度,一端放置在桥台上,另一端应伸入稳定段路基。②桥台与稳定段路基的沉降差与搭板长度之比应限制在一定的范围,据有关研究资料表明,当桥台与稳定段路基的坡度限制在 4‰~6‰时,就不会引起跳车的感觉。所以搭板长度 L 按下式计算:

$$L = \frac{S_{rs} - S_{rb}}{\Delta i} \quad (1-2)$$

式中: L——搭板长度;

S_{rs}——竣工后,桥台的沉降值,指桥台基础预期总沉降值 S_{tb} 与施工期间完成的部分沉降 S_{cb} 之差,S_{tb} 可根据《公路桥涵地基基础设计规范》计算确定,S_{cb} 可根据工地试验资料或类似地质资料确定;

S_{rb}——竣工后,路基顶面的沉降值,规范允许工后沉降为 10 cm;

Δi——允许坡降,一般取 4‰~6‰。

按上式计算出的搭板长度一般都在 20 m 以上,但从受力角度考虑搭板长度不宜超过 8~10 m,再长时可将搭板分成两段或三段。常用的搭板长度可参照表 1-3 选用。

表 1-3 常用搭板长度 L

桥梁类别	搭板长度 L(m)			
	3.0	6.0	8.0	10.0
大 桥			*	*

续表

桥梁类别	搭板长度 L (m)			
	3.0	6.0	8.0	10.0
中桥		*	*	
小桥、明涵	*			

2. 搭板宽度的确定

一般取等于桥台两侧（翼）墙之间的净宽。

3. 搭板厚度的确定

影响搭板厚度的因素有平面尺寸、脱空长度、荷载大小以及支承条件等。常用的板厚尺寸如表 1-4 所示。但需作进一步的验算。

表 1-4 常用搭板厚度 t

板长 L (cm)	板厚 t (cm)	t/L	板长 L (cm)	板厚 t (cm)	t/L
300~400	22~25	1/18~1/16	800	30~32	1/26~1/25
500	25~28	1/20~1/18	1000	32~35	1/31~1/28
600	28~30	1/21~1/20			

（三）搭板的优化设计

按式（1-2）计算的搭板长度，往往在实际中很难应用，因此需对搭板布置方式进行优化，使实际使用的长度能够满足行车要求（图1-32）。优化设计主要有两个目的：①设置枕梁，防止搭板远台端的沉降过大，即减小 S_{rb} 值；②搭板底换填处理，防止搭板底部脱空。

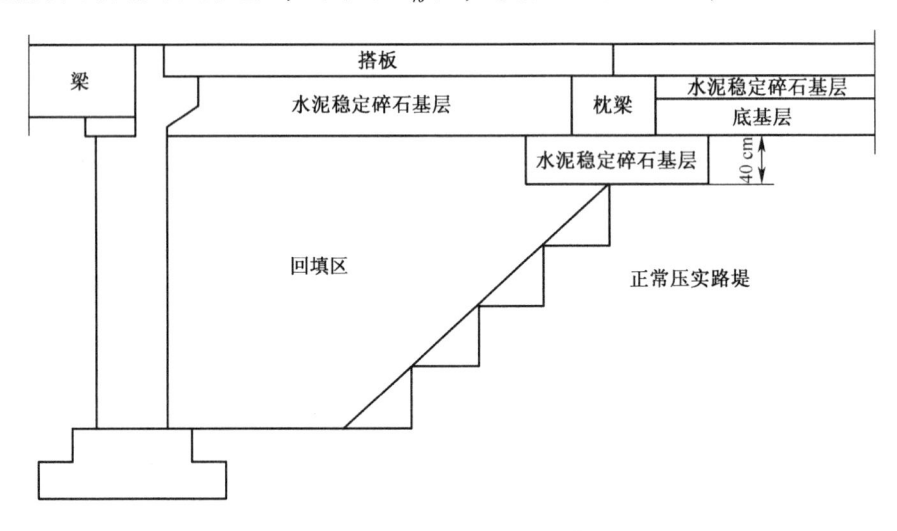

图 1-32 搭板优化设计示意图

1. 搭板参数设计

板长设计可参考表 1-3 中提供的数据，板厚的设计与方面因素有关，可参考表 1-4 中提供的数据，布筋按简支板计验算，跨径取板长的 0.9 倍，当验算数值小于表中所列数据时，取表中数据；当验算数值大于表中所列数据时，取验算值。

2. 枕梁设计

枕梁尺寸及布筋按弹性地基梁计算确定。枕梁底部依然存在应力集中现象,所以枕梁底部应进行处理。处理方法是摊铺水泥稳定碎石,厚 40 cm,每边宽出枕梁 30 cm。

(四) 搭板的适用范围

搭板的最大特点是：它能把桥台背与路堤联结处的差异沉降扩散到沿路堤纵向一定长度的范围内,通过控制纵坡来达到平缓过渡的目的。但其远离桥台端往往因应力集中而产生较大的沉降,搭板的纵坡过大,车辆在桥头处往往会产生"二次跳车"现象。所以,单独的搭板设计较少,一般都结合其他方法一起设计。

搭板对地基沉降的适应性表现为：6 m 长度的搭板适用于处理地基沉降在 2.8 cm 以内的桥头路段,8 m 长度的搭板适用于处理地基沉降在 4 cm 以内的桥头路段,而 10 m 搭板适用于处理地基沉降在 5.1 cm 以内的桥头路段。

1.6.2 灰土换填

灰土在工程应用中有相当长的历史,其具有配比简单、易操作、施工简便、质量有保证等特点,因而在工程中广泛应用。灰土处治桥头跳车,一般适用于台背填土高度较小的情况,对于填土高度大于 4 m 的情况,应用较少。灰土一般和搭板结合起来设计（图 1-33）。

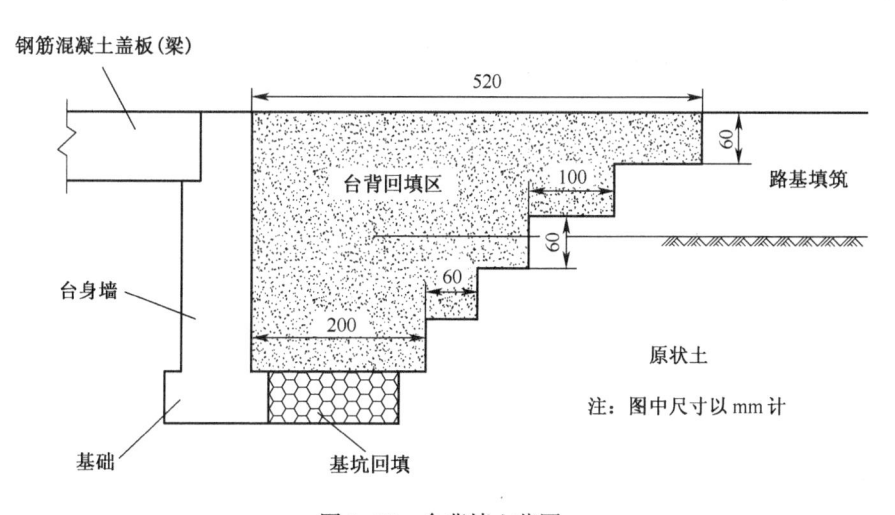

图 1-33 台背填土范围

当地基为均匀沉降模式时,换填方式无法起到消化地基沉降的作用。当桥头地基存在局部软弱区域时,桥头路堤换填抗剪强度高、具有一定整体性的填料,如灰土,能够较好地消化地基的不均匀沉降,但必须保证灰土填料的压实,形成整体。

1.6.3 加筋土

加筋土处治桥头跳车主要应用土工合成材料抗拉强度高、耐腐蚀性及抗老化性好等特点,充分发挥土与土工合成材料之间的相互摩擦作用限制土的侧向膨胀,从而减小路堤自身的沉降量,达到减小桥台与台背路堤的差异沉降的目的。但土工格栅加筋技术适用于处治地基条件较好的桥头过渡段。当地基条件较差时,应结合其他方法进行综合处治。同时,平面加筋材料应选用具有较大拉伸刚度的筋材，桥头应换填内摩擦角较大的填料。当台背填土 $h<6$ m 时，可不设搭板；当台背填土 $h>6$ m 时，应结合搭板一同设计。台背布筋设计见图1-34、图1-35。

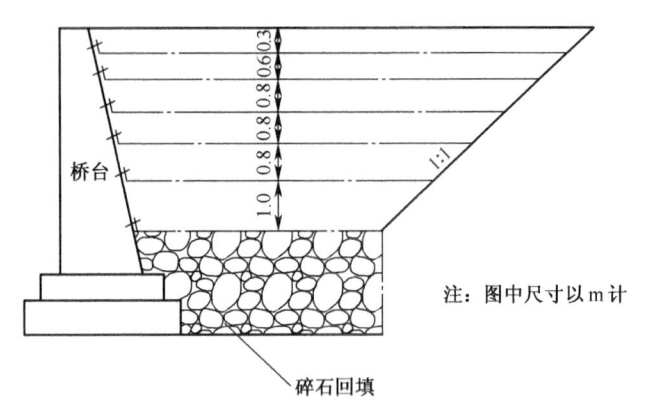

图1-34 台背布筋设计示意（一）

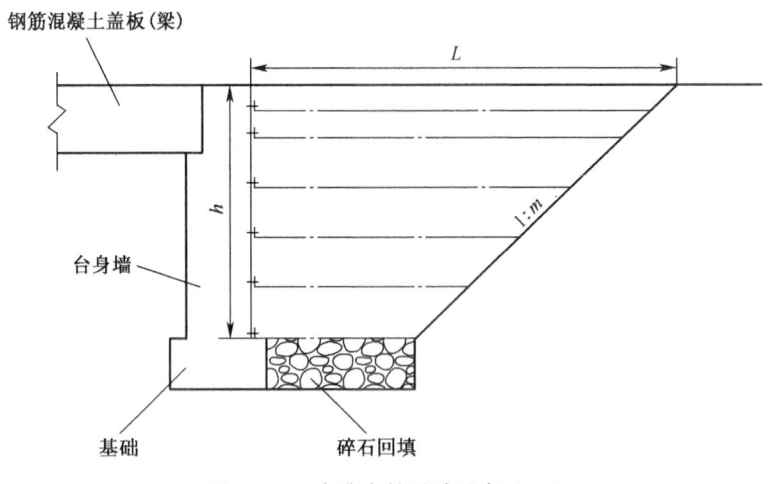

图1-35 台背布筋设计示意（二）

1.6.4 EPS 轻质填料

EPS 轻质填料的最大特点是其质量超轻，采用应力补偿原理，能够减小或消除路堤对地基产生的附加应力，从而大大减少地基的压缩沉降量。十几米的路堤，若采用 EPS 填筑，其重量仅相当于几十厘米厚的填土重量。此外，EPS 还具有强度高、耐久性好、压缩变形小、施工简便以及不受施工速度影响等优点。因而 EPS 轻质填料对软基地段的路堤施工有着极大的优越性。目前，其使用受到限制的主要因素是价格太昂贵，相信随着生产技术的发展，其价格会进一步降低，到时 EPS 一定能得到广泛的应用。

台背用 EPS 轻质填料换填，其纵断面参考如图1-36所示。

1.6.5 楔形柔性搭板

土工格室楔形柔性搭板具有改善台背填土扩散荷载、提高刚度和强度的能力，能够很好

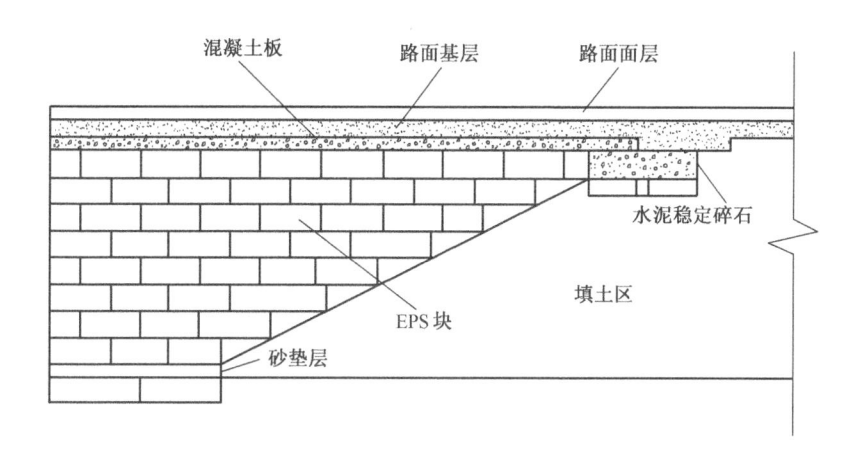

图 1-36 EPS 纵断面设计示意

地协调路桥过渡段的沉降差、减小总沉降值，从而消除桥头跳车病害，值得在公路建设中大力推广。柔性搭板按桥台类型（重力式、桩柱式、肋板式）的不同分为三种基本形式，如图1-37 所示。柔性搭板采用上密下疏、上长下短的楔形布置形式，布置间距在 1~2 m 之间。

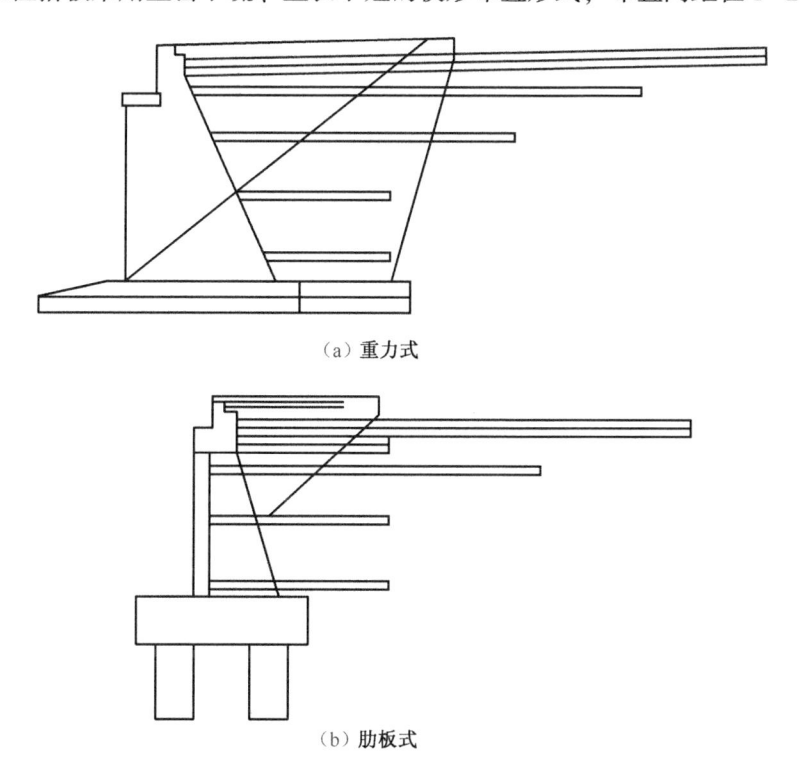

（a）重力式

（b）肋板式

（c）桩柱式

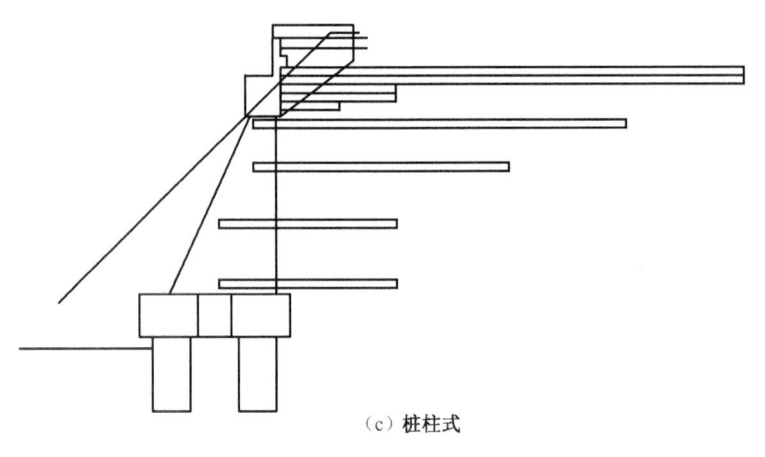

图 1-37　柔性搭板基本布置形式

1.6.6　挤密桩

依据刚柔过渡的思想，在桥台与路基填土之间打入一定数量的挤密桩，形成挤密桩复合地基过渡段（图1-38）。由于挤密桩复合地基的刚度介于桥台与填土之间，从而实现刚度由桥台向路基的过渡，将台背处集中的沉降差分散到一定长度的范围内，实现桥台到路基沉降的平稳过渡，达到消除桥头跳车的目的。

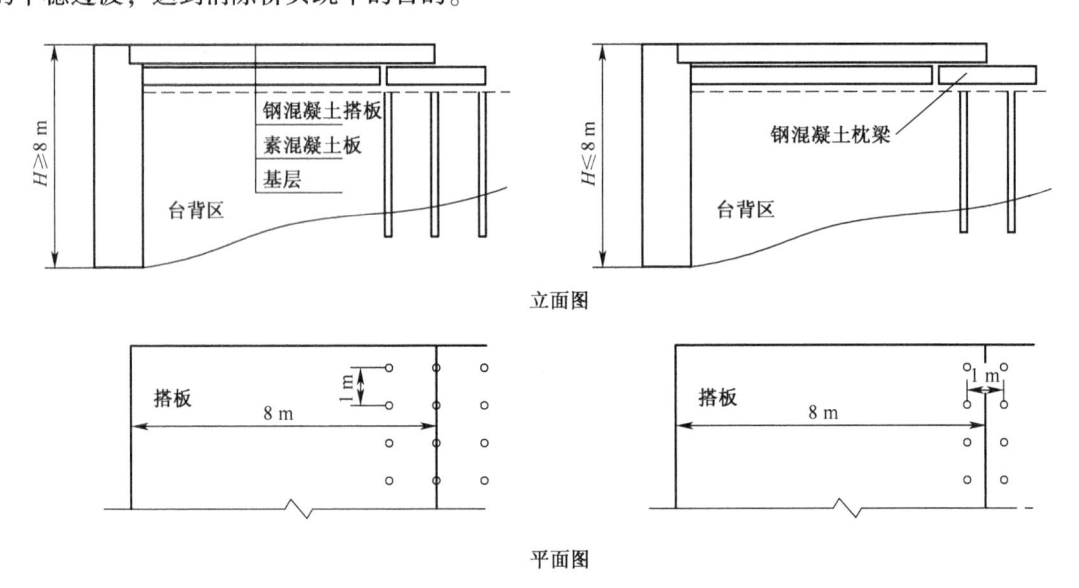

图 1-38　半刚性挤密桩处治台背布置示意图

1.6.7　小结

针对不同的地基状态、台背填土高度和当地原材料的情况，可合理选择以上几种方法中的一种或几种进行处治，两种或两种以上的处治方法的结合我们称其为综合处治。不同的处治方法，有其适用的经济范围，现对其适用性范围归类如表1-5所示。

表 1-5　处治措施的适用性归类

处治方式 填土高度	搭板	石灰土	石灰粉煤灰	土工格栅（网）	土工格室	轻质填料	挤密桩	综合处治
<4 m	*	*	*			*		*
4~6 m		*	*	*	*	*	*	*
6~8 m			*	*	*		*	*
8~10 m				*	*		*	*
>10 m					*		*	*

一般来说，当填土高度大于 6 m 时，单一的处治方式，都存在一些不足之处，所以一般都采用搭板与其他某种处治方式结合的形式进行综合处治。

第 2 章

邻近既有构筑物的静压预应力管桩施工技术

2.1 预应力管桩静压法施工概况

预制混凝土桩具有质量好、施工快、工程地质适应性强等优点,被广泛应用于各类建筑物和构筑物的基础工程上,如高层建筑、一般工民建、港口码头、高速公路、桥梁、仓库等。最早于1894年Hennebigue发明了预制混凝土桩,1906年,桩的形状开始设计并使用三角形、正方形、六角形、八角形。1915年,澳大利亚人W.R.Hulne发明的离心密实混凝土的成型方法已成为预制混凝土桩中最重要的部分。日本对预制混凝土桩的研究、设计、施工具有的丰富经验,于1934年制造离心混凝土管桩(RC桩),1962年开发了预应力混凝土管桩(PC桩),20世纪70年代又成功地开发了预应力离心高强混凝土管桩(PHC桩),日本南部阪神强烈地震后,调查发现建筑物的基础除管桩以外都受到了不同程度的破坏,尤其是灌注桩破坏率最高,表明了PHC管桩在抗震方面有很大的优势。日本现在基础都大量应用管桩,日本将预制管桩基本分为六大类:RC桩,即离心钢筋混凝土管桩;PHC桩,即先张法离心高强预应力混凝土桩;SC桩,即钢管离心混凝土桩;PRC桩,即先张法离心高强预应力钢筋混凝土桩;ST桩,即变截面桩;SL桩,即降低负摩擦桩。我国于1966年开始研制用 $\phi 7$ 高强钢丝为主筋制造直径550mm预应力混凝土管桩,为建设南京长江桥开始生产预应力混凝土管桩。近些年来,预应力管桩在我国的应用和发展突飞猛进,不仅产量大,品种也很多。1984年广东省构件公司研制成功现代形式的预应力混凝土管桩,1992年我国制订了国家标准《先张法预应力混凝土管桩》(GB 13476—92),1995年又组织了有关科研、设计、管桩厂及施工单位编写了《预应力混凝土管桩基础技术规程》(DBJ/TIS-22-98)。1999年国家制定了国标《先张法预应力混凝土管桩》(GB 13476—1999),使预应力管桩的生产应用更加规范化。

预应力混凝土管桩通常采用锤击法和静压法两种沉桩方式。锤击法起源于古代的手锤法,而后逐渐发展到自由落锤、蒸汽锤以及柴油锤等,是20世纪80年代以前预制桩的主要施工方法。静力压入沉桩法的推广应用开始于20世纪60年代,标志为第一台大型静压桩机"Pilemaster"在英国的诞生。静压法是借助于反力并采用压桩机械将桩体压入地基的一种施工工艺,国外常称之为press-in或jacking method。静力压桩机械的压桩反力可来自于邻近桩或配重及桩机自身。

预应力混凝土管桩静压法施工与其他桩型相比,具有施工噪声低、施工振动小、无泥浆污染、施工效率高、施工质量易控制等优点。同时，也存在一些不足之处：沉桩挤土对周边环境的不利影响，对周边建筑物、构筑物、道路及地下管道设施造成不同程度的破坏，导致邻近边坡或基坑失稳；静压桩群桩施工过程中由于群桩挤土效应会使桩间土和桩端土结构破坏从而降低其强度；工程应用中不少实测数据显示管桩的实际承载力与设计值存在较大差异。其中，如何解决压桩过程中的挤土效应是预应力管桩静压施工面临的主要问题。

2.2 邻近既有构筑物的预应力管桩挤土效应分析

2.2.1 施工邻近程度界定

新建工程与既有构筑物是否属于邻近施工，需要进行判断，即新建工程施工是否会对邻近既有构筑物造成不利影响、影响程度如何。

首先应区分新建工程的类型，常见的包括基坑、沉井、隧道、路基等工程建设，本研究项目路基建造过程中沉桩阶段，预应力管桩施工对周边环境的主要影响是挤土效应。其次是分析工程周围地质条件，包括场地地层分布、岩土物理力学性质、地基承载力及地下水的埋藏条件等。不同地质条件受施工扰动和附加应力的影响程度不同，如软土地区最容易受影响，一般黏性土和砂土受影响程度较小，而岩层则因其强大的抵抗能力和很高的承载能力，所受影响最小。然后是确定邻近既有构筑物的结构类型，包括隧道、地铁、公路道路、地下管道等类型建筑物。不同类型建筑物对周边地层变形或地基变形的敏感程度不一样，一般情况下，采用天然地基基础的建筑物对扰动反应较为敏感，易发生倾斜、不均匀沉降等问题。

判定新建工程是否属于邻近施工之后，新建工程施工对周围既有建筑物造成不利影响的程度如何需要进行分析（见表2-1）。

表2-1 邻近施工对既有建筑物的影响

邻近施工	地 层	既有建筑物
土层开挖	因土体卸载产生应力释放	地基反力、土压力大小和分布变化，造成建筑物沉降变形
地下水位下降	土体有效应力增大产生固结沉降	
周边土体扰动	土体性质改变，如强度、变形特性等，因此发生弹塑性变形和蠕变	
桩的挤土效应	产生附加应力，造成土体弹塑性变形	

日本《既有隧道近接施工指南》将邻近度分为三个范围：不考虑范围、要注意范围、限制范围。根据接近度的划分，采取的措施见表2-2。

表2-2 影响-程度分区及对策

分区	特 征	对 策
限制范围	新建工程对既有结构有影响，且影响较强，通常会产生危害	必须从施工方法上采取措施并根据结构物强度、变形量等来研究影响程度，而后采取相应措施。同时，对既有结构和新建结构进行量测管理

续表

分区	特　征	对　策
要注意范围	新建工程对既有结构有影响，但影响较弱，通常不会产生危害，但需注意	一般以采用合适的施工方法为对策，并根据既有结构的强度、变形量等来推定容许值
无影响范围	一般不需要考虑新建工程对既有结构的影响	一般不需要采取措施

如何判断施工邻近程度可依据地基破坏模式。条形基础下整体剪切破坏地基如图 2-1 所示，图为地基滑裂面，两端为直线，中间为对数螺旋线，滑裂面包含范围与内摩擦角 φ 有关；当 $\varphi=30°$ 时，滑裂面水平方向延伸宽度 $X=3.35B$（B 为条形基础宽度），随 φ 值的减小 X 减小。黏性土内摩擦角一般小于 $30°$，即认为条形基础下承载地基土范围为 $X=3B$。施工引起这部分承载地基松动，则整个地基承载力都会降低，进而影响既有构筑物的稳定。土体发生局部剪切破坏，承载地基土的范围将会减小。既有构筑物基础地基附加应力在一定深度范围内扩散，施工引起地基土的松动，不仅严重影响地基承载力，其引起的变形更对既有构筑物产生不利影响。

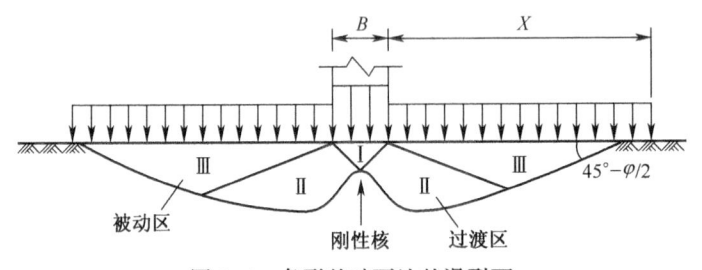

图 2-1　条形基础下地基滑裂面

以基坑开挖为例分析新建工程影响范围。如图 2-2 所示，根据地基极限平衡理论，基坑开挖潜在破坏滑裂面与水平面的夹角为 $(45°+\varphi/2)$。影响范围可划分为（Ⅰ/Ⅱ/Ⅲ）三个区域。Ⅰ区潜在滑裂面在既有基础承载地基范围外，不会对既有基础造成影响，可称为无条件范围；Ⅲ区滑裂面进入地基承载力和变形受影响地带，可能对既有基础造成不利影响，可称为限制范围；Ⅱ区滑裂面与既有基础的承载地基相交，即部分承载地基成为潜在破坏土体，但还不会严重影响地基承载力和地基变形，属于无条件范围到限制范围的过渡区，可称为注意范围。

（一）无条件范围

在该范围内新建工程，不会对既有建筑物造成不利影响或造成的影响可以不予考虑，设计施工时没有需要特别考虑的事项。

（二）需注意范围

在该范围内新建工程，可能对既有建筑物造成不利影响，但影响比较小，设计不需进行特别考虑，但施工时应对既有结构进行变形观测，变形过大时采取必要的防护措施。

（三）限制范围

即需采取措施的范围，该范围内新建施工会对既有建筑物造成较大影响，在设计阶段、施工前就要规划需采取的措施。Ⅲ区范围内施工属邻近施工，施工中必须对邻近既有建筑物采取保护措施，Ⅱ区属过渡区，施工时须注意。该范围的划分与新建工程、地质条件、既有建筑物有关。

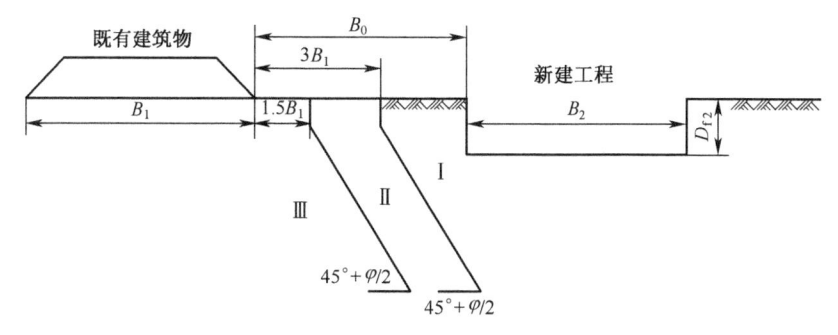

图 2-2 浅基坑开挖邻近程度判别

具体划分界限可用下列公式表示。

无条件范围：满足①或②的范围

① $B_0 > 3B_1$，当 $D_{f2} \leq D_{f1}$；

② $B_0 > (D_{f2} - D_{f1})\tan\left(45° - \dfrac{\varphi}{2}\right) + 3B_1$，当 $D_{f2} > D_{f1}$。

限制范围：

③ $B_0 < (D_{f2} - D_{f1})\tan\left(45° - \dfrac{\varphi}{2}\right) + 1.5B_1$，当 $D_{f2} > D_{f1}$。

式中：B_0——新建工程与既有基础的净距；

B_1——既有条形基础宽度；

D_{f1}——开挖基坑的宽度；

D_{f2}——开挖基坑的深度；

φ——土的内摩擦角。

这一计算适用于地质条件较好的工程，当邻近施工处在较差的地质条件时，新建工程的影响范围就会大很多。另外，以上判别公式一般适用于新建基础的长度与既有基础的长度相当，甚至大于既有基础的长度的情况，如两条并行线；如果在既有条形基础附近新建独立基础，相对而言基坑开挖不大，应力释放小，还产生空间效应，所以邻近施工的影响不大。

2.2.2 沉桩施工扰动效应力学分析

（一）沉桩过程挤土作用

在饱和黏土地基中沉桩，由于饱和黏土不排水抗剪强度很低，且弱渗透性、不排水时压缩性低，沉桩过程中桩周土体受强烈扰动，桩周土体受水平挤压，产生剪切变形，土颗粒之间孔隙自由水形成高超孔隙水压力，土体不排水抗剪强度随之降低，沉桩过程中与桩体积等量土体发生较大侧向位移和向上隆起。由于孔压消散及群桩叠加，位移和隆起的影响范围会逐渐进一步扩大（图 2-3）。

研究表明，沉桩在不同类型土中的挤土效应也不相同。黏性土地基沉桩区及邻近 10~15

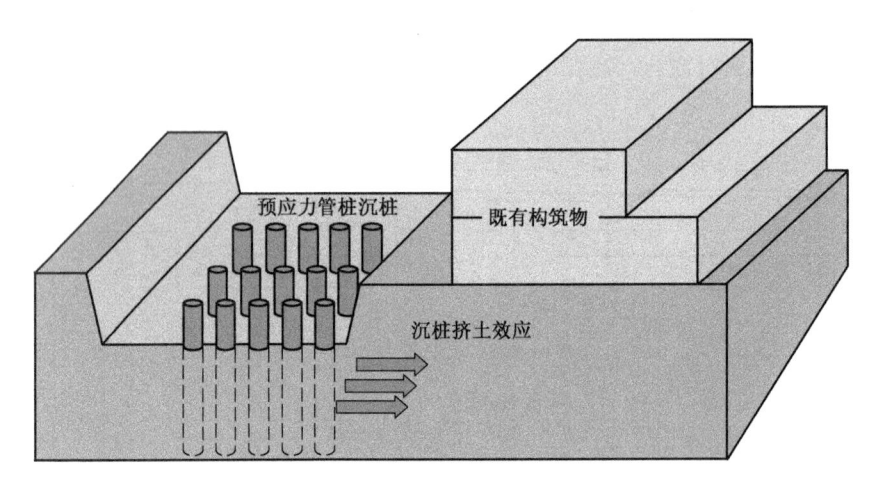

图 2-3 沉桩过程挤土示意

倍桩径范围内侧向位移和隆起达到最大值,后随距离增大而减小,影响范围约 1 倍桩长。软土地基其影响范围则可达 50 m。松散中密砂质地基影响区为 4~5 倍桩径。地基土特性对沉桩区地基土侧向位移和隆起及影响范围有明显影响。要精确计算沉桩地基土侧向位移、沉降等还比较困难。本节在测试的基础上通过圆孔扩张理论对沉桩过程邻近地基土位移应力变化进行估算,作为既有路基稳定评判的依据。

(二) 沉桩挤土圆孔扩张理论分析

圆孔扩张理论可包括球形孔扩张和圆柱形孔扩张两类理论。球形孔扩张理论将沉桩刺入过程视作桩尖球形孔扩张,桩尖由初始半径不断扩张直至桩径。沉桩过程中桩尖下沉被设为球形孔连续向下位移扩张的过程,基于此假设求出沉桩过程侧向压力与桩周土体位移解析解,球形孔扩张理论阐明了沉桩过程中桩尖的刺入过程,但没有对桩周土与桩相互作用进行解释。圆柱形孔扩张理论将沉桩过程视作土体中一定初始半径的柱形孔在不断挤压扩张至桩径的过程,把竖向沉桩转为土体水平向扩张过程,基于这一假设可将沉桩过程作为平面应变问题予以求解。

假定土体是理想各向同性均匀弹塑性材料,服从摩尔-库仑屈服准则,根据弹塑性理论可求出具有初始半径圆孔在均匀分布内压力作用下的解析解。在内压力作用下紧邻桩侧土体进入塑性区,塑性区以外土体仍处于弹性。沉桩过程中认为圆孔内压力不断增加,随内压增加桩周土塑性区域不断扩大,桩侧土体产生水平位移,同时圆孔半径由初始半径逐渐增至桩径大小,据此求出桩周土体应力和位移。考虑现场采用预应力管桩及土层特点,本节采用圆柱形孔扩张理论分析沉桩过程的挤土效应,对周边土体应力位移变化进行估算。

将沉桩过程视为不排水条件下平面应变轴对称的圆柱形孔扩张问题(图 2-4)。设圆孔的初始应力场 σ_0,初始孔径为 a_0。当均匀分布的内压力从 σ_0 增

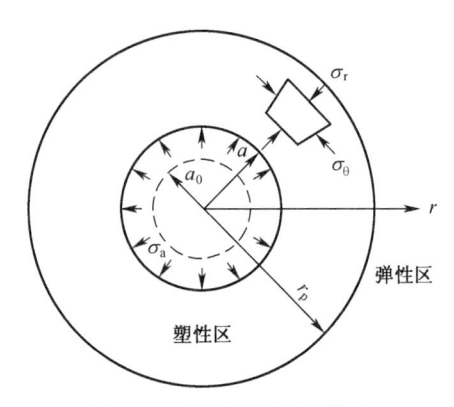

图 2-4 圆柱形孔扩张模型

大到 σ_a 时，孔径从 a_0 增大到 a。随内压力增加，圆孔周边圆柱形区域由弹性进入塑性状态，塑性区随压力 σ_a 增加不断扩大，图中 r_p 表示为塑性区半径。

计算假定主要由以下四点组成：①土体是均匀各向同性的理想弹塑性介质；②塑性区的平均体积应变设为 Δ，塑性区土体力忽略不计；③土体屈服服从摩尔-库仑屈服准则；④均布内压施加之前，土体受到水平向自重应力 q 作用。

圆柱形孔扩张理论弹性解，平面应变轴对称问题平衡方程为：

$$\frac{d\sigma_r}{dr} + \frac{\sigma_r - \sigma_\theta}{r} = 0 \tag{2-1}$$

几何方程为：

$$\varepsilon_r = \frac{du_r}{dr}, \quad \varepsilon_\theta = \frac{u_r}{r}$$

弹性阶段本构方程为广义虎克定律：

$$\varepsilon_r = \frac{1-\mu^2}{E}\left\{\sigma_r - \frac{\mu}{1-\mu}\sigma_\theta\right\} \tag{2-2}$$

$$\varepsilon_\theta = \frac{1-\mu^2}{E}\left\{\sigma_\theta - \frac{\mu}{1-\mu}\sigma_r\right\} \tag{2-3}$$

根据图 2-4 圆柱形孔扩张模型，扩张过程中的弹性区包括两个组成部分：

$$D = \begin{cases} r \mid r \geq a, & p \leq p_c \\ r \mid r \geq r_p, & p \geq p_c \end{cases} \tag{2-4}$$

其中，a 为扩张过程中的孔径，r 为扩张半径，p 为扩张压力，p_c 为孔壁塑性变形临界压力，r_p 为塑性区半径。

当初始应力场为 p_0 时，由边界条件可知：$r=a$，$\sigma_r=p$；$r=\infty$，$\sigma_r=p_0$，可得到弹性阶段应力场、位移场表达式：

径向应力：

$$\sigma_r = (p-p_0)\left(\frac{a}{r}\right)^2 + p_0 \tag{2-5}$$

切向应力：

$$\sigma_\theta = -(p-p_0)\left(\frac{a}{r}\right)^2 + p_0 \tag{2-6}$$

径向位移：

$$u_r = \frac{1+\mu}{E}(p-p_0)\left(\frac{a}{r}\right)^2 r \tag{2-7}$$

圆柱形孔扩张理论塑性解，在轴对称条件下对服从摩尔-库仑屈服条件的土体，材料的屈服表达式为：

$$\sigma_r - \sigma_\theta = (\sigma_r + \sigma_\theta)\sin\varphi + 2c\cos\varphi \tag{2-8}$$

即

$$\sigma_\theta = \sigma_r \frac{1-\sin\varphi}{1+\sin\varphi} - \frac{2\cos\varphi}{1+\sin\varphi} \tag{2-9}$$

根据平面应变轴对称问题平衡微分方程 $\frac{d\sigma_r}{dr} + \frac{\sigma_r - \sigma_\theta}{r} = 0$，得到：

$$\frac{d\sigma_r}{dr} + \frac{2\sin\varphi}{1+\sin\varphi}\frac{\sigma_r}{r} + \frac{2c\cos\varphi}{1+\sin\varphi}\frac{1}{r} = 0 \tag{2-10}$$

求齐次方程解，得到 $\sigma_r = Ar^{-\frac{2\sin\varphi}{1+\sin\varphi}}$，其中 A 为积分常数。

求解非齐次方程，得到 $\sigma_r = -c\cot\varphi + \dfrac{B}{r^{\frac{2\sin\varphi}{1+\sin\varphi}}}$，其中 B 为积分常数。根据边界条件，当 $r = R_u$（最终扩张半径），$\sigma_r = \sigma_p$（孔壁最终内压力）时，代入上式可得：

$$B = (p_u + c\cot\varphi)R_u^{\frac{2\sin\varphi}{1+\sin\varphi}} \tag{2-11}$$

即得到

$$\sigma_r = -c\cot\varphi + \dfrac{B}{r^{\frac{2\sin\varphi}{1+\sin\varphi}}} = (p_u + c\cot\varphi)\left(\dfrac{R_u}{r}\right)^{\frac{2\sin\varphi}{1+\sin\varphi}} - c\cot\varphi \tag{2-12}$$

基于体积平衡，即孔的体积变化等于弹塑性变化中的体积变化，可知，

$$\pi(R_u^2 - R_0^2) = \pi R_p^2 - \pi(R_p - u_p)^2 + \pi(R_p^2 - R_u^2)\Delta \tag{2-13}$$

即

$$1 + \Delta = 2u_p \dfrac{R_p}{R_u^2} + \dfrac{R_p^2}{R_u^2}\Delta$$

其中，R_u 为桩径，R_p 为塑性区半径（弹塑性交界处），u_p 为弹塑性交界处位移，Δ 为塑性区平均体积应变。

取 $r = R_p$，$\sigma_r = \sigma_p$ 时，根据弹性解中已得到：

$$u_r = \dfrac{1+\mu}{E}(p - p_0)\left(\dfrac{a}{r}\right)^2 r \tag{2-14}$$

则：

$$u_p = \dfrac{1+\mu}{E}(\sigma_p - p_0)R_p \tag{2-15}$$

将 $\sigma_p = (p_u + c\cot\varphi)\left(\dfrac{R_u}{R_p}\right)^{\frac{2\sin\varphi}{1+\sin\varphi}} - c\cot\varphi$ 代入得到：

$$u_p = \dfrac{1+\mu}{E}R_p\left[(p_u + c\cot\varphi)\left(\dfrac{R_u}{R_p}\right)^{\frac{2\sin\varphi}{1+\sin\varphi}} - c\cot\varphi - p_0\right] \tag{2-16}$$

只要确定塑性区最终半径 R_p、最终孔压力 p_u 即可求得最终位移 u_p。

由体积平衡方程得到：

$$1 + \Delta = 2\left\{\dfrac{1+\mu}{E}R_p\left[(p_u + c\cot\varphi)\left(\dfrac{R_u}{R_p}\right)^{\frac{2\sin\varphi}{1+\sin\varphi}} - c\cot\varphi - p_0\right]\right\}\dfrac{R_p}{R_u^2} + \dfrac{R_p^2}{R_u^2}\Delta \tag{2-17}$$

当 $r = R_p$，$\sigma_r = \sigma_p = -\sigma_\theta$，根据屈服表达式，则有 $\sigma_p = c\cos\varphi$

即 $\sigma_p = (p_u + c\cot\varphi)\left(\dfrac{R_u}{R_p}\right)^{\frac{2\sin\varphi}{1+\sin\varphi}} - c\cot\varphi = c\cos\varphi$

则有：

$$(p_u + c\cot\varphi)\left(\dfrac{R_u}{R_p}\right)^{\frac{2\sin\varphi}{1+\sin\varphi}} = c\cot\varphi + c\cos\varphi \tag{2-18}$$

代入上式中得到

$$1+\Delta = 2\left\{\frac{1+\mu}{E}R_{\mathrm{p}}c\cos\varphi\right\}\frac{R_{\mathrm{p}}}{R_{\mathrm{u}}^2} + \frac{R_{\mathrm{p}}^2}{R_{\mathrm{u}}^2}\Delta = 2\left[\frac{1+\mu}{E}c\cos\varphi + \Delta\right]\frac{R_{\mathrm{p}}^2}{R_{\mathrm{u}}^2} \tag{2-19}$$

$$R_{\mathrm{p}} = R_{\mathrm{u}}\sqrt{\frac{1+\Delta}{2\left[\dfrac{1+\mu}{E}c\cos\varphi + \Delta\right]}} \tag{2-20}$$

$$P_{\mathrm{u}} = \frac{c\cot\varphi + c\cos\varphi}{\left(\dfrac{R_{\mathrm{u}}}{R_{\mathrm{p}}}\right)^{\frac{2\sin\varphi}{1+\sin\varphi}}} - c\cot\varphi = \frac{c\cot\varphi + c\cos\varphi}{\left(\sqrt{\dfrac{2\left[\dfrac{1+\mu}{E}c\cos\varphi + \Delta\right]}{1+\Delta}}\right)^{\frac{2\sin\varphi}{1+\sin\varphi}}} - c\cot\varphi \tag{2-21}$$

得到 $r=R_{\mathrm{p}}$ 时，弹塑性交界处径向位移为：

$$u_{\mathrm{p}} = \frac{1+\mu}{E}R_{\mathrm{p}}\left[(p_{\mathrm{u}} + c\cot\varphi)\left(\frac{R_{\mathrm{u}}}{R_{\mathrm{p}}}\right)^{\frac{2\sin\varphi}{1+\sin\varphi}} - c\cot\varphi - p_0\right] = \frac{1+\mu}{E}R_{\mathrm{u}}\sqrt{\frac{1+\Delta}{2\left[\dfrac{1+\mu}{E}c\cos\varphi + \Delta\right]}}[c\cos\varphi - p_0] \tag{2-22}$$

结合土体本构方程，得到塑性区径向位移解答，并有其径向应力解答：

$$\sigma_{\mathrm{r}} = (p_{\mathrm{u}} + c\cot\varphi)\left(\frac{R_{\mathrm{u}}}{r}\right)^{\frac{2\sin\varphi}{1+\sin\varphi}} - c\cot\varphi + p_0$$

$$= \left[\frac{c\cot\varphi + c\cos\varphi}{\left(\sqrt{\dfrac{2\left[\dfrac{1+\mu}{E}c\cos\varphi + \Delta\right]}{1+\Delta}}\right)^{\frac{2\sin\varphi}{1+\sin\varphi}}}\right]\left(\frac{R_{\mathrm{u}}}{r}\right)^{\frac{2\sin\varphi}{1+\sin\varphi}} - c\cot\varphi + p_0$$

$$u_{\mathrm{r}} = \frac{1+\mu}{E}\left(\frac{c\cot\varphi + c\cos\varphi}{\left(\sqrt{\dfrac{2\left[\dfrac{1+\mu}{E}c\cos\varphi + \Delta\right]}{1+\Delta}}\right)^{\frac{2\sin\varphi}{1+\sin\varphi}}} - c\cot\varphi - p_0\right)\left(\frac{R_{\mathrm{u}}}{r}\right)^2 r \tag{2-23}$$

在此，需要得到合理的塑性区平均体积应变 Δ，其真实数值较难获取，需要通过三轴剪切试验或其他解析计算来确定。考虑其是塑性区应力状态的函数，在确定塑性区土体应力状态后可确定平均体积应变。

图 2-5 中应力路径 AB 即圆孔达到塑性状态，随后扩张应力继续增大形成塑性区，即应力路径 BC。体积变化主要决定于初始与最终的位置，因此不考虑其应力路径，塑性区体积可用路径 AD 与 DC 体积变化总和来表示。

首先求解应力路径 AD 对应的体积应变 $\varepsilon_{\mathrm{vAD}}$，根据平面应变状态可知：

$$\Delta\sigma_{\mathrm{rr}} = \Delta\sigma_{\theta\theta} = \sigma_{\mathrm{p}} - \sigma_{\mathrm{m}} = \frac{\sigma_{\mathrm{rr}} - c\cos\varphi}{1+\sin\varphi} - \sigma_{\mathrm{m}} \tag{2-24}$$

$$\Delta\sigma_{zz} = 2\mu\Delta\sigma_{\mathrm{rr}} \tag{2-25}$$

根据弹性阶段本构关系可知：

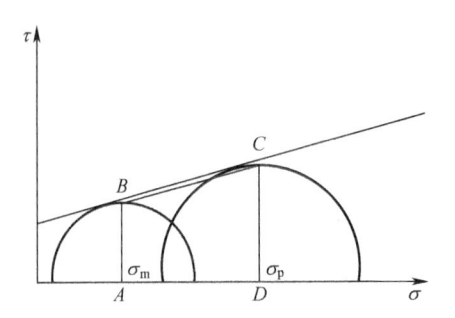

图 2-5 圆孔扩张应力路径示意图

$$\varepsilon_{rr} = \varepsilon_{\theta\theta} = \frac{\Delta\sigma_{rr}}{E} - \frac{\mu}{E}(\Delta\sigma_{\theta\theta} + \Delta\sigma_{zz}) = \frac{(1 + \mu - 2\mu^2)}{E}\left(\frac{\sigma_{rr} - c\cos\varphi}{1 + \sin\varphi} - \sigma_m\right) \quad (2\text{-}26)$$

小应变条件下，$\varepsilon_v = 1 - (1 - \varepsilon_{rr})(1 - \varepsilon_{rr})(1 - \varepsilon_{\theta\theta}) = \varepsilon_{rr} + \varepsilon_{\theta\theta} - \varepsilon_{rr}\varepsilon_{\theta\theta}$ （2-27）

则有路径 AD 体积应变 ε_{vAD} 的解答为：

$$\varepsilon_{vAD} = \frac{(1 - \mu - 2\mu^2)}{E}\left(\frac{\sigma_{rr} - c\cos\varphi}{1 + \sin\varphi} - \sigma_m\right)\left[2 - \frac{(1 - \mu - 2\mu^2)}{E}\left(\frac{\sigma_{rr} - c\cos\varphi}{1 + \sin\varphi} - \sigma_m\right)\right] \quad (2\text{-}28)$$

然后求解应力路径 DC 对应的体积应变 ε_{vDC}：

$$\Delta\sigma_{rr} = -\Delta\sigma_{\theta\theta} = \sigma_{rr} - \sigma_p = \frac{\sigma_{rr}\sin\varphi + c\cos\varphi}{1 + \sin\varphi} \quad (2\text{-}29)$$

这一阶段尚没有达到塑性平衡，径向应变增加对应切向应变的减少：

$$\varepsilon_{rr} = -\varepsilon_{\theta\theta} = -\frac{1 + \mu}{E}(\sigma_{rr} - \sigma_p) = -\frac{1 + \mu}{E}\left(\frac{\sigma_{rr}\sin\varphi + c\cos\varphi}{1 + \sin\varphi}\right) \quad (2\text{-}30)$$

同样根据小应变条件下，$\varepsilon_v = 1 - (1 - \varepsilon_{rr})(1 - \varepsilon_{\theta\theta}) = \varepsilon_{rr} + \varepsilon_{\theta\theta} - \varepsilon_{rr}\varepsilon_{\theta\theta}$ （2-31）

得到路径 DC 体积应变 ε_{vDC} 的解答为：

$$\varepsilon_{vDC} = \left[\frac{1 + \mu}{E}\left(\frac{\sigma_{rr}\sin\varphi + c\cos\varphi}{1 + \sin\varphi}\right)\right]^2 \quad (2\text{-}32)$$

则有塑性区体积应变

$$\varepsilon_v = \varepsilon_{vAD} + \varepsilon_{vDC} \quad (2\text{-}33)$$

由体积平衡可知，

$$\sum \varepsilon_v dV = \pi(R_p^2 - R_u^2)\Delta \quad (2\text{-}34)$$

即

$$\Delta = \frac{\sum \varepsilon_v dV}{\pi(R_p^2 - R_u^2)} \quad (2\text{-}35)$$

基于上述推导，Δ 的理论解可通过以下步骤确定。

①先设定一个塑性区平均体积应变值 Δ_1，计算求得塑性区内应力状态。

②将应力状态各计算参量代入求解 $\varepsilon_v = \varepsilon_{vAD} + \varepsilon_{vDC}$，得到修正 Δ_2。

③采用修正的 Δ_2 重复上述步骤，当 Δ_n 与 Δ_{n+1} 相差不大时，即得到塑性区平均体积应变 Δ。

（三）群桩沉桩过程位移解答

在单个圆柱形孔扩张解答基础上，采用叠加法求得群桩沉桩过程中产生的土体位移，如

图 2-6 所示。

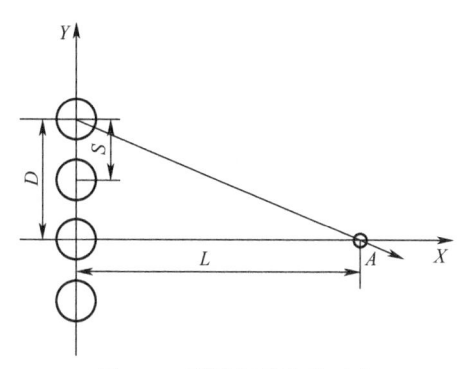

图 2-6 群桩沉桩位移示意

其中，u_i 表示第 i 根桩沉桩在 A 点处产生的土体总位移，u_{ix} 为第 i 根桩沉桩在 A 点处产生的径向位移。L 为排桩到 A 点垂直距离，S 为桩间距，D 为排桩地表总长 1/2。根据叠加法，排桩在 A 点产生的径向位移为：

$$u_\text{叠} = \frac{2}{S}\int_0^D \frac{Lu_r}{\sqrt{L^2+y^2}}dy \tag{2-36}$$

基于单桩径向位移计算表达式计算得到：

$$u_r = \frac{1+\mu}{E}\left(\frac{ccot\varphi+ccos\varphi}{\left(\sqrt{\frac{2\left[\frac{1+\mu}{E}ccos\varphi+\Delta\right]}{1+\Delta}}\right)^{\frac{2sin\varphi}{1+sin\varphi}}}-ccot\varphi-p_0\right)\left(\frac{R_u}{r}\right)^2 r \tag{2-37}$$

即可积分求解得到群桩产生的径向位移叠加：

$$u_\text{叠} = \frac{2}{S}\int_0^D \frac{L}{\sqrt{L^2+y^2}}\frac{1+\mu}{E}\left(\frac{ccot\varphi+ccos\varphi}{\left(\sqrt{\frac{2\left[\frac{1+\mu}{E}ccos\varphi+\Delta\right]}{1+\Delta}}\right)^{\frac{2sin\varphi}{1+sin\varphi}}}-ccot\varphi-p_0\right)\left(\frac{R_u}{r}\right)^2 rdy \tag{2-38}$$

2.3 邻近既有构筑物的预应力管桩施工过程数值模拟

2.3.1 数值计算模型的建立

京沪高速公路济南连接线 JK5+125.63~JK5+227 段桩长为 12m，桩间距 2.4m，最内侧一排管桩与邻近既有构筑物距离为 6.8m，该区段是管桩施工过程中距离既有构筑物最近的位置，在地层条件差别不大的前提下，最近间距会产生最不利影响，因此选取该区段某断面作为模拟计算对象（图 2-7）。

(一) 物理模型

路基属于长条基础范畴，理论研究与测试数据表明，沿路基纵向路基结构内部变形与应

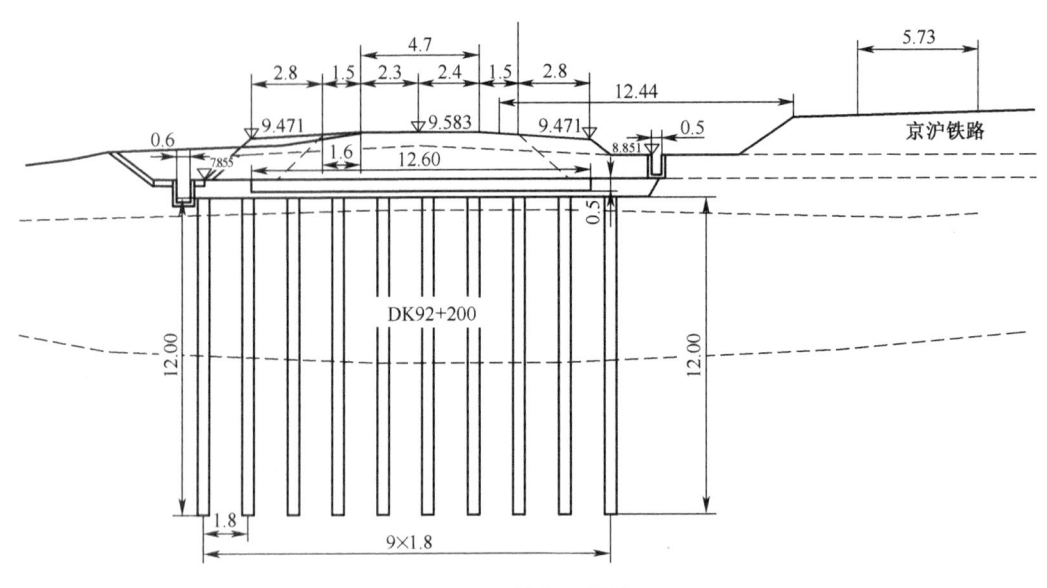

图 2-7 横断面设计

力分布规律基本相似，因此建立平面应变模型可以实现路基状态仿真；依据现场土层分布特点、路基尺寸，设计模型 60 m×40 m，可以有效反映沉桩过程影响范围，同时避免减少无谓的计算量。采用板单元模拟桩体，桩径采用等效厚度；引入接触面单元模拟桩基础与土相互作用。

模拟地基土深度至 25 m；根据相关静力触探资料，划分五个土层；路堤填土高 1.5 m，预压土 2 m；路堤填料底部 0.7 m 碎石垫层+0.5 m 承载板；桩径 0.5 m，桩长 12 m；新建线路中心线距既有构筑物中心 18 m。

项目试验段桩采取正方形排列，采用面积等效方法先将离散的桩按面积等效，即置换率相同的原则简化为连续桩体，然后截取垂直于横向平面内的单位宽度部分作为计算图式。如图 2-8，有限元分析模拟为 2-D 平面应变，等效的桩的模量值可以用实际的桩的模量来推导，在平面应变条件下，桩单元可以等效为宽度为桩直径的条形板桩。

模拟中所作的主要假定和简化如下。

①所有土层以及路堤填料、碎石垫层假定为遵守摩尔-库伦模型，混凝土板采用线弹性模型。

②所有土体、路堤填料以及碎石垫层均不承受拉力，即拉伸截断强度为 0。

③采用界面单元，模拟 CFG 桩与土的接触问题，其中的界面强度折减系数依经验而定，一般对于黏土/混凝土相互作用，$R_{inter} \approx 1.0 - 0.7$；砂土/混凝土相互作用，界面折减系数 $R_{inter} \approx 1.0 - 0.8$。

④管桩采用板单元模拟，采用强度 EA 与刚度 EI 确定等效厚度。

⑤采用 Plaxis 推荐的固定边界，即左右两侧水平固定，模拟无侧限情况，底部完全固定。

⑥关闭的固结边界，由于路堤左右对称，对称中心无渗流发生，即无固结发生，需要关闭；底部以下为岩体，认为不透水，因此也需关闭。故关闭的固结边界有左右两侧及底部土层边界。

对于（一）粉质黏土层和①淤泥质黏土层处在浅层，所受的自重压力不大，不考虑压缩模量随深度的变化；对于（二）粉质黏土层，考虑压缩模量随深度而增加的效果，增量取为 500 kPa/m。

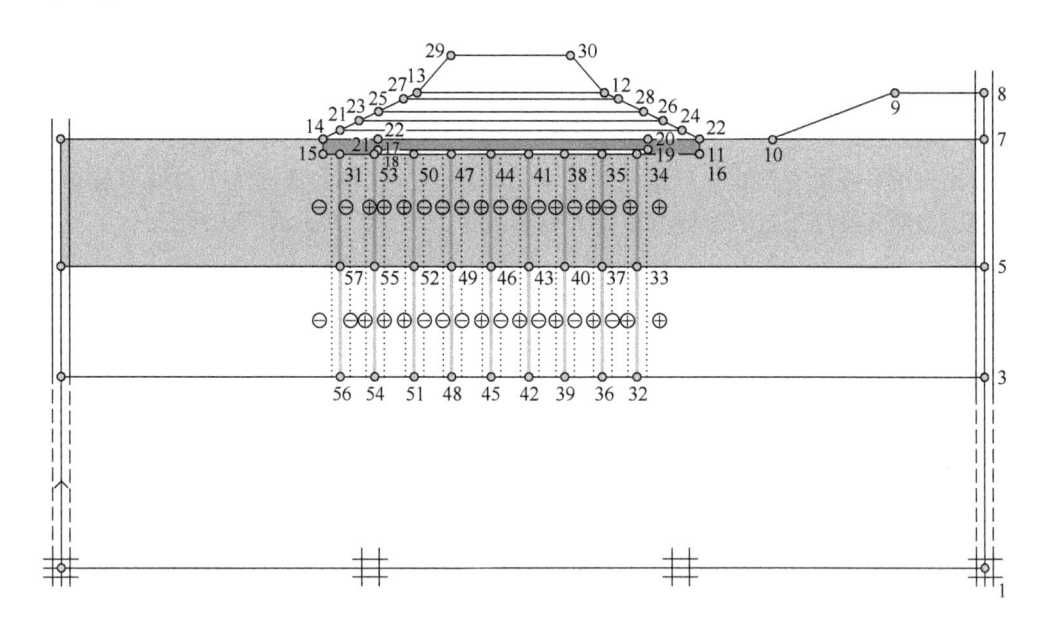

图 2-8 典型断面有限元模型

（二）材料参数

土层分层根据静力触探，各项土体物理力学参数根据室内土工试验得到（表 2-3）。

表 2-3 土层材料主要参数指标

土层名称	土层厚度	本构模型	饱和容重	杨氏模量 E（MPa）	泊松比	粘聚力 C（KPa）	内摩擦角 φ	渗透系数（cm/s）垂直 k_V	渗透系数（cm/s）水平 k_H
人工填土	1.9	摩尔-库仑	20	3	0.35	10	35	1	1
Q4 粉土	3.3	摩尔-库仑	17.7	5.80	0.3	29.24	6.64	1.46E-08	5.65E-08
Q4 粉质黏土夹淤泥	8.0	摩尔-库仑	20.2	2.60	0.3	69.65	27.45	3.15E-06	3.84E-05
Q4 粉质黏土	5.6	摩尔-库仑	17.5	8.60	0.3	20.70	3.82	9.45E-08	4.31E-06
Q4 粉质黏土	0.9	摩尔-库仑	19.0	7.30	0.3	43.82	16.47	5.28E-08	2.05E-08
Q3 黏土	7.3	摩尔-库仑	20.4	8.50	0.3	37.00	17.10	4.34E-07	5.86E-07
路堤土	1.5	摩尔-库仑	20	3	0.35	1.0	30	1.0	1.0
碎石垫层	0.7	摩尔-库仑	50	100	0.15	0	40	1.0	1.0

利用板单元对桩体进行模拟，不过由于 Plaxis 的板单元模拟的是板桩墙，在平面外是无限长的板单元，而 CFG 桩体为圆柱体单元，因此需要对 CFG 桩模量 E 进行转换，将空间问题转化为平面问题计算（表 2-4）。

$$E_{sp} = \frac{\pi d}{4s}E_p + \left(1 - \frac{\pi d}{4s}\right)E_s$$

表 2-4 桩材料参数

名称	本构模型	抗弯刚度	轴向刚度	等效厚度	容重	泊松比
管桩	线弹性	0.12E6	12E6	0.5	8.3	0.15

(三) 模拟工况

为对比验证紧临既有构筑物静压施工工法的有效性，并揭示管桩施工对既有构筑物内在影响机理，参照实际施工过程，建立数值计算模型考虑表 2-5 中所示的几种工况：

表 2-5 模拟工况

序　号	工　　况
1	静置
2	开挖
3	沉桩
4	路基填筑（1~5 分层填筑）

模拟不同施工阶段工况的同时，考虑新工法的特点，建立对比计算模型。
①对比模型模拟设置应力消散孔，分析其减压作用。
②进行动力分析，模拟打桩过程，研究振动打桩与静压施工影响效果。

2.3.2 计算结果分析

(一) 静压管桩施工过程影响分析

计算得到沉桩后路基模型位移分布云图（图 2-9），可见桩对周边地基土的挤压作用较为

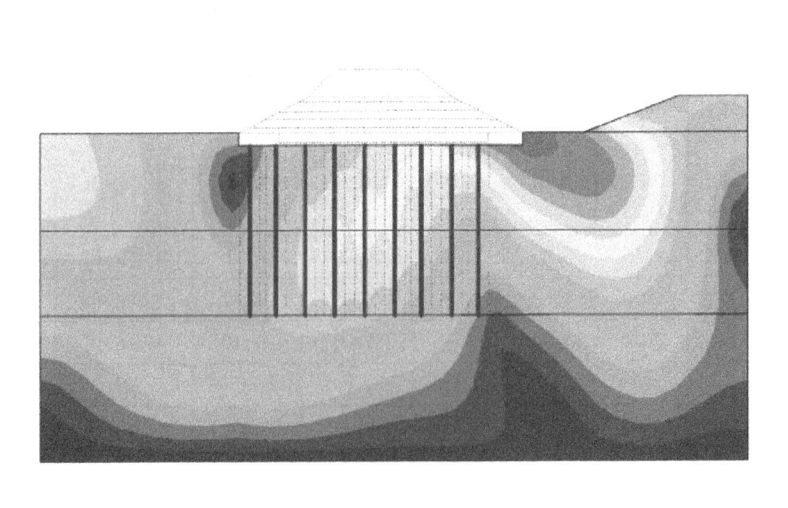

Total displacements(Utol)
Extreme Utol 5.49 10⁻³ m

图 2-9 总体位移云图

明显，主要集中在开挖基坑坡脚位置，沉桩后整个地基向既有构筑物的方向总体位移产生6~7 mm变形；越靠近既有构筑物，随既有构筑物荷载附加应力的增大，沉降变形朝向既有构筑物方向的分布逐渐削弱并最终完全抵消。

为明确整个施工过程新线与既有构筑物之间地基土侧向位移变化规律，于两线中间位置提取计算数据，分析得到深层地基土水平位移分布及变化规律（图2-10）。可知，新建公路基底开挖阶段，由于上部土体卸载，两线之间向新线方向的挤压变形明显，随着管桩施工完成对新线地基的加固，变形出现回弹，既有构筑物对新线的挤压变形减弱，至后期新线路基填土加载，变形发生逆转，出现了向既有构筑物的挤压变形。

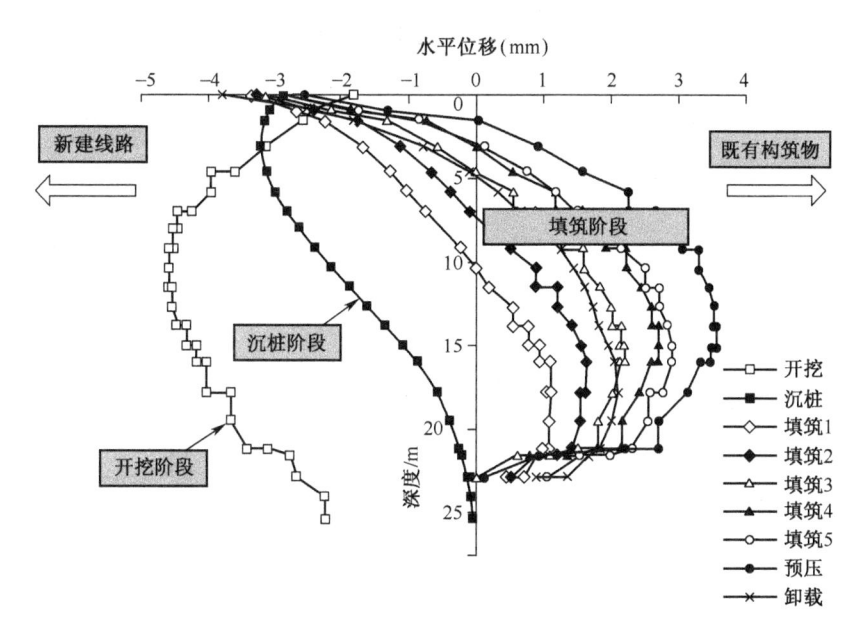

图2-10 地基水平位移分布及变化规律曲线

施工开挖沉桩初期，新线地表土体出现上拱现象，与之对应既有构筑物基底则发生了沉降变形；随填土加载，荷载引起的附加应力使得新建路基逐渐发生沉降，同时新建地基压缩变形速度快于既有构筑物地基变形，从而引起既有构筑物基底出现一定程度的回弹变形（图2-11）。

在施工沉桩阶段，桩群与既有构筑物之间深层地基土侧向应力分布及变化与位移变化有相似的规律，开挖初期朝向新建路基方向产生挤压应力，可达0.008MPa。沉桩之后，管桩对新线地基起到了加固作用，挤压应力明显减小，随着填土荷载增加，应力方向发生逆转，由新线向既有构筑物发生挤压，期间伴随着预压土的卸载，应力出现一定程度的回弹（图2-12）。

（二）静压管桩施工应力释放孔作用分析

管桩施工工艺中，管桩施打以前应先设置0.5 m直径的应力释放孔。对比分析云图（图2-13）可以发现，沉桩阶段，应力释放孔周围出现应力集中现象，而在释放孔与既有构筑物之间总应力分布则发生明显变化，由原来未设孔时的较规则一致的挤向压力，变为与深层地基土自重应力类似的沿深度变化的分布形式，应力普遍小于未设置释放孔的地基模型，应力

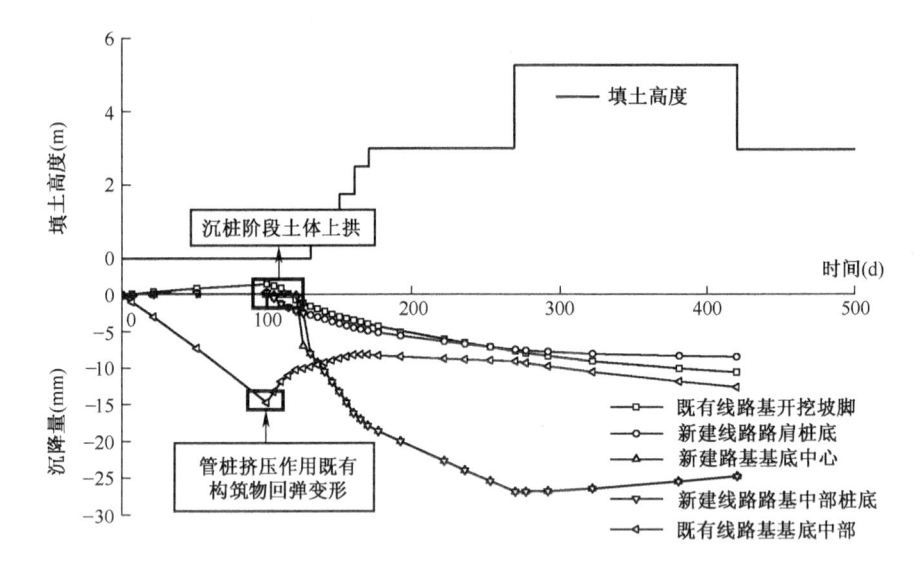

图 2-11 地基沉降变化规律

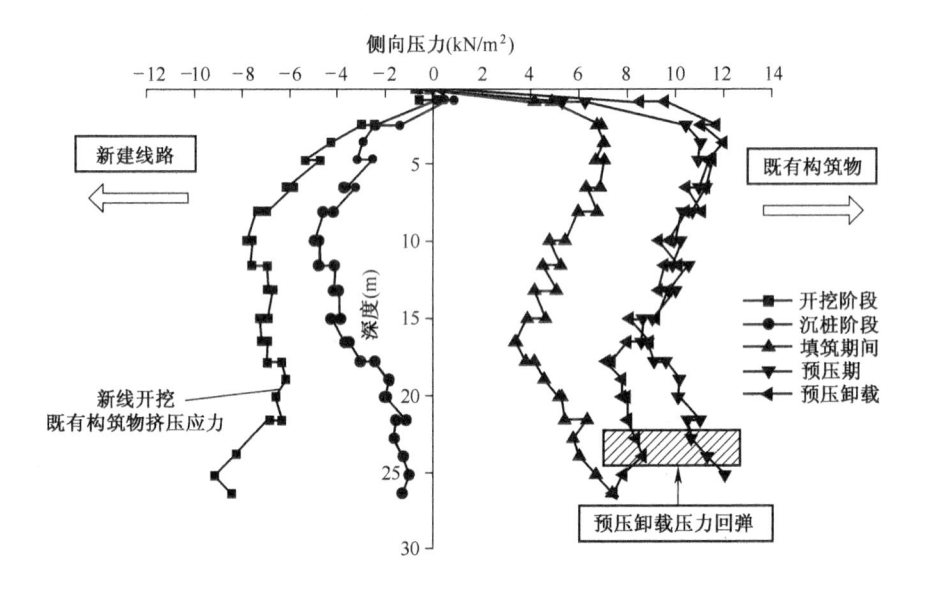

图 2-12 侧向压力分布曲线

释放孔在改变地基应力分布方面作用明显。

为明确了解应力分布改变大小，提取释放孔与既有构筑物之间的侧向应力数据绘制其分布曲线（图2-14）。可见其整体规律改变明显，水平方向上侧向应力由原来的一致挤压力变为不规则应力分布形式，在孔底位置出现弯点；由于采用的是静压施工，管桩沉桩过程对既有构筑物挤压作用并不明显，但地基加固效果明显，可以减弱或抵消新线土体卸载与既有构筑物上部荷载引起的附加应力，而应力释放孔的作用，则使得侧向挤压应力进一步减弱甚至发生逆转。

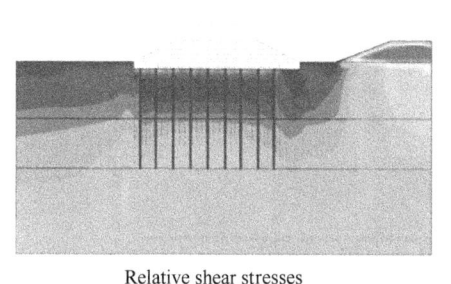

(a) 无应力释放孔模型剪应力分布云图　　　　(b) 应力释放孔模型剪应力分布云图

图 2-13　应力释放孔对地基总应力分布影响对比

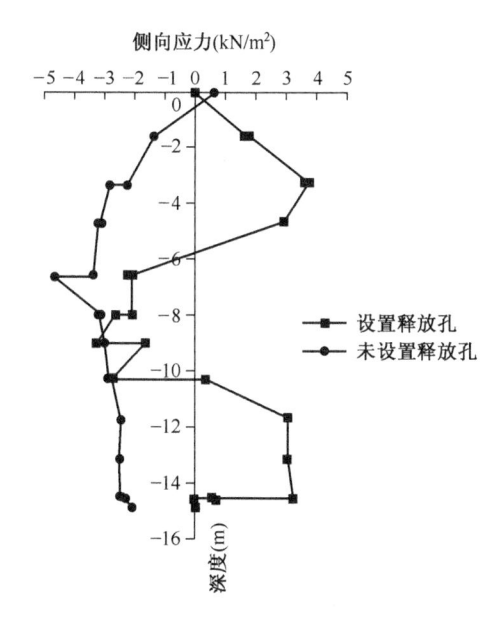

图 2-14　侧向压力分布曲线

（三）打桩与静压施工效果分析

从桩（顶点）的时间位移曲线（图 2-15）中可以看出：由于单次冲击产生的桩顶最大沉降为 18 mm，最终沉降为 5 mm。大部分的沉降发生在第三步冲击结束后。这是因为压缩波沿着桩体向下传播，引起附加沉降。虽然没有瑞利阻尼，但由于土体的塑性和振动波能量在模型边界上被吸收，桩体的振动逐渐减弱。

当查看第二工序的输出结果时（$t=0.01$ s，冲击发生后），可以发现在桩周围产生了很大的超孔隙水压力，这减小了土体的抗剪强度（图 2-16、图 2-17）。

图 2-18、图 2-19 显示动载施打过程中由桩体向周边土体传递剪应力的扩散过程。可见地基动力响应大体呈波形扩散，影响范围水平方向达到 25~30 m，深度在桩端以下 5~10 m。

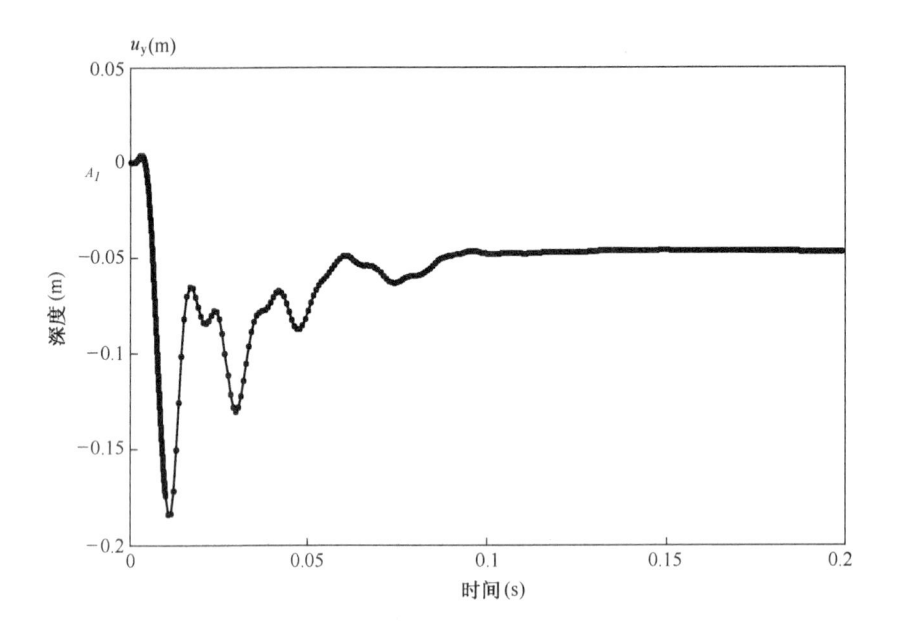

图 2-15 桩沉降-时间位移曲线

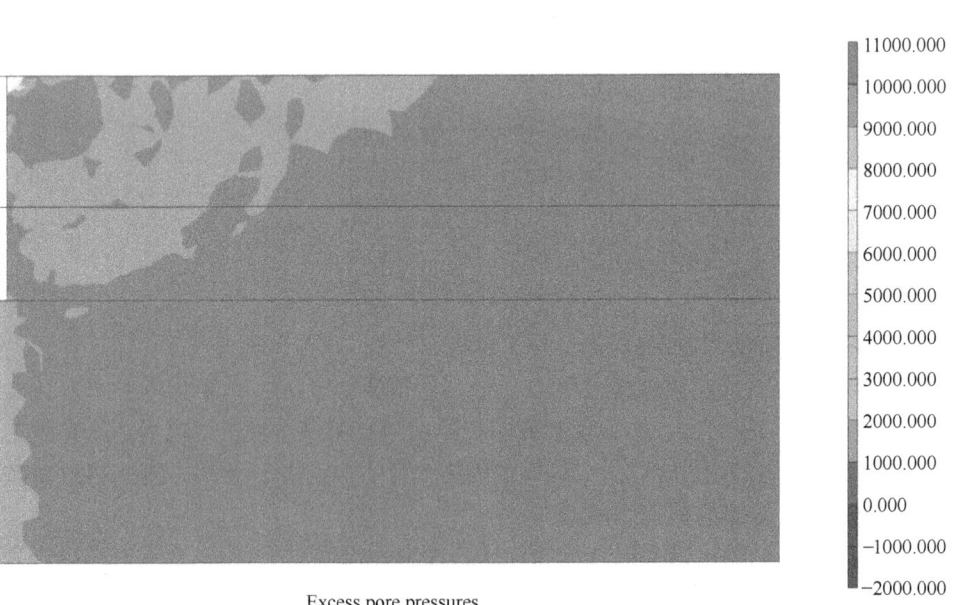

Excess pore pressures
Extreme excess pore pressure 10.48*10³ kN/m²
(pressure=negative)

图 2-16 打桩过程动力响应超孔隙水压分布（$T=0.01$ s）

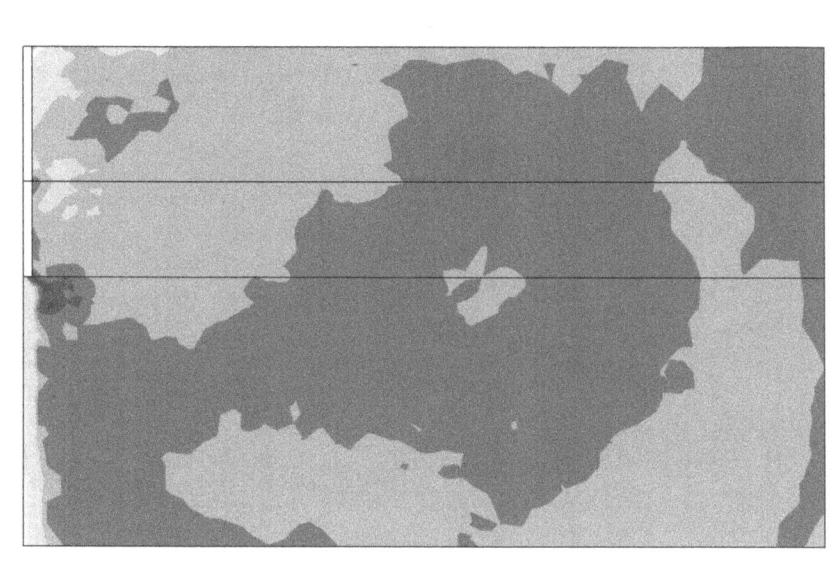

Excess pore pressures
Extreme excess pore pressure 254.00 kN/m²
(pressure=negative)

图 2-17　打桩过程动力响应超孔隙水压分布（$T=0.2$ s）

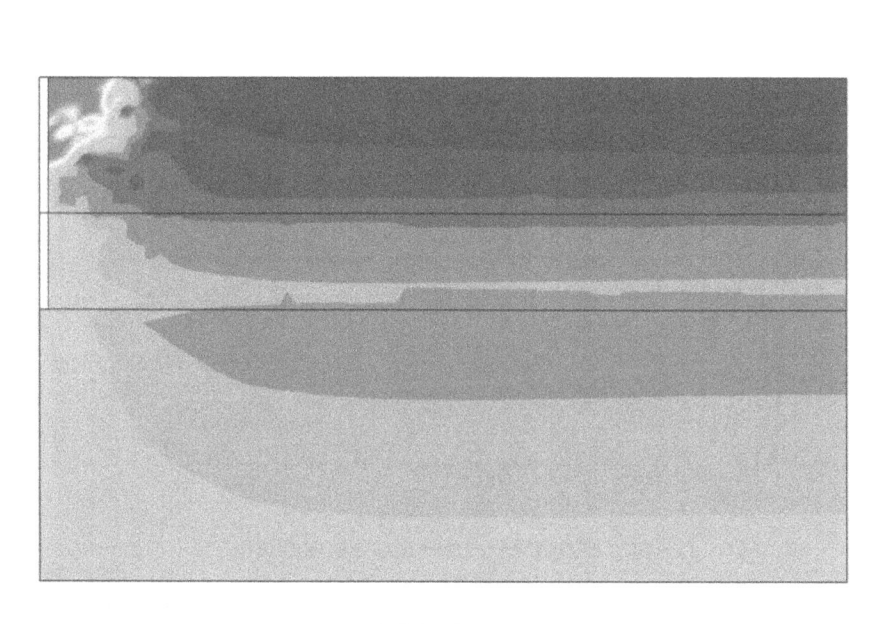

Relative shear stresses
Extreme relative shear stress 1.00

图 2-18　打桩过程动力响应剪应力分布（$T=0.001$ s）

目前结构物振动限值多用振动速度表征，因此研究打桩过程的振动速度变化具有重要意义。管桩施打过程中土体振动速度峰值达到 1.3 cm/s，振动速度扩散形态、影响范围与剪应

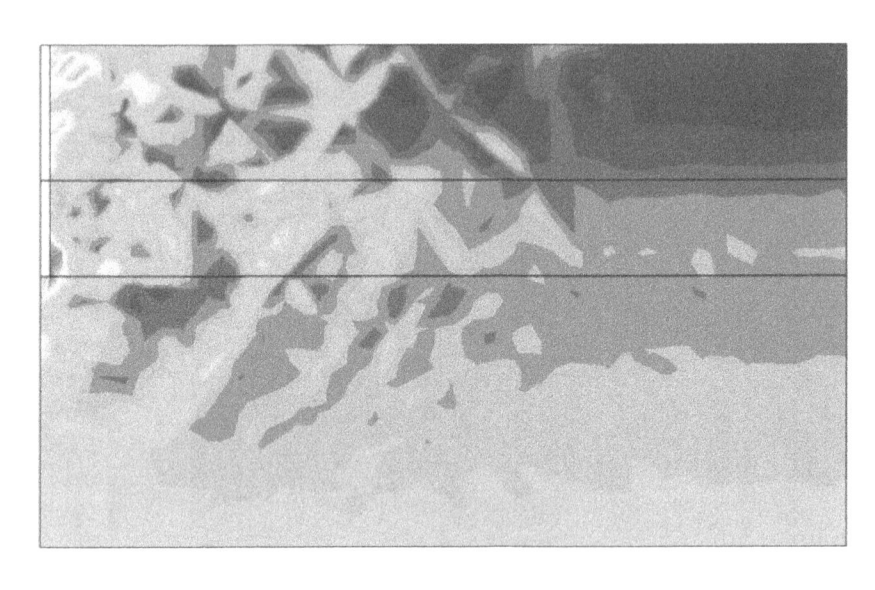

Relative shear stresses
Extreme relative shear stress 1.00

图 2-19　打桩过程动力响应剪应力分布（$T=0.2$ s）

力分布类似。图 2-20 显示了桩顶振动速度时程变化，由加载初期的 40 cm/s 逐渐衰减为 0。

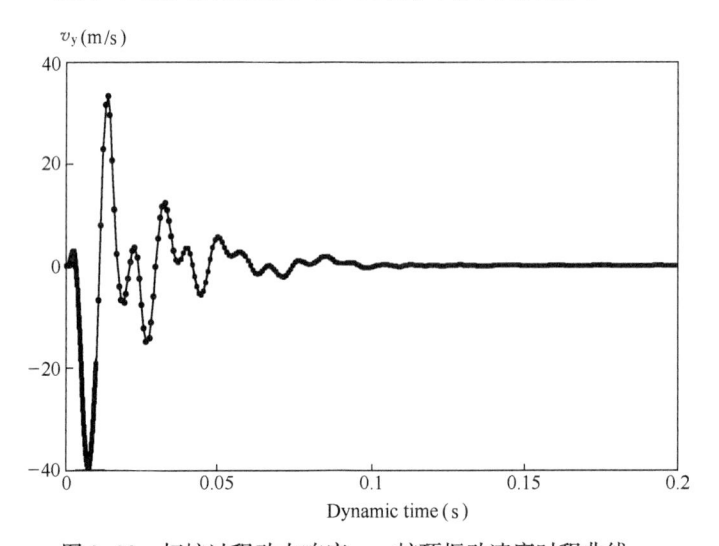

图 2-20　打桩过程动力响应——桩顶振动速度时程曲线

提取距离桩体 12 m 范围接近地表处监测点振动位移数据，可见经过初期的振荡之后，位移曲线振动中轴线最终在 2 mm 水平上，表明此处监测点产生了 2 mm 的塑性变形，可以理解为管桩施工引起的地基土变形（图 2-21）。

（四）静压施工与动力施打数据对比分析

从应力水平、变形两个角度对比分析静压施工与施打对周边土体的影响。从云图可以发现，二者应力影响范围的差异明显，静压施工主要引起桩周土体应力场变化，而管桩施打则

第 2 章 邻近既有构筑物的静压预应力管桩施工技术

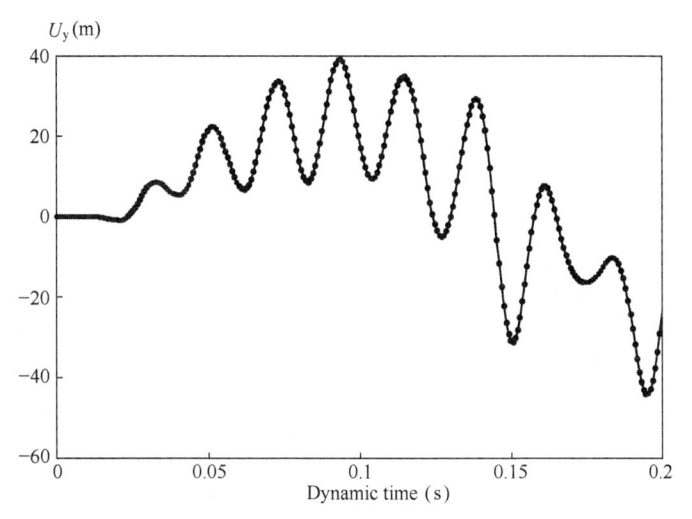

图 2-21 打桩过程动力响应——振动位移时程变化曲线

造成 10 m×25 m 范围内应力场的显著变化。同时，施工剪应力水平（0.358 MPa）大于静压施工（0.301 MPa）；位移场变化也大为迥异，静压施工对周边土体有规则的挤密作用，产生 1.49 mm 的累积变形，施打过程对桩周土体的影响巨大，产生了 66 mm 的位移（图 2-22）。

Relative shear stresses
Extreme relative shear stress 1.00
静压施工（0.30 MPa）

Relative shear stresses
Extreme relative shear stress 1.00
动力施打（0.36 MPa）

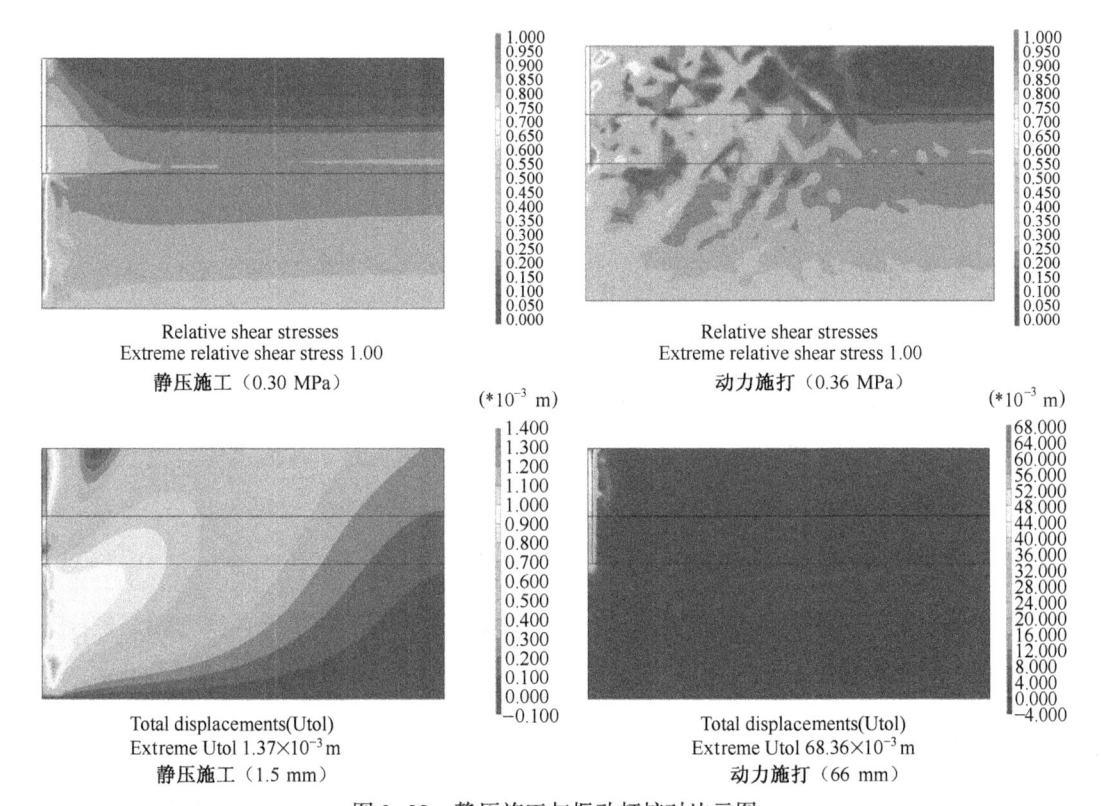

Total displacements(Utol)
Extreme Utol 1.37×10⁻³ m
静压施工（1.5 mm）

Total displacements(Utol)
Extreme Utol 68.36×10⁻³ m
动力施打（66 mm）

图 2-22 静压施工与振动打桩对比云图

图 2-23 显示距离管桩 10 m 位置地基土的应力变形分布情况，对比不同沉桩顺序挤土效

果，应力深度分布曲线显示，当采用跳打施工沉桩时，前后都有桩对地基的加固挤密，打桩造成的扰动小于正常顺序施工。由于在这里采用的是动力施打，数据体现地基的动力响应，位移数据分布有一定的离散性，但总体上顺序施工造成的累积位移量值明显大于跳打施工。

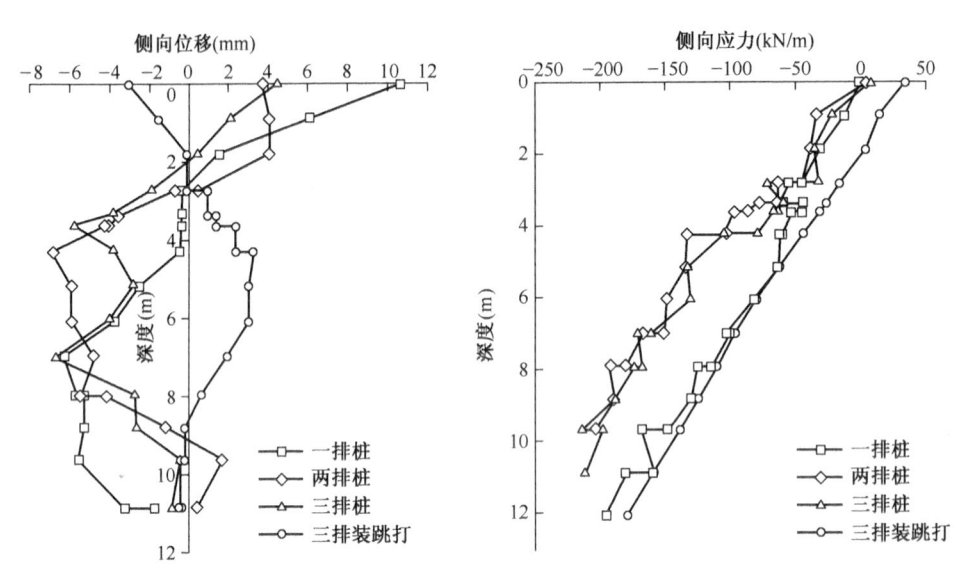

图 2-23 距离管桩 10 m（既有构筑物位置）侧向位移与侧向应力深层分布曲线

2.4 邻近既有构筑物的预应力管桩静压施工工艺

2.4.1 工艺特点

①可有效解决预应力管桩施工的挤土效应对邻近既有构筑物的影响。

②通过在管桩与邻近构筑物之间设置应力释放孔，对管桩施工的挤土效应进行有效释放，阻断土体继续向既有构筑物的传递，可确保既有构筑物的安全。

③该方法操作简单、无振动力、安全可靠，无施工噪声，对于在城市等居民区附近施工的管桩，有利于环保。

2.4.2 适用范围

适用于邻近既有公路和既有构筑物等软土地基采用管桩施工的情况，其他预制桩如方桩等的施工也可参照此工法。

2.4.3 工艺原理

管桩施工前，先应力释放孔的设置施工，采用碎石注浆桩机钻孔取土，直径设为 50 cm，布设在距既有构筑物最近的管桩外 1~2 m 处，平行既有构筑物 3~5 m 布置，孔深一般为相邻桩长的一半，钻孔完毕后用碎石及时填充。应力释放孔施工完毕后再施工管桩，其设置使得管桩施工产生的超孔隙水压力有了消散的排水通道。施工管桩时采用同排跳打，即先施工1、3、5、7等奇数号桩，在邻近构筑物变形监测的数据观测无变化24小时后再施工2、4、6、8等偶数号桩，依此方法施工第二排桩、第三排桩，早期完成的管桩在群桩与既有构筑物之间形成群桩围幕，抑制既有构筑物一侧的挤土效应，为超孔隙水压力提供充足的消散时间。

施工工艺流程如图2-24所示。

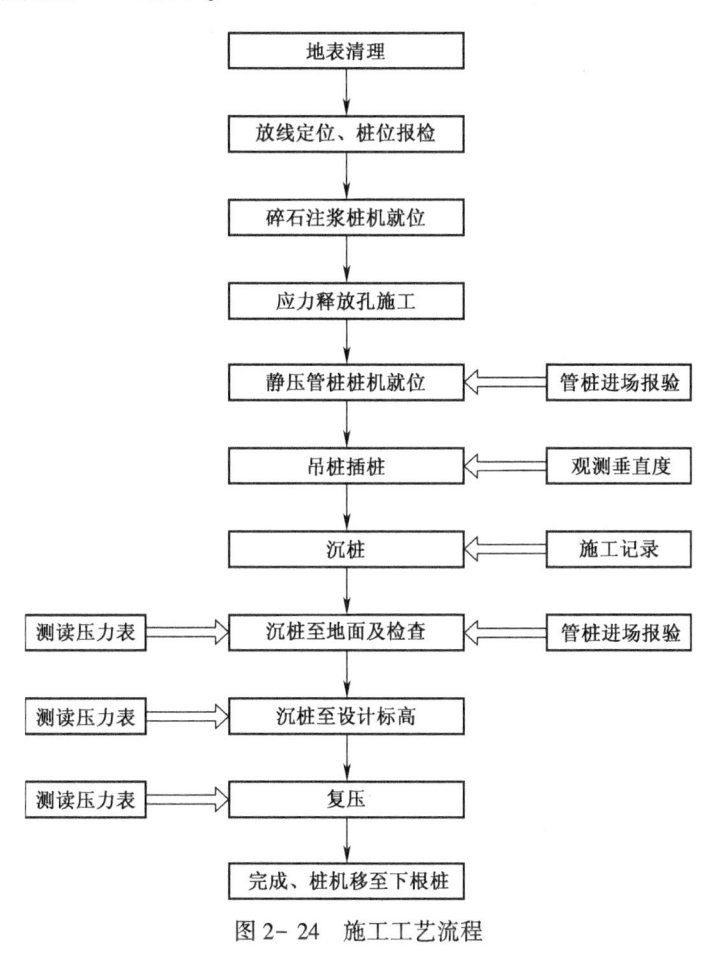

图2-24 施工工艺流程

2.4.4 操作要点

(一) 应力释放孔施工

管桩施工坚持应力分散、实施对既有构筑物动态监测的原则，严格执行既定管桩施工的各项技术措施，确保既有构筑物的绝对安全。通过该段地质资料可知，土层孔隙比为0.81~1.13，土体处于饱和状态，土颗粒和水都不具有压塑性。施工中需要解决的问题：挤土管桩施工，使土层内产生超孔隙水压力，为保证既有构筑物基底稳定，需有超孔隙水压力消散的排水通道和充分应力释放时间。用碎石注浆桩机取土，直径50 cm，布设在距既有构筑物最近的管桩外1~2 m处，平行既有构筑物4~5 m布置，孔深为相邻桩长的一半且不小于10 m，钻孔完毕后用碎石及时填充。静压管桩机压桩尾随应力释放孔之后，在没有应力释放孔的地段不进行管桩作业。应力释放孔的主要目的是为超孔隙水压力的消散提供空间。

(二) 静压管桩施工

为保证邻近既有构筑物的安全以及新建路基工程保质保量按期施工，结合静压管桩施工工艺和技术措施要求。管桩施工坚持应力分散、实施对既有构筑物动态监测的原则，严格执行既定管桩施工的各项技术措施并跟踪优化方案，确保既有构筑物的绝对安全。

通过该段地质资料可知，土层孔隙比为 0.81~1.13，土体处于饱和状态，土颗粒和水都不具有压塑性。施工中需要解决的问题：挤土管桩施工，使土层内产生超孔隙水压力，为保证既有构筑物基底稳定，需有超孔隙水压力消散的排水通道和充分应力释放时间。

2.4.5 施工流程

(一) 施工前的准备工作

1. 施工队资质审查

必须对施工队（压桩队伍）的资质材料进行审查与管理，了解施工队的技术力量及压桩水平；审查施工安排、施工压桩路线、施工进度计划，评价其可行性；要求施工队每个技术人员，包括施工技术员、焊工、记录员、开机员等都必须具有相应的技术资格证和上岗证。

2. 桩机的选择

必须根据工程的地质资料和设计的单桩承载力要求，准确地选择压桩机。如果压桩机吨位过小，可能出现桩压不下的情况，因而无法达到设计承载力要求；反之，如果压桩机吨位过大，易发生陷机情况。所以应该会同各有关部门合理地选择桩机，尽量采用超载施工。一般情况下，桩机的压桩力应不小于单桩竖向极限承载力标准值的 1.2 倍。

3. 施工放线与定桩位

由于放线的准确与否直接影响建筑物的位置是否符合"规划"要求，而桩位的准确与否又直接影响着整个工程的结构。因此，这两个工序的重要性不容忽视。项目技术管理人员应该对已定好的轴线位进行复核，发现不符合要求的及时纠正。

4. 桩尖、桩身质量检查

首先必须对桩尖进行查验、测量，按照管桩有关规范对于桩尖的构造要求和设计图纸要求，对所有到场的桩尖进行测量，不满足设计和管桩规范要求的，责令其更换；对所有到场的管桩进行仔细认真地查验，测量管桩的外径、壁厚、桩身、长度、桩身弯曲度等有关尺寸，并详细记录。特别是管壁厚度，由于静压法施工中的夹持力较大，壁厚不够很容易把桩夹碎。同时，应对桩身外观质量进行仔细地查验，检查桩身是否粘皮麻面、内外表面是否露筋、表面是否有裂缝、是否断头脱头、桩套箍是否凹陷、表面混凝土是否坍落等情况，不符合管桩规范要求的，责令厂家召回。

(二) 桩机就位、对中

桩机就位前需对施工作业面进行地基换填处理和地基承载力检测，对不满足承载力要求的进行换填处理，要求地基承载力不小于 150 kPa；桩机就位对中复核无误后，方可进行施工。

(三) 调整控制沉桩垂直度

桩机就位后，根据机上水平仪器调平机台，同时需在桩机的正面和侧面分别架设吊锤或用仪器观测,监控下桩垂直度,桩身垂直度偏差不得大于1/100。

(四) 吊桩

管节吊运,采用二端钩吊法或二点法。管节的竖起采用一点吊法,吊点位置偏差不宜超过20 cm。应用钢丝绳捆扣法或"油瓶扣"捆绑法,应注意防滑和便于接桩。

(五) 插桩

将桩起吊纳入龙门庭,并将桩身标有尺寸的一面向外。插好桩后,应使桩固定,检查桩帽和桩中心是否一致,并检查桩位有无移动及桩的垂直度或倾斜度是否符合规定,桩位允许偏差不得超过2 cm,插桩的倾斜度不得超过1/400。

(六) 压桩

利用桩机的重量由液压系统持桩将管桩垂直压入土中,并随时用两台经纬仪双向控制管桩的垂直度,同时观察压桩的压力与深度。初压时如果下沉量较大,宜采取轻压,随着沉桩加深,沉速减慢,压力逐渐增加。在整个压桩过程中,要使压杆、桩帽、桩身尽量保持在同一轴线上,必要时应将桩架导杆方向按桩身方向调整。要注意尽量不使管桩受到偏心压力,以免管桩受力后弯曲。压桩较难下沉时,要检查桩架导杆有无倾斜偏心,桩身是否垂直,每根桩宜连续完成,以免难以继续下压。按设计桩位平面图绘制桩位编号图,自备压桩记录外,交甲方和监理各一份,以供监理检查。选择桩位上浮观察点,做好详细记录。

压桩垂直度保证措施:调校桩的垂直度是保证沉桩质量的关键,必须高度重视。插桩在入土50~80 cm停止压桩,然后进行垂直度调校。桩的垂直度安排专人采用两台经纬仪进行监控(也可以使用线锤吊线观察),经纬仪应设置在不受打桩影响处(约距桩点20 m),且大约互成90°的方向上,并经常加以整平,监测导架保持垂直,通过桩机导架的旋转、滑动及停留进行调整。桩的垂直度必须不大于0.5%,满足要求方可继续沉桩。在沉桩过程中施工员随时观察桩的进尺变化,如遇地质层有障碍物、桩身偏移时,应分1~2个行程逐渐调校,不可一次性强行扳正。

(七) 送桩

为将管桩压到设计标高,需要采用送桩器,送桩器用钢板制作,长11 m。操作时先吊起送桩器,送桩器的下端面紧接上管桩上端面,中心线对齐,保证垂直度满足要求后再加压,直到送桩至设计标高。

(八) 接桩

接桩施工时,为便于操作,接桩面应距地面1 m左右,以操作方便为宜。管桩拼接采用二氧化碳保护焊端板焊连接,二氧化碳保护焊是利用二氧化碳为保护气体进行焊接的方法,这种方法的特点是效率高、无焊渣,能够保证焊接质量。焊接作业时,四周维护采取防风措施。

管桩焊接前应确定管节是否合格,端板是否合格、平整,桩端埋设铁件、特别是端板坡口上的浮锈及污物应清除干净,露出金属光泽。接桩就位时,下节桩头宜设导向箍以保证上下桩找正接直,如桩节间隙较大,可用铁片填实焊牢,结合面之间的间隙不得大于2 mm。焊接质量应满足桩身设计质量要求。

接桩后待焊缝降温8分钟后再施打,严禁用水冷却或焊后即打。

2.4.6 邻近构筑物动态监测

坚持"五定"原则,即定人、定时、定点、定仪器、定方法。

①观测桩的设置：观测桩设置在紧靠护栏外侧路基面上，为埋深 2 m 的木桩（10 cm），在桩顶打入水泥钉形成观测固定点，间距 10 m，测量 3 次取平均值为设计坐标与高程，之后每次观测对比该设计值算出变化量。

②观测频次：施工时间每 2 小时观测 1 次，打桩处前后 20 m 范围内每小时 1 次，有异常地段内为每小时 1 次。施打完后观测频次为每天 2 次，持续 3 天。

③观测标准：根据观测水平变化量大于 8 mm/d 或累计水平变化大于 20 mm 时必须停止施工，分析原因，制订补救措施。

④观测作业：采用 DSZ2+FS1 水准仪、SET210 全站仪控制竖直变化和水平变化，观测工作有架子队测量工程师专门负责，观测控制点为 CPⅢ控制点。

2.4.7 材料与设备

主要机具设备及施工材料见表 2-6 所示。

表 2-6 主要机具设备及施工材料

序号	材料设备名称	规格型号	单位	数量	备注
1	全液压静压管桩机	ZYJ-600 型	台	1	带吊装设备
2	二氧化碳气体保护焊机	MIG-270T	台	2	管桩焊接
3	焊丝	ER50-6 ϕ1.2 mm	Kg	若干	
4	铁刷		把	4	管桩接头除锈
5	油漆		Kg	若干	管桩接头防锈
6	对讲机		台	5	既有构筑物防护
7	防护马甲		件	15	既有构筑物防护
8	作业标		个	2	既有构筑物防护
9	限速牌		个	4	既有构筑物防护
10	T 字牌		个	1	既有构筑物防护
11	终端信号牌		个	2	既有构筑物防护
12	响墩		个	12	既有构筑物防护
13	红黄信号旗		面	6	既有构筑物防护
14	短铜导线		个	3	既有构筑物防护
15	喇叭		个	6	既有构筑物防护
16	双面信号灯		个	6	既有构筑物防护
17	停车信号牌		个	2	既有构筑物防护
18	钳子		把	若干	既有构筑物防护
19	铁丝		Kg	若干	既有构筑物防护

2.4.8 施工安全措施

施工现场常设一名经过培训具有担任安全工作资格的专职安全员，负责制定健康保护和事故预防措施以及个人检查,查看所有安全规则和条例的实施情况。

驻地管理人员一律佩证上岗,佩证内容包括姓名、职务和本人照片,安全员的佩证为红色以示醒目。

具体措施如下。

①既有构筑物附近桩机等大型机械施工应有切实可行的机械防倾措施,在远离既有构筑物侧设置1.5 m深地锚上拉缆风绳进行防护,施工平台承载力应大于1.2倍的施工最大荷载(线路横断面方向施工平台承载力应均匀),防止机械发生机械倾覆。

②施工用电应符合国家有关规范要求。临时电力及照明严格按照安全规定执行和设置,不得变通。在施工作业区、施工道路、临时设施、办公区和生活区设置足够的照明,保证夜间防护照明。

③压桩时严禁非工作人员进入施工场地内。

④施工靠近既有构筑物的压桩过程中,严禁桩机下面站人。全液压桩机及起重设备,在地面上松软环境下施工时,场地要铺填碎石,平整压实。

⑤管桩拼接成整桩采用端板焊接连接,焊接前应确保铁板平整、无锈,焊接紧密、牢固。

⑥全液压桩机施工时,应保证桩架的平整度,以免桩机倾倒。

⑦遇6级以上大风时应停止作业,并将桩机放倒。

⑧工地内合理布置排水沟,排水沟不得妨碍工地内的交通。

⑨坚持分散进行的原则。距离既有构筑物20 m以内的管桩施工,应坚持分散的原则,具体要求是先打靠近既有构筑物的第一排桩,并且必须沿纵向(与既有构筑物平行)施打,施工期间做好构筑物水平沉降位移观测,经过观测无变化24小时后方可按上述方法打第二排桩。距离既有构筑物20 m外的管桩施工也应坚持分散进行的原则,并严格按设计要求和施工规范进行。

⑩构筑物出现变形超限的情况后必须停止施工,与监理和设备管理单位共同分析原因,制定防治措施。

2.5 邻近既有构筑物的预应力管桩静压施工技术应用效果分析

2.5.1 测试方案

在既有构筑物与新线建设之间测试位于新老线路之间的路基土:①不同深度土层水平侧向应力;②地表水平方向位移;③土体深层侧向位移。以研究新建线路开挖填筑对既有构筑物的影响。

为观测土体深层侧向位移,现场埋设两根测斜管,测斜管埋深20 m,置于设计线路路基坡脚处。因现场有大量机械和施工人员,易造成测斜地表的数据误差,为更精确测量既有构筑物水平位移,在新建路基管桩施工前基底开挖坡脚处(距离既有构筑物6.5 m)埋深0.5 m、1 m、1.5 m埋设水平向土应变计,沿线路纵向每隔1.8 m布置一个。试验采用的埋入式水平向应变计受施工干扰影响小,灵敏度高,如图2-25所示。元件水平埋置土中,预先设定收缩量 20 cm（测试限值）；埋好后周围覆盖中粗砂并压实；引线套钢丝软管保护；在水平向荷载作用下应变计内部弹簧产生位移，即可通过电频输出位移数据，精度为 1 mm，用于高精度测试施工期间既有构筑物路基坡脚侧向位移。

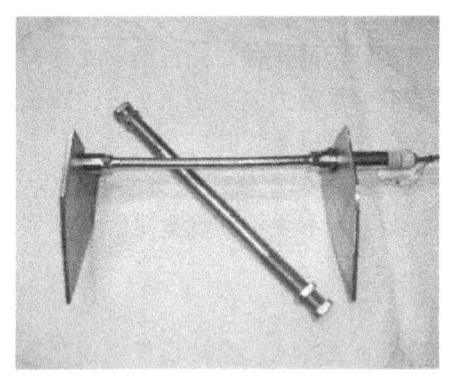

图 2-25　水平向土应变计埋设

为获取施工期间新建路基与既有构筑物之间应力场分布变化情况，埋设应力铲测试两线之间不同深度水平侧向应力。应力铲分为两组，每一组包含 5 个元件，埋设深度依次为 1 m、3 m、5 m、7 m、9 m；两组应力铲分别朝向新建路基和邻近既有构筑物。试验点元件埋设如图 2-26、图 2-27 所示。

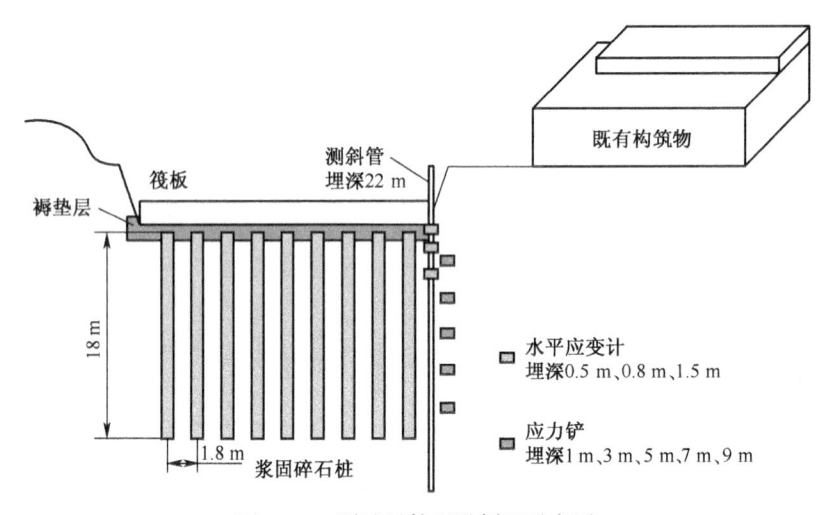

图 2-26　测试元件埋设剖面示意图

2.5.2　测试结果分析

（一）深层地基土水平位移

测斜管获取深层地基土侧向位移分布变化。测试得到施工期间地基土侧向位移最大值发生在地表，为路基填筑阶段完成后新路基朝向既有路基的侧向位移。

由图 2-28 可知，其变化规律为：①开挖阶段深层地基土出现向外侧（以既有路基为出发点）位移，这是由新建路基基坑开挖土体卸载造成的应力释放引起；最大侧向位移为

图 2-27 测试元件平面布置示意

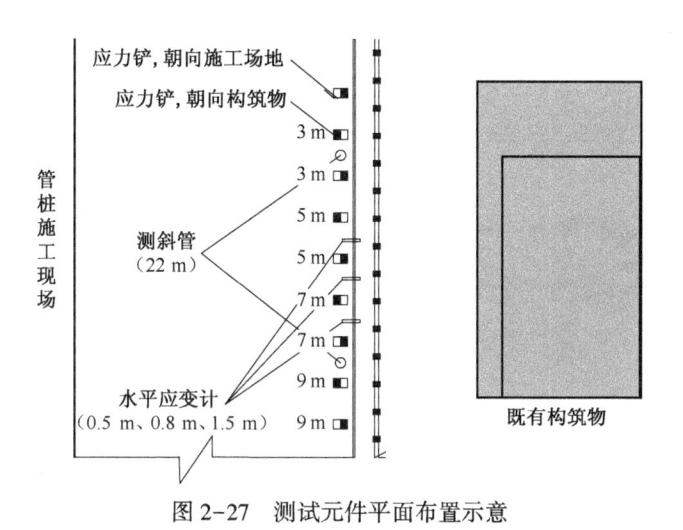

20.59 mm，位移速率 0.32 mm/d，但由于地表受施工干扰，该最大值没有出现在地表附近，而是出现在约 10 m 埋深处，分析其与地基土性质有关。②沉桩阶段，受桩体挤土效应影响，地基土出现向既有构筑物侧向变形。③路基填筑阶段，侧向位移持续增加。其中数据在 10 月份出现回缩，分析原因是由于新建路基预压土卸载引起。施工期间测试平均位移速率为 0.59 mm/d，满足新建路基填筑施工过程变形控制的要求。

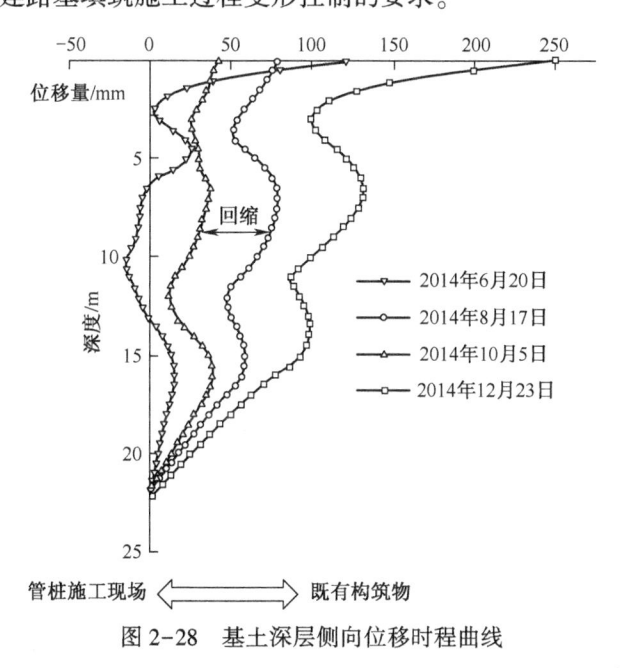

图 2-28 基土深层侧向位移时程曲线

（二）既有构筑物路基坡脚水平位移

测斜管测试结果表明，基坑开挖阶段受土体卸载影响，既有地基土发生外移现象，但地表数据受施工干扰较大，因此采用水平向土应变计测试既有构筑物路基坡脚水平位移。测试既有构筑物坡脚水平位移，获取位移变化曲线如图 2-29 所示，可知该处位移变化规律为：基坑开挖阶段变形发展最迅速，随新建路基填筑，相对位移发展较平缓，预压卸载后再次出现明显增长。

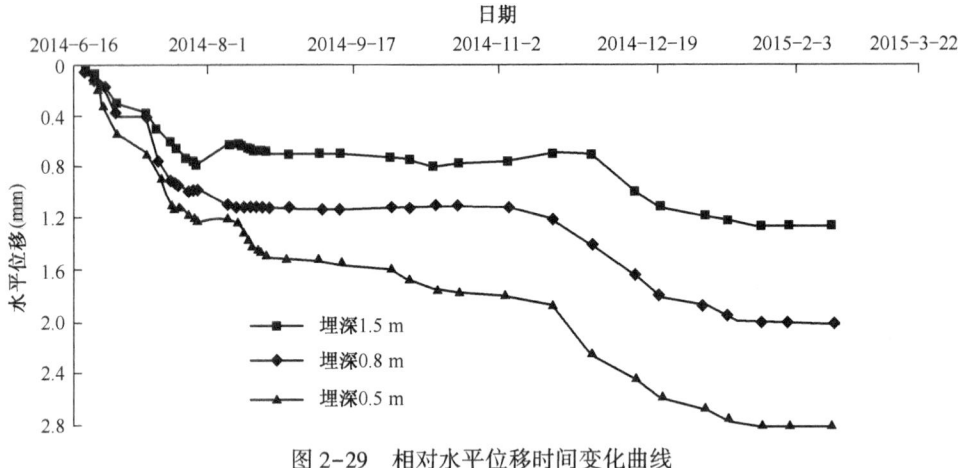

图 2-29 相对水平位移时间变化曲线

既有构筑物水平位移变形监测目前缺乏规范依据，新建路基填筑变形量与变形速率的控制不适用于运营的老路基，考虑既有构筑物最危险阶段是在基坑开挖时期，参照相关规范，安全级别最高的一级基坑建议报警值：水平位移累积值 25~60 mm；相对基坑深度控制值 0.2%~0.7%；变化速率 2~10 mm/d。当无明确要求时，最大水平变形限值：一级基坑为 0.002 h。估算得到的坡脚位移累积值邻近报警值，故应对既有路基加强监控，并采取必要的保护措施。

（三）深层地基水平应力

应力铲测试可以获取两路基之间深层地基水平土压力变化规律，如图 2-30、图 2-31 所示。可知：①开挖阶段，既有构筑物路基形成边坡，土体由静止土压力逐渐转为主动土压力，测试数据显示，既有构筑物路基应力释放，老线朝向新线的侧向土压力有明显增加，元件微应变达 6.8εμ，换算约为 3 kPa，地基土表现为既有路基向新线挤压。②沉桩过程中，桩体挤土产生的挤压应力造成朝向新线的侧向土压力波动（减小）。③随新线填土荷载增加，深层土中附加应力增大，既有构筑物路基对新线挤压作用，侧向土压力发生逆转，朝向新线的压力急剧减小，新线对既有构筑物路的挤压应力增大；后期随填土荷载的稳定，深层地基侧向应力水平变化不明显。

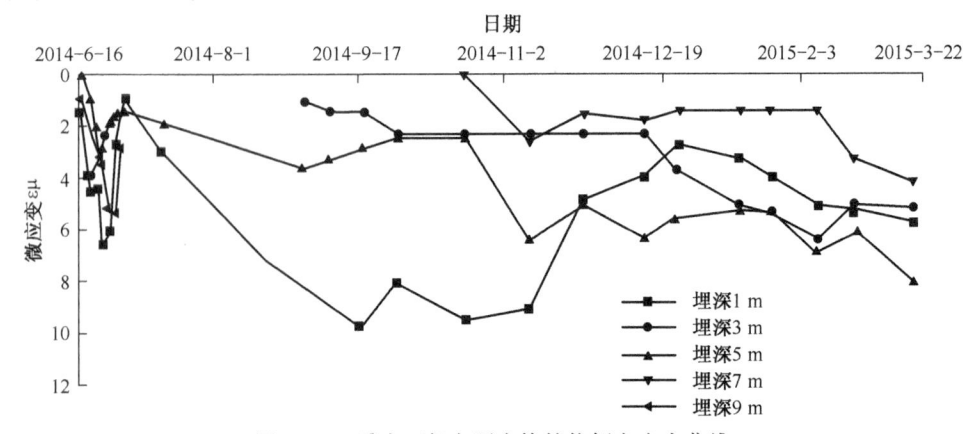

图 2-30 受力面朝向既有构筑物侧向应力曲线

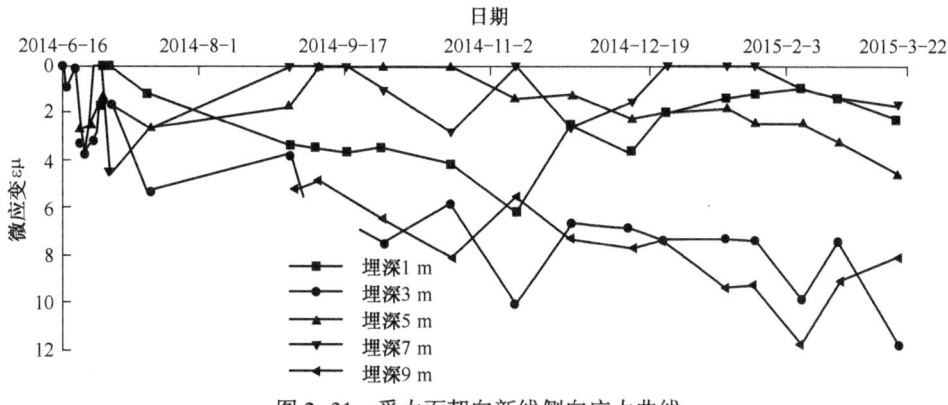

图 2-31 受力面朝向新线侧向应力曲线

进一步对比相对方向的压力分布情况,通过图 2-32,对比双向侧向应力分布可以发现,既有构筑物对新线的挤压作用更为明显,此次测试侧向土压力在低于 10 kPa 范围内。

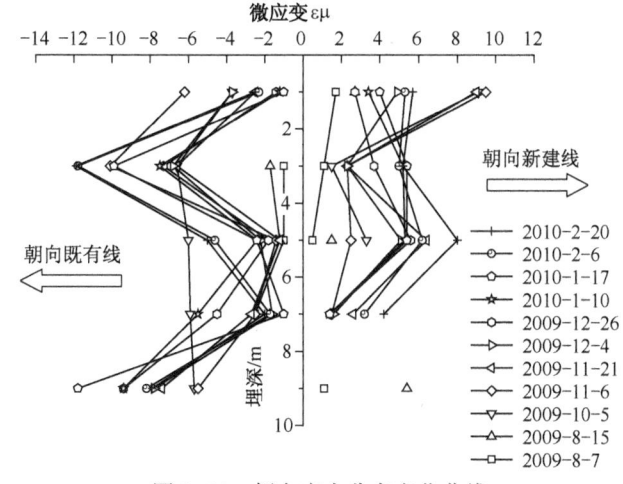

图 2-32 侧向应力分布变化曲线

综上分析,水平应力、侧向位移、既有路基坡脚位移等三项测试结果显示,在管桩地基施工期间既有构筑物受到不同程度的影响,应当注意加强对既有构筑物的观测,从安全角度改进邻近既有构筑物的施工技术。

2.6 主 要 结 论

随着公路建设的日益发展,邻近既有构筑物的情况越来越多,随着新建工程地基处理范围与强度的增加,施工过程对既有构筑物的影响不容忽视,通过现场测试、数值模拟、理论分析等手段,揭示预应力管桩静压施工过程中对既有构筑物的内在影响机理,提出工程应对措施及其作用原理,主要得到以下结论。

①分析邻近施工扰动这一特殊因素,首先通过区分新建工程类型、分析工程地质条件、

邻近构筑物的结构类型三个步骤判定邻近施工程度，后采用地基极限平衡理论，评价影响程度的大小、划分邻近影响范围区域。

②开展邻近既有构筑物的管桩施工过程变形位移估算，推导解析方程，进行路基基坑开挖以及沉桩过程对既有构筑物影响的解析计算，采用弹性理论 Boussinesq 法和考虑降水影响的塑性解析解答，估算基坑周边土体的变形。计算得到，距离基坑 12.5 m 的既有构筑物基底水平位移 10.7 mm，考虑基坑开挖与降水叠加引起的沉降 61.4 mm；采用圆孔扩张理论求解沉桩过程产生的应力与水平位移，群桩挤土位移计算得到在既有构筑物基底中心产生的水平位移不大于 7.1 mm。

③基于有限元计算分析，进行预应力管桩静压施工过程模拟计算得到：为揭示邻近既有构筑物管桩施工工艺加固机理并优化该项技术。建立数值模型计算得到：单根管桩振动施工在既有构筑物基底相邻距离地表产生 2 mm 竖向变形，群桩的挤土振动效应影响不容忽视。在桩与既有构筑物之间开挖与桩深度相等的应力释放孔，计算显示在振动情况下既有构筑物一侧有效应力显著减小；与单一沉桩相比，加设一排桩后桩顶振动明显减小，累积变形由 18 mm 减小为 6 mm，初期振幅减小为 4 mm，桩对地基加固效果明显；管桩动力加载动应力只在桩周有限区域变化明显。计算表明，应力释放孔、静压工艺显著减小了桩施工对邻近既有构筑物的影响。

④总结提出邻近既有构筑物的预应力管桩静压施工技术，该成套施工技术以静压施工、应力释放孔设置、跳桩施工为核心，形成包括施工工艺原理、施工工序、质量保证措施等系列施工方法，在工程实践中得到验证，有效确保了邻近既有构筑物的使用安全，并保障了施工进度，节省了防护治理措施费用。

⑤工程现场对邻近既有构筑物的预应力管桩施工过程进行了现场测试，分析得到：沉桩之前，新建路基基底开挖坡脚位移得到累积水平位移 16 mm，位移速率<0.6 mm/d，地基土深层侧向位移呈现初期受桩挤土影响向既有构筑物方向发展，后期随路基填筑完成，新建路基沉降变形增大，侧向位移发生回缩现象；初期，基底开挖引起的土体卸荷，地基之间水平应力既有构筑物对新建路基的出现挤压作用，随着群桩沉桩，水平应力方向逆转，出现朝向既有构筑物的水平挤压应力，此次测试侧向土压力在 10 kPa 范围内，整个过程既有构筑物未出现变形超限破坏情况，验证了施工方法的可靠性。

第 3 章

弱碾区及振动液化地基强夯加固技术

3.1 强夯法概述

强夯法是由法国工程师 Menard 于 1969 年首先提出来的一种地基加固技术，法国 Riviera 滨海填土地基加固工程是世界上第一例强夯法地基处理工程。一般认为强夯法是利用重锤在一定落距下对地基土施加巨大的冲击能，通过对土体结构的改变达到改善地基土的物理力学性质的深层地基处理方法。

强夯法具有加固效果显著、施工设备简单、施工方便迅速和工程造价低廉等优点，与其他地基处理方法不同，强夯法不消耗三材（钢材、水泥、木材），对周边环境不存在工后污染，基本不受地下水的影响，加固深度大，施工噪声较小，所以强夯法较其他机械的、化学的地基处理方法在许多方面更为有效和优越。夯击过程中可能对周边建筑物产生的振动影响是强夯法唯一显著的缺点，从而要求强夯法施工应与周边建筑物保持一定安全距离，故强夯法特别适合新开发的大面积的开阔场地的地基处理工程，如港口堆场、仓储码头、机场跑道场坪、道路路基和新建厂矿场地平整等。我国于 1978 年 1 月由交通部一航局及其协作单位首次针对强夯法在天津新港三号公路进行了专门试验，随后强夯法在全国范围内得到了推广，如今已在全国十多个省市的近千项工程中得到了应用，取得了巨大的经济效益，同时也逐渐形成了一套适合我国国情、具有我国特色的强夯机械和工艺，使强夯法成为了我国主要地基处理技术之一。

强夯法作为一种深层地基处理方法，其最初的英文名称为 dynamic consolidation，即动力固结，以后根据加固工艺和加固机理的不同又发展出两个名称：dynamic compaction（动力压密）、Dynamic Replacement（动力置换）。强夯法不同于 20 世纪 50 年代苏联所推荐的重锤夯实法（Heavy Tamping），后者指较为轻型的夯实，一般归为浅层地基处理方法类。两者之间的区别见表 3-1 所示。

表 3-1 强夯法与重锤夯实法的区别

地基处理方法	锤重 M（t）	落距 H（m）	有效加固深度 D（m）	夯点间距 d（m）
强夯法	$12 \leq M \leq 170$	$12 \leq H \leq 40$	$6 \leq D \leq 40$	$2 \leq d \leq 14$
重锤夯实	≤ 12	≤ 12	≤ 6	2~3

Menard最初首创强夯法时，强夯法适用地基土为砂土、碎石土这类非黏性土地基，现已推广到加固从块石土到黏性土的各类地基土中。在我国，强夯法广泛应用于碎石土、砂土、湿陷性黄土、非饱和粉土及黏性土，旨在提高地基土强度，降低地基土可压缩性，消除土的湿陷性、可液化性和提高地基土的均匀性。对杂填土、钢渣土、吹填砂和深厚回填块石土等成因、力学性质各异的特殊土采用强夯法同样取得了成功，强夯法还曾用于消除地基土的弱膨胀性。对于饱和黏性土，特别是淤泥、淤泥质和泥炭等软弱地基土，直接采用强夯法不能取得较好的效果，一直被认为是强夯法适用的"盲区"，必须设置竖向排水通道以利孔隙水压力的消散，便产生了强夯法联合袋装砂井或塑料排水板等方法，但实际应用不多。近年来国内外发展起来的强夯置换法复合地基，已较好地解决了上述问题并已成为我国沿海地区"填海造地"后对深层软土加固处理的一种重要手段。

地基处理作为岩土工程的一个分支，由于学科的不完整性、且处于一门新兴应用型学科的地位，其目的是服务于工程实践，很多时候都表现出理论落后于实践的现象，而强夯法作为一种得到普遍推广的地基处理方法，在该问题上表现得更为明显，由于影响强夯效果的因素众多，加固机理复杂，难以建立起一套完整而又符合实际的理论体系，自Menard提出有名的Menard公式以来的几十年里，强夯法施工设计便一直处于一种半经验状态，其理论研究虽在近年来得到了一定数量上的积累，但具理论指导工程实践的程度尚需时日，因此有必要对强夯进行更深入的研究。

3.2 强夯加固机理

关于强夯法的加固地基的机理，国内外许多学者从不同的角度进行了大量的研究，看法很不一致。一般认为在不饱和的土层中，强夯法的作用与填土夯实作用的原理相似，当土层的含水量接近黏性土的塑性限度或砂土的最佳含水量时夯实效果最好，在土层深处的夯实效果由于应力分布和振动波衰减而迅速减少。在饱和的无黏性土层中，强夯可引起深层土的液化。这是因为在饱和土中，从震源发出的纵波（压缩波）可以传到较深处，从而产生超静水压力并使抗剪强度大大降低，随之而来的横波（剪切波，速度低于压缩波）可破坏土的原有结构，从而使颗粒重新排列成为较密实的新结构。于是地基经过强夯后，其强度提高过程则一般可分为：①夯击能量转化，同时伴随强制压缩或振密（包括气体的排出，孔隙水上升）；②土体液化或土体结构破坏（表现为土体强度降低或抗剪强度丧失）；③排水固结法压密，表现为渗透性的改变，土体裂隙发展，土体强度提高；④触变恢复并伴随固结压密（包括部分自由水又变成薄膜水，土的强度继续提高）。其中第一阶段是瞬时发生的；第四阶段是在强夯终止后很长时间才能完成，需几个月以上；第二、三阶段则介于第二阶段和第四阶段之间产生。但到目前为止，强夯还没有一套成熟的理论和设计计算方法，所以还需要不断地在实践中总结和提高。

1981年Mitchell在第十届国际土力学及基础工程会议上的地基土加固技术进展报告中认为：强夯对饱和细颗粒土的效果尚不明确，成功和失败的例子均有报道，对于这类饱和细颗粒土，需要破坏土的结构，产生超孔隙水压力以及通过裂隙形成排水通道，孔隙水压力消散，土体才会被压密。颗粒较细的土达不到颗粒较粗的土那样的加固程度。软黏土层和泥炭土由于其柔性阻止了邻近的无黏性土的充分压密,但当强夯法应用于非饱和土时,压密基本上同实验中的击实法相同,在饱和无黏性土的情况下,可能会产生液化,压密过程同爆破和振动压密的过程相似。Smoltczyk(1983)则认为,强夯法只适用于塑性指数<1的土,强夯引起很高的孔隙水压力,形成细微裂缝利于排水,在下一遍夯击前保持足够的间歇时间使孔隙水压力消散。显然,这些条件对饱和软黏土,特别是对塑性指数高、渗透系数小的软黏土难以达到,强力夯击反而往往使软黏土原有结构破坏,土的强度长期不能恢复和增大。

Leon认为,考虑到强夯法加固地基的方式,加固作用应与土层在被处理过程中三种明显不同的机理有关。第一,加密作用,指空气或气体的排出;第二,固结作用,指的是水或流体的排出;第三,预加变形作用,指的是各种颗粒成分在结构上的重新排列,还包括颗粒组构成或形态的改变。基于以上论点,Leon认为强夯法应叫作"动力预压处理法",这样才能把上述三种机理都包括进去。显然,由于土类型多,非常复杂,他认为不可能建立对各类地基具有普遍意义的理论。

范炜垣指出,关于强夯机理,首先应该分为宏观机理和微观机理。其次,对饱和土与非饱和土应该加以区分,而在饱和土中,黏性土与无黏性土还应加以区分。另外,对特殊土,如湿陷性黄土等,应该考虑它的特征。

总之,由于地基土的类型不同,它们在结构、构造、密实度、内聚力、渗透性等各方面都不同,这些都会影响其加固效果,而从外部情况来看,单击夯击能、单位面积夯击能、锤底面积、夯点布置等也都会影响其加固效果。所以,许多学者从不同角度对强夯机理做出的解释,可以互为补充,以形成系统的解释。

3.2.1 动力固结理论

动力固结是指土体在动载荷作用下所产生的超孔隙水压力和超孔隙气压力随时间增长而消散,最终达到加载以前量值的现象。饱和土的固结是考虑孔隙水从土结构中流出造成的土体积变化;非饱和土则应考虑空气与水的流动同时发生所造成的土体积变化;而干土则由于土结构或气相体积的变化所造成。

(一) 土的特性

土是一种由固体、液体和气体组成的三相混合体,从研究固结的角度看,土可分为饱和土和非饱和土。饱和土是指土体中由固体和液体组成,而非饱和土是指土中由三种混合体(即由固体、液体和气体)组成。

固体为多种矿物质组成,它是岩石风化的产物,由于母岩成分和风化程度的不同,所形成的矿物质类型和颗粒大小也不同,这种矿物质大致可分为原生矿物质和次生矿物质。原生矿物质又称为非黏土矿物质,包括石英、云母、长石、角闪石等,这类矿物质化学性质较稳定,有较强的抗力性和抗风化能力;次生矿物质又称黏土矿物质,主要是由各种硅酸盐类矿物质分解形成的含水铝硅酸盐组成,如高岭石、蒙脱石、伊利石、绿泥石等,由于它们颗粒小,形成土中的黏粒,故称为黏土矿物质。

液相是指水或溶解水,水在土中的存在有液态、气态和固态三种形式,对土产生较大影响的是液态水,之所以强夯机理的认识难以统一,关键是对土中水的认识不够,尤其是对饱和土而言，因其属二相体系，且均为不可压缩体，如要提高土体承载力须减少土中的液态水。土中的液态水主要是指表面结合水和自由水两大类，土粒表面由于带负电吸引水分子而形成的结合水膜称为表面结合水，水膜内层为强结合水，其性质接近固体，有较大的抗剪强度；水膜外层为弱结合水，其性质呈黏滞体状态，其对黏性土的物理力学性质影响最大。自由水又可分为重力水和毛细水两种，重力水存在于地下水位以下的土孔隙中，只受重力作用，能传递水压力和产生浮力，毛细水存在于地下水位以上的土孔隙中，在土粒之间形成环状弯液面，弯液面与土粒接触处的表面张力反作用于土粒，形成毛细压力使土粒挤紧，土粒间的孔隙相贯通，形成无数不规则的毛细管。表面张力作用下，地下水沿着毛细管上升，在强夯施工过程中，影响作用最大的是自由水。

(二) 饱和土的强夯加固

采用强夯法处理细颗粒饱和土时，则是借助于动力固结的理论，即巨大的冲击能量在土中产生很大的应力波，破坏了土体原有的结构，使土体局部发生液化并产生许多裂隙，增加了排水通道，使孔隙水顺利逸出，待超孔隙水压力消散后，土体固结。

传统的饱和土固结理论创立者 Terazghi 认为，假定水和土粒本身是不可压缩的，固结就是孔隙体积缩小及孔隙水排出。饱和土体在瞬间冲击荷载作用下，由于渗透性低，孔隙水无法在瞬间排出，因而土体积不变，只发生侧向变形，因而夯击时饱和土造成侧面隆起，重夯时形成"橡皮土"现象。

强夯理论则不同，Menard 根据饱和土体在夯击瞬间产生数十厘米沉降现象，提出了一个新的模型——Menard 模型来解释动力固结机理，认为对于饱和土，理论上是土和水组成的二相体系，但实际上由于液体中可溶性气体的存在，以及毛细管封闭一定量的气体等而导致少量气体的存在（约4%）。两个模型如图3-1所示。

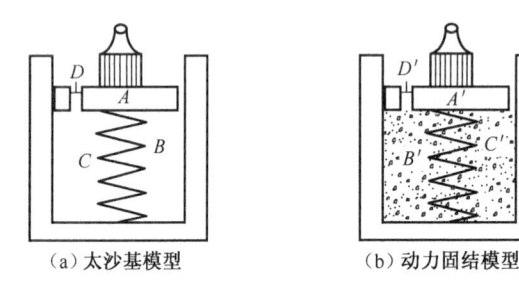

图 3-1 太沙基模型与 Menard 固结模型的对比

A—无摩擦活塞；A′—有摩擦活塞；B—不可压缩液体；
B′—含有少量气泡，液体可压缩；C—定比弹簧；C′—不定比弹簧；
D—不变孔径；D′—可变孔径

Menard 动力固结模型具有如下特点。

①有摩擦的活塞：由于土中有机物的分解，土中总存在一些微小气泡，土颗粒之间的孔隙水也有孔隙可压缩，其体积占土体整个体积的1%~3%，最多可达4%。夯击土被压缩后含有空气的孔隙水具有滞后现象，气相体积不能立即膨胀，即夯坑较深的压密土被外围土约束而不能膨胀，这一特征用有摩擦的活塞表示。

②液体可压缩：土体受夯击时，气体体积被压缩，孔隙水压力增大，随后气体有所膨胀，

孔隙水排出，孔隙水压力减小，固相体积始终可认为不变，这样每夯击一遍，液体体积就有所减小，气体体积也有所减小。因此，Menard 模型可体现饱和土在夯击能作用下所具有的可压缩性。

③不定比弹簧：夯击时土体结构破坏，土粒周围的弱结合水由于振动和温度影响，定向排列被打乱及束缚作用降低，弱结合水变为自由水，因此弹簧刚度是可变的。

④变孔径排水活塞：夯击能以波的形式传播，强夯时在很大的夯击能作用下，土体中出现很大的应力和冲击波，同时夯锤下土体被压密，产生对外围的土的挤压作用，使土中应力场重新分布，土中某点拉应力大于土的抗拉强度，致使地基内部出现裂隙形成树枝状排水网络。同时，夯击时土体局部液化，这一瞬间的孔隙水压力等于总压力所产生的超孔隙水压力，使土颗粒之间出现裂隙，形成排水通道，土的渗透系数陡增，这一特性可用液体所排出的小孔，其孔径是变化的来描述。

根据 L. Menard 提出的模型，饱和土强夯加固机理可以描述为：在强夯过程中，根据土体中的孔隙水压力、动应力和应变关系，加固区内波对土体的作用分为三个阶段。

①加载阶段。在夯击瞬间，巨大的冲击波使地基土产生强烈振动和动应力。在波动影响带内，动应力往往大于孔隙压力，有效动应力使土体产生塑性变形，破坏土的结构。对砂土，迫使土的颗粒重新排列而密实；对于饱和土则是动力夯实。对细颗粒土，法国 Menard 教授认为，有 1%~4%的气体（以气泡形式存在）体积被压缩的同时，土体中的水和土体颗粒的两种介质引起不同的振动效应，二者的动应力差大于土颗粒的吸附能时，土颗粒周围的部分结合水从颗粒间析出，产生动力水聚结，形成排水通道，制造动力排水条件。

②卸载阶段。夯击能卸去后，总的动应力瞬间消失，而土中孔隙水压力仍保持较高水平，此时孔隙水压力大于有效应力，将引起砂土、粉土的液化。在黏性土中，当孔隙水压力大于主应力、静止侧压及土的抗拉强度之和时，即土中存在较大的负有效应力，土体开裂、渗透系数剧增，形成良好的排水通道。从宏观上看，在夯击点周围产生垂直破裂面，夯坑周围出现冒气、冒水等现象，孔隙水压力随之迅速下降。

③动力固结阶段。在卸荷之后，土体中保持一定的孔隙水压力，土体即在此压力下排水固结。在砂土中，孔隙水压力在 3~5 分钟内消散，使砂土进一步密实。在黏性土中，孔隙水压力的消散可能要延续 2~4 周。如果有条件排水，土颗粒将进一步靠近，形成新的结合水膜和结构连接，土的强度恢复和提高，从而达到加固地基之目的。如果在加载和卸载阶段形成的最大孔隙水压力不能使土体开裂，也不能使土体颗粒的水膜和毛细水析出，动荷载卸去后，孔隙水未能迅速排出，则孔隙水压力很大，土的结构就被扰动破坏，又没有条件排水固结，土颗粒间的触变恢复又较慢，在这种条件下，不但不能使黏性土加固，反而致使土层扰动，降低了地基土的抗剪强度，增大了土的压缩性，从而形成"橡皮土"。这样的教训不乏其例，如建设焦作热电厂时，由于工期所迫，在雨天实行强夯，地表水接近饱和，夯击能量为 3 000 kN·m，结果形成"橡皮土"，未能达到预期目的，地基承载力仅为 70 kPa。因此，对饱和黏性土进行强夯，应根据波在土中的传播特性，按地质土的性质选择适当的强夯能量，同时又要注意设置排水条件和触变恢复条件，才能使强夯法获得良好的加固效果。施工前，须进行试夯，探讨其规律，选择强夯能量和施工工艺，检查能否产生动力固结和触变恢复。

3.2.2 振动波压密理论

(一) 强夯产生振动波的特征

在强夯法施工过程中，落锤冲击地面后，其能量是以应力波的形式在地基内传播，因此有研究者从波动的角度探讨了强夯的机理和有效波形，强夯过程是将机械能转换为势能，再变为动能作用于土体。在重锤作用于地面的一瞬间，土体产生振动，类似于地震的震源，在地基土中产生振动波，从震源向四周传播。又因地基为弹塑性材料，在巨大的冲击能作用下，质点连续介质的振动，其振动能量可以传递给周围介质，而引起周围介质的振动。振动在土体内并形成波，根据波作用、性质和特点的不同，可分为体波和面波两种。

强夯主要是体波起加固作用，体波又分纵波和横波，纵波是由震源向外传递的压缩波，质点的振动方向与波的前进方向一致，同时伴随着产生体积的变化，一般表现为周期短、振幅小。横波是由震源向外传递的剪切波，质点的振动方向与波的前进方向垂直，不产生体积的变化，一般表现为周期较长、振幅较大。横波只能在固体里传播，而纵波在固体、液体里都能传播，各种波的传播如图 3-2 所示。

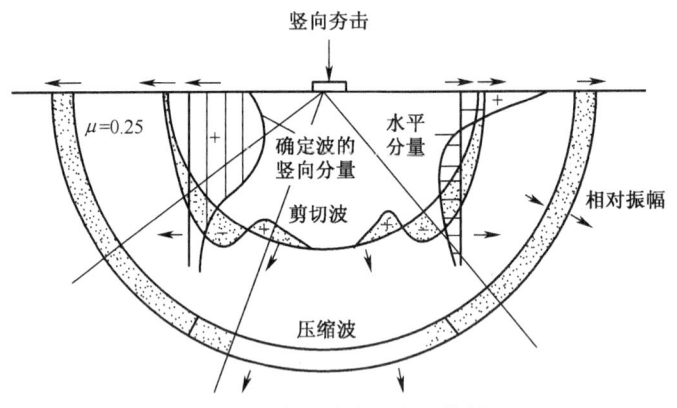

图 3-2 各种波在土中的传播

纵波与横波的传播速度理论上可分别按式 (3-1) 和式 (3-2) 计算。

$$V_p = \sqrt{E(1-\mu)/[\rho(1+\mu)(1-2\mu)]} \tag{3-1}$$

$$V_s = \sqrt{E/[2\rho(1+\mu)]} = \sqrt{G/\rho} \tag{3-2}$$

式中：V_p——纵波波速 (m/s)；

V_s——横波波速 (m/s)；

E——介质杨氏弹性模量 (kPa)；

G——剪切模量 (kPa)；

ρ——介质密度 (kN/m³)；

μ——介质泊松比，部分土体的泊松比见表 3-2 所示。

表 3-2 部分土体的泊松比

土的种类和状态	μ
碎石土	0.15~0.20

续表

土的种类和状态		μ
砂土		0.20~0.25
亚黏土	坚硬状态	0.25
	可塑状态	0.30
	软塑或流塑状态	0.35
黏土	坚硬状态	0.25
	可塑状态	0.35
	软塑或流塑状态	0.42

由此可知，纵波比横波的传播速度要快，纵波要先于横波到达。因此，通常也把纵波叫"P波"（即初波），把横波叫"S波"（即次波）。"S波"在一些介质中的传播速度见表3-3所示。

表3-3 S波的传播速度

土的种类	波速（m/s）
砂	60
人工填土	100
砂质黏土	100~200
黏土	250
含沙砾石	300~400
饱和砂土	340

强夯时巨大的冲击能作用于地基上，在地基中产生体波（含纵波和横波）和面波两种，但对地基起加固作用的主要是纵波和横波，面波不但起不到加密的作用，反而对地基表面产生松动，故为无用波或有害波。

强夯时，重锤由很高处自由落下，产生强大的动能（震动源）作用于地基土中，由动能变成波能，从震源向深层扩散，能量释放于一定范围内的地基中，使土体得到不同程度的压密加固。由于强大的夯击能，使土体表层产生剪切压缩和侧向挤压等，而横波使土体表层松动，当达到一定深度时，只有压缩波（纵波）才对土体起压密加固作用。随加固深度的增加，纵波强度衰减，其压密作用也逐渐减小。

（二）非饱和土的强夯加固

采用强夯法加固非饱和土是基于动力压密的概念，即用冲击性动力荷载，使土体中的孔隙体积减小，土体变得更为密实，从而提高其强度。非饱和土的固相是由大小不等的颗粒组成，按其粒径大小可分为砂粒、粉粒、黏粒。砂粒（粒径为0.074~2 mm）的形状可能是圆的（河砂），也可能是棱角状的（山砂）；粉粒（粒径为0.005~0.074 mm）则大部分是由石英和结晶硅酸盐细屑组成，其形状也接近球形；非饱和土类中的黏粒（粒径为0.005 mm以下）含量不大于20%。在土体形成的漫长历史年代中，由于各种非常复杂的风化过程，各种土颗粒的表面通常包裹着一层由矿物、有机物形成的多种新化合物或胶体物质的凝胶，使土颗粒形成一定大小的团粒，这种团粒具有一定的强度和相对的水稳性。而土颗粒周围的孔隙被空气和液体（例如水）所充满，即土体是由固相（V_s）、液相（V_w）、气相（V_v）三部分组成。

在压缩波能量的作用下，土颗粒互相靠拢，因为气相的压缩性比固相和液相的压缩性大得多，所以气体部分首先被排出，颗粒进行重新排列，由天然的紊乱状态进入稳定状态，孔隙大为减小。就是这种体积变化和塑性变化使土体在外荷作用下达到新的稳定状态。当然，在波动能量作用下，土颗粒和液体也受力而可能变形，但这些变形相对土颗粒间的移动、孔隙减少来说是很小的，这样我们可以认为对非饱和土的夯实变形主要是由土颗粒的相对位移而引起。非饱和土的夯实过程，就是土中的气体被挤出的过程。单位体积土中的气体体积 V_a 可按式（3-3）确定。

$$V_a = \left(\frac{e}{G} - \frac{w}{\gamma_w} \right) \gamma_d \tag{3-3}$$

式中：e ——孔隙比；

G ——土粒密度；

w ——土粒含水量；

γ_w ——水的重度；

γ_d ——土的干重度。

当土体达到最密实时，据测定，孔隙体积可减少60%左右，土体接近饱和的二相状态。而这些变化又直接与强夯参数，即单击能量、夯击次数、夯点间距等密切相关。

以均匀河砂为例，可以假定它们是一堆完全的圆球体，并且可将它们的模型进一步简化为一堆具有同样大小尺寸的圆球体，每个球体相互接触，而且不存在因缺少球体而造成的大孔隙。也就是说，这堆球体在统计上可以看作是均质的，如图3-3（a）所示的那样一堆相同圆球体所形成的立方体式堆积（砂土在自然沉降条件下有可能形成这样的堆积）。每个圆球均与六个相邻的圆球相接触，这是相同圆球体中最松散的排列方式。此时的孔隙比可以通过分析一个立方体单元 [图3-3（b）] 而得到：立方体的体积是 $8r^3$，而内切球的体积是 $\frac{4}{3}\pi r^3$，因此孔隙比为：

$$e_1 = \frac{8r^3 - \frac{4}{3}r^3}{\frac{4}{3}r^3} = 0.91 \tag{3-4}$$

这样一种排列的球体单元受到强夯冲击后，由于压缩波的传播速度最大，所以到达该处的时间最早，使摇动土粒骨架（球体）在垂直方向相互靠拢；随后到达的剪切波则以很大的能量使各球体左右摇动，而达到紧密状态。例如，使第二层的每一个球体移动到底层四个球之间所形成的下凹处，同样也使第三层的每个球体移动到第二层每四个球体之间，其余亦然，结果就变成图3-3（c）所示的金字塔形堆积。这种堆积的孔隙比可以这样计算，切取一个立方体单元，其边长为 $\frac{4r}{\sqrt{2}}$，则其体积为 $\frac{32}{\sqrt{2}}r^3$，在这个立方体单元中有6个半球体和8个1/8球

体,每个球体的体积为 $\frac{4}{3}\pi r^3$,所以孔隙比为:

$$e_2 = \frac{\frac{32}{\sqrt{2}}r^3 - 4\left(\frac{4}{3}\pi r^3\right)}{4\left(\frac{4}{3}\pi r^3\right)} = 0.35 \tag{3-5}$$

土颗粒两种不同排列方式所产生的单位厚度沉降量为:

$$\Delta = \frac{e_1 - e_2}{1 + e_1} = \frac{0.91 - 0.35}{1 + 0.91} = 0.293 \tag{3-6}$$

即厚度可能减少了 29.3%。

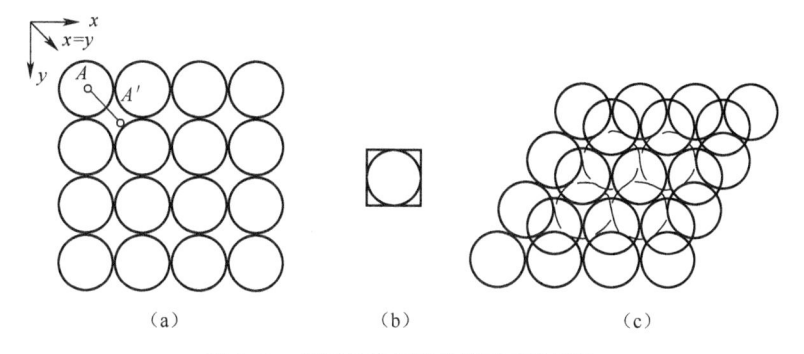

图 3-3 相同球体各种排列时的孔隙比

这个例子可以说明,由于强夯振动使土颗粒重新排列,就可能使孔隙比发生很大的变化,产生显著的沉降。当然实际地基要比理想的球体复杂得多,强夯之后也不能有如此大的沉降,但从理论上可以看到强夯法加固非饱和土的效果是明显的。

实际强夯工程表明,在冲击动能的作用下,地面会立即产生沉陷。非饱和土一般夯击一遍后,其夯坑深度可达到 0.6~1 m,夯坑底部形成一层超压密硬壳层,厚度可达夯坑直径的 1~1.5 倍,承载力可比夯前提高 2~3 倍。

非饱和土在中等夯击能量 1 000~2 000 kN·m 的作用下,主要是产生冲切变形,在加固深度范围内气相体积大大减少,最大可减少 60%。

在国内,对非饱和土的加固机理认识是,一般将地基视为弹性半空间体,夯锤自由下落,夯击地面的瞬间,由势能转化的动能一部分以声波的形式向四周传播,一部分由于摩擦产生热能,其余大部分则使土体振动,并以压缩波、剪切波的形式在地基内传播。地基土一般不均匀,呈层状,土体中的孔隙为空气、水或其他液体所充填。在夯击地面的瞬间,波在成层状地基中的一个弹性介质传到另一个介质,同时波能的一部分返回第一个介质。传到另一个介质的波能起到强夯加固的作用,返回的波能则使表层土体变松。这是强夯中地表局部隆起的原因之一。强夯加固多孔隙、粗颗粒含量高、非饱和地基是基于动力压密理论,冲击型动力荷载在瞬间使土体中的孔隙体积缩小,土体密实,承载力提高。非饱和土的夯实变形主要是由于土颗粒的相对位移重新排列而引起,也是土中孔隙空气被排出的过程,经强夯处理后,土体达到密实状态。成都理工学院蒋鹏博士(1999)对强夯机理进行了较为系统的研究后认为,强夯荷载应属中高速冲击荷载,强夯激发的应力波具有明显的强间断特征,夯击过程是一个作用时间很短的冲击侵彻过程，夯坑周边地基土的变形具有高效应变率的特征，从而提出了从冲击波理论和可压缩流体理论出发解释强夯加固机理的观点。

3.2.3 强夯加固机理的探讨

（一）表面接触应力问题

关于强夯时地表面的接触应力问题，国内外多位研究者做过这方面的研究。1957年Scott等提出过重锤冲击作用下土体表面接触应力的计算公式，后来赵维炳对该公式做了某些改进。但前者不满足$\sigma_z|_{t=0}=0$，而后者在$t=0$位移为负值，且两者的计算结果比实际接触应力均要小得多。1983年Mayne等基于动量原理提出了确定最大接触应力的经验公式，但这些公式都是相当近似的，因为上述公式均假定锤底的应力均匀分布，同时均无法考虑地基分层情况。1985年帅方生用加权余量法推导出瞬时弹性振动问题的边界方程，将其应用于边界元求解边界应力和分析强夯效果，取得较满意的结果。但该法也未考虑夯锤的自重，主要适用于均质地基，对于多层地基，由于数学上的困难，目前难以普遍给出任意层数介质的动力基本解的解析表达式，若对每一层应用均质基本解的边界元法，在横向无限长的各层间的交接面上均须划分单元，当地基层数较多时，计算工作量将十分庞大，在实际中很难实现。为了避免视地基土为均质线弹性介质的不足，近年来，Chow等建议了一种与众不同的近似分析方法，该方法通过修正打桩动力分析的一维波动方程模型来实现，即桩基用夯点下方预估的加固深度内的土柱取代，土柱周围土用线弹性弹簧和线性黏壶表征，采用有限元法求解。在此基础上，Thilakasiri等对该法作了改进，通过考虑土柱和其周围土的非线性来计算表面应力与表面位移。但从力学观点看，强夯完全可作为轴对称的三维动力问题求解，应用一维波动方程求解在某种程度上也是近似的。孔令伟等视地基为层状线弹性体，假设夯锤面上接触应力均匀分布，建立夯锤（刚体）和各层地基轴对称条件下的运动方程，借助于积分变换和传递矩阵法，导得了强夯边界接触应力和沉降在变换域中的解析式，通过Laplace-Hankel联合反变换，可求得接触应力与沉降的时程曲线。计算出的接触应力和沉降随时间而变化，取接触面应力为零时的时间为接触历时，与此对应的沉降作为夯沉量。

太原工业大学裘以惠、郭玉玲对夯锤下的界面接触动应力进行了现场试验，为研究强夯加固理论提供了参考数据。实测锤底动应力（即界面接触动应力）最大值见表3-4所示。

表3-4　实测锤底动应力最大值$\sigma_{d\max}$

夯点类型	单点夯1	单点夯2	单点夯3	单点夯4	单点夯5	单点夯6	群夯1
$M \times H$ (t·m)	15×13 =195	20×15 =300	20×15 =300	20×20 =400	20×20 =400	20×2 5=500	25×25 =625
锤底面积 (m²)	4	5	5	5	5	5	7
贯入度 Δh	0.39	0.163	0.22	0.30	0.20	0.453	0.19
$\sigma_{d\max}$	2430	3103	5900	3136	6149	3211	8988

注：$\sigma_{d\max}$为锤底最大动应力（KPa）。

通过上述实测数据，对于强夯界面接触动应力的规律有如下认识：强夯界面接触动应力最大值随单击夯击能量的增大而增大，且界面接触动应力峰值一般在 2.5~9 MPa。

(二) 土体的双层结构问题

经一定密度网格布置的夯点施夯完后，土层中出现了一定厚度的夯实层。此夯实层底界可能起起伏伏，甚至断断续续（这与夯点密度和夯实效果有很大关系）。根据已有强夯场地的标准贯入试验资料来看，绝大多数强夯场地夯实土层剖面具有某种共同特点，在某个深度以上夯后土体性质较夯前有明显改善，在此深度线以下土体性质变化较小。这里明显分为上、下两层，上层夯实效果很好，下层的深度确切资料很少。对于上层，人们一般均注意到了，它是夯实土层的持力层，对于下层，人们常常忽视，实际上这层的出现也是强夯的效果之一，故我们将这两层称之为强夯地基的双层构造。

1. 周期荷载的特征

每个夯点夯击次数一般为几次至十几次，把它规格简化为 $n=10$ 次的周期荷载，而且每次动应力（σ_d）是恒定的，从夯坑底面以下某点取一个单元土柱来研究，此单元原承受有均匀围压 $\sigma_0 = \sigma_3$，受到轴向动应力 σ_d 后，即有轴向应力 σ_1 作用（$\sigma_1 = \sigma_d + \sigma_3$），则动剪应力（$\tau_d$）为 $(\sigma_1 - \sigma_3)/2 = \sigma_d/2$，动应力比 S_d（$S_d = \sigma_d/\sigma_0$）或动剪应力比 S_τ（$S_\tau = \tau_d/\sigma_0 = \sigma_d/2\sigma_0$）。图 3-4 是某土层在等围压固结条件下周期剪应力比与破坏时振次的关系。破坏标准取为轴向应变 $\varepsilon_{1d} = \pm 2.5\%$，图 3-4 上同时将 $\varepsilon_{1d} = \pm 0.5\%$ 的曲线绘上，可明显看出一个现象，达到破坏时剪应力比与振次关系十分密切，振次越大这个剪应力比越小。从图 3-4 可看出，存在一个特定的剪应力比，即 $S_\tau = 0.18$。当 $S_\tau < 0.18$ 时，不论振次有多大，土样应变 ε_{1d} 不会达到 $\pm 2.5\%$。这个剪应力比即临界剪应力比（S_{crt}）。在图 3-4 上，$S_{crt} = 0.18$，临界剪应力比的物理意义是：当剪应力比小于这个值时，不论振次多大，土样变形很小，土样不致破坏，详细观察图 3-4 还可看出，对低振次如 $n=10$ 而言，不仅仅在 $S_\tau < 0.18$ 土样变形很小，一直到 $S_\tau = 0.32$ 以前，土样变形累积值并不大。直到 $S_\tau > 0.32$ 以后变形才剧增，ε_{1d} 从 0.5% 猛增至 2.5%。也就是说，土样达到 $\varepsilon_{1d} = 2.5\%$ 的变形中有 80% 在 $S_\tau = 0.32 \sim 0.38$ 这个很小的区段内发生。这里存在一个剪应力比的"门槛值"（我们用 $S_{\tau 0}$ 表示）。剪应力比值在门槛值里和门槛值外，土样的变形大小迥然不同。在 $S_\tau < S_{\tau 0}$ 时，土样变形不大。当 $S_\tau = S_{\tau 0}$ 后 S_τ 加大，土样变形猛增并很快达到破坏标准，在振次 n 很大时，"门槛剪应力比"接近"临界剪应力比"；当振次 n 很小时，则 $S_{\tau 0}$ 大于 S_{crt}。$S_{\tau 0}$ 这个周期荷载下的特征应力的存在，说明动应力作用介质的变形存在明显的突变界限，对解释夯实地基双层构造有很大帮助。

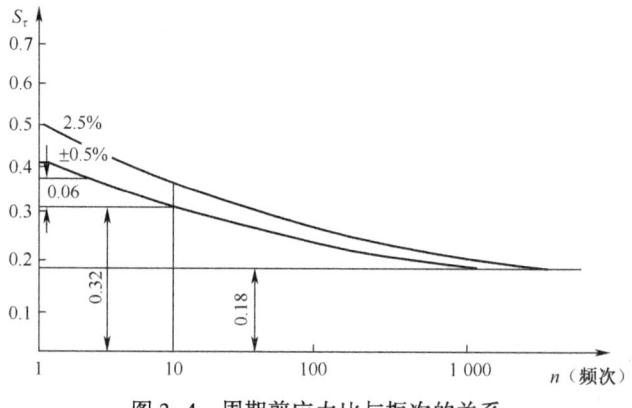

图 3-4 周期剪应力比与振次的关系

2. 双层构造的形成过程

夯击时夯锤落地，势能变为动能，地面接受的夯能很大，亦即动应力 σ_d 很大。夯能往深部波动传播，由于阻尼原因，夯能随深度的增加越来越小，亦即 σ_d 越来越小，而围压 σ_0（按自重估算）在浅部很小，往深处越来越大。上述应力变化必然导致剪应力比在地面浅部很大，往深部最终达 $S_\tau \approx 0$，在途中必出现 $S_\tau = S_{\tau 0}$，这个深度位置以上土中 $S_\tau > S_{\tau 0}$，土的变形很大，夯实作用得到充分发挥。这个深度位置以下 $S_{crl} < S_\tau < S_{\tau 0}$，土有变形，但夯实程度并不很大，土仅受到夯能波动。两层交界一般比较清晰，夯实程度上有明显差别。上层夯实程度一般较高，是良好的持力层。至于下层，人们一般不太重视，实际上下层多数情况密实程度比原来亦有一定提高。更重要的是，土层内部结构经受了一次周期荷载作用，土层抗振动稳定性有所提高。主要原因是随着低幅振动次数的增加，试件的结构愈趋稳定，提高了抗液化程度。强夯时，地基下层应力正是上面所说的低次数低幅应力状态，密实度增加不大，但经受这次应力作用后，结构稳定性增加了。但为什么下层的标贯击数较原土层不都是增加，有时反而降低。这应从黏性土结构方面来解释。黏性土的强度与其结构有很大关系，与结构组合排列（包括颗粒大小组合、不同孔隙组合和颗粒砌置排列特征等）有关，还与结构联结有关。而后者常常可被破坏，又可恢复形成（这与土层静置的时间长短有关）。强夯振动对黏性土的作用有两方面，其一是对原有结构联结的破坏，其二是使结构组合排列更稳定。在下层中不同深度处上述两个方面的每一个作用效果并不一定相同，综合结果多种多样。但随着时间的推移，随着结构联结的恢复，下层因强夯而获得的抗振动能力和结构强度迟早会表现出来。

(三) 毛细管在强夯中的作用初探

经验表明，当非饱和土（或饱和土）受夯击后，土体中均形成大量裂隙，微小的裂隙构成了大量的毛细管，内部水分即可通过毛细管不断外渗流出。无疑，毛细管的渗水作用会加速土体的固结，加强强夯的处理效果。周良忠等结合工程实例从理论上探讨了毛细管作用在强夯加固地基中的应用。

1. 强夯地基土中毛细管的形成及其规律

砂类土、（非）饱和性黏土、各类填土、湿陷性黄土等土类，当夯锤夯击地面后，均会产生大量的裂隙，这一现象用波动法能获得很好的解释。夯锤夯击地面时，高夯能将产生振动波，包括压缩波（纵波）、剪切波（横波）及表面波（瑞利波）。其中压缩波在传播过程中，质点沿波阵面方向呈推-拉运动；而与剪切波相关联的质点运动则是和波阵面方向正交的横向位移。理论上，这两种波均能使土颗粒排列紧密，但由于土的各向异性及地基土往往成层分布，于是波的能量就出现不均匀传播，有的地方出现应力集中，使得土体被拉裂。另外，表面波只限于地表传播，具有扭转性能，主要使夯坑附近地表出现裂隙。还有一点值得注意的是，孔隙率特别大的土体，在被夯击压密的过程中，当连通孔隙的当量直径与毛细管直径量级接近时，本身就形成了毛细管。通过现场观测，经理想化后，所形成的裂隙大体上以夯点为中心向周围呈立体不连续辐射状、环状分布。间断裂隙包含径向和轴向两种取向。显然裂隙的分布规律与振动波的传播规律相一致，说明了裂隙的确由强夯振动波直接造成。

2. 毛细管的加固作用在实际工程中的应用

工程经验表明，若预先在地基土表面铺上一层砂垫层，强夯加固效果会明显改善，对于含水量较高的软弱地基尤其如此。一般认为，在砂垫层上强夯有利于强夯能量的有效吸收、均匀传播，也有利于施工。若仔细对比在砂垫层上强夯和直接在土层上强夯后地基的变化，就会发现，正由于砂垫层有利于强夯能量的有效吸收、均匀传播，振动波的传播范围要比直接强夯于表层土的情况大得多，因而在较大土体范围内形成了大量的毛细管裂隙，促进内部水分的排出，提高了加固效果。因为对于含水量高的软弱土体，即使强夯能量再高，传播范围再大，但若不能保证水分的顺利、快速排出，以往的工程经验证明，仍然难以达到预期的加固效果，甚至出现地基液化，不利于地基的进一步处理。因此，毛细管的作用才是其本质因素，对实际工程具有一定指导意义。

当然毛细管对地基土的加固作用仅是强夯加固机理的一部分，但了解其作用机理，有助于我们全面掌握强夯的整个加固过程。

3.3 强夯处理方法的影响因素

国内外各种文献资料在对强夯法的处理深度上有称"加固深度"的，也有称"影响深度""处理深度"的。J. K. Mitchell 认为有效加固深度的定义依赖于测试方法和工程师对强夯法加固本质的理解。国内学者王铁宏提出了"有效加固深度"的概念，有效加固深度公式是指从最初夯击面算起，不完全满足工程设计需要的地基土，经强夯加固后，以某种方法测试的土的强度、变形等指标，均满足设计要求的深度。

3.3.1 土体的工程特性

对于粗粒土以及非饱和的黄土、粉性土和砂性土，强夯加固作用主要是基于动力压实的概念。在第十一届国际土力学和基础工程会议上，美国 Mitchel 教授在"地基处理"的技术发展报告中提到："强夯法目前已发展到地基的大面积加固，深度可达 30 m；当应用于非饱和土时，强夯的压实过程基本上同室内击实试验相同"。对于饱和的黏性土，特别是淤泥质软黏土，则强夯加固作用主要表现在创造土中裂隙、强迫土颗粒表面结合水摆脱分子引力的约束，并通过土中孔隙排出。直到目前，对于强夯加固饱和软黏土的工程效果尚有许多争议，至少可以肯定地讲，其工程效果远远没有对于非饱和土那样成功。对于这类地基土，当采用强夯处理时，往往要伴随着采取一些有利于排水的措施，如铺筑砂垫层、打设砂井及排水板等。

年廷凯为了探讨山谷型与滨海型两种不同土质条件下碎石回填地基的强夯加固效果，开展了 8 000 kN·m 能级的现场强夯对比试验，同时考虑滨海大型工程建设地基处理施工的需要，在沿海地区实施了 10 000 kN·m 和 15 000 kN·m 高能级强夯的现场试验。通过对各场地不同能级试夯前后地基动力触探与静力载荷试验结果的分析与对比研究，表明 8 000 kN·m 能级强夯山谷型厚层碎石回填土，其有效加固深度可达 10.0~11.5 m，对于滨海型下卧软弱夹层且存在地下水的碎石回填地基，其有效加固深度为 8.5~9.0 m；10 000 kN·m 强夯滨海山前厚层碎石回填土，其有效加固深度为 12~12.5 m；15 000 kN·m 强夯滨海下卧软弱夹层且存在地下水碎石回填地基，其有效加固深度可达 11.5 m。对于滨海型下卧软弱夹层且存在地下水的碎石回填地基，采用 8 000 kN·m 与 15 000 kN·m 能级强夯其有效加固深度差别明显，其强夯作用机理也完全不同。前者未影响到软弱夹层，而后者击穿下卧粉细砂与黏土夹层并影响至沙砾石层（侧向挤土至夯间），并使粉细砂与黏土层变薄且位置下移，呈凹陷型。

尹光瑞等提出采用强夯法处治老盐渍土路基，通过试夯取得了相关的施工控制参数并应用于工程实践，工程应用表明强夯法可以消除原路基的盐胀、融陷等病害，并取得了良好的工程处治效果。

贾敏才对夯击作用下砂性土密实的宏细观机制进行试验研究，结果表明，砂性土强夯加固的单遍最佳夯击次数宜为 8 击左右，其加固机制宏观上表现为地面变形不断发展，细观上是一个颗粒从无序排列到定向排列、颗粒与颗粒之间接触数不断增加的过程。

3.3.2 地基土的含水量及地下水位

与土体的常规压实原理一样，地基土的含水量也是强夯加固效果的重要影响因素。对于一定的强夯冲击能，也有最佳含水量的概念。强夯的最佳含水量不仅意味着土体在一定的夯击能下能够达到最佳压实状态，而且还意味着此时土体的有效加固范围最大。从理论上分析，由于强夯时土体中的动应力沿深度方向的分布是变化的，亦即不同深度的夯击能量不同，所以，沿深度各土层的最佳含水量也是变化的。但在实际应用中，只考虑沿深度各土层最佳含水量的近似平均值。一些施工经验和研究结果表明，当夯击功能等效时，强夯与常规压实试验的最佳含水量比较接近。当然，与常规压实情况不同，强夯加固时地基土的含水量一般不能人为选定，只有根据该含水量来选择相适应的夯击功能。一种例外的情况是，采用抽水法或灌水法来适当改变地基土含水量。对此，也有不少工程应用实例。

大量的工程实例已经表明，地下水位是影响强夯加固效果的重要因素。地下水位低的地基，强夯加固效果好；地下水位高的地基，则强夯加固效果较差。因此，许多人提出，在高水位地区进行强夯处理地基时，最好通过各种降水法使地下水位处于预期的加固深度之下。

3.3.3 夯击功能

夯击功能是强夯加固效果的重要标志。按照 Menard 的解释，在巨大的夯击功能作用下，土中的气体很容易被压缩，可以创造裂隙使土中的自由水较快排出，并且还可以强迫土颗粒表面结合水转化为自由水而被排出。显然这超出了常规压实的概念。Menard 在大量试验研究和实践基础上，将夯击功能作为评价地基土加固效果的关键参数。他认为，无论对于何种复杂深厚的地基土，达到预期加固效果及加固深度的唯一办法是增加夯击功能。夯击功能是指对地基土施加功能的统称，其中包括单击夯击功能和夯击次数概念。显然，单击夯击功能愈大，夯击次数愈多，加固效果愈好；所需施工机具也愈笨重，施工费用愈大。研究与实践表明，单击夯击功能基本上决定了强夯加固的有效范围；夯击次数则主要在于提高有效范围内的加固效果，当然对有效加固范围也有一定影响。对一些工程实例的统计结果表明，一般加固 10 m 深度范围内的非饱和地基土，所需施加单击夯击功能为 100~120 吨·米；夯击次数大于 5 时已达到 80% 以上的加固程度（即在给定的单击功能下完成夯沉量的 80% 以上）；夯击次数大于 10 时已基本达到较理想的加固程度。

3.3.4 夯击加载机具

夯击加载机具的合理配套使用可以使有限的夯击功能最大限度地施加于预定范围的地基土上，从而达到最佳的强夯加固效果。夯击加载机具的配套体现在锤重和落距的选择以及锤形尺寸的设计上。一些试验资料已表明，不增加夯锤重量，仅凭提高落距的措施以增加地基处理深度的效果较差。

锤形及尺寸也是强夯加固效果的重要影响因素。锤形体现在锤体的横截面形状和纵截面形状两方面。锤体横截面形状即为锤底平面形状，一般有方形和圆形两种。方锤的优点是和基础的形状一致，夯点比较容易布置；缺点是方向不容易掌握，一般需用绳索导向，但也常常发生吊锤旋转，因此有部分功能消耗在坑边上。圆锤的优点是不用导向，每夯一击均能准确地落在原坑位上；缺点是与基础形状不一，一般按梅花形布置夯点。锤体纵截面形状有平底形、弹头形及球台形，其中后两种锤形与地基土的有效接触面积较小，改变了锤底作用力的分布，增加了单位面积冲量，因而可得到较大的加固强度和加固深度。

锤体尺寸主要体现在与地表土有效接触面积的大小。锤底面积的选择应视土质软硬程度考虑，一般锤体下沉深度不宜大于锤底面直径或周长的 1/2，如锤底面积偏小，就可能使一部分能量损失在摩擦和扰动之中。锤重相同，锤底面积不同，则强夯加固深度也不同。与锤底接触的地基单位面积静压力大时，影响深度大，夯实效果好。因此，对较坚硬的非饱和黄土宜选取底面积较小的夯锤，增加单位面积冲量以获得较大的加固强度和加固深度。在一些情况下，也可以首先选用较大面积的夯锤补夯，然后再用小面积大冲量的夯锤加夯。此外，还要认识到，当锤底面积过小时，在地基内部促使土体侧向挤出的可能性较大，夯沉量也大，但夯实效果不一定好。

3.3.5 夯点的布设及夯击方式

夯点的布设及夯击方式与地基土的类型和处理深度有关。夯位排布一般有正方形网格排列、夯点中心呈等边三角形以及梅花形排列等。

对于含水量较大而透水性较差的黏性土地基，需要采用间歇多遍夯击方式，以使土中孔隙水压力有较充分的消散时间。对于处于稍湿状态的非饱和地基土，土中没有或有很少自由水，强夯过程中不存在孔隙水压力消散与孔隙水排出问题，因而可以在一个夯点上一次性夯到所需的总击数，再移到下一个夯点上夯击。最后再降低落距，满夯一遍，将夯坑拍平。这样，在平面上的夯点排列无需像夯击饱和土体那样采用较大距离的跳点布置，从而大大减少了使夯锤在平面上移动所费的工时，施工操作简便，工作效率高。夯坑边到边之间的距离一般可采用锤底面直径或边长的 0.25 倍。

根据对地基处理深度及夯实加固效果的要求不同，以及所需处理的地基场地特点，强夯施工时的夯点排布、夯击顺序、夯击方式以及各夯点的夯击次数也有所差异。强夯施工一般有主夯点与次夯点之区别。施工时宜先在主夯点夯击，所采用夯击功能可以较大些，夯击次数也多。主夯点的间距较大，以夯实加固地基深部土层。对次夯点夯击时，夯点位置需重新排列，夯点间距减少，相应的夯击功能及夯击次数也减少，用以夯实加固地基浅部土层。当对地基夯实加固效果的要求较高时，可采用多遍夯击的方法。一般对地基场地应采用先边部后中间的强夯施工顺序,以减少地基内部土体的侧向挤出,提高夯实加固效果。夯间距的设计主要与地基处理深度和强夯加固的有效扩散范围有关。前已述及,强夯后的地基挤实土体大致呈椭球形,即表明强夯冲击力按一定的扩散角 β 向地基深部传递。于是,在 1/2 地基处理深度处,相邻两夯点的椭球形挤实土体至少应该接触,一般应搭接。若该地基处理深度为 h,两夯点锤底边的间距为 B,则可得 $B \leqslant h\tan\beta$。若为多遍夯,则次夯点的地基处理深度应小于 $0.5H$,于是,相邻两夯点锤底边的间距为 $B \leqslant 0.5h\tan\beta$,亦即次夯点的夯间距不能大于主夯点的夯间距的 1/2。

3.4 强 夯 设 计

实践证明,用强夯法加固路基,一定要根据现场的地质条件和工程的使用要求,正确地选用各个强夯参数,才能达到有效而经济的目的。

强夯参数包括:加固深度(或影响深度)、单击夯击能(即锤重×落距)、最佳夯击能、夯击遍数、相邻两次夯击遍数的间歇时间、加固范围和夯点布置等。

3.4.1 加固深度

强夯的加固深度(或影响深度)是众所关心的问题。1972 年 Menard 提出了著名的 Menard 式(3-7),以计算强夯的影响深度。

$$h = \sqrt{MH} \tag{3-7}$$

式中:h——有效加固深度,m;
 M——夯锤重量,t;
 H——夯锤落距,m。

国内外大量工程实践表明,按 Menard 公式计算的加固深度偏大,需经过修正才符合实际,修正后的公式为:

$$h = \alpha\sqrt{MH} \tag{3-8}$$

式中,α——Menard 公式修正系数,一般通过实测加固深度与按公式 3-7 计算比较确定或凭经验选定。

王成华收集整理了我国 40 项强夯工程和试验实测的 Menard 公式修正系数的值。这些强夯工程的目的、土质条件不同,夯击能一般为 1 000~2 500 kN·m。图 3-5 为根据这些 α 值进行简单统计分析的结果。α 值范围为 0.2~0.95,α 在 0.4~0.7 之间的频数约为 80%。

由图 3-5 可见,概率曲线近似呈正态分布,其均值为 0.579,方差为 0.12930。因此,加固深度一般可以粗略估计为:

$$h = (0.4 \sim 0.7)\sqrt{MH/10} \tag{3-9}$$

由于 Menard 提出的这一公式对所谓的影响深度没有严格的定义,再加上这个公式未全面考虑其他影响因素。因此,国内外一些学者对此又进行了深入研究,并取得一定进展。

图 3-5　α 的统计结果

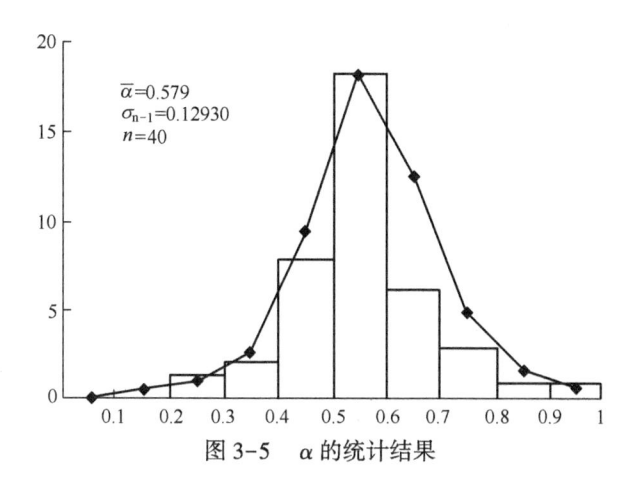

（一）经验公式法

1. Billam 计算法

Greenwood 等在《深层致密与灌浆》中介绍了 J. Billam（1979）提出的计算方法，与 Menard 公式相比，该公式考虑了夯锤底面积和土体阻尼对强夯加固深度的影响，即：

$$h = MHK/B^2 \tag{3-10}$$

式中：h——强夯加固深度，m；

M——夯锤的重量，t；

H——夯锤落距，m；

K——折减系数，$K = g/q$，与土的种类和初始密度有关，一般取 0.1~0.16；

B——夯锤底面直径，m。

2. 刘海冲计算法

刘海冲根据国内外几十例强夯工程加固影响深度的资料，统计分析认为，强夯有效影响深度按地基土的不同种类分别计算。将块石、碎石、煤矸石及冶金渣划分为Ⅰ类；填土、杂填土及吹填土划分为Ⅱ类；黏性土、黄土类及砂类土划分为Ⅲ类，并给出了三类不同类型地基土的强夯计算式，如下所示：

$$\text{Ⅰ类} \quad h = 13.5\log(MH) - 38.5 \tag{3-11}$$

$$\text{Ⅱ类} \quad h = 16.9\log(MH) - 47.4 \tag{3-12}$$

$$\text{Ⅲ类} \quad h = 19.8\log(MH) - 53.0 \tag{3-13}$$

3. 张永钧计算法

张永钧等根据能量原理，并假设有效加固深度是单夯击能的函数，随夯击次数增加，夯坑深度逐渐增加，相应的压密层也逐渐向深部扩展，从而推出有效加固深度 h 为：

$$h = \beta f WH \tag{3-14}$$

式中：β——综合修正系数，与单击夯击能有关；

f——夯击次数有关因子。

太原工业大学分析了 16 个试验资料（黏性土和砂性土）后得出如下有效加固深度的经验公式：

$$h = 5.1022 + 0.0089MH + 0.009361E \tag{3-15}$$

式中：h —— 加固影响深度，m；
M —— 锤重，kN；
H —— 落距，m；
E —— 单位面积夯击能，kJ。

汪文善认为有效加固深度约为 Menard 影响深度公式的 0.24~0.40 倍。当锤重为 100 kN，落距 7~15 m，则强夯有效加固深度只能有 3~6 m。

近几年来国内外大量试验研究和工程实测资料表明，采用 Menard 公式估算有效加固深度将会得出偏大的结果。

实际上影响有效加固深度的因素很多。如前所述，除了锤重和落距以外，地基土性质、不同土层的厚度和埋藏顺序、地下水位以及其他强夯设计参数等都与有效加固深度有密切的关系。

（二）能量守恒法

1. 左名麟计算法

左名麟根据强夯冲击波在地基中传播及土对能量的吸收能力，给出强夯加固深度为：

$$h = \frac{k\sqrt{MH}}{v_p \alpha} \tag{3-16}$$

式中：v_p —— 纵波波速，m/s；
k —— 大于 1.0 的系数，一般为 3~5；
α —— 土体能量吸收系数。

式（3-16）可以考虑不同土质中波速及能量吸收情况，实际工程难于给出这两个参数的合理值。系数 k 的物理意义也未明确，其值波动范围很大，其精度亦比较低。

2. 王钟琦计算法

王钟琦等人按强夯落地时的动能等于土中弹性变形引起的弹性势能，并把振动波视为简谐波，导出加固深度公式为：

$$h = \sqrt{\frac{0.6MH}{\rho A^3 \omega^2 \pi}} \tag{3-17}$$

式中：A —— 简谐波的振幅，m；
ρ —— 土的密度，kN/m³；
ω —— 振动圆频率，rad/s。

这一方法考虑了土体振动特性对加固深度的影响，但用弹性变形能对地基加固不符合实际。

（三）简化理论法

1. 拟静力法

P. W. Mayne（1983）等首先应用动量定理来研究接触应力。取夯锤为研究对象，考虑冲击前瞬时夯锤的速度为 $v_1 = \sqrt{2gH}$（H 为夯锤落距）和相互作用结束瞬间夯锤的速度 $v_2 = 0$，设锤土接触面的最大应力为 P_{max}，接触时间为 Δt，则依据动量定理有：

$$\frac{1}{2}P_{max}A\Delta t = Mv_1 - Mv_2 \tag{3-18}$$

式中：A——夯锤的底面积；
　　M——夯锤的质量。

接触时间 Δt 可由下面得到：

郭见扬（1996）从动量定理推出了接触面应力的峰值和平均值为：

$$P_{max} = 2\bar{P} = \frac{2W}{A}\left(1 + \sqrt{\frac{2H}{g}}\frac{1}{\Delta t}\right) \tag{3-19}$$

式中：W——夯锤的重量。

刘惠珊（1997）从动量定理和重力做功推出了接触面应力值公式：

$$P_{max} = 2\bar{P} = \frac{2W}{A}\left(1 + \frac{H}{z}\right) \tag{3-20}$$

式中：z——单击时的夯坑夯沉量。

如果忽略夯击时的能量损失，式（3-19）、式（3-20）应相等，则有：

$$\Delta t = \sqrt{\frac{2}{gH}}z \tag{3-21}$$

由式（3-18）、式（3-21）便可求得 P_{max} 或 $\bar{P}$。按 $\bar{P}$ 引起的等效拟静力附加应力与土中自重应力之比为 0.2 来确定加固深度。夯锤为圆形时，经过对等效拟静力附加应力公式的简化，近似拟静力附加应力与深度的关系，得到强夯的加固深度为：

$$h = \sqrt[3]{\frac{3\eta \bar{P} a^2}{0.8\gamma'}} \tag{3-22}$$

式中：η——夯击效率系数，一般取 0.5~0.75；
　　a——夯锤底面半径，m；
　　γ'——土的浮容重（假定地下水位接近地表），kN/m³。

利用式（3-22）计算得到 1 500 kN·m 夯能的强夯加固深度为 6.8 m（单击的夯沉量为 0.3 m），2 500 kN·m 夯能的强夯加固深度为 8.4 m（单击的夯沉量为 0.38 m）。

2. 张利洁公式法

张利洁假定夯下土体为一维变形，考虑强夯加固前后孔隙比的变化得到有效加固深度公式：

$$h = (z - u)\frac{1 + e_0}{e_0 - e} \tag{3-23}$$

式中：e_0 和 e——分别指夯前和夯后的孔隙比；
　　$z - u$——地面下降深度。

（四）其他方法

陈志新运用模糊相似优先比的概念，构造了一个强夯有效加固深度预测的模型。对每一个影响强夯有效加固深度的因素，分别建立了目标范例与源范例之间的模糊相似优先关系。经过影响因素之间的两两比较，获得不同影响因素下强夯地基的目标范例与源范例之间的相似性序列，计算得到强夯地基有效加固深度目标范例与源范例之间的综合相似性序列，从而找到与强夯有效加固深度目标范例最相似的源范例，实现了有效加固深度的预测。

孔位学将模糊信息优化处理技术应用于强夯有效加固深度的预估，编制了强夯有效加固深度模糊近似推理的计算程序 KFIDM，并对考虑多因素的湿陷性黄土地基的有效加固深度进行了预估，表明用该方法预估的结果比现有的几种常用预估方法更接近于实际，但是该法预估强夯有效加固深度应在一定数量（至少 30 项）的工程积累的基础上进行。

3.4.2 夯击能的确定

（一）单击夯击能

单击夯击能等于锤重乘以落距，一般根据加固土层的厚度以及选用吊机的大小，根据式（3-8）确定。

实际强夯工程中，往往知道夯锤重量，需要确定单击夯击能即可确定夯锤高度。可由拟静力法反推单点夯击能。将平均接触应力值 $\bar{P} = \dfrac{M}{A}\left(1 + \dfrac{H}{h}\right)$ 代入已知的等效拟静力法强夯加固深度的公式。

法国第一个强夯工程所用的锤重为 80 kN，落距 10 m；后来改用锤重 150 kN，落距 25 m。目前国外最大的锤重 200 kN，落距 25 m，其加固深度可达 40 m。我国所用的锤重为 80~250 kN，个别的达 400 kN，落距为 8~25 m。

（二）最佳夯击能的确定

从理论上讲，在夯击能作用下，当地基中出现的孔隙水压力达到土的自重压力时，这样的夯击能称为最佳夯击能。

1. 黏性土最佳夯击能的确定方法

在黏性土中，由于孔隙水压力消散慢，当夯击能逐渐增大时，孔隙水压力亦相应的叠加。因而在黏性土中，可根据孔隙水压力的叠加值来确定最佳夯击能。天津新港黏土在单点夯击能 130 kN·m 条件下，取夯击 4 次的总能量 520 kN·m 为最佳夯击能。

必须指出，孔隙水压力沿深度的分布规律是上大下小，而土的自重压力是上小下大，因此强夯的影响深度虽然可用 Menard 经验公式估算，但用有效影响深度确定为宜。

2. 砂性土最佳夯击能的确定方法

在砂性土中，由于孔隙水压力增长和消散仅为几分钟的时间（图 3-6），孔隙水压力不能随夯击能增加而叠加。为此，可绘制最大孔隙水压力增量与夯击次数（夯击能）的关系曲线（图 3-7）来确定最佳夯击能。当孔隙水压力增量随着夯击次数（夯击能）增加而逐渐趋于恒定时，可认为该种砂土所能接受的能量已达到饱和状态。此时能量即为最佳夯击能。

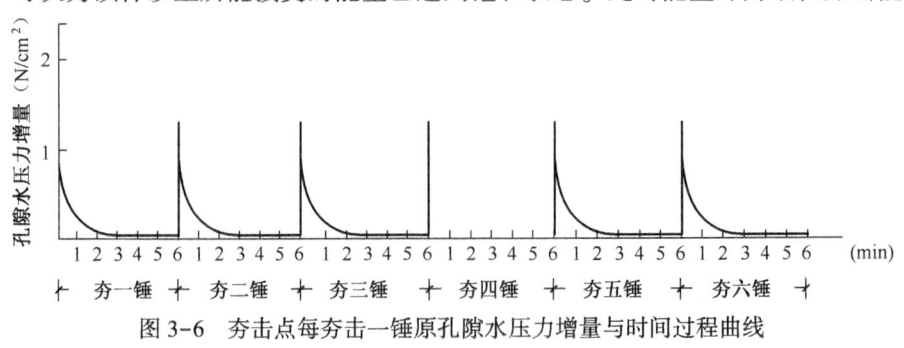

图 3-6 夯击点每夯击一锤原孔隙水压力增量与时间过程曲线

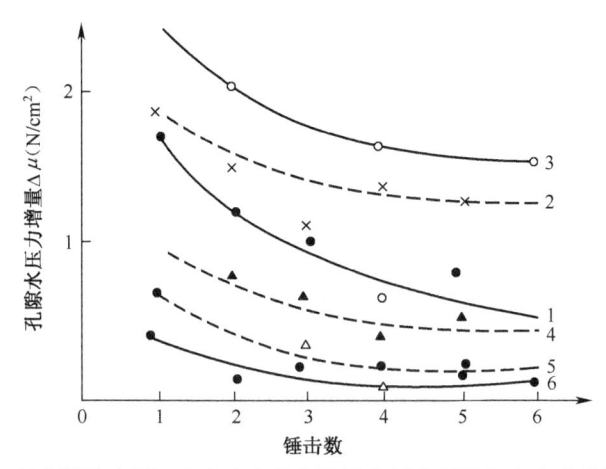

图 3-7　每个测头在同一夯击点上最大孔隙水压力增量与夯击次数关系曲线

3.4.3　夯击遍数的确定

夯击击数与地基加固要求有关，因为施加于单位面积上的夯击能量的大小是直接影响着加固效果的，应根据地基加固后应达到的设计指标来确定，夯击要求应以土体竖向压缩最大，侧向移动最小，有效夯击能最大为目的。一般夯击击数最好根据土质情况在现场试夯确定。

《建筑地基处理技术规范》（JGJ 79—2002）中规定：夯点的夯击次数，应按现场试夯次数和夯沉量的关系确定，且满足下列条件。

①最后两击的平均夯沉量不大于 50 mm，当单击夯沉量较大时不大于 100 mm。

②夯坑周围地面不应发生过大的隆起。

③不因夯坑过深而发生起锤困难。

《地基处理手册》中指出：最佳夯击能的确定，一般要根据试夯得到。原则上为地基中出现孔隙水压力达到土的自重压力时的夯击能。但对于非饱和土、饱和非黏性土，土中的孔隙水压力难以达到上覆土层的自重压力。对于非饱和土的强夯加固，与实验室中的击实类似，故在试夯时，需进行夯坑体积与四周隆起量的量测，绘制夯击能与夯坑体积和隆起体积的关系曲线，根据有效压实体积来确定最佳夯击能。对于非黏性土强夯加固，在试夯时，应进行孔隙水压力监测，绘制最大孔隙水压力增量与夯击能的关系曲线，当孔隙水压力增量随夯击能的增加而趋于恒定时，可认为该种非黏性土所接受的能量达到饱和，此时能量为饱和非黏性土最佳夯击能。另外，对于饱和黏性土层，由于过大的夯击能会出现"橡皮土"现象等，强夯工艺必须进行适当的调整。

郑颖人等通过试验提出强夯法加固软黏土地基的止夯标准，标准如下。

①夯坑周围不出现明显的隆起。如果坑周出现明显隆起，标志着坑周土体已经破坏，如第一击时就出现明显隆起，则要降低夯击能。

②不能有过大的侧向位移。如果有过大的侧向位移，则表明土体已经破坏。

③后一击夯沉量应小于前一击的夯沉量。如果是后一击夯沉量大于前一击的夯沉量，说明土体侧向位移较大，表明土体结构破坏。

④夯坑深度不能太深。

目前国内确定夯击击数的标准各有不同，对于非饱和土和填土，常以最后两击下沉量的平均值小于 4 cm 来控制每点的夯击击数；而对于软土，击数可根据超静水压力达到液化压力时为控制击数；有的则以最后一击的夯沉量达到设计要求控制的沉降量为准。一般强夯工程夯点击数控制在 4~10 击。

夯击遍数是根据压缩层的厚度，土质条件和设计建筑物沉降量要求确定的，一般控制在 3~5 遍，上海地区控制在 2~5 遍外加普夯。两遍之间间歇时间若不充分，超静水压力尚未消散，土体再继续沉降变形，再继续强夯时，势必破坏排水通道，甚至形成"弹簧土"。故间歇要充分，间歇时间应根据超静水压力的消散程度来确定。上海地区间歇时间控制在 1 周左右。

根据国内外文献记述，夯击遍数一般为 1~8 遍。对粗颗粒土可少些，而对细颗粒土特别是淤泥质土则夯击遍数要求多些。例如，法国戛纳附加采石场弃渣土填海造地只强夯 1 遍，英国伦敦土则夯 5 遍。瑞典维内尔表层 2~10 m 为含大量有机质的粉土与砂的吹填土，下层为高压缩性三角洲冲积土或老的砂填土的软弱地基，最多的夯 7 遍。

3.4.4　相邻夯击两遍之间间歇时间的确定

关于相邻夯击两遍之间的间歇时间，Menard 指出，一旦孔隙水压力消散，即可进行新的夯击作业。根据土质情况，Menard 建议间歇时间为 1~6 周。

通过试验发现，对于软黏土，孔隙水压力的峰值出现在夯完后的瞬间，每遍的总夯击能越大，则孔隙水压力消散时间越长。因此，其间歇时间不能小于 4 周。对于砂性土，孔隙水压力的峰值出现在夯完后的瞬间，消散时间只有 3~4 min。因此，对于渗透系数较大的砂性土，其间歇时间很短，即可连续作业。

3.4.5　夯距的确定

强夯的加固范围是确定强夯夯点间距的依据，与加固深度具有同等重要的作用，合理的夯点间距不但能保证加固地基均匀性，还能提高强夯工效，具有明显的经济效益。杨建国等利用土体动力学理论，结合弹塑性有限元方法分析了强夯法加固的主要设计参数后得出：在常用地基或填方参数的情况下，有效加固范围常为夯锤直径 D 的 1.5~2.5 倍。牛志荣等通过建立冲击荷载作用下土体动力压密有限元方程及其数值计算方法，认为强夯的加固范围为：侧向加固半径距夯坑中心接近 $2D$，坑下加固深度能达到 $2D$ 甚至更大。

赵炼恒假设强夯竖向夯沉量造成加固深度范围内的一部分土体竖向压密，另一部分为加固范围内的土体侧向压密，得到夯点间距：

$$S = D + \sqrt{2\mu h} \tag{3-24}$$

式中：S——夯点间距，m；

　　　μ——泊松比，取值范围为 0.15~0.25；

　　　h——竖向有效加固深度，m。

把这一结果应用到常吉高速公路，$D = 2.0$ m，$\mu = 0.2$，$h = 5.5$ m，则 $S = D + \sqrt{2\mu h} = 3.56$ m，比较符合现场动应力测试和分析结果，在实际施工中取夯点间距为 3.5 m 比较合理。

夯点布置是否合理，直接影响强夯效果，夯点布置应根据建筑物的平面形状、基础形式、场地的土质、含水量多少和工程要求等因素确定。常用的夯点布置有正方形网格或梅花形网格，正方形网格便于施工，在工程中采用较多。对于条形基础可采用点线布置，而对单层厂房的柱基采用点夯法加固，每个柱基下至少有一个夯点。为避免出现"弹簧土"，软土夯点之间夯距一般在 5~15 m，上海地区经验控制在 5~7 m。夯点夯击应间隔进行，在第一遍夯击时，夯点应安排在跳夯距离最大位置开始，这样才能使夯击能传递到深处，每遍夯击时，最好能间夯（跳打）。实践证明，间隔夯击比连夯好，间夯对深层加固有利，原因是间夯夯击能量便于在土中向深层传递、吸收，孔隙水容易向低压区排出，使一部分地基土先固结。再夯第二遍时，可使充满孔隙水的另一部分土体得到能量，克服土颗粒对水的吸附力，使土体中的孔隙水挤出而得到加固，提高土体强度。连夯则全面产生超静水压力，而没有低压区，使孔隙水压力处于相对平衡，不易排出。夯击点过密，相邻夯点的加固效果将在浅层处叠加形成硬层，影响能量的传递，造成能量的损失。夯击时，表层地基土因面波的运动而松动，为了使地基表层得到加固，最后必须进行普夯。

■ 3.4.6 强夯处理范围

为了保证处理区工程质量，根据工程经验，处理区需要一个超夯范围，在强夯处理范围长和宽的两边各大出一个处理深度 h，即 $L+h$ 和 $B+h$，如图 3-8 所示。

■ 3.4.7 垫层与排水沟

在对饱和软土强夯时，表层宜铺设 0.5~1 m 厚垫层，一方面是满足机械行走和开始夯击时锤下陷不致太深的需要，另一方面垫层可作为排水层并改善地基

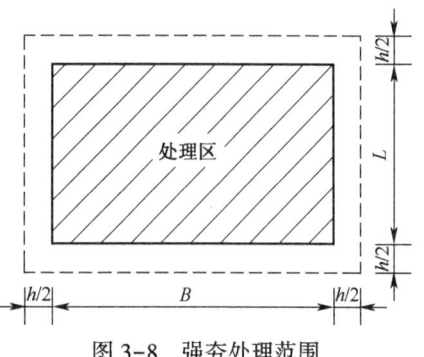

图 3-8 强夯处理范围

土受力条件，但垫层不宜太厚，太厚会使能量在垫层消耗过大，影响深层土体处理效果，而且加厚垫层会提高造价。另外，当加固区边长大于 30 m 时，可在场地中间设置两排排水沟或排水暗沟，排出雨水和夯击挤出的地下水，排水沟底标高要低于最低地下水位 50 cm。在软土地基的强夯加固中，若辅以袋装砂土或塑料排水板来改善深层排水条件，会得到更好的效果。在建筑物密集地区，为了减少强夯振动对相邻建筑物的影响，可设一定深度的防震沟。

3.5 强夯振动危害及评价指标

强夯振动对建筑物的危害性表现在：一方面，强夯振动可能诱发结构振动而使建筑物直接产生损坏或加速建筑物损伤的发展；另一方面，强夯振动可能扰动附近土层，激发土体内的孔隙水压力，破坏土体的天然结构，改变土体的应力状态和动力特性，造成土体强度降低，使周围一定范围内的建筑物基础和地下设施发生不均匀沉降，从而引起建筑物开裂、倾斜甚至破坏以及道路路面损坏和地下管线爆裂等严重后果。

在强夯施工过程中产生的冲击波对位于夯击现场附近的施工人员会产生一定的影响。国外曾对爆炸冲击波对人体的影响进行了深入的研究，而夯击振动特性与爆炸振动相近，因此可借用对爆炸冲击波的研究来研究强夯振动对人体的作用。

人体的神经系统对冲击波振动作用和声振动等都是非常敏感的。人体对冲击波振动的反应有心理和生理作用反应两个方面。从生理方面来说，高幅值的振动不仅能影响人的正常活动，而且会引起人体生理组织的变化，甚至对内部脏腑器官产生各种损伤或破坏。当振幅较低时，除影响人体正常活动外，还能引起神经系统、内分泌系统和新陈代谢等各种生理活动的变化，致使人体感到疲劳，工作能力减退以及情绪发生变化。

人体对振动的反应与振动的频率、振幅、振动持续时间以及人的姿态有关，而振动对人体的影响是与引起人体内部脏器在一定程度上的共振现象紧密相关的。整个人体存在固有频率，当外界的振动与人体固有频率相接近时，会引起人体共振现象，大大增加对人体或脏腑各器官的破坏，尤其是外界 30 Hz 的振动对人体的伤害最大。

3.5.1 振动的参数及评价指标

（一）振动的物理量

描绘振动的物理量主要有频率、强度、振动方向和暴露时间。

1. 频率

人能感觉到的振动频率范围为 1~1 000 Hz，但就环境振动而言，人们所关心的是人体反应特别敏感的频率 1~80 Hz 的振动，这主要是由于各种组织的共振频率集中在这个范围。

2. 强度

描述振动强度的物理量有位移、速度和加速度等。振动对结构物和人体的影响实际上是振动能量转换的结果，加速度的有效值能较好地反映这种状况。因此，在环境振动的分析中，振动强度一般以加速度有效值表示，常以 m/s² 为单位，有时也以海平面高度的重力加速度 g 为单位（$g = 9.81 \text{ m/s}^2$）。

3. 振动方向

人对不同方向的振动感觉不一样，对竖向振动最敏感，在振动规定法中规定以与地表面垂直方向的振动为对象。

4. 暴露时间

人暴露在振动环境里的时间不同，对振动的反应程度也不同。不同类型的振动时间特性不同。如正弦振动、随机振动和冲击振动，它们的时间特性不同，引起的振动感觉也不一样。当振动强度变化或者发生暴露间歇或中断时，可采取有效暴露时间的概念（指超过标准的所有振动的持续时间）。如果暴露在振动中的状态有所间断，但暴露时的强度不变，有效总暴露时间可简单地认为各段暴露时间的总和。

（二）振动的评价指标

对测量到的振动进行评价时，通常采用振动频谱和振级的评价量。

1. 振动频谱

人体是由肌肉等弹性组织构成的，所以它对振动的反应可以认为与一个复杂的弹性系统相当，从而也就具有了若干明显的固有频率。当外界环境振动的频率接近身体某部位的固有频率时，就会发生共振，从而给人体带来各种危害。因此，分析环境振动的频率特性是特别重要的，通常的做法是：由试验测出不同频率对应的最大振动响应，然后以频率为横坐标，以振动的响应为纵坐标，绘图得到振动的频谱曲线。

2. 振级

根据国际标准 ISO2631 和我国国家标准《城市区域环境振动测量方法》(GB 10071-88) 中的规定,对振级有以下几种描述。

(1) 振动加速度级 VAL

振动加速度级 VAL 的计算公式为:

$$VAL = 20\lg(a_{rms}/a_0) \tag{3-25}$$

式中:VAL 的单位为 dB;

a_{rms} ——振动加速度有效值,m/s²;

a_0 ——基准加速度,国际标准 ISO2631 中规定取值为 1×10^{-6} m/s²。但由于各国的环境振动标准并不一致,所以其具体取值应遵循各标准中的规定。

(2) 振级 VL

按 ISO2631/1-1985 规定的全身振动不同频率计权因子修正后得到的振动加速度级,又称计权振动加速度级,记为 VL,单位为 dB。其计算公式为:

$$VL = 20\lg(a'_{rms}/a_0) \tag{3-26}$$

式中:a_0 为基准加速度,取值与 VAL 中的一致;而 a'_{rms} 为修正的振动加速度(m/s²),加速度包括垂直方向(z 向)和水平方向(x 向或 y 向)的振动,修正值可通过下式计算:

$$a'_{rms} = \sqrt{\sum a_{frms}^2 \cdot 10^{0.1c_f}} \tag{3-27}$$

式中:a_{frms} ——频率为 f 的振动加速度有效值;

c_f ——振动加速度的感觉修正值,具体取值见图 3-9 和表 3-5。

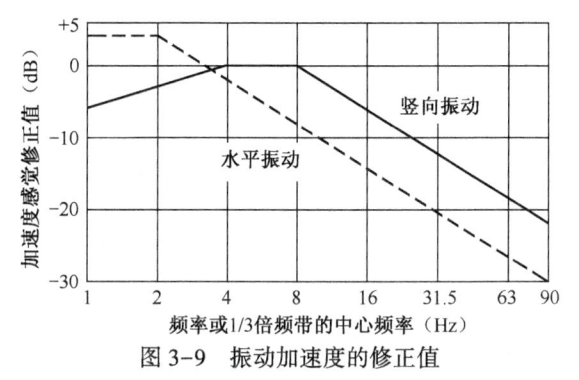

图 3-9 振动加速度的修正值

表 3-5 ISO2631/1-1985 规定的垂直与水平振动加速度的感觉修正值

频率或 1/3 倍频带的中心频率(Hz)		1	2	4	6.3	8	16	31.5	63	90
垂直方向	修正值(dB)	-6	-3	0	0	0	-6	-12	-18	-21
	容许偏差(dB)	2 / -5	±2	±1.5	±1	0 / -2	±1	±1	1 / -2	1 / -3
水平方向	修正值(dB)	3	3	-3	-7	-9	-15	-21	-27	-30
	容许偏差(dB)	2 / -5	±2	±1.5	±1	±1	±1	±1	1 / -2	1 / -3

(3) z 振级 VLz

按 IS02631/1-1985 规定的全身铅垂向振动之计权因子修正后得到的振动加速度级，记为 VLz，单位为 dB。计算方法与式（3-27）完全相同，只不过公式中的 c_f 取垂直方向的修正值。

3.5.2 环境场地振动的控制标准

1. 《城市区域环境振动标准》（GB 10070-88）

在我国，为了限制环境振动对居民睡眠、学习、休息的干扰和影响，国家环境保护局1988年12月制定并批准了国家标准《城市区域环境振动标准》（GB 10070-88），规定了城市各类区域铅垂向 z 振级标准值及适用地带范围（表3-6）。

表3-6 《城市区域环境振动标准》[GB 10070-88]（z 振级 VLZ/dB）

适用地带范围	昼间	夜间	适用地带范围的划定
特殊住宅区	65	65	特别需要安宁的住宅区
居住、文教区	70	67	纯居民和文教、机关区
混合区、商业中心区	75	72	一般工业、商业、少量交通与居民混合区
工业集中区	75	72	在一个城市或区域内规划明确确定的工业区
交通干线道路两侧	75	72	车流量每小时100辆以上的道路两侧
铁路干线两侧	80	80	距每日车流量不少于20列的铁道外轨30 m外两侧的区域

本标准值适用于连续发生的稳态振动、冲击振动和无规振动，对于每日仅发生几次的冲击振动，其最大值昼间不容许超过标准值 10 dB，夜间不容许超过 3 dB。并且规定监测时测量点在建筑物室外 0.5 m 以内振动敏感处，必要时测量点置于建筑物室内地面中央，标准值均取表中的值。

"特殊住宅区"是指特别需要安宁的住宅区。"居民、文教区"是指纯居民区和文教、机关区。考虑到以上区域对环境质量要求较高及今后达标的可行性，规定居民、文教区中居住室内铅垂向 z 振级标准值昼间为 70 dB，夜间 67 dB，特殊住宅区昼间和夜间都为 65 dB。当 z 振级低于 70 dB 时，振动基本上已不成为干扰居民日常生活的因素。

"混合区"是指工业、商业、少量交通与居民混合区。根据在混合区中进行调查的结果，并参考国外有关标准，混合区中居住室内昼间铅垂向 z 振级标准值定为 75 dB。为保证夜间居民的睡眠及休息，夜间标准定为比昼间低 3 dB，即为 72 dB。

"商业中心区"是指商业集中的繁华地区。商业中心区振源较少，主要是服务性行业中的工业设备及交通，振动影响不大，因而标准值与混合区相同。

"工业集中区"是指在一个城市或区域内规划明确确定的工业区。工业集中区虽然振源较多，但由于厂区范围大，振源距居民较远，其影响一般是有限的，所以它的标准值定为与混合区相同。

"交通干线道路两侧"是指车流量每小时100辆以上的道路两侧。根据对我国几个城市现场测量数据的分析表明，交通振动对居民的影响和干扰不很严重，重型车（如大卡车等）经过时，在道路两侧测得铅垂向 z 振级为 70~80 dB；小轿车、小面包车行驶时为 60~70 dB；

其他车辆为 65~75 dB。考虑多种因素后，交通干线道路两侧居民室内铅垂向 z 振级标准值定为与混合区相同。

"铁路干线两侧"是指距每日车流量不少于 20 列的铁道外轨 80 m 外两侧的住宅区。由于铁路运行情况白天和夜间差不多，故昼间与夜间振级标准都定为 80 dB。

北京市为了保护居民的身心健康，对于道路交通的振动控制，在满足上述规定的同时，还参考国外资料和北京市实际情况制定了一项限制振动的规定《北京市区环境振动限值》，对道路交通的振动提出要求：对一类区（安静的居民区），规定白天和夜间的振动容许值分别为 65 dB 和 60 dB，对二类区（工商业混杂区）则分别为 70 dB 和 65 dB。

2.《机械工业环境保护设计规范》（JBJ 16—2000）

根据我国的城市区域环境振动标准，中华人民共和国行业标准委员会于 2001 年在《机械工业环境保护设计规范》（JB 16—2000）中对相类似的区域规定了环境振动容许值，见表 3-7。可以看出，该行业规范没有城市区域环境振动标准严格。

表 3-7 《机械工业环境保护设计规定》[JBl6-2000]（振级 VL/dB）

适用地带范围	昼间	夜间
学校、医院边界 50 m 以内	75~80	70~75
居住区	80~85	75~80
商业区	85~90	70~85
工业区	90~95	85~90

3. 冶金部的相关标准（YBJ 55-90）

冶金部所规定的工作环境和生活环境允许振动标准，以有效振动速度容许值的形式给出了如表 3-8 中的规定。

表 3-8 工作环境和生活环境的振动速度容许值

区域划分	容许振动速度（V, mm/s）	
	白天（6~20 时）	夜间（20 时至次日 6 时）
学校、医院等对环境振动要求特别严格的区域	0.25	0.13
宿舍等生活区等对环境振动要求比较严格的区域	0.50	0.25
一般办公室、公共场所等允许有轻微的振动感觉，但不影响精神集中的区域	1.00	0.50
车间范围内的非操作区	2.80	2.80

注：仅受水平向振动的工作和生活环境，表中值按乘以增大系数 2.0 取用。

4. ISO 2631/1 关于人全身振动的等感觉曲线

20 世纪 70 年代初，国际标准化组织（ISO）在综合大量有关人体振动的研究工作和文献的基础上，制订了国际标准《人承受全身振动的评价总要求》（ISO 2631/1），随后的几十年里一直在进行着不断的修改、补充和完善。该国际性的通用标准得到了世界各国的重视，并被许多国家作为本国标准采纳。

根据上述标准，为评价人全身振动的强弱，可根据振动对人体的影响，分为四个等级。

①振动的"感觉极限"，即人体刚刚能感觉到振动时的振动强度值。人体对刚刚超过感觉阈的振动是能够忍受的，人体能感觉到的振动远远低于伤害人体的实际值。

②振动的"舒适度下降极限"，即随着振动强度的增加，到达一定程度，人们就感到"不舒适"，使人产生"讨厌"的感觉，这是人体的一种心理反应，是人的大脑对客观的振动信息做出的主观判断，不会产生生理影响，因此存在着十分明显的个体差异。图3-10所示为竖直方向加速度界限与舒适性降低限图，可见4~8 Hz是人体对竖向振动的敏感带。图3-11所示为水平方向加速度界限与舒适性降低限图，可见1~2 Hz是人体对水平振动的敏感带。

③振动的"工作效能下降极限"，即当振动进一步增加到某种程度，人对振动的感觉由不舒适进入疲劳区间，这时人对振动不仅有心理反应，也出现生理反应。对超过疲劳阈的振动，通过刺激神经系统，对其他器官产生影响，使注意力转移、工作效率降低等，其程度存在个人差异，当振动停止后，这些生理现象随之消失。

④振动的"暴露极限"，即当振动强度超过该限度时，对人体不仅有心理和生理的影响，还会造成病理性的损伤，此时振动就会影响人体健康和安全。长期在超过极限阈的强烈振动环境下生活或工作时，将使感觉器官和神经系统产生永久性病变，即使振动停止后也较难复原。

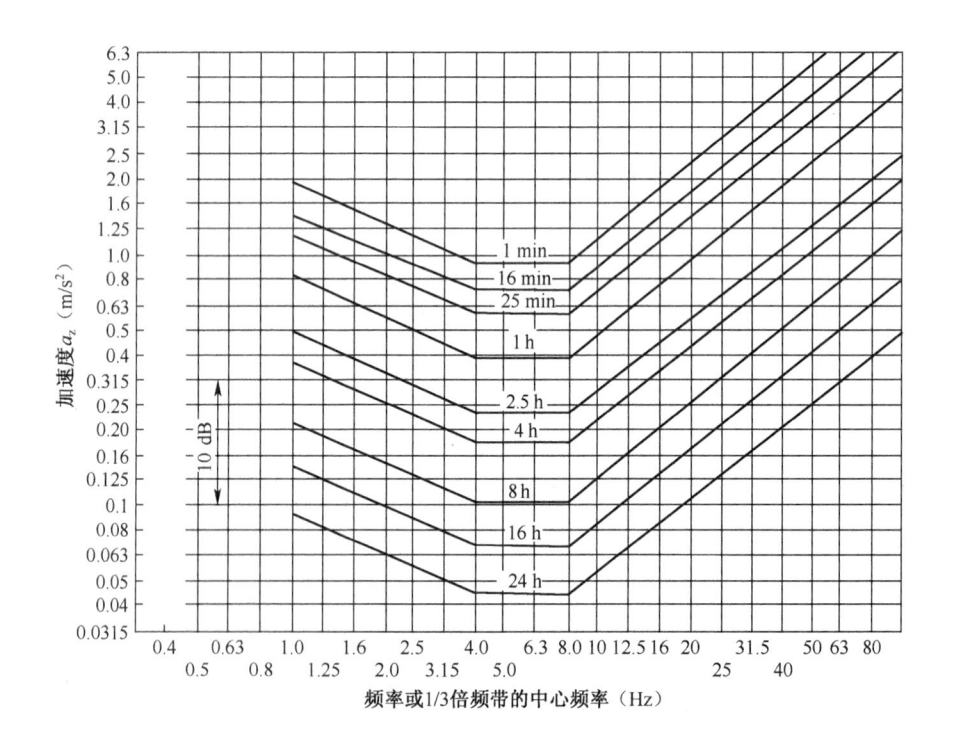

图3-10 竖直方向加速度界限与舒适性降低限图

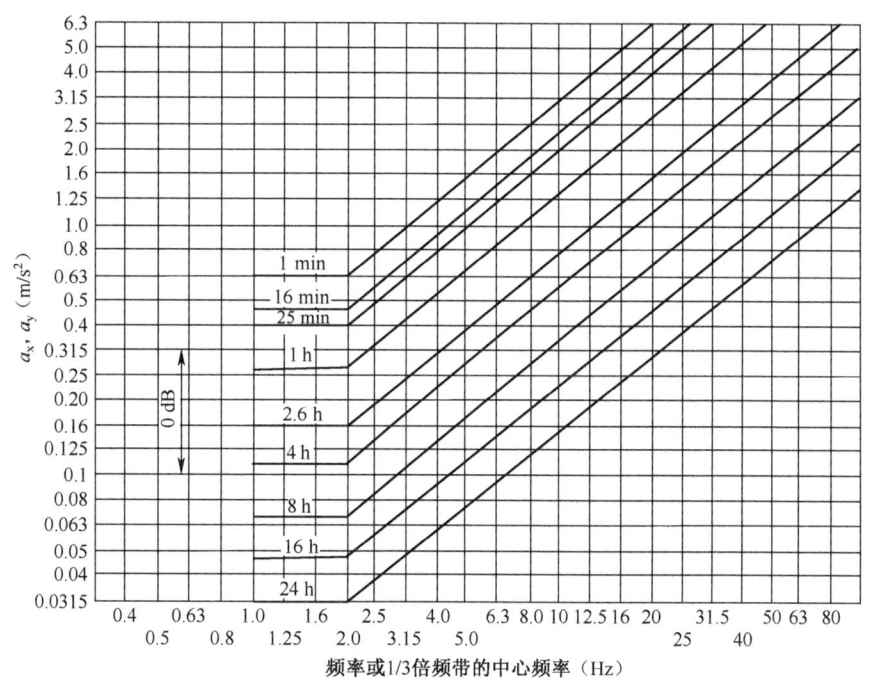

图 3-11 水平方向加速度界限与舒适性降低限图

3.6 强夯设备及施工方法

3.6.1 强夯设备

强夯设备主要有起重设备、夯锤、脱钩装置及推土机等。

(一) 起重设备

一般选用履带式起重机，其稳定性好，行走较方便，施工速度快，为适应锤重和落距的不断加大，还设计有三脚架和专用起重机架起吊。

施工采用自动脱钩装置时，起重能力应大于 1.5 倍锤重。起重钢丝跟锤上下起落时，起重能力应大于 $(3\sim5)Q$（Q 为锤重），吊机起落速度约为 1 次/$(0.5\sim2)$min；起重机接地压力应小于土的承载能力。

西欧一些国家所用的起重设备大都为履带式起重机。近年来日本海洋工业株式会社采用轮胎式起重机进行强夯作业，亦取得满意的结果。国外除使用现成的履带吊之外，还制作了常用的三脚架和轮胎式强夯机，用以吊 40 t 夯锤，落距可达 40 m。国外所用的履带吊都是大吨位的吊车，通常在 100 t 以上。由于 100 t 吊车的卷扬机的能力只有 20 t 左右，如果夯击工艺采用单缆锤击法，则 100 t 的吊车最大只能起吊 20 t 的夯锤。

在天津新港使用的吊机为 40 t 的履带吊，其卷扬机的能力只有 6 t，欲用单缆起吊 10 t 重的锤是不可能的。因此，只有采用自动脱钩的方法来造成 10 t 锤自由落体的条件进行强夯。

北京铁路局天津段利用两台15 t的小吊机加以改进，抬一个15 t的锤进行强夯，效果良好。

强夯设备目前国内尚无定型的专用机械。南京扬子乙烯装置工程中的设备是采用杭州重型机器厂生产的W2002型50 t履带吊自行设计改造而成。改造的主要内容为给原起重吊杆增加强性支撑缓冲装置，防止夯锤脱钩时吊杆反弹，发生吊杆扭曲事故。弹性撑杆用无缝钢管制造，可自由伸缩，使吊臂能在36°~78°范围内自由变幅，强夯机的构造如图3-12所示。

(二) 夯锤

夯锤的种类按材料分，有混凝土（或钢筋混凝土）锤、浇铸钢锤；按形状分，有方形、圆形或圆台形；按结构分，有整体式、组装式、透孔式或封闭式。夯锤设计原则为重心低，稳定性好，产生负压和气垫作用小，这样可以减少起吊力和夯击力的损失。一般锤身设有若干孔洞，这样可以克服提升时土和锤底之间的强大吸力，减少落锤时的空气阻力，并能排出夯击时锤底与土之间的空气，保证有效夯击能量。锤重大小应根据要求的有效加固深度选用。威乳高速公路强夯试验所用的夯锤为10t铁锤。

夯锤的底面积大小与土的类型有关。一般来说。沙质土和碎石填土，采用底面积为（2~4）m²的夯锤较为合适；一般第四纪黏土可用（3~4）m²的夯锤；淤泥质土采用（4~6）m²的夯锤为宜。

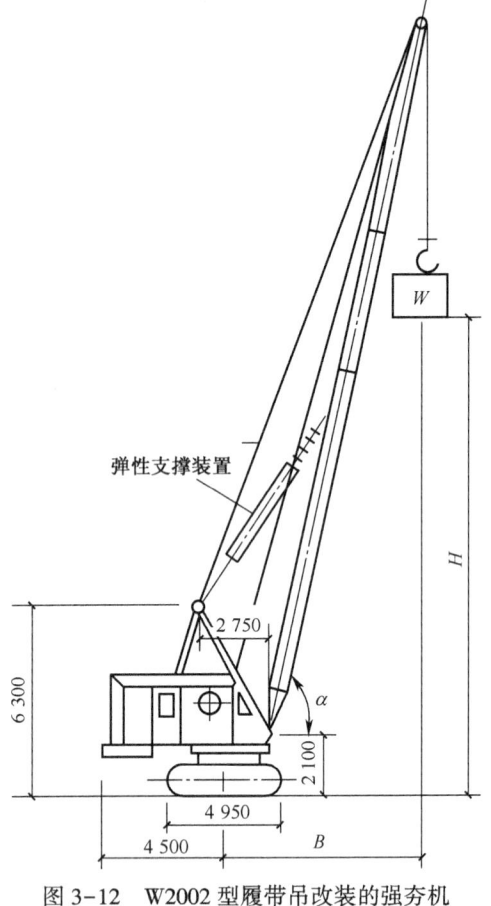

图3-12　W2002型履带吊改装的强夯机

(三) 脱钩装置

当锤重超出吊机卷扬机的能力时，就不能使用单缆锤施工工艺，此时只有利用滑轮组并借助脱钩装置来起落夯锤。下面介绍两种脱钩装置。

①天津新港使用的脱钩装置。如图3-13所示，操作时将夯锤挂在脱钩装置上，当起重机将夯锤吊到既定高度时，利用吊机上副卷扬机的钢丝绳吊起销卡焊合件，使锤脱落，自由落下进行强夯。

②由于其他原因，当吊机上的卷扬机不能使用时，可改用定高度索的办法来完成脱钩强夯作业，其原理如图3-14所示。威乳高速公路强夯时使用的就是这种脱钩方法。

3.6.2　施工方法与程序

强夯施工可按下列步骤进行。

①清理并平整施工场地。

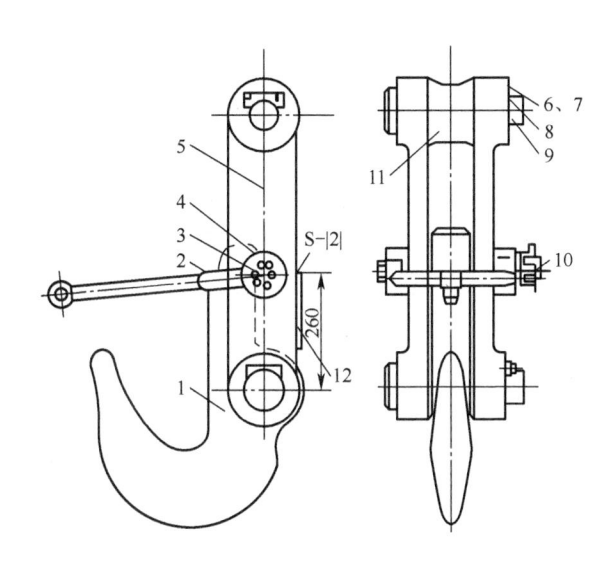

图 3-13 脱钩装置示意
1—吊钩；2—锁卡焊合件；3、6—螺栓；4—开口销；5—架板；7—垫圈；
8—止动板；9—销轴；10—螺帽；11—鼓形轮；12—护板

②铺设垫层，在地表形成硬层，用以支承起重设备，确保机械通行和施工。同时，可加大地下水和表层面的距离，防止夯击的效率降低。

③标出第一遍夯击点的位置，并测量场地高程。

④起重机就位，使夯锤对准夯点位置。

⑤测量夯前锤顶标高。

⑥将夯锤起吊到既定高度，待夯锤脱钩自由下落后放下吊钩，测量锤顶高程；若发现因坑底倾斜而造成夯锤歪斜时，应及时将坑底整平。

⑦重复步骤⑥，按设计规定的夯击次数及控制标准，完成一个夯点的夯击。

⑧重复步骤④~⑦，完成第一遍全部夯点的夯击。

⑨用推土机将夯坑填平，并测量场地高程。

⑩在规定的间隔时间后，按上述步骤逐次完成夯击遍数，最后用低能量满夯，将场地表层土夯实，并测量夯后场地高程。

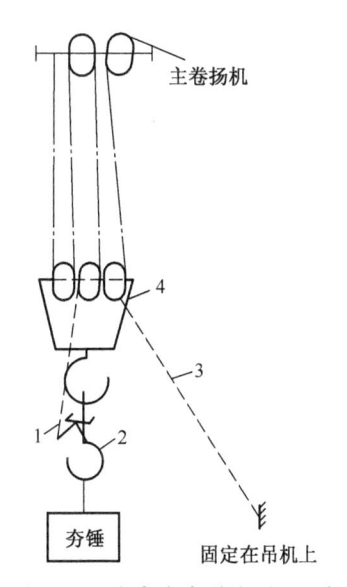

图 3-14 定高度索脱钩原理示意
1—U 形卡；2—自动脱钩装置；
3—定高度自动脱钩；4—大钩

当地下水位较高，夯坑底积水影响施工时，宜采用人工降低地下水位或铺设一定厚度的松散材料。夯坑内产生的积水时应及时排除。

当强夯施工时所生的振动，对邻近建筑物或设备产生有害影响时，应采取防振或隔振措施。

3.7 工程实例

本节将结合威乳高速公路改建项目,详细讲述路基与地基强夯时的质量检验。试验段自 K59+500 到 K60+100,全长 600 m。K59+582、K59+925 处存在两座拖拉机通道。两座拖拉机通道正在施工,其中 K59+925 处拖拉机通道处正在进行钻孔灌注桩施工,为避免强夯对其产生影响,每座通道两侧 50 m 范围内不作强夯处理。

3.7.1 地基强夯试验

第一试验段为 K59+500 至 K59+532 段(图 3-15)。由于该段地基地势低,属山间河流冲积汇水带,地下水位高,地下水稳定埋深约 0.3 m。土质为低液限黏土,渗透性差。采用挖沟降水后地下水位降至 1.0 m 左右,常规碾压弹簧现象严重。对该试验段仅进行地基强夯试验,试验方案见图 3-16 所示。首先用拆除老桥涵的块石回填排水沟和原有的天然河沟,对地基清表整平,老路基边坡清表,然后用老路基基层料(灰土碎石)铺在新地基上,松铺厚度约 80 cm,东侧部分点夯 3 击,西侧部分点夯 2 击,点夯间距都为 3.2 m×3.2 m,待 20 天孔压消散后再满夯 2 击。夯后测压实度。

图 3-15 K59+500 至 K59+532 试验段

第二试验段为 K59+632 至 K60+100(图 3-17)。因试验开始前一天区域内降大暴雨,拟定了以下试验方案。

①先采用不同的点数铺底夯,10 天后再满夯 2 击。对新地基用 600 kN·m 的夯击能进行铺底夯,夯击时锤径互切。为了确定最佳夯击数,分五个试夯区进行试夯,前四个试夯区长度为 20 m,同时为了避免各试夯区之间的影响,每试夯区间隔 10 m。这四个试夯区分别为 K59+680 至 K59+700、K59+710 至 K59+730、K59+740 至 K59+760 和 K59+770 至 K59+790。夯前将老路边坡清表,将新地基整平,为保证新老地基的衔接,用挖掘机向老路边坡内挖了

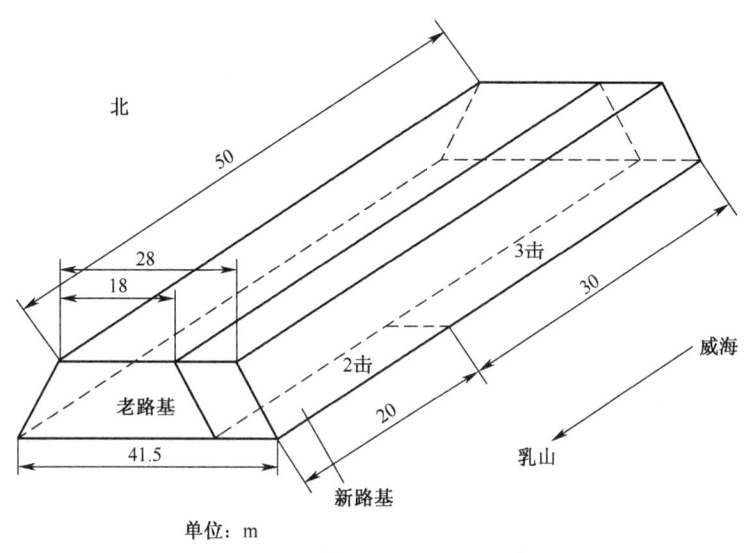

图 3-16 第一试验段试夯方案

1 m 宽、1.5 m 高的台阶。对四个试夯区分别进行了 1 击、2 击、3 击、4 击铺底夯，另外在新老路基结合部多打 1 击。夯后测不同夯区的压实度。放置 10 天后，待孔隙水压力消散后，满夯 2 击。夯后测压实度。试夯方案如图 3-18 所示。

②暴雨后 10 天，直接铺底夯 2 击。对 K59+700 至 K59+710、K59+730 至 K59+740、K59+760 至 K59+770 段暴雨后 10 天直接进行了铺底夯 2 击，夯击能为 600 kN·m。夯后测试压实度。

③在新地基上松铺老路面基层灰土碎石 50 cm 后，分别采用不同的强夯方案。K59+800 至 K59+823 段点夯 5 击，能量为 1 000 kN·m；K59+823 至 K59+846 段满夯 5 击，夯击能为 600 kN·m；K59+975 至 K60+040 段点夯 3 击，能量为 1 000 kN·m；K600+040 至 K600+100 段点夯 4 击，能量为 1 000 kN·m。

图 3-17 K59+632 至 K60+100 试验段

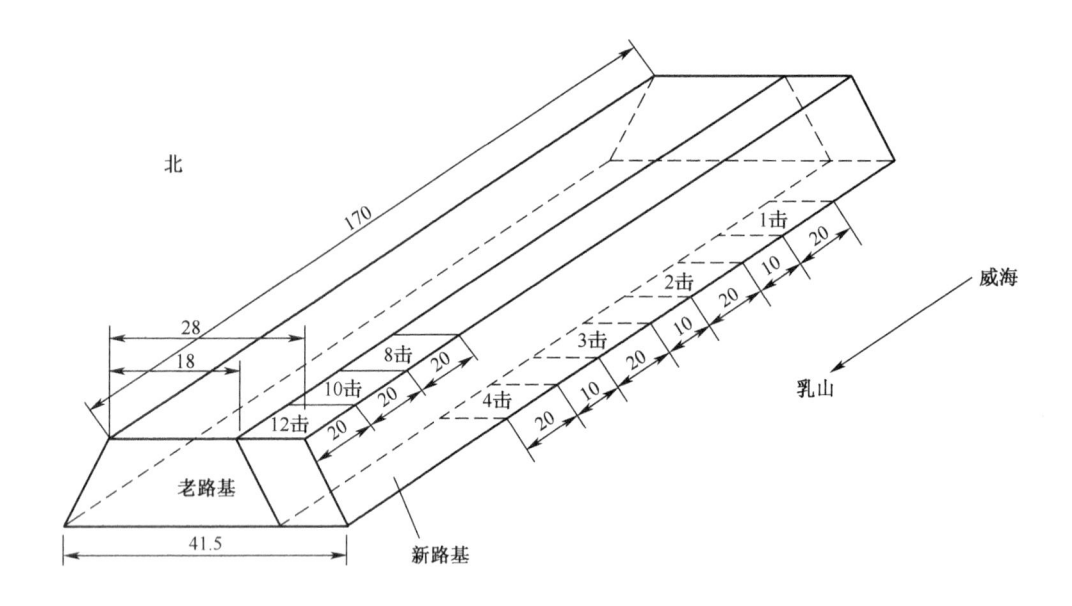

注：① 新路基点夯后满夯2击。
② 新地基铺底夯后满夯2击。

图 3-18 第二试验段试夯方案（单位：m）

3.7.2 路堤强夯试验

(一) 老路堤试验方案

为 K59+975 至 K60+100 段，老路堤点夯后，新路堤分层碾压。在该段进行老路堤强夯试验，试夯方案见图 3-19 所示。

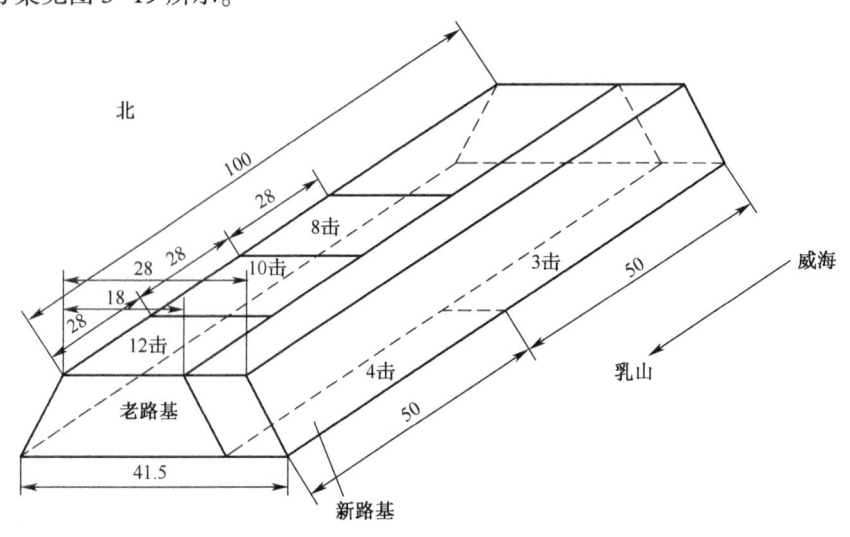

注：① 新地基铺灰土碎石后再满夯。
② 老路基点夯后满夯2击。

图 3-19 第三试验段试夯方案（单位：m）

本试验段老路堤高度为 3.9 m，新路堤路床高度为 4.4 m，将老路堤挖除 0.4 m 后，整平。在老路堤上靠北侧半幅对老路堤试夯，从西往东划分三个试夯区，击数分别为 12 击、10 击、8 击，夯击能为 1 000 kN·m，在每个试夯区内设 6 排夯点，如图 3-20 所示。三区试夯全部结束后用推土机整平，最后满夯一遍（2 击），夯击能为 600 kN·m。满夯结束后再用推土机整平。

（二）新路堤强夯试验

为 K59+632 至 K59+840 段，地基处理完后，填筑新路堤土与旧路堤同高，然后统一强夯。在该段进行新路基强夯试验，确定强夯方案。新路基强夯方案见图 3-21 所示。

本试验段旧路堤高度为 3.6 m，新路堤高度为 4.4 m。将新路堤填高 4 m，在新路堤上从西往东划分三个试夯区，击数分别为 12 击、10 击、8 击，夯击能为 1 000 kN·m，在每个试夯区内设 6 排夯点。三区试夯全部结束后用推土机整平，最后满夯一遍（2 击），夯击能为 600 kN·m。满夯结束后再用推土机整平。

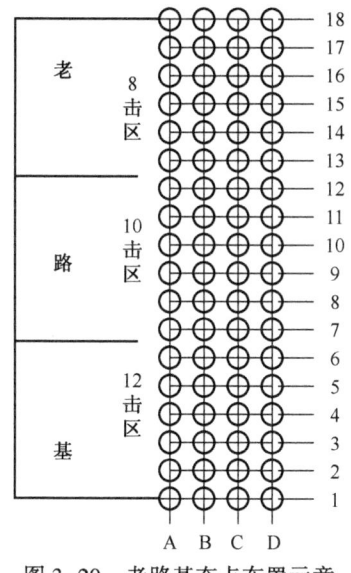

图 3-20　老路基夯点布置示意 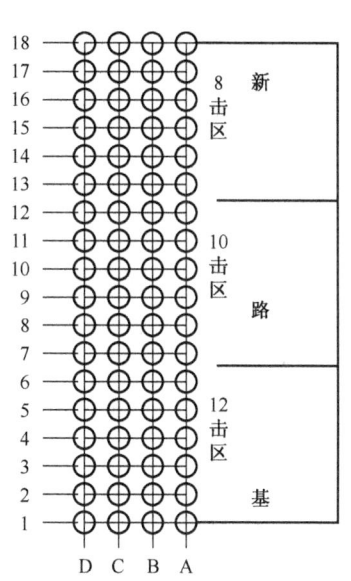　　　图 3-21　新路基夯区内夯点布置示意

3.7.3　施工注意事项

试夯结果表明，强夯法是一种非常适用于旧路改造的经济、快捷、有效的方法。但在具体实施时，有些环节需要特别重视，否则会起到负面作用。在试夯过程中得到了一些教训，同时积累了丰富的经验。下面简单论述一下，希望能为以后的强夯施工提供借鉴和帮助。

强夯后，为防止降雨，要及时将夯坑推平。一般情况下，即使经过推土机整平，也不可避免的会产生一些坑洼地带，这将导致下雨后雨水不能立即排走，路面易形成积水地带。特别是表层的虚土大量吸水饱和，形成海绵效应，造成路基内含水量过高，影响后续施工及路堤质量。因此，强夯法施工应提前规划好施工季节，尽量避开雨季，如确因工期等因素的影响非施工不可，要采取以下相应的措施：

①根据天气预报，及时掌握天气情况，如降雨时间及强度。根据现场情况及时、精心调

度和安排施工计划。

②雨季强夯施工，宜分区块施工，例如在一个时间段内，尽量将单位区块内的点夯和满夯全部处理完毕，避免因"全面开花"来不及满夯形成"泡槽"局面。满夯处理后，夯坑内的虚土被夯实，会在整个强夯区域表层形成一层致密的人工硬壳层（防水层）。因此，在下雨之前应尽量完成满夯。当天气突变，来不及将强夯面全部满夯时，可在下雨前直接用塑料薄膜或是防水布将夯区覆盖，每个防雨布之间应搭接严密，防止雨水渗入。

③强夯完成后，用推土机将强夯区域推出一定的排水坡度，同时挖排水沟和集水井，集水井应低于排水沟并设潜水泵，下雨时应及时抽排水。在强夯区域四周还应设置挡水土坝或土埂，严禁场外雨水灌入施工区域。

④满夯并平整场地后，应禁止轮式车辆碾压，防止因车辆反复碾压产生"橡皮土"。

⑤当局部出现"橡皮土"时可将其挖除，换填干土或砂石料补夯；当"橡皮土"较薄且面积较大时，可用推土机的松土器将地表层翻松、晾晒后补夯；当"橡皮土"较厚且面积较大时，可用生石灰进行处理。

由于强夯施工机械一般大且笨重，它的爬坡能力很差，而强夯处理的高速公路路段一般为高填方，如果夯机频繁爬上爬下，将延误工期，并易出现安全事故。因此，应做好施工组织管理，尽量使一台夯机在同一路段内作业，以减少夯机爬坡次数。

强夯法施工中，夯锤在瞬间给路面以强大的冲击力，此冲击力在地基和路堤内以波的形式向外传播。不断传来的应力波会对已施工完毕的道路构筑物（如桥涵）造成损害，有时也会对一定距离内的人员、建筑物、设备等造成损害。所以，强夯施工前应首先考察周围情形，务必使强夯点在建筑物和人员的安全距离之外，必要时挖防震沟。同时，在夯锤落地的瞬间会溅起土石或泥浆，所以在施工时应加强安全措施，确保行人和居民的人身安全和财产安全。

当靠近松铺路堤边坡进行强夯作业时，重达几十吨的夯机极易引起边坡失稳，从而酿成翻车事故。为了既避免这种事故发生，保证路堤压实度满足规范要求，应将路堤向外超填至少 2 m。而且严禁在雨后对路堤边坡进行强夯，因为此时路堤土体潮湿，抗滑稳定性差。

第4章

滨海咸水区地基水泥土桩加固技术

4.1 滨海地下咸水区含盐土的主要特点及分布概况

4.1.1 滨海地下咸水区含盐土的成因

与新疆盐渍土等内陆盐渍土、内陆盐湖地区含盐土的形成原因不同，滨海地区由于其独特的地理位置、自然环境和人类活动的影响，滨海地下咸水区含盐土的形成有其特殊的形成原因及规律。

特殊的地理位置和地质条件是滨海地下咸水区含盐土形成的原因之一，安永运研究黄河三角洲地下淡水（微咸水）形成与演化的结果表明，地下淡水、微咸水的形成、演化与古黄河河道变迁、三角洲形成的早晚、微地貌特征及现代河道与渠系分布密切相关。咸水广布的古黄河三角洲地区一系列古河道中的浅层淡水含水体由于以下两种因素被咸化，即大气降水入渗补给地下水过程中，对土体中的盐分起淋溶作用，将盐分携带给淡水体；同时，在水动力场作用下，咸水侵入带状浅层淡水体。因此，该区基本无浅层淡水。大气降水和引黄灌溉回归水，在径流和渗流过程中，把高地土（砂）层的盐分携带到低洼地，从而高地地带土（砂）层的盐分缓慢减少，在长期补给作用下，淡水逐渐将咸水淡化，形成微咸水分布区；而在地形低洼地带则会形成盐分聚集，造成大面积中等或重盐渍化。

不同类型的海水入侵也是滨海地下咸水区含盐土形成的原因之一，陈鸿汉将海水入侵的方式做了分类，依含水层性质、水文地质条件、入侵区位置和方式，海水入侵大致有裂隙岩溶式、第四系松散孔隙式、山前平原扩散型、滨海平原开采型、河流谷底开采入渗型直接式与间接式6种类型，其中以孔隙水含水层遭海水入侵的发生概率最大。韩美的研究表明，基岩黄土台地海岸有海蚀崖分布，崖面高出海面几米至几十米，同时透水性都很差。这类海岸海水一般沿着基岩构造裂隙呈线状向内陆侵入，沙质海岸堆积物以沙类为主，透水性强，该类海岸是海水入侵的重灾区。例如，属沙质海岸的锦西沿海、大连渤海湾营城子一带以及营口大清河下游地区，海水从海岸沿松散层呈面状向内陆入侵。另外，还有些海岸地带溶洞形成天然通道，海水在动力作用下沿着岩溶孔洞贯通侵入内陆。刘茜利用青岛市大沽河下游海水入侵区的沙样、海水、地下水进行土柱试验，模拟海水入侵过程中可能发生的水文地球化学作用。结果表明，海水入侵过程中在混合作用的基础上，阳离子交换吸附作用是主要的,该作用通常发生在地下水与黏粒之间,尽管试验中所取沙样的黏粒含量很少（2.99%）,但是现象非常明显,Na^+与Ca^{2+}、Mg^{2+}发生逆向交换;Mg^{2+}与Na^+交换平衡后,又与Ca^{2+}发生交换吸附;而K^+与Ca^{2+}仅发生了少量的交换吸附作用。海水入侵客观上造成地下含盐土的形成。

滨海地下咸水区含盐土的形成还与人类的活动密切相关。丁玲的研究表明,海水入侵速度主要取决于地下水开采量和补给量。中国许多沿海城市用水紧张,导致地下水开采量大增,海水入侵面积增大。海水入侵由点状入侵发展到面状连续入侵,最初的海水入侵只在孤立的个别点上发生,范围很小,由于地下水开采量继续增加,使得那些孤立的不连续的点连接起来形成一连续的面状入侵。进而导致滨海地下水盐渍化,地下土被污染,地下含盐土持续增加。

4.1.2　滨海地下咸水区含盐土的主要特点

滨海地下咸水区含盐土有两个特点:一是含盐土和地下水的盐分组成与海水基本一致,都是以氯化钠为主;二是含盐量除表层土壤含盐量稍高以外,以下土层含盐量分布比较均匀,这两点是它区别于其他含盐土最主要的地方。

除上述主要特点外,滨海地下咸水区含盐土的工程性质与一般含盐土、盐渍土均有很大区别。①滨海地下咸水区含盐土三相性与一般土类有较大不同,气相中气体含量很少,液相中含有含盐水,固相中含有大量结晶盐,特别是来自海水的易溶性结晶盐。②由于其长期处于地下,受温度的影响较小。③因为其长期被海水、地下水浸泡,滨海地下咸水区含盐土的强度指标较低。④滨海地下咸水区含盐土会导致建筑物与地下设施的侵蚀,其侵蚀程度受海水温度、含盐量的影响较大。

4.1.3　滨海地下咸水区含盐土的分布概况

滨海地下咸水区的含盐土,成形时间不长,地面高程一般都在10 m之下,因受海潮浸渍,且因海水倒灌的影响而排水困难。地下水位一般在0.5~2 m,矿化度在10~50 g/L,高的达120~150 g/L,高矿化度水的厚度达数十米,甚至达200 m。唐于银等的研究表明,东部滨海盐渍土分布在我国3万多千米的海岸线沿岸,其间有着丰富的滨海盐土和地下咸水区含盐土。长江口以北的江苏、山东、河北、辽宁等省份盐土的面积达到100多万公顷,随着黄河河口的进一步向东推进,盐土的面积还在逐渐增加,也形成了大量地下咸水区含盐土。江苏沿海地区,由于受海潮和海水型地下水的双重影响,土壤具有盐分重、养分含量低、土壤盐分组成以氯化物为主的特性。地下水矿化度高、地上和地下淡水资源缺乏,地下水位高是土壤盐渍化的重要因素。长江口以南,如浙江、福建、广东的滨海盐土,分布零星,但也有逐年增加的趋势。由于年降水量大,土壤的淋洗作用强烈,滩地受海潮浸渍而形成盐土,通过雨水淋盐逐渐淡化为盐渍化土壤,1m土体含盐量小于6g/kg,这里既有以氯化物为主的微碱性盐土,也有在红树林群落影响下形成的酸性硫酸盐盐土。华北平原地区也存在大面积的含盐土,如山东、河北的滨海地区,这些地区含盐土主要是在盐分通过毛细管上升和涝水侧渗双重影响下形成的,也有部分是由于底部积盐层的盐分经重新分配向地表累积而造成。该区域含盐土面积较大的有山东的聊城、东营、滨州以及河北的沧州等地。

4.2 水泥土固化原理

4.2.1 水泥土的概念

水泥土是水泥、土、水以及外加剂等按一定比例掺和，经原位搅拌而成的多相混合体系。常用于处理淤泥、淤泥质土、粉土和黏性土等地基，可根据需要在地基中形成块状、壁状、格栅状等形状的水泥土桩，主要用于形成复合地基、基坑支挡结构、止水帷幕等。水泥土搅拌法因为施工速度快、无公害，施工过程无振动、无噪声、无地面隆起，不排污、不排土、不污染环境和对相邻建筑物不产生有害影响等优点，近年来在土木工程中得到广泛应用。

然而，在工程实际中，由于水泥土的应用特点，水泥土常受到地表附近盐渍土及含有一些具有侵蚀性离子的地下水、生活污水和海水等周围环境因素的影响，在此环境条件下，其力学性能必将受到不同程度的影响，如水泥土的强度、变形和耐久性等有可能发生变化。有关环境侵蚀因素对水泥土力学性能的影响，这方面的研究还鲜有报道。由于其试验技术和手段还不系统、不完善，理论亦不够成熟，还有很多需要探索和研究的工作，部分文献仅仅做了某一环境侵蚀影响的初步探讨。对于受各种环境侵蚀下水泥土力学性能的侵蚀效应、其内部的损伤机理和演化规律等均未研究清楚。

本书中含盐土是指地表盐渍土、地下咸水区和地下水遭污染地层对应的土体。

4.2.2 水泥土的固化原理

水泥与原位土充分拌和后，由于水泥吸收水分而发生一系列的物理化学反应，使混合水泥土凝结硬化，既提高了自身的强度，又稳定了桩周围土层，这样桩体连同桩间土共同承担上部荷载作用形成复合地基。水泥土硬化速度缓慢且作用复杂，水泥搅拌桩加固软土地基一般认为包括以下几个过程：①水泥的水解和水化反应；②黏土颗粒与水泥水化物的作用；③碳酸化作用。

(一) 水泥的水解和水化反应

普通的硅酸盐水泥主要由氧化钙、二氧化硅、三氧化二铝、三氧化二铁及三氧化硫等组成，由这些不同的氧化物分别组成了不同的水泥矿化物硅酸三钙、硅酸二钙、铁铝酸三钙、铝酸三钙、硫酸钙等。用水泥加固软土时，水泥颗粒表面的矿物很快和软土中的自由水发生水解和水化反应，生成氢氧化钙、含水硅酸钙及含水铁酸钙等化合物。各自的反应过程如下：

1. 硅酸三钙（$3CaO \cdot SiO_2$）

在水泥中的含量最高（占全重的50%左右），是决定强度的主要因素：

$$2(3CaO \cdot SiO_2) + 6H_2O \rightarrow 3CaO \cdot 2SiO_2 \cdot 3H_2O + 3Ca(OH)_2 \quad (4-1)$$

2. 硅酸二钙（$2CaO \cdot SiO_2$）

在水泥中的含量较高（占全重的25%左右），它主要产生后期强度。

$$2(2CaO \cdot SiO_2) + 4H_2O \rightarrow 3CaO \cdot 2SiO_2 \cdot 3H_2O + Ca(OH)_2 \quad (4-2)$$

3. 铝酸三钙（$3CaO \cdot Al_2O_3$）

占水泥重量的10%，水化速度快，促进早凝。

$$3CaO \cdot Al_2O_3 + 6H_2O \rightarrow 3CaO \cdot Al_2O_3 \cdot 6H_2O \quad (4-3)$$

4. 铁铝酸四钙（$4CaO \cdot Al_2O_3 \cdot Fe_2O_3$）

占水泥重量的10%，能促进早期强度。

$$4CaO \cdot Al_2O_3 \cdot Fe_2O_3 + 2Ca(OH)_2 + 10H_2O \rightarrow 3CaO \cdot Al_2O_3 \cdot 6H_2O + 3CaO \cdot Fe_2O_3 \cdot 6H_2O$$
$$(4-4)$$

在上述一系列反应过程中所生成的氢氧化钙、含水硅酸钙能迅速溶于水中，使水泥颗粒表面重新暴露出来，再与水发生反应，这样周围的水溶液就逐渐达到饱和。当溶液达到饱和后，水分子虽然继续深入颗粒内部，但新生物已不能再溶解，只能以分散状态的胶体析出，悬浮于溶液中，形成胶体。

5. 硫酸钙（$CaSO_4$）

虽然在水泥中含量仅占3%，但它与硅酸三钙一起与水发生反应，生成一种被称为"水泥杆菌"的化合物。

$$CaSO_4 + CaO \cdot Al_2O_3 + 32H_2O \rightarrow 3CaO \cdot Al_2O_3 \cdot 3CaSO_4 \cdot 32H_2O \quad (4-5)$$

根据电子显微镜的观察，水泥最初以针状结晶形式在比较短的时间里析出，其生成量随着水泥掺入量的多寡和龄期长短而异。由X射线衍射分析可知，这种反应迅速，反应结果把大量的水以结晶水的形式固结下来，这对于含水量高的软黏土强度增长有特殊意义，使土中自由水的减少量达到水泥生成重量的46%。当然，硫酸钙的掺入量不能过多，否则这种由32个水分子固化而成的水泥针状结晶会使水泥发生膨胀遭到破坏，所以使用的合适，在某种条件下可利用这种膨胀来增强地基加固效果。

（二）黏土颗粒与水泥水化物的作用

当水泥的各种水化物生成后，有的自身继续硬化，形成水泥石骨架；有的则与其周围具有一定活性的黏土颗粒发生反应。

1. 离子交换和团化作用

黏土和水结合时就表现出一般的胶体特征，如土中含量最多的二氧化硅遇水后，形成硅酸胶体微粒，其表面带有Na^+或K^+，它们能和水泥水化生成的Ca^{2+}进行当量吸附交换，使较小的土颗粒形成较大的土团粒，从而使土体强度提高。水泥水化生成的凝胶粒子的比表面积约比原水泥颗粒大1 000倍，因而产生很大的表面能，有强烈的吸附活性，能使较大的土团粒进一步结合起来，形成水泥土的团粒结构，并封闭各土团的空隙，形成坚固的联结，从宏观上看也就使水泥土的强度大大提高。

2. 凝硬反应

随着水泥水化反应的深入，溶液中析出大量的Ca^{2+}，当其数量超过离子交换需要的量后，在碱性环境中，能使组成黏土矿物的二氧化硅及三氧化二铝的一部分或大部分与Ca^{2+}进行化学反应。随着反应的深入，逐渐生成不溶于水的稳定的结晶化合物。这些新生成的结晶化合物在水中和空气中逐渐硬化，增大了水泥土的强度，而且由于其结构比较致密，水分不易侵入，使水泥土具有足够的水稳定性。从扫描电子显微镜中观察可见，天然软土的各种原生矿物颗粒间具有很多空隙。拌入水泥7天时，土颗粒周围充满了水泥凝胶体，并有少量水泥水化物结晶的萌芽。一个月后水泥土中生成大量纤维状结晶，并不断延伸充填到颗粒间的孔隙中，形成网状构造。到第五个月时，纤维状结晶辐射向外延伸，产生分叉，并相互联结形成空间网状结构，水泥的形状和土颗粒的形状已不能分辨出来。

3. 碳酸化作用

水泥水化物中游离的氢氧化钙能吸收水中和空气中的二氧化碳，发生碳酸化反应，生成不溶于水的碳酸钙。这种反应也能使水泥土增加强度，但增长的速度较慢，幅度也较小。

从水泥土的加固机理分析可见，对于软土地基深层搅拌加固技术来说，由于搅拌机械的切削搅拌作用，实际上不可避免地会留下一些未被粉碎的大小土团。在拌入水泥后将出现水泥浆包裹土团的现象，而土团间的大孔隙基本上已被水泥颗粒填满。所以，加固后的水泥土中形成一些水泥较多的微区，而在大小土团内部则没有水泥，只有经过较长的时间，土团内的土颗粒在水泥水解产物的渗透作用下，才逐渐改变其性质。因而在水泥土中不可避免地产生强度较大和水稳定较好的水泥石区和强度较低的土块区，两者在空间相互交替，从而形成一种独特的水泥土结构。由此可得出如下结论：搅拌越充分，土块被粉碎得越小，水泥分布到土中越均匀，则水泥土结构强度的离散性越小，其宏观的总体强度也最高。

4.3 黄河三角洲滨海地区水泥土劣化规律

4.3.1 水土特性分析

黄河三角洲为我国最年轻的大河三角洲，由于各种原因存在大面积地下咸水。因为形成原因不同，该地区地基土的工程特性与我国其他咸水地区不同。山东大学以滨德高速公路 K15+155.5 至 K15+205.5 段作为试验段，对黄河三角洲咸水区土和水的特性进行调查与分析。在现场通过钻芯得到了地下十个不同深度土的样品，提取了两个不同深度地下水的样品。将样品在实验室进行分析，对其盐分组成、各组分含量等进行定量和定性分析。

（一）黄河三角洲地下水的演化

三千年来，黄河下游多次决口泛滥，范围北抵海河，南到淮河。大体分三个时期：自春秋战国到南宋建炎二年（公元前 602 年~公元 1128 年），黄河北流入渤海；自南宋到清咸丰四年（公元 1128 年~1855 年），南流入黄海；1855 年 6 月在兰考县铜瓦厢决口改道，夺大清河河道，重新汇入渤海。根据三角洲形成的年代，将黄河三角洲划分为古黄河三角洲、近代黄河三角洲和现代黄河三角洲。古黄河三角洲形成于 1855 年以前。1855 年 6 月黄河回流入渤海后，尾闾决口 50 多次，大的改道 11 次，分别于 1855~1934 年和 1934 年至今形成以宁海和渔洼为顶点的近代和现代三角洲。黄河三角洲地区，浅层地下淡水、微咸水资源贫乏，仅在黄河现行河道两侧及两侧的决口扇和古（故）河道地带有小面积分布，其他广大地区为咸水分布区。总体趋势是古黄河三角洲淡水和微咸水分布面积相对较大，近代黄河三角洲分布面积较小，现代黄河三角洲基本无淡水和微咸水分布。

1. 古黄河三角洲

黄河从 1128 年由流入渤海改为流入黄海再到 1855 年又流入渤海，在这段时间内，咸水广布的古黄河三角洲地区一系列古河道中的浅层淡水含水体由于以下两种因素被咸化，即大气降水入渗补给地下水过程中，对土体中的盐分起淋溶作用，将盐分携带给淡水体；同时，在水动力场作用下，咸水侵入带状浅层淡水体。因此，该区基本无浅层淡水。

2. 近代和现代黄河三角洲

近代和现代黄河三角洲均为填海造陆形成，因此不但含水层中赋存着咸水，而且沉积物含盐量也很高。1855年黄河夺大清河入渤海，黄河在流经近代黄河三角洲时，在其上又堆积了黄河冲积物，并形成了带状淡水含水体。黄河三角洲形成机理决定了黄河流路必定频繁迁移改道，一个流路流经时间最长30年左右，短则仅几年，平均每十年变更一次。因此，在咸水广泛分布区不是咸水淡化，而是有限的淡水被咸化。所以无论是古河道带的带状含水体，还是决口扇处的淡水含水体，均逐渐成为咸水含水体。仅在黄河侧渗补给条件好的地段有淡水，而且很快过渡为微咸水和咸水。如黄河现行河道仅在扇顶部的王庄乡到东坝一带的大堤内侧为微咸水及淡水，再向下游黄河河道水边线附近，地下水矿化度亦大于3g/L。

（二）试验段土的化学特征分析

1. 取土样位置

取土样位置在滨德高速K15+200处。滨德高速公路位于黄河三角洲地区，起点接已建成的荣乌高速辛庄子至邓王段，终点接已建成的德衡高速公路（河北段），途经滨州市的沾化、无棣、阳信三县和德州市的庆云、乐陵、宁津、陵县、经济开发区和德城区六个县（市、区），止于德州（鲁冀界），路线全长143.8 km。全线采用双向四车道高速公路标准建设，其中，起点至德州北互通约134 km，设计时速120 km，路基宽度28 m；德州北互通至终点约10 km，设计时速100 km，路基宽度26 m。地表土为中等盐渍土，地基表面泛盐现象严重，如图4-1所示。

在0~15 m深度范围内沿深度每隔1.5 m钻取20 cm长的土芯，密封好后送实验室进行试验分析。

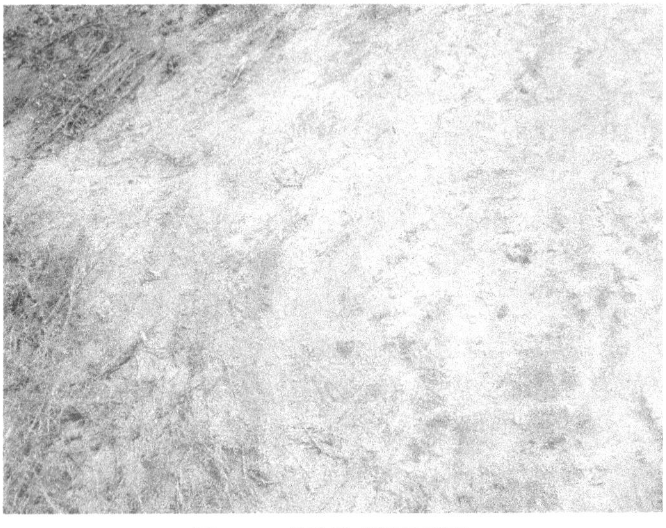

图4-1 春季地表泛盐严重

2. 土样的易溶盐含量试验

按照交通部标准公路土工试验规程（JTJ051-1993）对不同深度的土样进行了易溶盐含量分析，试验结果见表4-1所示。

图 4-2 所示为阴阳离子含量随深度的变化曲线,图 4-3 所示为含盐量随深度的变化曲线。可见在深度 8~10 m 处土中盐分最多,而这个部位正处于加固区;其余各部位含盐量有所差别,但差别不大。

pH 在 10 m 以上为 6.2,以下为 6.1,皆表现为酸性,这一特性将对水泥胶结材料(水泥土和混凝土等)产生腐蚀。

表 4-1 土样的易溶盐含量分析

土样编号	1	2	3	4	5	6	7	8	9	10
取样深度(m)	1.3~1.5	2.8~3.0	4.3~4.5	5.8~6.0	7.3~7.5	8.8~9.0	10.3~10.5	11.8~12.0	13.3~13.5	14.8~15.0
全含盐量	0.321%	0.2835%	0.192%	0.260%	0.2565%	0.930%	0.3835%	0.3475%	0.436%	0.4310%
pH	6.2	6.2	6.2	6.2	6.2	6.2	6.2	6.1	6.1	6.1
CO_3^{2-}	0.00%	0.00%	0.00%	0.00%	0.00%	0.00%	0.00%	0.00%	0.00%	0.00%
HCO_3^-	0.0446%	0.0266%	0.0302%	0.0475%	0.0288%	0.0461%	0.0374%	0.0346%	0.0274%	0.0259%
CL^-	0.0947%	0.0821%	0.0599%	0.0717%	0.0651%	0.1518%	0.0929%	0.0922%	0.1225%	0.1135%
SO_4^{2-}	0.0862%	0.0702%	0.0475%	0.0630%	0.0610%	0.2228%	0.0930%	0.0809%	0.1095%	0.0969%
K^+	0.0013%	0.0002%	0.0001%	0.0001%	0.0001%	0.0011%	0.0036%	0.0031%	0.0031%	0.0003%
Na^+	0.0217%	0.0200%	0.0131%	0.0175%	0.0140%	0.0414%	0.0225%	0.0207%	0.0255%	0.0244%
Ca^{2+}	0.0105%	0.0075%	0.0073%	0.0064%	0.0067%	0.0224%	0.0081%	0.0073%	0.0089%	0.0113%
Mg^{2+}	0.0076%	0.0064%	0.0086%	0.0057%	0.0074%	0.0404%	0.0118%	0.0081%	0.0106%	0.0113%

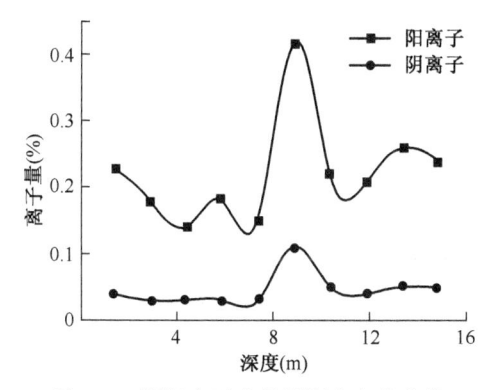

图 4-2 阴阳离子含量随深度变化曲线

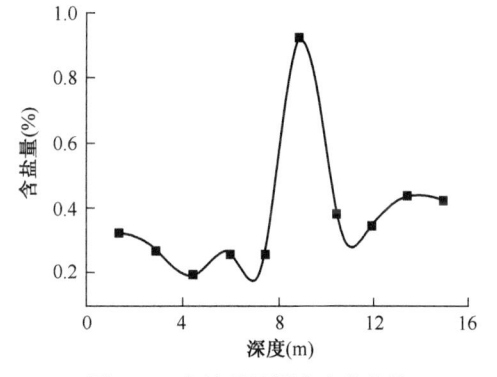

图 4-3 含盐量随深度变化曲线

3. 土样的定名及含盐量分析

由表 4-1 可见,地下土的易溶盐含量高,但现在缺乏基于含盐量的地下土定名标准,虽然对盐渍土有通用的标准,但盐渍土与地下土的含盐量来源和形成原因不同,盐渍土是地下水蒸发盐分向上迁徙形成的,国家标准中对盐渍土的定义是:地表下 1 m 深度范围内的易溶盐含量超过 0.3% 的土称为盐渍土。为了定性分析,借鉴盐渍土的划分标准对地下深层土进行了划分,如表 4-2 所示。

表 4-2 土样的定名及含盐量分析

土样编号	1	2	3	4	5	6	7	8	9	10
取土深度(m)	1.3~1.5	2.8~3.0	4.3~4.5	5.8~6.0	7.3~7.5	8.8~9.0	10.3~10.5	11.8~12.0	13.3~13.5	14.8~15.0
分层含盐量（%）	0.321	0.284	0.192	0.260	0.257	0.930	0.3835	0.3475	0.436	0.4310
离子毫摩尔数比值（mmol/1 000 g）	1.49	1.58	1.71	1.54	1.44	0.92	1.35	1.54	1.51	1.58
分层定名（按盐性质分类）	亚氯含盐土	亚氯盐渍土	亚氯含盐土	亚氯含盐土	亚氯含盐土	亚硫酸含盐土	亚氯含盐土	亚氯含盐土	亚氯含盐土	亚氯含盐土
按含盐量分类	弱盐渍土	非盐渍土	非盐渍土	非盐渍土	非盐渍土	中盐渍土	弱盐渍土	弱盐渍土	弱盐渍土	弱盐渍土

由表 4-2 可见，除地下 9 m 处土属于亚硫酸含盐土外，其他各处均属于亚氯含盐土。按盐渍土的划分标准，距地表 2 m 左右为强盐渍土，在 2~8 m 范围内为非盐渍土，9 m 附近为中盐渍土，10 m 以下为弱盐渍土。在粉喷桩和浆喷桩地基加固施工中，水泥要与地下土充分搅拌，所以即使是低含盐量土也会对水泥土的力学性能产生重要影响。

4.3.2 水泥土劣化规律

山东大学针对黄河研究含盐土在掺加水泥及其他抗腐蚀固化材料后，水泥土的抗压和抗拉强度与龄期、外掺剂种类和掺加量以及养护环境的关系，为咸水区高速公路水泥搅拌桩的设计和施工提供依据。

（一）试验方案

试验方案如表 4-3 所示。为验证添加粉煤灰、矿渣微粉的抗腐蚀作用，本试验采用相同的含水量，相同的固化剂掺入量，试件采用密封养护（模拟浆喷桩）和浸泡养护（模拟粉喷桩）两种养护方式，对比腐蚀作用。

表 4-3 水泥土试验方案

工况编号	试验名称与介绍	测试基本项目	目的及注意事项
1	水泥+正常土+饮用水+养护室养护（含水率30%，固化剂掺入量17.58%；正常土由盐渍土多次水洗获得；制成试件后用塑料袋密封再置于养护室中养护）	7 d、28 d、90 d、180 d 抗压和抗拉强度、变形模量、吸水率	与工况3对比，研究盐分的影响。注意记录时间、外观表现变化、质量变化、尺寸变化
2	水泥+正常土+饮用水+饮用水浸泡养护（含水率30%，固化剂掺入量17.58%；正常土由盐渍土三次水洗获得；试件制成后用塑料袋密封，置于养护室养护 7 d 后再置于水中养护）	28 d、90 d、180 d 抗压和抗拉强度、变形模量、吸水率	与工况4对比，研究盐分的影响；与工况1对比，研究养护条件不同对水泥土的影响。注意记录时间、外观表现变化、质量变化、尺寸变化

续表

工况编号	试验名称与介绍	测试基本项目	目的及注意事项
3	水泥+含盐土+地下含盐水+养护室养护（含水率30%，固化剂掺入量17.58%；制成试件后用塑料袋密封再置于养护室中养护）	7 d、28 d、90 d、180 d抗压和抗拉强度、变形模量、吸水率	与工况1对比，研究盐分的影响；与工况5、工况7、工况9、工况11、工况13、工况15、工况17对比，研究不同固化剂的影响；与工况4对比，研究养护条件不同对水泥土的影响。注意记录时间、外观表现变化、质量变化、尺寸变化
4	水泥+含盐土+地下含盐水+地下含盐水浸泡养护（含水率30%，固化剂掺入量17.58%；试件制成后用塑料袋密封，置于养护室养护7 d后再置于水中养护）	28 d、90 d、180 d抗压和抗拉强度、变形模量、吸水率	与工况2对比，研究盐分的影响；与工况4、工况6、工况8、工况10、工况12、工况14、工况16、工况18对比，研究不同固化剂的影响；与工况3对比，研究养护条件不同对水泥土的影响。注意记录时间、外观表现变化、质量变化、尺寸变化
5	70%水泥+30%粉煤灰+含盐土+地下含盐水+养护室养护（含水率30%，固化剂掺入量17.58%；制成试件后用塑料袋密封再置于养护室中养护）	7 d、28 d、90 d、180 d抗压和抗拉强度、变形模量、吸水率	与工况3对比，研究不同固化剂的影响；与工况6对比，研究不同养护条件对水泥土的影响；与工况7、工况9、工况11对比，研究水泥土的变化。注意记录时间、外观表现变化、质量变化、尺寸变化
6	70%水泥+30%粉煤灰+含盐土+地下含盐水+地下含盐水浸泡养护（含水率30%，固化剂掺入量17.58%；试件制成后用塑料袋密封，置于养护室养护7 d后再置于水中养护）	28 d、90 d、180 d抗压和抗拉强度、变形模量、吸水率	与工况4对比，研究不同固化剂的影响；与工况5对比，研究不同养护条件对水泥土的影响；与工况8、工况10、工况12对比，研究水泥土的变化。注意记录时间、外观表现变化、质量变化、尺寸变化
7	60%水泥+40%粉煤灰+含盐土+地下含盐水+养护室养护（含水率30%，固化剂掺入量17.58%；制成试件后用塑料袋密封再置于养护室中养护）	7 d、28 d、90 d、180 d抗压和抗拉强度、变形模量、吸水率	与工况3对比，研究不同固化剂的影响；与工况6对比，研究不同养护条件对水泥土的影响；与工况5、工况9、工况11对比，研究水泥土的变化。注意记录时间、外观表现变化、质量变化、尺寸变化
8	60%水泥+40%粉煤灰+含盐土+地下含盐水+地下水浸泡养护（含水率30%，固化剂掺入量17.58%；试件制成后用塑料袋密封，置于养护室养护7d后再置于水中养护）	28 d、90 d、180 d抗压和抗拉强度、变形模量、吸水率	与工况4对比，研究不同固化剂的影响；与工况7对比，研究不同养护条件对水泥土的影响；与工况6、工况10、工况12对比，研究水泥土的变化。注意记录时间、外观表现变化、质量变化、尺寸变化
9	50%水泥+50%粉煤灰+含盐土+地下含盐水+养护室养护（含水率30%，固化剂掺入量17.58%；制成试件后用塑料袋密封再置于养护室中养护）	7 d、28 d、90 d、180 d抗压和抗拉强度、变形模量、吸水率	与工况3对比，研究不同固化剂的影响；与工况10对比，研究不同养护条件对水泥土的影响；与工况5、工况7、工况11对比，研究水泥土的变化。注意记录时间、外观表现变化、质量变化、尺寸变化

续表

工况编号	试验名称与介绍	测试基本项目	目的及注意事项
10	50%水泥+50%粉煤灰+含盐土+地下含盐水+地下水浸泡养护（含水率30%，固化剂掺入量17.58%；试件制成后用塑料袋密封，置于养护室养护7 d后再置于水中养护）	28 d、90 d、180 d 抗压和抗拉强度、变形模量、吸水率	与工况4对比，研究不同固化剂的影响；与工况9对比，研究不同养护条件对水泥土的影响；与工况6、工况8、工况12对比，研究水泥土的变化。注意记录时间、外观表现变化、质量变化、尺寸变化
11	40%水泥+60%粉煤灰+含盐土+地下含盐水+养护室养护（含水率30%，固化剂掺入量17.58%；制成试件后用塑料袋密封再置于养护室中养护）	7 d、28 d、90 d、180 d 抗压和抗拉强度、变形模量、吸水率	与工况3对比，研究不同固化剂的影响；与工况12对比，研究不同养护条件对水泥土的影响；与工况5、工况7、工况9、工况13对比，研究水泥土的变化。注意记录时间、外观表现变化、质量变化、尺寸变化
12	40%水泥+60%粉煤灰+含盐土+地下含盐水+地下水浸泡养护（含水率30%，固化剂掺入量17.58%；试件制成后用塑料袋密封，置于养护室养护7d后再置于水中养护）	28 d、90 d、180 d 抗压和抗拉强度、变形模量、吸水率	与工况4对比，研究不同固化剂的影响；与工况11对比，研究不同养护条件对水泥土的影响；与工况6、工况8、工况10、工况14对比，研究水泥土的变化。注意记录时间、外观表现变化、质量变化、尺寸变化

（二）试验准备

1. 试验材料

试验土样取自滨德高速公路K15+200处，清表后取1～1.5 m处的土。地下水取自试验段地表下约1.5 m深处。土样含水量为30.14%，湿密度1.89 g/cm³。试验用水泥采用东岳水泥厂生产的42.5R硅酸盐水泥，粉煤灰采用德州华能电厂生产的粉煤灰，矿渣微粉采用山东莱芜鲁碧牌矿渣微粉。具体指标见表4-4和表4-5所示。

表4-4 粉煤灰检测指标

检测项目	检验结果
细度0.045 mm方孔筛余（%）	46.54
需水量比（%）	102
烧失量（%）	3.00
含水量（%）	0.11
SO_3（%）	0.12
游离CaO（%）	0.35
28D 活性指数	68.40

表4-5 矿渣微粉检测指标

检测项目	检验结果
烧失量	2.00
细度0.075 mm筛通过率	78.41
0.3 mm筛通过率	99.80
SiO_2	53.36
Fe_2O_3	6.28
Al_2O_3	29.52
$SiO_2+Fe_2O_3+Al_2O_3$	89.16
CaO	1.53
MgO	2.60

2. 试件制备

按照《公路工程无机结合料稳定材料试验规程》（JTJ 057—1994）制作试件。试件制作前，先将土粉碎过2 mm筛。测得含水率后，调到预定含水率，将加水的土料密封浸润24小时后制备试件。试模采用高 50 mm、直径 50 mm 的试模。称取适量的土,计算水泥用量,称取后加入土中用水泥砂浆搅拌机,拌和均匀后,置于塑料盆中,并覆盖塑料薄膜防止水分蒸发。称取水泥土 215 g,置于试模中,放入纸垫片并塞上塞子,放在试件制备压力机上,将试模两端的塞子压入试模中,持荷 60 s 后取下,随后脱模,脱模后迅速称量试件质量,编号记录后放入塑料袋中密封放入养护室,制备注意事项及过程详见《公路工程无机结合料稳定材料试验规程》(JTG E51—2009)。

同时,为测定不同配比的水泥土 28 天的变形模量,制作了三种配比各 10 个的高 100 mm、直径 100 mm 的试件。

(三) 测试结果及分析

1. 水泥土应力-应变曲线

用电液伺服万能试验机对 28 天浸泡试件(图 4-4)进行了单轴压缩试验,得到了三个代表性试件(未改性含盐水泥土、60%水泥+40%粉煤灰改性水泥土、40%水泥+20%粉煤灰+40%矿渣微粉改性水泥土)的应力-应变曲线(图 4-5 至图 4-7)。图 4-8 为试件受压破坏的过程照片。可见,水泥土的应力-应变本构曲线呈现明显的应变软化特性,残余强度明显小

图 4-4 28 天试件照片(直径 100 mm,高 100 mm)

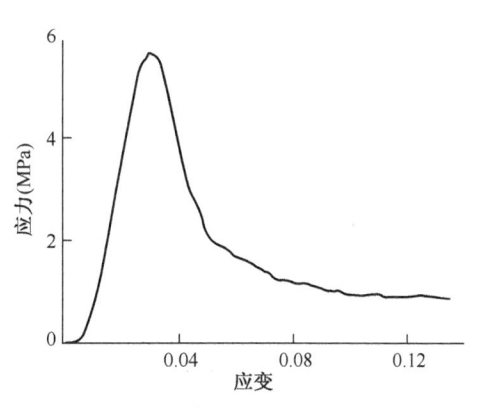

图 4-5 含盐水泥土的应力-应变曲线

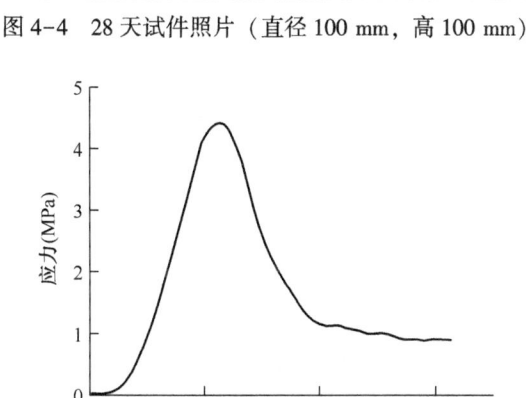

图 4-6 水泥土(60%水泥+40%粉煤灰)的应力-应变曲线

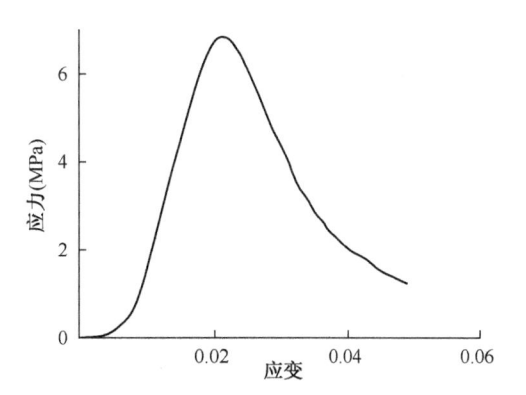

图 4-7 水泥土(40%水泥+20%粉煤灰+40%矿渣微粉)的应力-应变曲线

于峰值强度，而且由试验照片发现单轴压缩下试件破坏以纵向开裂为主，说明试件破坏以脆性破坏为主。随着荷载增大，试件经历了裂缝产生、扩展、贯通过程，最后表面掉块、脱落、整体瓦解（图4-8）。应力-应变曲线还表明，40%粉煤灰改性后水泥土28天强度并没有得到改善，反而降低，但掺加40%矿渣微粉后峰值强度显著提高。

图4-8 试件渐进破坏过程照片

2. 水泥土模量

在测量水泥土抗压强度的同时，读取水泥土的变形量，测得了浸泡养护90天代表性配比水泥土的变形模量（表4-6）。可见，粉煤灰的添加使水泥土的变形模量降低，但矿渣微粉的添加使水泥土的变形模量明显增大。

表4-6 不同配比水泥土的变形模量

配比	水泥+正常土+饮用水	含盐土+水泥+咸水	40%水泥+40%矿粉+20%粉煤灰+咸水	40%水泥+20%矿粉+40%粉煤灰+咸水
变形模量（MPa）	3.88	2.95	4.5	3.3

3. 水泥土强度

利用路面强度试验仪对所有工况对应的水泥土进行了抗压和劈裂抗拉强度试验：

①将已浸水一昼夜的试件从水中取出，用软布吸去试件表面的可见自由水（图4-9），并称量试件的质量。

②用游标卡尺量试件高度，精确到0.1 mm。

③将试件放到路面强度试验仪的升降台上（台上先放一扁球座），进行抗压试验。试验过程中，应使试件形变等速率增加，并保持速率约为1 mm/min。记录试件破坏时的最大压力$P(N)$。

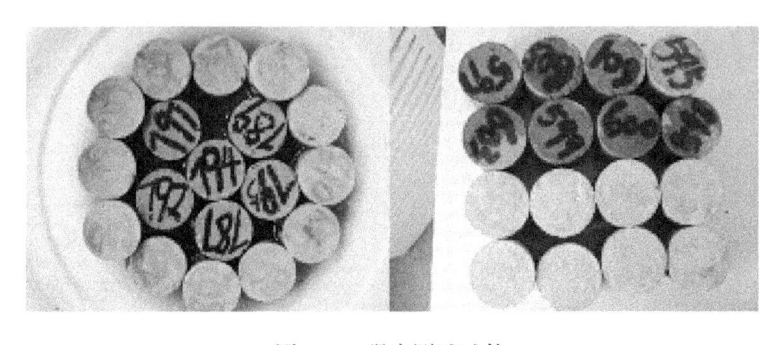

图4-9 强度测试试件

无侧限抗压强度 R_c 用下面公式计算：

$$R_c = \frac{P}{A} \tag{4-6}$$

水泥土试件（高 50 mm、直径 50 mm）的抗拉强度 R_t 用下面公式计算：

$$R_t = \frac{2P}{\pi a H} \tag{4-7}$$

图 4-10 和图 4-11 显示了试件在路面材料强度试验仪上的受压破坏过程，与图 4-9 所示规律一致。劈裂试验试件破坏过程如图 4-11 所示，只出现一条贯通裂缝，出现裂缝后试件强度迅速下降，试件破坏；试件破坏后分成两半，基本无碎屑。

图 4-10 含盐水泥土试件破坏过程

图 4-11 40%水泥+20%粉煤灰+40%矿渣微粉改性水泥土试件破坏过程

图 4-12 试件劈裂试验破坏过程

各龄期、不同配比水泥土抗压、抗拉强度见表 4-7 所示。

(1) 盐对水泥土强度的影响

①抗拉强度。

图 4-13 和图 4-14 所示是正常水泥土和含盐水泥土在不同养护环境下的抗拉强度随龄期的变化曲线。可见，在养护室养护条件下抗拉强度区别不大，浸泡环境下在 90 天时含盐土大于正常土，28 天、180 天基本相同。总的来说，盐分的存在不会使水泥土的抗拉强度降低。

表 4-7 水泥土强度（MPa）

编号	配比	7d抗拉强度	28d养护抗拉强度	90d养护抗拉强度	180d养护抗拉强度	28d浸泡抗拉强度	90d浸泡抗拉强度	180d浸泡抗拉强度	7d抗压强度	28d养护抗压强度	90d养护抗压强度	180d养护抗压强度	28d浸泡抗压强度	90d浸泡抗压强度	180d浸泡抗压强度
1	100%水泥（正常土）	0.427	0.690	0.869	1.141	0.690	0.794	1.168	4.951	7.120	7.355	7.854	7.330	7.494	8.260
2	100%水泥（含盐土）	0.425	0.759	0.841	1.284	0.759	1.052	1.159	4.092	5.090	7.534	8.488	6.042	6.108	6.472
3	70%水泥+30%粉煤灰	0.291	0.647	0.794	1.096	0.642	0.756	1.000	2.470	5.578	5.714	6.212	5.000	5.237	5.391
4	60%水泥+40%粉煤灰	0.187	0.469	0.558	1.000	0.465	0.578	0.909	2.360	3.058	4.503	5.337	3.826	3.992	6.140
5	50%水泥+50%粉煤灰	0.311	0.437	0.742	0.882	0.408	0.850	0.909	2.069	3.557	5.205	5.605	3.350	4.447	5.480
6	40%水泥+60%粉煤灰	0.266	0.445	0.623	0.723	0.403	0.604	0.713	1.770	3.377	4.257	4.605	2.678	3.633	4.695
7	40%水泥+40%粉煤灰+20%矿渣微粉	0.429	0.606	0.925	1.034	0.712	0.944	0.909	2.826	4.490	5.253	5.569	3.874	4.996	5.462
8	40%水泥+20%粉煤灰+40%矿渣微粉	0.585	0.814	0.925	1.310	0.740	0.898	1.025	4.440	7.210	7.390	7.658	7.057	7.455	8.318
9	40%水泥+60%矿渣微粉	0.791	0.917	1.261	1.569	1.010	1.276	1.649	6.187	8.960	9.000	9.139	8.860	8.723	9.264

图 4-13　养护室养护抗拉强度变化曲线

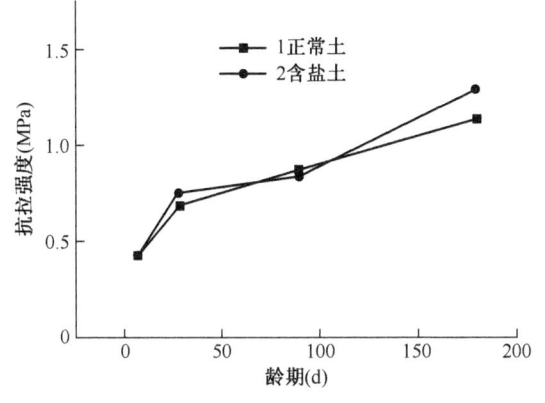

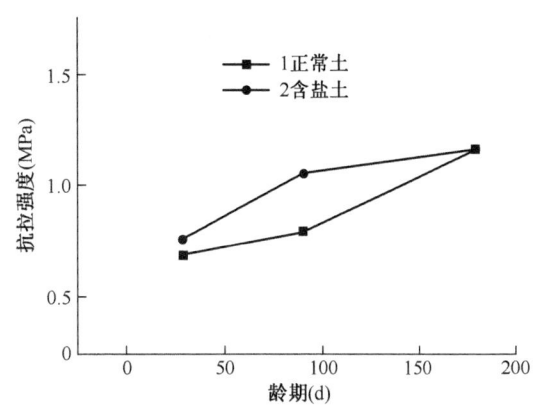

图 4-14　浸泡养护抗拉强度变化曲线

②抗压强度。

图 4-15 和图 4-16 是正常土和含盐土加固后水泥土在不同养护环境下抗压强度随龄期的变化曲线。可以看出，在养护室养护环境下含盐水泥土的 180 天强度高于正常水泥土的，7 天、28 天的低于正常土的，而 90 天的两者基本相同。这是由于水泥土中的水经水化作用被利用后，水中的盐析出并填充在水泥土的孔隙中使水泥土密实，而且这一过程需要一定时间。但是，在浸泡养护条件下含盐水泥土的强度低于正常水泥土的，原因是咸水的长期作用使盐与水泥水化产物发生反应，反应产物强度较低甚至有膨胀作用使水泥土产生膨胀损伤。说明在咸水区地下水位以下水泥土长期处于咸水浸泡中，其强度将会明显降低，致使桩体和复合地基的承载能力降低。黄河三角洲绝大部分地区不仅地下水的矿化度高，而且地下水位高，同时水泥土搅拌桩在路基等上覆荷载作用下主要承受压力，所以在水泥土搅拌桩复合地基设计中应充分考虑地下咸水的影响。

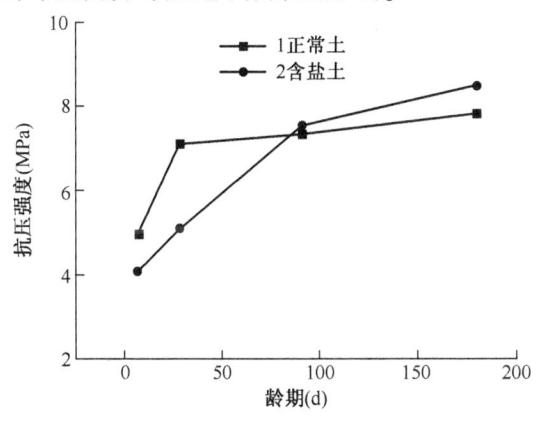

图 4-15　养护室养护抗压强度变化曲线

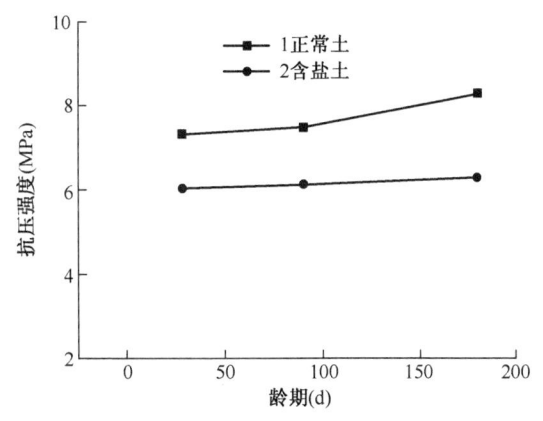

图 4-16　浸泡养护抗压强度变化曲线

③压拉比。

图 4-17 和图 4-18 所示是正常水泥土和含盐水泥土在不同养护环境下压拉比随龄期的变化曲线。压拉比是极限抗压强度与抗拉强度的比值，可以反映材料的脆性。可以看出在养护初期（7 天、28 天、90 天），压拉比差异较大，含盐水泥土的明显小于正常土的，后期差异变小。说明在养护初期盐的腐蚀作用会使水泥土的脆性降低。

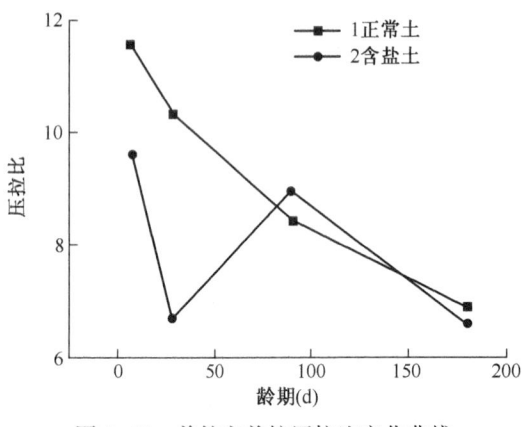

图 4-17 养护室养护压拉比变化曲线

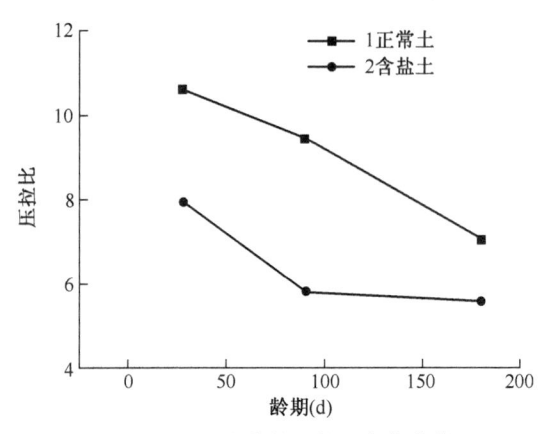

图 4-18 浸泡养护压拉比变化曲线

④盐的腐蚀机理。

咸水区土的含盐量及含盐种类有很大差别,其腐蚀性也有差别。氯离子、镁离子主要通过化学作用降低水泥土强度,引起结构破坏;硫酸根离子主要通过物理、化学作用破坏水泥水化产物,使水泥土分化、脱落和丧失强度。黄河三角洲咸水中硫酸根、氯离子、镁离子等都有一定含量的存在,各离子的腐蚀机理不同。

硫酸根的化学腐蚀机理如下:实际上硫酸根侵蚀是一个比较复杂的过程。硫酸盐侵蚀引起的危害性主要包括水泥土的起皮、膨胀以及水泥浆体的软化和分解。不同的 Ca、Na、K、Mg 和 Fe 的阳离子会产生不同的侵蚀机理和破坏原因,如硫酸钠和硫酸镁的侵蚀机理就截然不同。

SO_4^{2-} 与水泥土的化学反应为:

$$Ca(OH)_2 + Na_2SO_4 \cdot 10H_2O \rightarrow CaSO_4 \cdot 2H_2O + 2NaOH + 8H_2O \tag{4-8}$$

$$3CaSO_4 + 4CaO \cdot Al_2O_3 \cdot 19H_2O + 14H_2O \rightarrow 3CaO \cdot Al_2O_3 \cdot 3CaSO_4 \cdot 31H_2O + Ca(OH)_2 \tag{4-9}$$

$$2CaSO_4 + 3CaO \cdot Al_2O_3 \cdot 3CaSO_4 \cdot 18H_2O + 14H_2O \rightarrow 3CaO \cdot Al_2O_3 \cdot 3CaSO_4 \cdot 32H_2O \tag{4-10}$$

硫酸钠侵蚀首先是 Na_2SO_4 和水泥水化产物 $Ca(OH)_2$ 的反应,生成的石膏($CaSO_4 \cdot 2H_2O$),再与单硫型硫铝酸钙和含铝的胶体反应生成次生的钙矾石,由于钙矾石具有膨胀性,所以钙矾石膨胀破坏的特点是水泥土出现裂缝。当侵蚀溶液中的 SO_4^{2-} 浓度较大时,水泥土的毛细孔若为饱和石灰溶液所填充,不仅有钙矾石生成,而且还在水泥土内部有二水石膏结晶析出。从氢氧化钙转变为石膏,体积增大为原来的两倍,使水泥土因内应力过大而导致膨胀破坏。石膏膨胀破坏的特点是试件没有粗大裂纹但起皮溃散。

但在低浓度介质中,水泥水化物受硫酸盐腐蚀产生膨胀,填充了水泥土中孔隙,而这种膨胀量没有超过水泥土的孔隙体积,所产生的膨胀应力也未超过水泥土的抗拉强度,因此在一定条件下,硫酸盐侵蚀对试块非但没有产生破坏,反而起到了增强作用。从试验的结果看,是试验段的咸水硫酸根含量较高,对水泥土产生了破坏性的作用。

SO_4^{2-} 与水泥土反应过程中还产生另一种膨胀性物质——钙硅石($CaCO_3 \cdot CaSO_4 CaSiO_3 \cdot$

15H$_2$O）化学反应为：

$$CaCO_3 + Ca(OH)_2 + SiO_2 + CaSO_4 \cdot 2H_2O + 12H_2O \rightarrow CaCO_3 \cdot CaSO_4 CaSiO_3 \cdot 15H_2O \tag{4-11}$$

钙硅石使泥土表面产生胀裂、鼓泡和凸起等现象，使水泥土变软，强度降低。

酸镁与水泥水化产物的反应方程式如下：

$$Ca(OH)_2 + MgSO_4 + 2H_2O \rightarrow CaSO_4 \cdot 2H_2O + Mg(OH)_2 \tag{4-12}$$

硫酸镁侵蚀首先发生上式的反应，然而上式生成的 Mg(OH)$_2$ 与 NaOH 不同，它的溶解度很低（0.01g/L，而 Ca(OH)$_2$ 是 1.37g/L），饱和溶液的 pH 值是 10.5（Ca(OH)$_2$ 是 12.4，NaOH 是 13.5），在此 pH 值下钙矾石和 C-S-H 均不稳定，低的 pH 值环境将导致以下结果：①次生钙矾石不能生成；②由于镁离子和钙离子有相同的化合价和几乎相同的半径，所以两者能很好结合，因此 MgSO$_4$ 很容易与 C-S-H 发生反应，生成石膏、氢氧化镁和硅胶（SH），这种胶体较 C-S-H 胶体的黏结性小；③为了增强自身的稳定性，C-S-H 胶体要不断地释放出石灰来增加 pH 值（即通常称为 C-S-H 胶体的去钙过程），但释放出来的石灰却并没有增加 pH 值，而是继续与硫酸镁反应生成更多的 CaSO$_4$·2H$_2$O 和 Mg(OH)$_2$，随着 C-S-H 胶体中石灰的析出和胶结性的降低，胶体中的石膏和 Mg(OH)$_2$ 的增加将不断发生硅胶与 Mg(OH)$_2$ 的反应，生成没有胶结力的水化硅酸镁（M-S-H），可见硫酸镁侵蚀与铝酸三钙（C3A）无关，传统通过降低 C3A 含量来抵抗硫酸盐腐蚀的水泥对抑制硫酸镁侵蚀的作用不大。

氯离子的腐蚀机理：对于水泥土，当孔隙中含有较多的 Cl$^-$ 时，它会与 C3A（铝酸三钙）反应生成氯铝酸钙。

$$Ca(OH)_2 + 2NaCl \rightarrow CaCl_2 + 2NaOH \tag{4-13}$$

$$C3A + CaCl_2 + nH_2O \rightarrow C3A \cdot CaCl_2 \cdot nH_2O \tag{4-14}$$

后一个化学反应式会促进前一个向右进行。当 C3A 足够充足时，这个过程会消耗大量 Ca(OH)$_2$，从而阻碍了 C-S-H（水化硅酸钙）和 C-A-H（水化铝酸钙）的进一步生成。此外，水化氯铝酸钙的强度较低，它大量包裹在土颗粒表面，会阻止黏土矿物与 Ca(OH)$_2$ 的进一步反应。因而 Cl$^-$ 是高含盐量黏土中影响水泥土强度的一个主要因素，它对各个龄期的水泥土强度都有影响。

镁离子腐蚀机理：Mg^{2+} 与水泥土的化学反应为：

$$MgCl_2 + Ca(OH)_2 + 6H_2O \rightarrow CaCl_2 \cdot 6H_2O + Mg(OH)_2 \tag{4-15}$$

$$Mg(OH)_2 + SiO_2 \rightarrow MgO \cdot SiO_2 \cdot H_2O(M-S-H) \tag{4-16}$$

$$3Mg(OH)_2 + MgCl_2 + 8H_2O \rightarrow 2Mg_2(OH)3Cl \cdot 4H_2O \tag{4-17}$$

Mg^{2+} 与水泥土反应生成 MgO·SiO$_2$·H$_2$O，分散于水化硅酸钙（3CaO·2SiO$_2$·3H$_2$O，C-S-H）凝胶中，会使 C-S-H 的胶凝性变差，从而在宏观上降低水泥土的强度；同时 Cl$^-$ 的存在，生成的 CaCl$_2$·6H$_2$O 结晶和 Mg$_2$(OH)3Cl·4H$_2$O 结晶，在一定量时也可提高水泥土的强度，但是此时由于 MgO·SiO$_2$·H$_2$O 的存在，水泥土的胶结力变差，可能会导致结晶的膨胀力大于水泥土的胶结力，产生微裂纹，导致水泥土强度降低。

其他腐蚀机理：

①低温潮湿或者有碳酸盐存在的条件下生成碳硫硅钙石(CaSiO$_3$·CaCO$_3$CaSO$_4$·15H$_2$O)，

碳硫硅钙石也能引起膨胀，且在微观结构上与钙矾石相近，所以通常会被误认为是钙矾石，最近已越来越多地引起重视，目前关于碳硫硅钙石的形成机理还没有达成一致共识，一般认为其有两种可能途径：一种认为其是由水化产物 C-S-H 凝胶与硫酸盐和碳酸盐在适当条件下直接反应生成；另一种认为是由硅钙矾石过渡逐渐转化而成。

②pH 对腐蚀的影响：研究表明随着侵蚀溶液 pH 的变化，侵蚀反应也不断变化，当 pH=12.5~12 时，钙矾石结晶析出，当 pH=11.6~10.6 时，石膏结晶析出，当 pH<10.6 时，钙矾石开始分解，与此同时，当 pH<12.5，也将溶解和再结晶，其硅钙比 CaO/SiO_2 逐渐下降，由 pH=12.5 时的 2.12 降到 pH=8.8 时的 0.5，水化产物的溶解-过饱和-再结晶过程不断进行，从而引起混凝土的空隙率、强度和黏结力的变化。因此，我们应该认识到在研究硫酸盐侵蚀时，应考虑到溶液 pH 的影响，因此这更接近于实际情况。

③环境温度的变化也影响腐蚀，温度升高将导致离子扩散加快，侵蚀速度加快。干湿交替和冻融循环也通过结晶-溶解循环等加快腐蚀的发生。

腐蚀机理总结：对于水泥加固含盐软土强度和加固机理，初步可以得出如下结论。

①Mg^{2+}、Cl^-、SO_4^{2-} 都对水泥土强度起了不同程度的负面作用，其中 Cl^- 对各个龄期的水泥土强度都有影响；Mg^{2+} 从中期开始发挥作用；SO_4^{2-} 则对水泥土长期强度影响较大。

②当土中 Mg^{2+} 含量较高时，会优先和 OH^- 结晶生成 $Mg(OH)_2$，使 OH^- 的浓度降低。这不利于黏土矿物中的 Al^{3+} 和 Ca^{2+} 的溶出，从而影响水泥水化结束后水泥土强度的增长。而且 Mg^{2+} 会替换水化硅酸钙和水化铝酸钙晶格中的 Ca^{2+}，会生成强度较低的水化硅酸镁和水化铝酸镁。

③在沿海地区，软土及地下水中常常含有较多的 Cl^-，它会与水泥成分中的 C3A 和水化产物 $Ca(OH)_2$ 反应，生成大量强度很低的水化氯铝酸钙，这种物质会裹在黏土颗粒表面，阻止黏土矿物与水化产物的进一步反应，从而阻碍了水泥土的强度增长。

④当软土中含有较多 SO_4^{2-} 时，一般会促使钙矾石的生成和生长，会对水泥土强度增长起到积极的作用。但大量钙矾石晶体的生成会使水泥土膨胀而变得疏松，从而影响到水泥土的长期强度。

（四）水泥土微观结构扫描电镜分析

试验采用的是日立扫描电子显微镜 SEM。其试验步骤如下：将到达龄期的水泥土试块敲开，在内部选出若干较为平整的小块样品，烘干后吹掉表面松动颗粒；将样品放在 BALOTEC 离子溅射仪上喷金；然后将试样固定在显微镜样品台上进行观察。为了方便不同试样之间的对比，对每个试样均采用一组固定的倍数成像，即 2 000 倍和 10 000 倍。

含盐水泥土密封养护 7 天，置于咸水中浸泡 21 天后扫描照片如图 4-19 所示；水泥土用 40%粉煤灰改性后密封养护 7 天，再置于咸水中浸泡 21 天后的扫描照片如图 4-20 所示；水泥土用 40%粉煤灰和 40%矿渣微粉改性后密封养护 7 天，再置于咸水中浸泡 21 天后的扫描照片如图 4-21 所示。

由 SEM 扫描照片可以发现，水泥土未改性前内部孔隙较大，细小结构呈颗粒状，较多的针棒状的钙矾石晶体穿插在黏土颗粒间（图 4-19）。粉煤灰改性后内部孔隙较小，且细小结构成卷状，针棒状的钙矾石较少（图 4-20），这有利于后期强度的保持。在粉煤灰掺入量不变的情况下，用矿渣微粉代替部分水泥后发现，水泥土内部孔隙更小，卷状物间叠合紧密，钙矾石生成明显减少（图 4-21），水泥土强度提高。这些现象进一步论证了前面发现的规律。

图 4-19 含盐水泥土 SEM 照片（a：2000 倍，b：10000 倍）

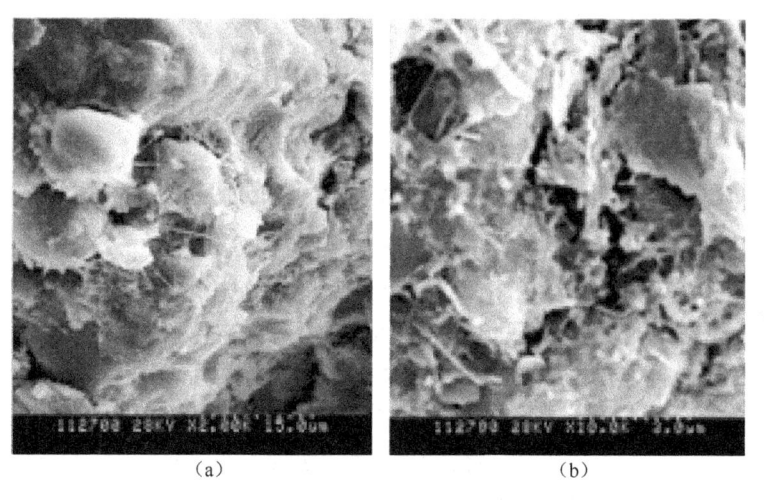

图 4-20 60%水泥和 40%粉煤灰固化含盐土 SEM 照片（a：2000 倍，b：10000 倍）

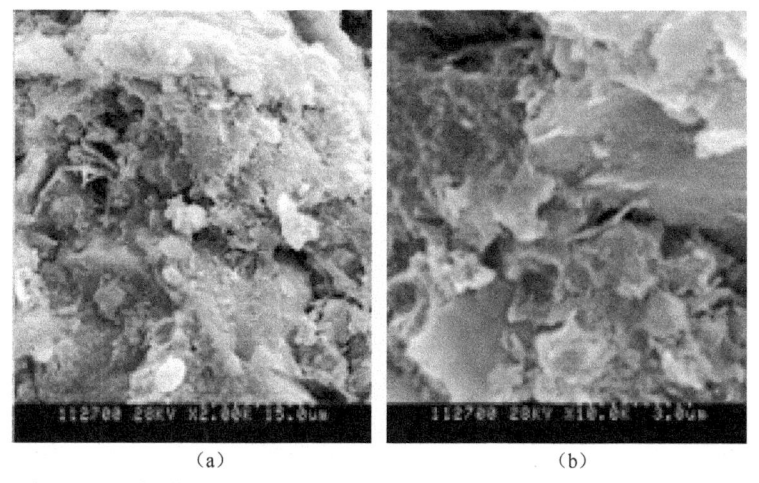

图 4-21 20%水泥、40%粉煤灰、40%矿渣微粉固化含盐土 SEM 照片（a：2000 倍，b：10000 倍）

图 4-22 所示是水泥土微裂隙表面的 SEM 照片。可见，在微裂隙表面存在大量盐结晶。说明在地下水位以上，当水泥土存在微缝隙时，缝隙中盐分会大量结晶，可能发生盐涨使裂缝更宽，水泥土破坏；若在地下水位以下，咸水会沿裂缝进入水泥土内部，加大腐蚀深度，导致水泥土腐蚀更加严重。

(a)

(b)

图 4-22 水泥土微裂隙表面的 SEM 照片（a：2000 倍，b：10000 倍）

（五）水泥土组分 X 射线衍射分析

采用 DPMAX2550 X 射线衍射仪对不同水泥土的组分进行分析。其试验步骤如下：将达到龄期的水泥土试块敲开，从内部取出若干小块，放入玻璃瓶中，然后放入烘干箱。8 小时后取出用玛瑙研钵研磨成粉末，通过 325 目筛，将筛下物放在样品板的槽内，略高于槽面，用不锈钢片适当压紧样品，且表面光滑平整，然后将样品板轻轻地插在测角仪中心的样品架上。衍射仪运行参数：40 kV/100 mA，衍射角度 5°~70°，速度 10°/min。得到的图谱用 X'Pert HighScore 进行平滑、降噪等处理后，结合 Pdfwin2000 进行矿物识别和分析。

含盐水泥土密封养护 7 天，置于咸水中浸泡 21 天后 X 射线衍射图谱如图 4-23 所示；水泥土用 40%粉煤灰改性后密封养护 7 天，再置于咸水中浸泡 21 天后 X 射线衍射图谱如图 4-24 所示；水泥土用 40%粉煤灰和 40%矿渣微粉改性后密封养护 7 天，再置于咸水中浸泡 21 天后 X 射线衍射图谱如图 4-25 所示。由图谱可得水泥土中各组分的比例如表 4-8 所示。可以看出，水泥土改性后，对强度有利的生成物水化硅酸钙和水化铝酸钙总量增加，说明添加抗腐蚀材料，对强度的增长是有帮助的。

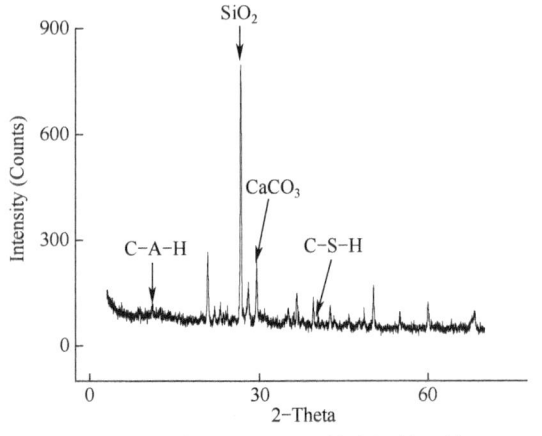

图 4-23 含盐水泥土 X 射线衍射图谱

图 4-24　60%水泥和 40%粉煤
灰固化含盐土 X 射线衍射图谱

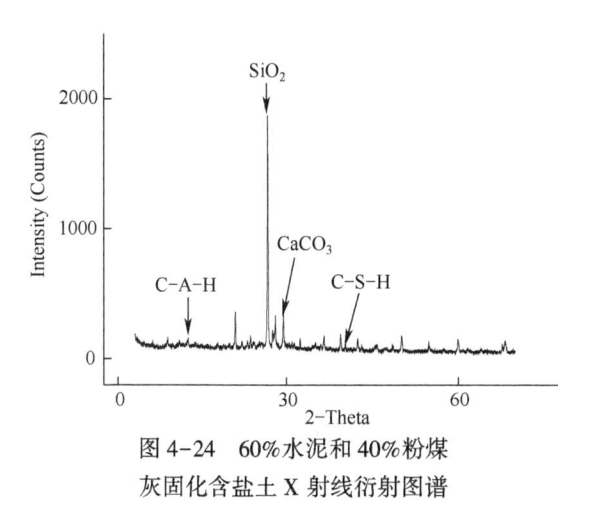

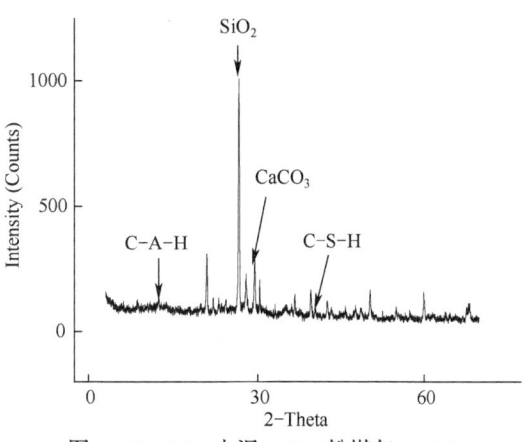

图 4-25　20%水泥、40%粉煤灰、40%
矿渣微粉固化含盐土 X 射线衍射图谱

表 4-8　水泥土主要成分百分含量

水泥土类型	SiO_2（%）	$CaCO_3$（%）	C-A-H（%）	C-S-H（%）
含盐水泥土	76.17	18.42	3.86	1.55
40%粉煤灰改性水泥土	73.00	20.11	6.07	0.82
40%粉煤灰+40%矿渣微粉改性水泥土	72.64	20.07	5.47	1.84

（六）小结

基于室内试验和测试，研究了不同水泥土（正常水泥土、含盐水泥土、粉煤灰和矿渣微粉改性水泥土）的破坏模式、应力-应变曲线、变形模量、强度、微观结构及化学组分等。得到了如下主要结论：

①咸水区盐分的存在使水泥土的强度下降，咸水对水泥土产生明显的腐蚀效应；与正常水泥土相比，90 天水下水泥土的抗压强度降低了 18.5%，180 天的降低了 21.6%。

②粉煤灰的掺加对水泥土的早期强度不利，但后期强度持续增加；矿渣微粉对水泥土强度有很明显的提升作用，添加后生成物中对强度有利的成分增加，水泥土内部孔隙明显减小。

③矿渣微粉活性成分较大，其改性水泥土早期强度和中后期强度都较大，并且有很理想的抗腐蚀作用，是理想的咸水区水泥土改性剂。

4.4　咸水区水泥土桩复合地基沉降和承载性状现场观测

4.4.1　观测指标

由于黄河三角洲咸水区地下水和土的含盐量高，与水泥搅拌形成的水泥土材料力学性质受到了很大影响，但水泥土材料弱化对水泥土桩复合地基的承载性能有何影响，目前还不清楚，以前也无人对路基作用下含盐水泥土桩复合地基与正常水泥土桩复合地基的沉降和承载性状性进行对比研究与分析。山东大学对黄河三角洲咸水区水泥土桩复合地基沉降和承载性状进行数值分析，并与正常水泥土复合地基进行对比分析，同时在滨德高速公路试验段对地基沉降、桩土应力比等进行现场观测，研究出咸水环境下水泥土材料劣化对复合地基承载性能的影响规律。

复合地基在路基作用下的固结、沉降是一个重要课题。通过获得现场观测孔隙水压力、桩土应力比、各层绝对沉降、地基水平位移等的变化规律这些信息，将有助于研究咸水区水泥土搅拌桩复合地基沉降规律和承载性状。

4.4.2 观测设备与埋设

观测设备与传感器如表4-9所示。部分仪器及现场安装照片如图4-26所示。

表4-9 观测设备与传感器

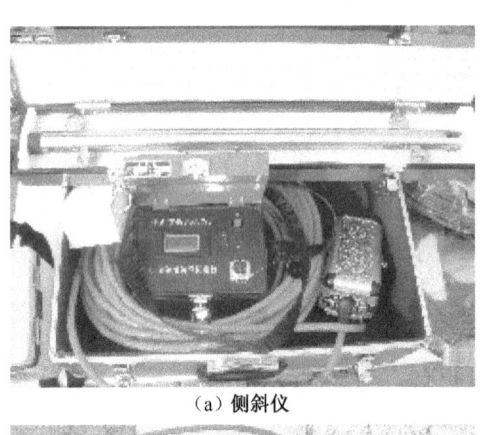

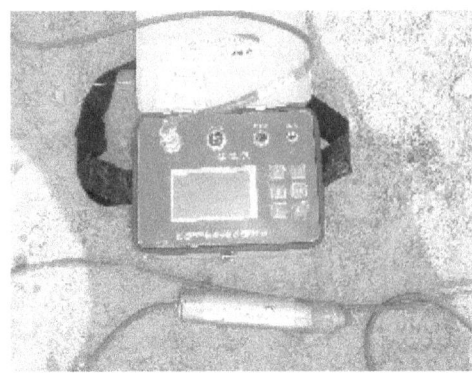

观测设备或传感器	个数	观测指标
土压力盒	4	桩、土压力
孔隙压力计	5	孔隙水压力
单点沉降计	2	沉降
滑动式测斜仪	1	水平位移
沉降杯	6	沉降

(a) 侧斜仪　　(b) 测斜管

(c) 孔隙水压计　　(d) 单点沉降计与采集系统

图4-26 仪器及现场安装照片

为得到地基的沉降数据，分别在道路中线下地基 12 m 和 6 m 深处埋设了两个长沙三智电子公司生产的 SXXZ-QXXX 系列振弦式单点沉降计，精度 0.01 mm。单点沉降计是由传感器、传递杆、传递杆保护管、锚固头、安装基座等部分组成的，采用电感调频原理设计制造，具有高灵敏度、高精度、高稳定性、温度影响小等优点，适用于长期观测。位移计内置存贮芯片，出厂时已将传感器型号、编号、标定系数等参数永久存贮在传感器内；采用全数字检测，信号长距离传输不失真，抗干扰能力强；绝缘性能良好，防水耐用；配备读数仪即可直接显示位移值，测量直观、简便、快捷。

为获得路基绝对沉降，在路基填土高度达到 0 m 和 5 m 时分别埋设了山东大学自行研制并已获得专利授权的新型隐式沉降测试装置（专利号：ZL200920030002.X），如图 4-27 所示，与单点沉降计组成了下推式地基路基沉降联合测试系统，如图 4-28 所示。传统地基分层绝对沉降测试方法需将传递杆下端置于岩层或无沉降地层上，成本高且费时，为此本项目提出了下推式地基路基沉降联合测试方法，并获得了国家发明专利（专利号：ZL200910017309.0）。下推式地基路基沉降联合测试方法是在地基表面和路基内埋设隐式沉降测试装置，而在地基内部埋设分层沉降测试装置，通过对沉降向下逐渐叠加进而得到地基内部的绝对沉降。隐式沉降测试装置基于连通器原理，由一个上下两端有水嘴的密闭杯和两根透明橡胶管组成。将橡胶管连在密闭杯的水嘴上，从连在下水嘴的橡胶管向密闭杯注水，水从连在上水嘴的橡胶管流出即停止注水（连接水嘴的橡胶管位置低于密闭杯本身），连接下端口橡胶管中的水位即是密封杯中的水位，可由水准仪测出，两次高程之差 d_1 就是路基内和地基表面的绝对沉降。隐式沉降杯埋在单点沉降计正上方，由单点沉降计可测得传递杆范围内地层的相对沉降 d_2，传递杆下部的绝对沉降 $d_3 = d_1 - d_2$。

图 4-27 新型隐式沉降测试装置（沉降杯）

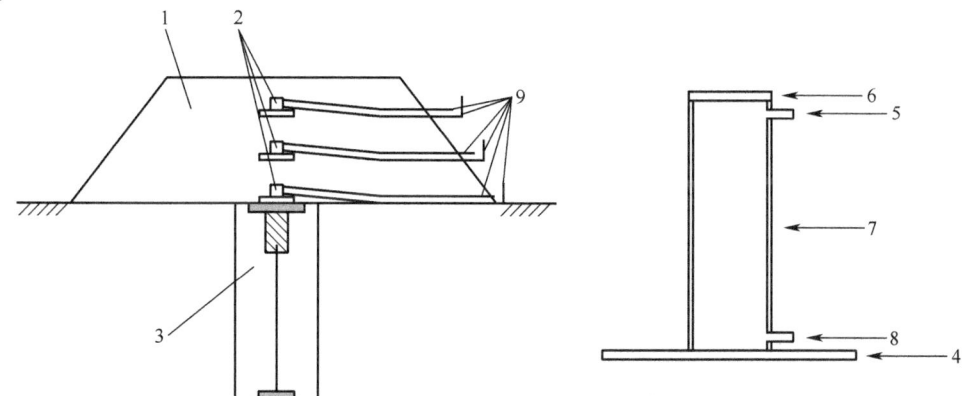

图 4-28 下推式地基路基沉降联合测试系统示意图
1—路基；2—隐式沉降杯；3—单点沉降计；4—沉降杯底板
5—上水嘴（出水）；6—盖板；7—杯身；8—下水嘴（进水）

孔隙水压力计采用长沙三智公司生产的 SZZ-GXX 型振弦式孔隙水压计，该传感器能自动实现温度补偿。在路基中线和路肩下方地基内分别钻一 12 m 深的孔，并分别在 12 m 和 6 m 深处各埋置孔隙水压力计，用原位土将孔回填。同时，在道路坡脚处钻一水位观测井，定时测量水位高程，跟踪测试由于水位变化引起的孔隙水压力的变化，以得到附加荷载引起的超孔隙水压力。

为测量路基作用下地基不同深度的水平位移，使用任丘市新北仪器厂生产的 XB338-1 型数字显示滑动式测斜仪对坡脚处地基的水平位移进行了测试。滑动式测斜仪内装伺服系统敏感元件，具有温差小、跟踪快、稳定性能好、重复性高等特点。测头本身包括一个受重力作用的石英摆片，它提供足够的恢复能力摆回到垂直零位的位置，从零位倾斜越大，恢复力越大，因为摆片不能自由运动，恢复力的大小变成电信号输出，在读数装置上显示成倾斜角，由于恢复力和倾斜角的正弦成正比，一次输出值也和测孔水平偏移成正比。在路基坡脚处钻 17 m 深孔，埋设测斜管。滑动式测斜仪分两组小滑轮，距离相隔 0.5 m，将测头放到测斜管底部进行读数时，即开始了测斜观测，测头每提升 0.5 m 读一个数据，一直到达测斜管的顶部。把测头取出，旋转 180°重新放入测斜管底部重复以前操作，又可得到第二组数据，通过两组相减以消除平衡伺服加速计的影响，进而得到水平位移。

土压力盒使用长沙市三智电子科技有限公司生产的 SZZX-EXX 系列振弦式压力盒，使用相配套的原厂智能读数仪，测读数据。因为滨德高速公路地基搅拌桩采用梅花形布置（图 4-29），所以将压力盒分别安装在路基中心附近和路肩附近的桩顶和相邻三根桩的形心上（图 4-30）。

4.4.3　观测结果与分析

（一）沉降

图 4-31 和图 4-32 所示为地表绝对沉降和地基内部的分层相对沉降。可见，因为路中桩长大，导致路中地基的沉降小于路基处；地表沉降由加固区相对沉降和下卧层表面的沉降组成，对图 4-31 和图 4-32 中路中地表沉降和分层相对沉降进行比较发现，0~12 m 深度范围内地基相对沉降比地表总沉降小得多，说明 0~12 m 范围内复合地基的总体压缩模量较高，压缩性较小；而 12 m 深度范围外的沉降较大，说明复合地基沉降主要是由下卧层变形产生的。

（二）孔隙水压力

图 4-33 所示为地基内孔隙水压力变化曲线，可见孔隙水压力总的趋势是随着填土高度的增大逐渐上升。图 4-34 所示为水位深度变化曲线。将孔隙水压力减去静水压力可得到超孔隙水压力，如图 4-35 所示。可见，6 m 深处地基的超孔隙水压力均大于 12 m 深处地基的超孔隙水压力，而且坡脚下方的超孔隙水压力大于路中和路肩下方的，这是因为附加荷载作用下两侧地基被挤压的缘故。

（三）水平位移

图 4-36 所示坡脚处不同深度地基的水平位移沿深度的变化曲线。可见，水平位移随深度和填土高度的增大均不是单调变化，说明随填土高度的增大土体水平变形的大小在不断调整，而且沿深度方向的分布也在不断调整。

（四）桩土应力比

图 4-37 所示为桩土应力随填土高度的变化曲线。可见路肩下方的桩土应力比路中下方的

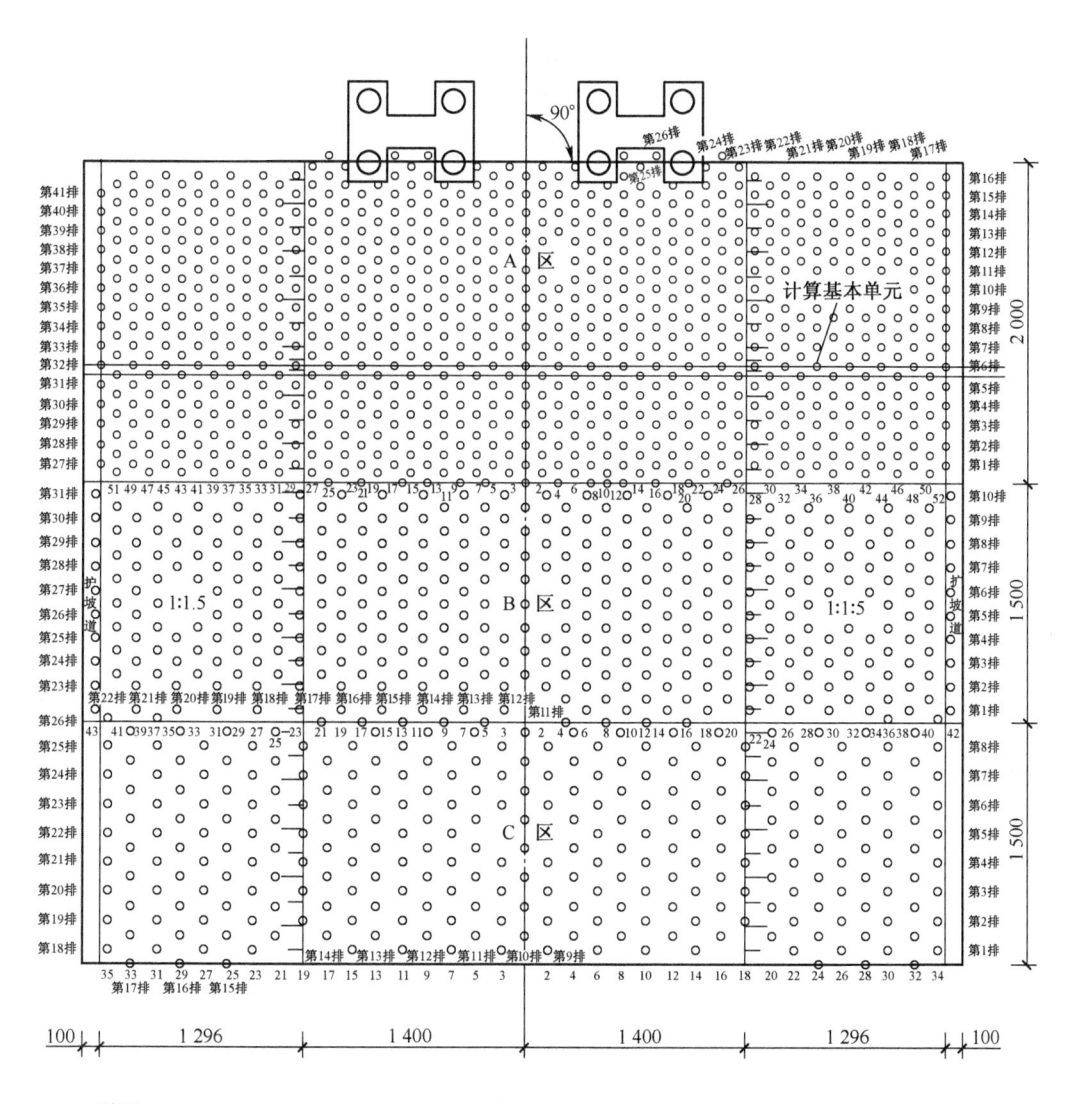

图 4-29 滨德高速公路 K15+155.5 至 K15+205.5 试验段搅拌桩布置示意图

说明：
① 图中尺寸以厘米计。
② 本段为K15+425分离立交0号台桥头。
③ 本桥头填土高度为8.64 m，A区间距为1.2 m，B区间距为1.5 m，C区间距为1.8 m，路基宽度以内布置为12 m的桩，边坡及护坡道布置为8 m的短桩，处理长度为28+8.64×1.5×2+2=55.92 m。

小得多；而且在路基填筑初期，路中、路肩处桩土应力比都很小，说明上覆荷载由桩土共同承担。当填土高度为 2 m 时，桩承担的荷载比例迅速增加，但路肩处上覆荷载基本上由桩土共同分担。

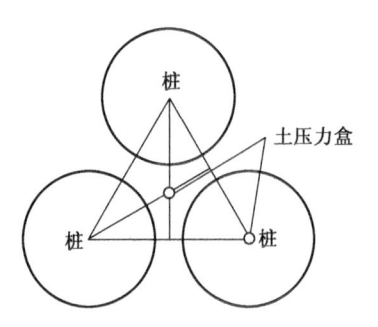

图 4-30　土压力盒布置示意图

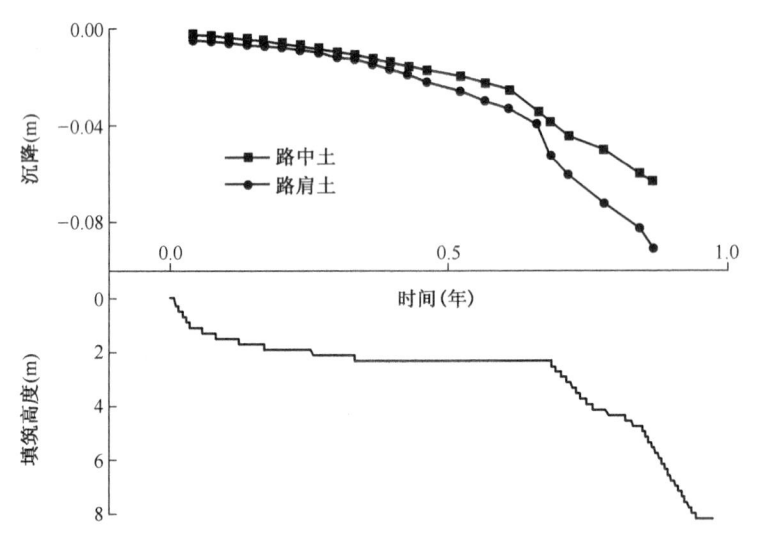

图 4-31　地表绝对沉降变化曲线

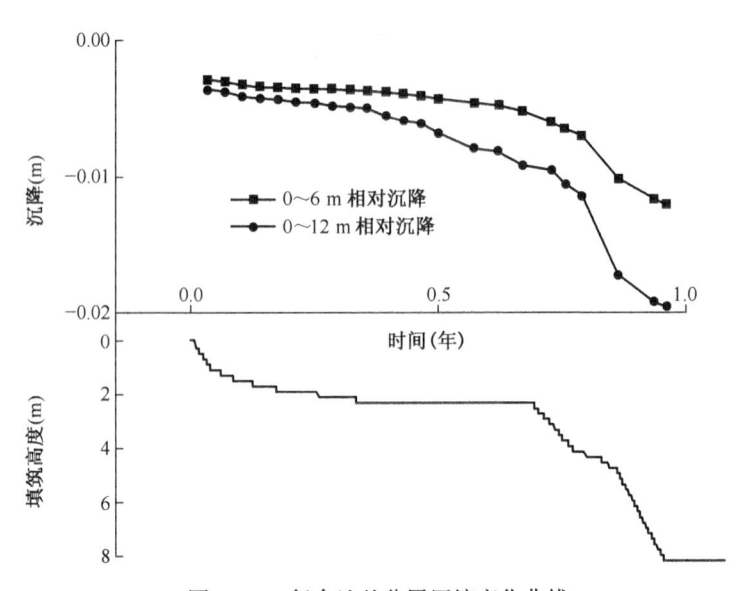

图 4-32　复合地基分层压缩变化曲线

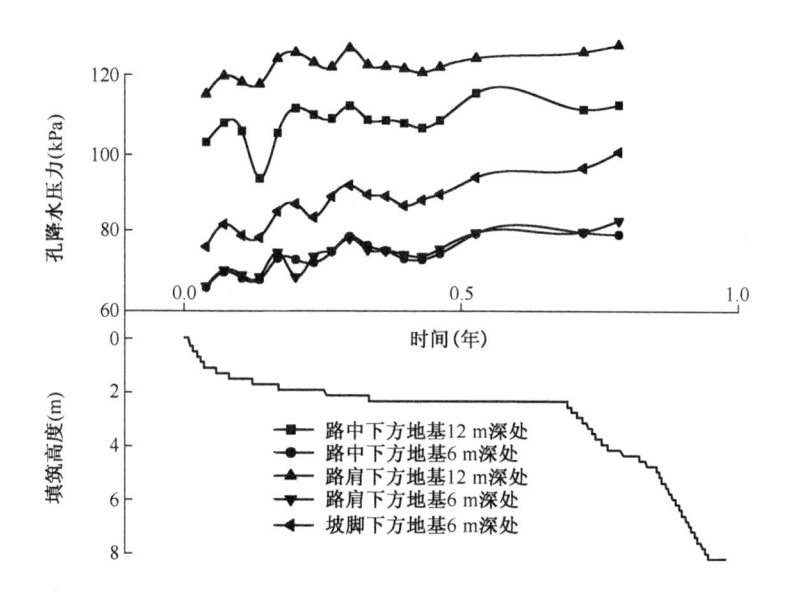

图 4-33 孔压变化曲线

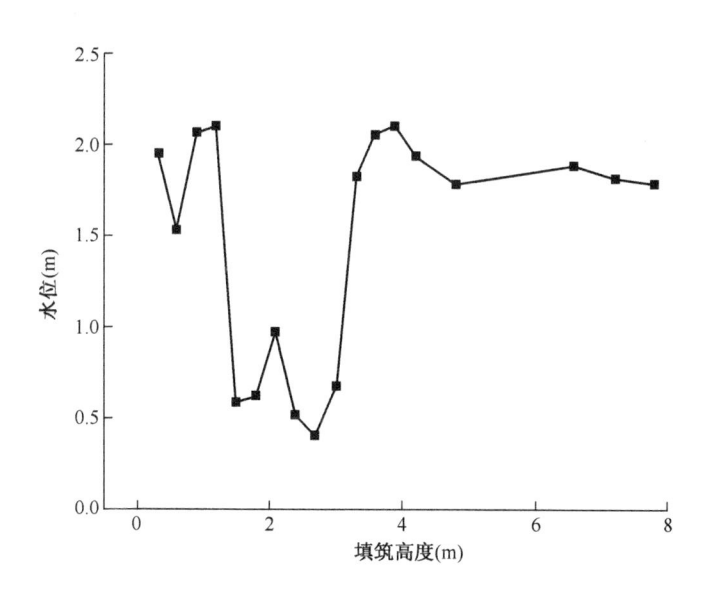

图 4-34 水位深度变化曲线

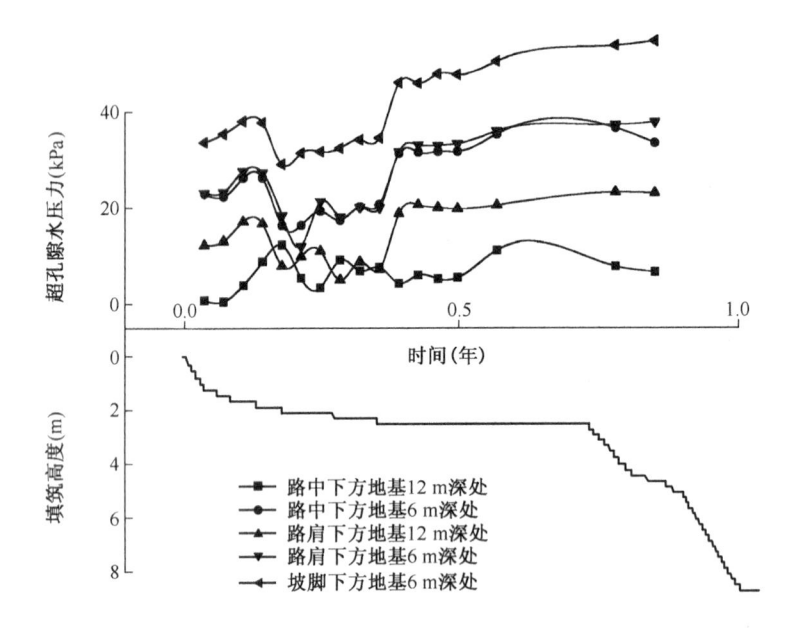

图 4-35　超孔隙水压力变化曲线

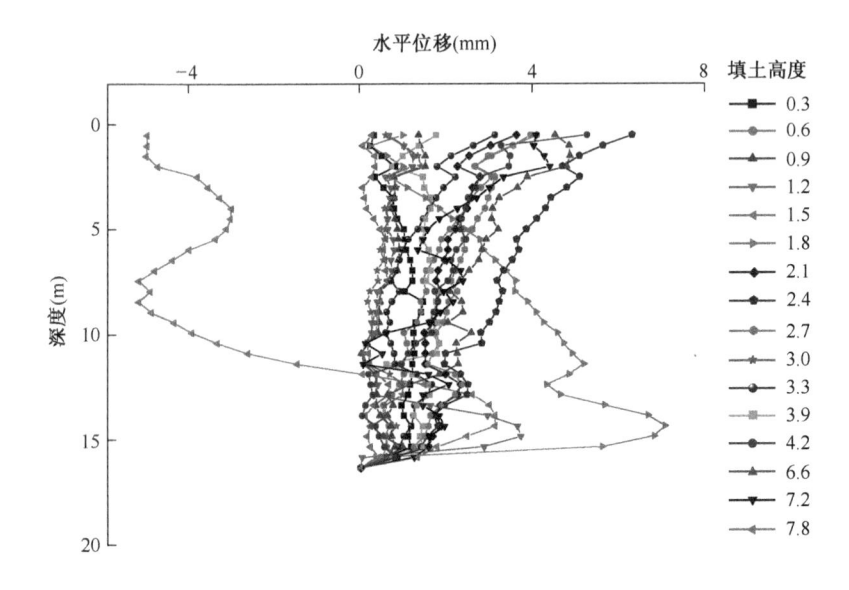

图 4-36　水平位移变化曲线

图 4-37 桩土应力比变化曲线

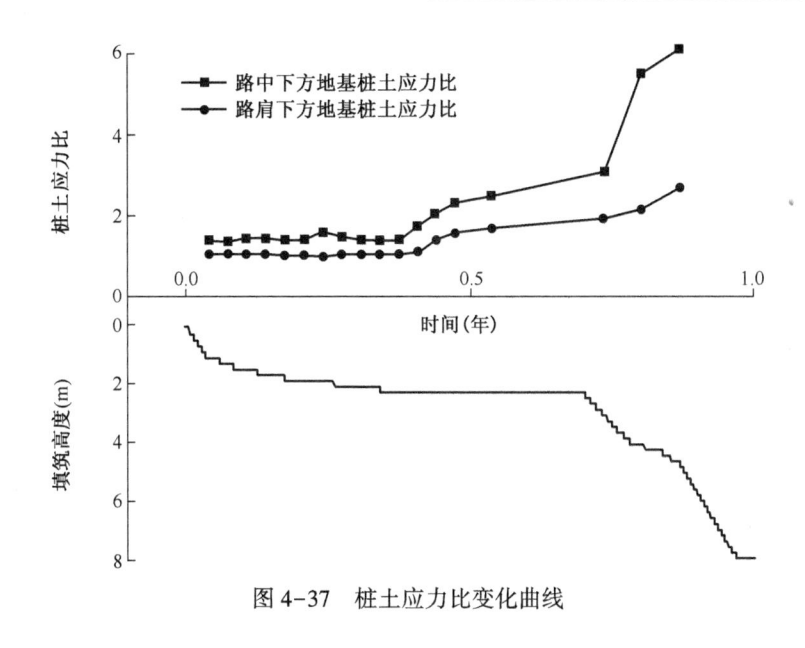

4.5 黄河三角洲咸水区水泥土桩耐久性设计

由本章 4.3 内容可知，与正常水泥土深层搅拌桩复合地基相比，咸水区复合地基的承载能力降低，这将影响高速公路的安全运营，但在目前的复合地基设计中还没有考虑这一因素，所以对黄河三角洲咸水区水泥土桩的耐久性进行研究具有很大的工程意义。本节将从结构和材料双重角度提出黄河三角洲咸水区水泥土桩耐久性设计方案，并借助于数值分析手段对各方案进行论证，最终形成一套经济可行的黄河三角洲咸水区深层搅拌水泥土桩耐久性对策与可行的设计方案。

4.5.1 耐久性设计方案

为了研究咸水区水泥土桩的耐久性设计方案，通过数值计算研究和分析了垫层和土工格栅设置、水泥土改性及桩体布置方式对搅拌桩复合地基沉降和承载性能的影响规律，计算方案如表 4-10 至表 4-13 所示。褥垫层设计是复合地基设计中很重要的一个环节，为综合研究各种褥垫层因素的影响，需要考虑不同褥垫层厚度、不同褥垫层材料（表 4-10）。增设土工格栅等水平筋体是增强路堤稳定性的常用方法之一，为研究褥垫层加筋的效果，对褥垫层中布设不同层数土工格栅的复合地基进行了计算，具体方案见表 4-11 所示。黄河三角洲地区地下水矿化度高，已有大量研究文献表明，矿化度较高的地区，水泥土受腐蚀严重，长期强度衰变快，所以将对含盐水泥土力学参数继续进行折减，以研究不同程度长期腐蚀对地基沉降和稳定性的影响。同时，由 4.2 节内容可知含盐水泥土中添加矿渣微粉能有效控制水泥土劣化，所以还将研究水泥土改性的影响，具体方案见表 4-12 所示。计算发现在竖向上不同桩的布置形式对复合地基的承载性能影响很大，为优选桩体布置形式，对几种方案进行了数值分析，具体计算方案见表 4-13 所示。

表 4-10 垫层对复合地基的影响研究

水泥土	褥垫层材料	褥垫层厚度（mm）	土工格栅与搅拌桩设置	目的
A：含盐土+水泥	A1：级配碎石（模量 60 MPa）	A12：200 A14：400 A15：500	路面下 12 m 桩、边坡下 8 m 桩；无土工格栅	通过对垫层材料及厚度进行数值论证优化耐久性方案
	A2：粗砂（模量 30 MPa）	A22：200		
	A3：石灰土（模量 150 MPa）	A32：200		

表 4-11 垫层中土工格栅层数对复合地基的影响

水泥土	褥垫层材料	褥垫层厚度（mm）	土工格栅层数	搅拌桩布置	目的
A：含盐土+水泥	A1：级配碎石（模量 60 MPa）	A13：300	A130：0 A131：1 A132：2	路面下 12 m 桩、边坡下 8 m 桩	通过对土工格栅层数进行数值论证优化耐久性方案

表 4-12 水泥土材料劣化和改性对复合地基的影响研究

水泥土	褥垫层材料	垫层与搅拌桩处理	搅拌桩布置	目的
A：含盐土+水泥	A1：无折减（级配碎石褥垫层，模量 60 MPa，厚度：300 mm）	A130：300	路面下 12 m 桩、边坡下 8 m 桩；无土工格栅	通过强度折减研究水泥土腐蚀效应对复合地基沉降和承载特性的影响，并论证水泥土改性提高耐久性的效果
	A5：桩体弹模、强度折减（级配碎石褥垫层，模量 60 MPa，厚度 300 mm）	A530：折减 20% A531：折减 40% A532：折减 60%		
B：正常土+水泥	B1：无折减（级配碎石褥垫层，模量 60 MPa，厚度 300 mm）	B13：300		
C：含盐土+40%水泥+60%矿渣微粉	C1：无折减（级配碎石褥垫层，模量 60 MPa，厚度 300 mm）	C13：300		

表 4-13 桩的布置形式对复合地基的影响研究

水泥土	桩体布置形式	垫层及土工格栅设置	目的
A：含盐土+水泥	A130：路面下 12 m 桩、边坡下 8 m 桩 A6：没有经过粉喷桩加固的天然地基 A7：全 12 m 桩 A8 8 m、12 m 交替布置 A9 长短桩（路面下 16 m、8 m 交替布置，边坡下 8 m）	300 mm 厚级配碎石褥垫层，模量 60 MPa；无土工格栅	研究不同的桩体布置结构形式对复合地基性能的影响

4.5.2 方案论证与分析

(一) 复合地基沉降

图 4-38 所示是表 4-13 中几种工况对应的搅拌桩布置形式。A130 方案中长桩长 12 m，短桩长 8 m；A6 方案模拟未经过加固的地基；A7 方案中所有桩长均为 12 m；A8 方案中长度 12 m 与 8 m 桩交替布置（沿行车方向一排 12 m，一排 8 m 交替布置）；A9 方案中道路边坡下为 8 m 桩，路面下为长 16 m 与 8 m 桩交替布置。

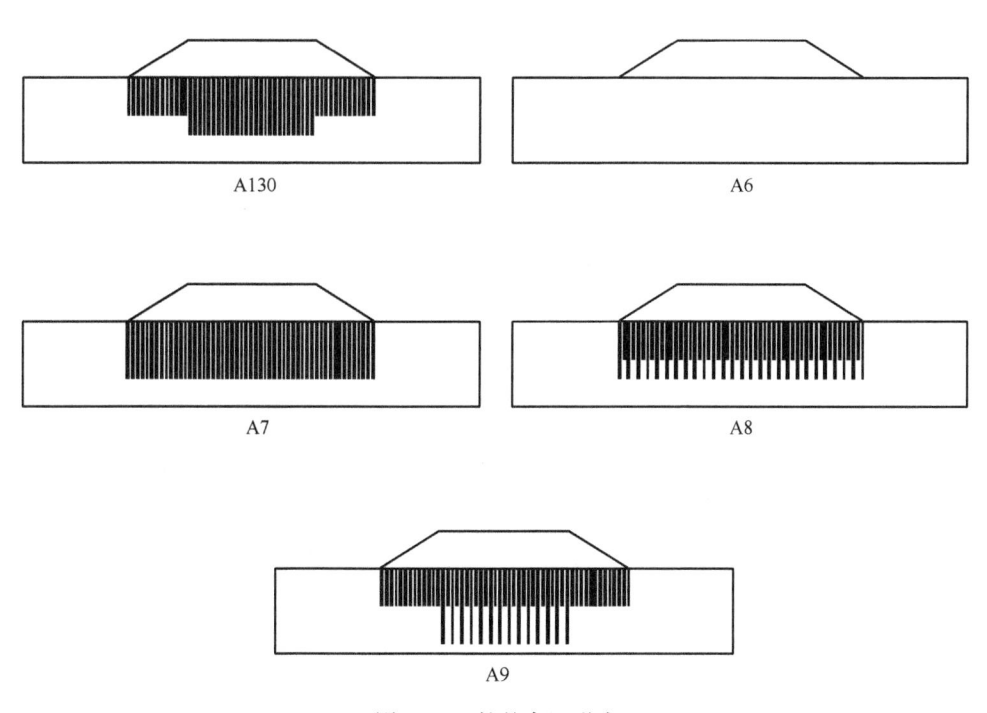

图 4-38 桩的布置形式

图 4-39 至图 4-42 所示分别是不同方案对应的地基土体和桩体的分层沉降横向分布曲线；图 4-43 所示是不同桩体布置形式对应的地基表层土体沉降横向分布曲线。表 4-14 所示为不同桩布置形式对应的地基沉降。可见，A130 和 A9 方案因为是非对称加载，所以地基沉降也是不对称的，最大沉降发生在长短桩交界处；其他方案对应的地基均是对称的。

与未处理情形（A6 方案）相比，地基处理后，地基沉降明显减小；A7 方案（桩长均为 12 m）对应的地基沉降最小，但用料最多，与 A130 方案相比，沉降减小不大，但总桩长增加 20%。

A130 和 A9 工况总桩长相同，在路基边坡下桩长均为 8 m，但在路面下 A9 工况采用了长短桩技术。由图 4-43 和表 4-14 知，A9 工况对应的沉降大于 A130 工况的，这是因为 A9 工况中路面下 16 m 桩长已经超过了桩的临界长度，此时桩的加固效果将不明显，后面关于桩的轴向应力分析可以进一步解释这一现象。

(a) 土体

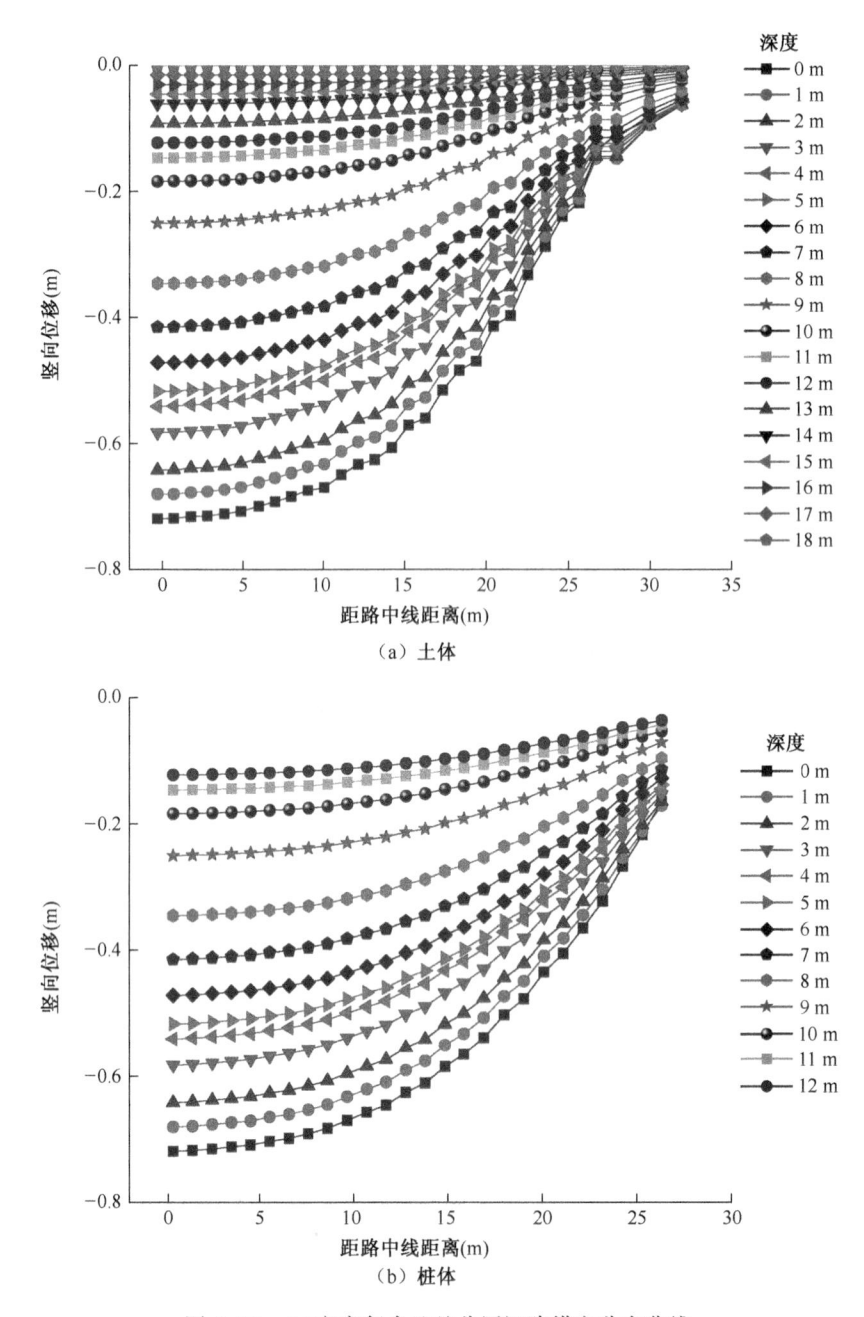

(b) 桩体

图 4-39 A6 方案复合地基分层沉降横向分布曲线

A130 和 A8 工况总桩长也基本相同，但 A8 工况对应的沉降明显大于 A130 工况的。这是因为地基表层附加应力的分布规律是：路面下大，路基边坡下小，所以在总桩长不变的情况下，增大路面下桩体加固密度能有效减小地基沉降。

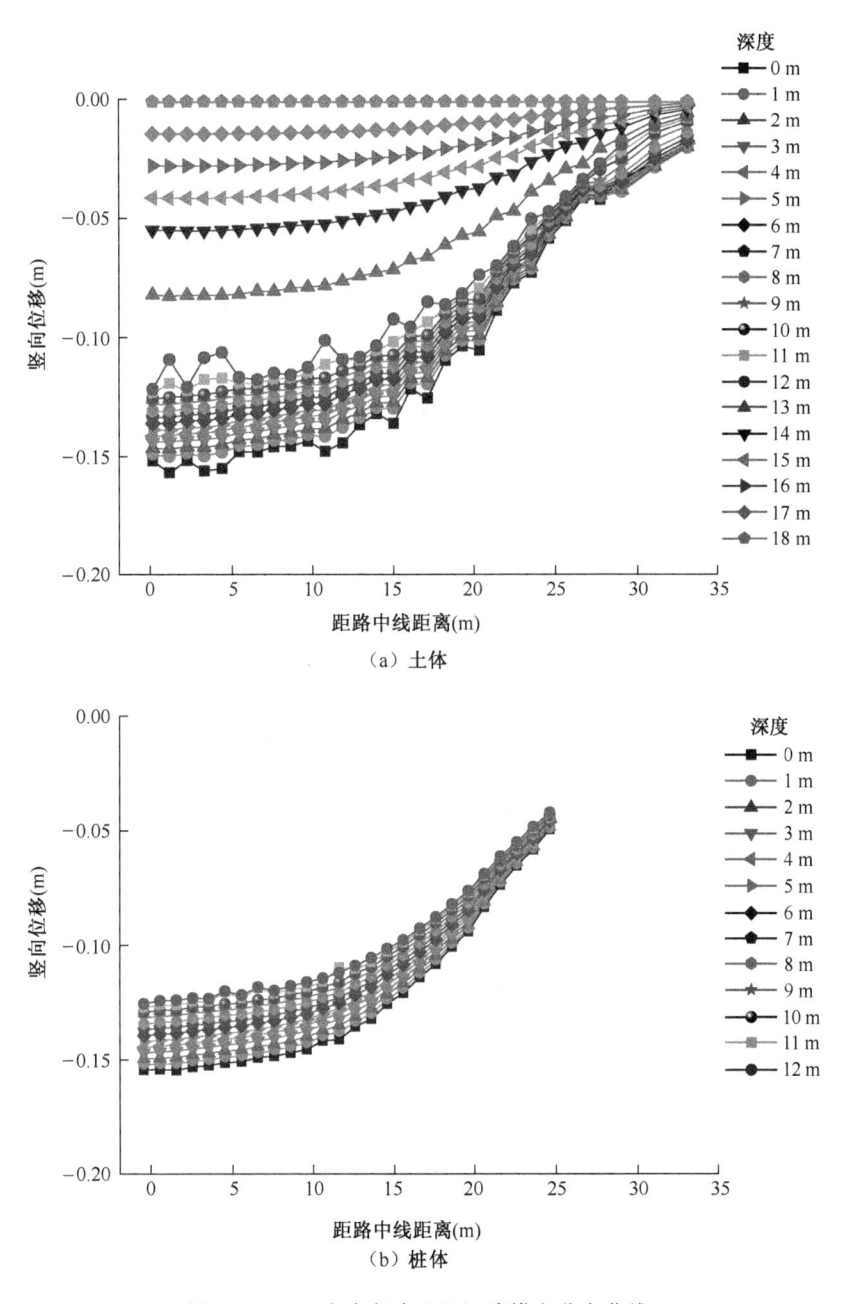

图 4-40 A7 方案复合地基沉降横向分布曲线

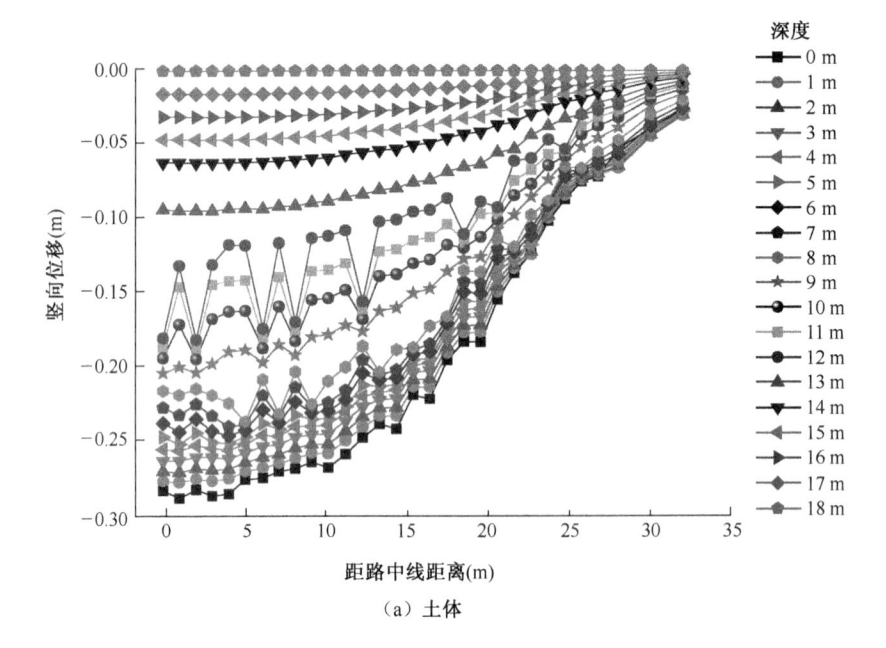

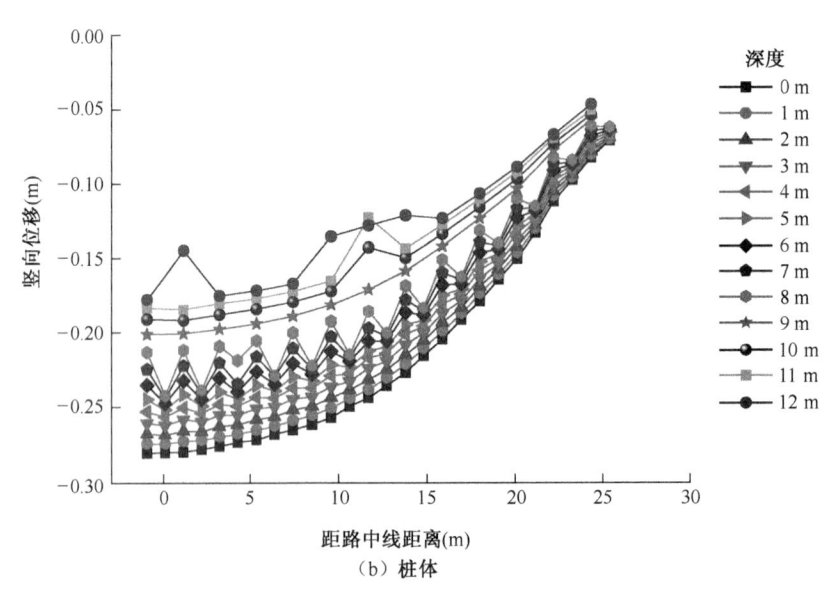

图 4-41 A8 方案复合地基沉降横向分布曲线

(a) 土体

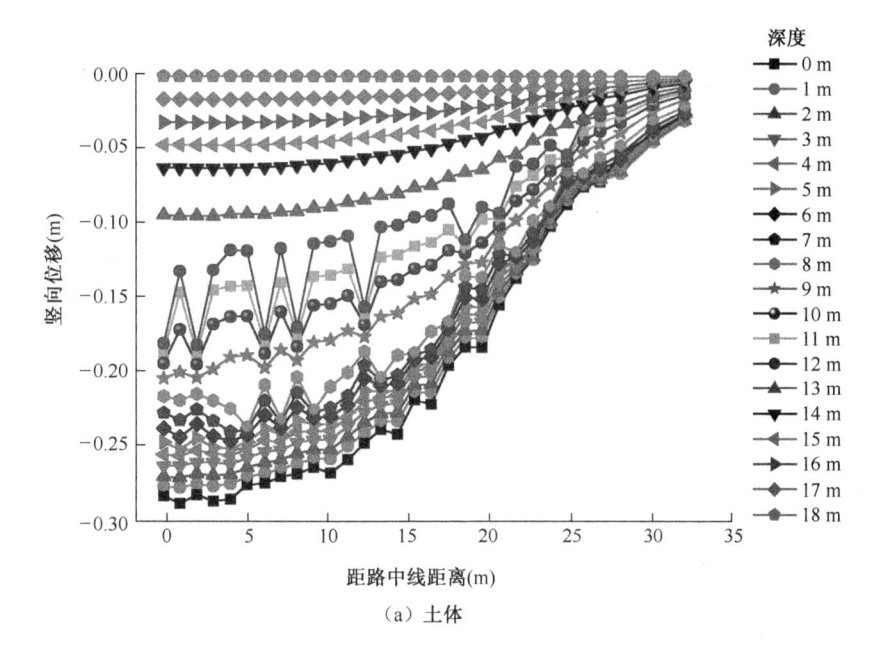

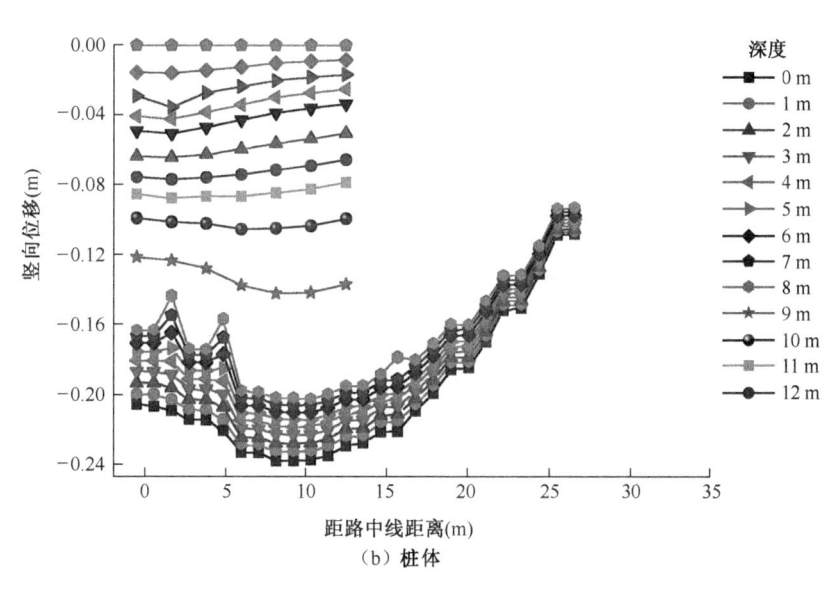

(b) 桩体

图 4-42 A9 方案复合地基沉降横向分布曲线

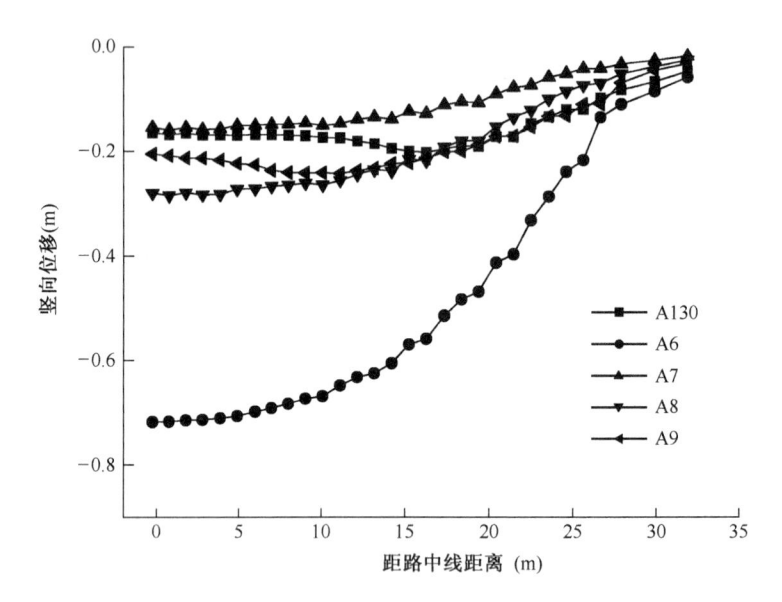

图 4-43　不同桩体布置形式对应的地基表层土体沉降横向分布曲线

表 4-14　不同桩布置形式对应的地基沉降

工况	路中下方地表沉降（cm）	路肩下方地表沉降（cm）	坡脚下方地表沉降（cm）	最大沉降（cm）
A130	16.5	19.1	10.7	20
A6	72	61	16	72
A7	15	13	13.5	4
A8	28	23.5	7.4	28
A9	20.9	23.1	11	24

（二）路基稳定性、地基承载力及桩体安全系数

表 4-15 所示为桩不同布置形式对应的路基边坡安全系数、地基承载力和桩体可靠度。可见，桩体空间布置形式对路基边坡安全系数和桩体可靠度基本没有影响，但对地基承载力略有影响，其中 A7 工况对应的地基承载力最大，A8 和 A9 工况次之，其他两种工况最小。

表 4-15　不同复合地基结构下的边坡安全系数等

编号	边坡安全系数	桩体可靠度	地基承载力
A130	1.9	3.69	2.7
A6	1.9	3.72	2.6
A7	1.9	3.71	3.0
A8	1.9	3.70	2.8
A9	1.9	3.68	2.8

在总桩长不变的情况下，增大路面下桩体加固密度能有效减小地基沉降。坡脚处若桩长较长，则水平位移相对较小。A7 和 A130 方案对应的地基表层桩土应力比较大，这两种方案

加固效果较好。桩长相同的 A7 方案对应的桩轴向应力相对均匀些；而桩长不同的布置方案（A130、A8 和 A9 工况）对应的轴向应力差别较大，长桩上的轴向应力一般大于短桩上的；长桩上的轴向应力随着深度的增加而增大，但超过一定深度后（一般从离桩底 2~3 m）开始减小。桩布置形式影响较明显的是地基承载力，对边坡安全系数和桩体可靠度无影响。总的来说，边桩适当变短将不会降低咸水区复合地基的承载能力，对地基沉降影响也不大，但成本将明显降低，是值得推荐的一种桩体布置形式。但是，当下卧层较厚时，中桩采用间隔布置的长短桩技术将起到减小地基沉降和增大地基承载力的效果。

（三）小结

通过以上研究得到以下主要结论：

①相对于级配碎石和粗砂，石灰土垫层更适合于黄河三角洲咸水区复合地基，而且厚度取 400 mm 为宜。

②在一般地下咸水区，可以不铺设土工格栅；但在地下水矿化度较高的盐水和卤水区，水泥土的长期强度劣化会导致路基发生大的不均匀沉降，建议根据矿化度的不同铺设 1~2 层土工格网。

③水泥土材料劣化会导致咸水区水泥土搅拌桩复合地基的沉降增大和桩体承载性能降低，用矿渣微粉对水泥土进行改性能显著提高含盐水泥土的后期强度，是保证道路全寿命周期内咸水区水泥土搅拌桩复合地基承载性能的有效措施。

④边桩适当变短将不会降低咸水区复合地基的承载能力，对地基沉降影响也不大，但成本将明显降低，是值得推荐的一种桩体布置形式。但是，当下卧层较厚时，中桩采用间隔布置的长短桩技术将起到减小地基沉降和增大地基承载力的效果。

第5章

等级路改建高速公路中旧路基利用技术

5.1 绪 论

改革开放以来,我国的公路建设取得了令人瞩目的成就。到 2010 年底,全国公路总里程将达到 395 万千米,而高速公路建设更是异军突起。截至 2009 年底,我国的高速公路通车里程已达 6.5 万千米,其里程总数已跃居世界第二位。但是近年来随着我国经济的快速发展,交通量的迅猛增长和大轴载车辆的增加使原有的高速公路已经远远不能满足要求,原有高速公路的加宽以及将低等级道路改建成高速公路势在必行。这种筑路方式一般不需要进行大规模的拆迁,不需要重新选线,且能够利用原有旧路材料,节省大量的资源,具有工程造价低、工期短、少征用土地等优点。

尽管目前我国高速公路改扩建工程量巨大,但是国内尚无具体的设计和施工技术规范。2004 年版《公路路基设计规范》对路基拓宽改建做出了一些规定,但基本上是原则性的一般规定,对高速公路拓宽改建只有简短的说明。《公路路基设计规范》(JTG D30—2004)(后面简称《规范》)中仅在第 6.4.2 款做简单规定:拓宽路基压实度应符合本规范的规定,必要时,可采用冲击碾压或强夯等进行增强补压,以消减新旧路基拼接拓宽的差异变形。新旧路基的拼接处理设计,除符合本规范 6.3.4 规定外,当路堤高度超过 3 m 时,可在新旧路基间横向铺设土工格栅,以提高路基的整体性。

与新建高速公路相比,改扩建工程具有施工难度大、工艺复杂、质量要求高等技术特点。旧路基的利用,有三个关键问题需要解决:

一是新旧地基路基不均匀沉降问题。在旧路基自重载荷作用下,旧路基下的地基经过多年的固结变形,沉降已基本结束,而新加宽侧地基则不然。不同高度旧路基上填筑不同高度的土层时,将出现新旧路基下地基的不均匀沉降及其引发的路面纵向开裂的现象。

二是新旧路基密度不均匀问题。旧路基的压实度受当时施工条件和压实标准的制约,低于现行高速公路路基压实标准,若旧路基不经压实处理就利用,旧路基与新填筑的路基会存在差异沉降变形。

三是新旧路基拼接处薄弱带的处理问题。新旧路基拼接处既是压实不足的薄弱区,又是新旧路基变形不均引起开裂的薄弱带。如何加强这一区域内新旧路基的结合,使得处理后的沉降差得以均匀过渡十分关键。

以上三类问题若处理不好，将直接影响路面结构的受力状态，导致路面产生沉降或纵向开裂（图 5-1）。

图 5-1　道路纵向裂缝的危害和处理

路面产生沉降或纵向裂缝的主要危害：一是影响了高速公路的通行安全，维修时至少需要封闭一幅车道，施工车辆和通行车辆之间经常发生刮擦和碰撞，十几千米甚至几十千米的高速公路交通大堵塞时有发生，驾车人员苦不堪言；二是增加了养护费用，需要将面层、基层和部分路基铣刨后，再按道路施工工序逐层施工、摊铺、碾压、养生。据不完全统计，全国每年用于处理高速公路纵向开裂的费用近百亿元；三是影响高速公路的通行能力，维修过程中，车速明显减缓，有时减到 20 km/h 以下，远远低于高速公路的运行速度，造成车辆堵塞、绕道等问题。现在面临的现实是：科学研究在有的方面远远落后于高速公路建设及维修的需求。研究并解决好这些问题将具有重要的理论意义与工程价值，对以后类似的施工具有积极的借鉴意义，并可为交通部修改和完善规范提供依据。

强夯法也称动力固结法（Dynamic Consolidation），是由法国工程师 Menard 于 1969 年首创的一种地基加固方法。这种方法是反复将质量一般为 10~40 t（最大可达到 200 t）的夯锤提高到一定高度（一般为 10~40 m），使其自由下落，对地基土进行强力冲击，通过巨大冲击和振动能量，提高地基承载力并降低其压缩性，改善地基性能。强夯法具有效果显著、适用面广、设备简单、施工方便、节省劳力、施工期短、节约材料和费用低廉等诸多优点。它不仅能提高地基土的强度、降低其压缩性，还能改善其抗振液化的能力和消除黄土地基的湿陷性，目前已在工业民用建筑、公路及铁道路基、机场跑道、码头堆场等地基加固工程中得到了成功运用。

"高速公路利用旧路基的关键技术研究"是山东省高速集团与山东大学、山东省交通规划设计院依托威海-乳山高速公路改建工程，共同开展的山东省交通科技项目。威乳高速公路是国家重点公路威海至乌海线威海至青岛支线的重要组成部分，是山东省公路网主框架"五纵、四横、一环"之"一环"和威海市"三纵、三横"之"一纵"的重要路段。旧威海至乳山公路始建于20世纪80年代末期，1992年全线通车，当时修建标准为二级汽车专用公路。威乳二级汽车专用公路起自环翠区江家寨立交桥，经草庙子东、文登西、南黄南、大孤山，在乳山市水井子村南与乳山-即墨（青岛）公路相连，路线全长78.8千米。路基路面方面基本符合二级路要求，在竣工报告中发现以下几项缺陷：个别填方路段宽度不够，边坡压实不充分、不稳定，高填土路段基底压实不足，有沉陷，部分挖方路段边坡不整齐；特别是乳山路段，据了解，当时工程施工主要压实机械为链轨车，且路基填筑时间仅为一个月，压实度受到影响。威乳汽车专用路路面设计宽度为18 m，高度一般为1~6米。威乳高速的线位大部分与老的威乳汽车专用路重合，如图5-2所示。老路基的土质较复杂，且施工时未经充分碾压，压实度较低。原设计方案将老路基全部清除后重新填筑碾压形成新路基。这一方案尽管可有效保证路基的施工质量，但却会形成对旧路资源和新的土地资源的浪费，并且增加路基土石方工程量，延长工期，增加工程造价。威乳高速公路的建设如何利用老路基，这成为该项工程关键的技术问题之一。考虑到强夯法处理深度大、效率高、成本低的特点，项目组提出了高速公路利用旧路基的强夯成套技术，用强夯法来解决以上提到的三个关键问题。在对方案的可行性进行充分论证的基础上，开展了试验段研究。通过该课题的研究，对高速公路建设利用旧路基关键技术进行了探索，并总结摸索了一整套技术和处理措施。通过专家鉴定，专家组对该技术给予了较高的评价。工后道路运营两年的情况表明这套技术是成功的，没有出现任何问题，达到了高速公路的技术要求。

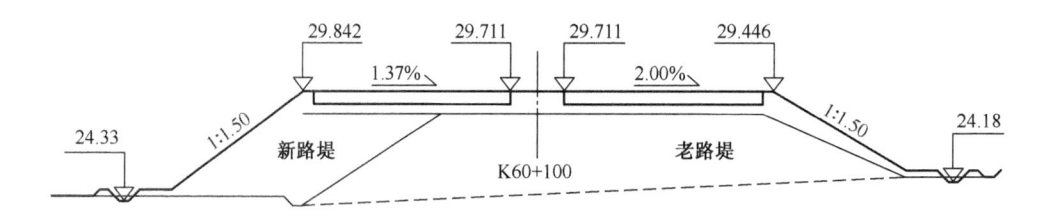

图5-2 威乳路K60+100横断面示意图（单位：m）

5.2 不均匀沉降处理技术

加宽工程与普通高速公路的区别在于新路基的固结程度以及新老路基的相互不利影响，将会引起新老路基之间的不均匀沉降，因此一般需要对新路基进行工程加固措施，使新老路基成为一个良好的整体，以确保在新老路基拼接过程中使新老路基的不均匀沉降控制在可以接受的范围之内。

由于高速公路拓宽工程一般工期比较紧，而且多数情况下要维持正常的交通，所以施工场地狭窄；又要保证拓宽以后新旧路面的差异沉降不能过大。因此，要考虑不同路段的地质情况、路堤填筑高度、拓宽宽度等因素，兼顾工期、施工难度、加固效果、工程造价等多方面问题，选择经济、快速、有效的地基处理方法。

目前，根据软土地基的生成原因和地基的厚度及其所处的位置，在改扩建工程中最常用的软基处理方法有：排水预压法、隔离墙、复合地基法（包括粉喷桩、CFG桩、旋喷桩、预制管桩等）、轻质路堤法等。下面简单介绍排水预压、复合地基、轻质路堤法的加固原理以及在拼接段中的应用情况。

5.2.1 排水预压法

排水预压法又称固结法，是通过预压荷载使软黏土地基土体发生固结，土中孔隙水排出，孔隙体积减小，土体强度提高，达到减小地基工后沉降和提高地基承载力的目的。排水预压法通常由排水系统和加压系统两部分组成，根据采用的排水系统和加压系统的不同进行分类，可分为堆载法（无排水系统）、砂井法、袋装砂井法、塑料排水板法、真空预压法、真空和堆载联合预压法、超载预压法、降低地下水位法、电渗法等。采用普通砂井、袋装砂井和塑料排水板形成排水系统的效用是基本一致的，在工程上采用何种排水系统主要取决于经济效益比较。

砂井法已广泛应用了50多年，可用各种不同的方法打设到很深的地方，可采用较大的横断面积，对于处理很深厚的软土层比较有效。袋装砂井法和塑料排水板法施工方便，比较经济，特别是塑料排水板可以工厂化生产，容易保证质量稳定，近年来发展比较快。袋装砂井和塑料排水板由于横断面较小，存在井阻作用，所以临界长度较小，一般为15~20 m。采用排水固结法加固软黏土地基经济可靠，施工经验丰富，计算理论成熟，是常用的软黏土地基处理方法。

排水预压法通过堆载预压期能有效减小路堤的工后沉降，但其本身并不能有效地减小地基总沉降量，这时往往需要结合一些辅助隔离措施，来尽量减小新路基对老路基的影响。一般将新拼荷载对老路的影响隔离，如在新老路基之间打设沉降隔离墙，路堤两侧堤脚附近打入水泥墙、钢筋混凝土桩或者设置片石墙等侧向约束体，以此来限制基底软土的挤动，从而保持基底稳定，减小边载引发老路基的附加沉降。此时新路可采用价格低廉的塑料排水板加超载预压加快排水。

5.2.2 复合地基法

复合地基法是指经过地基处治天然地基中部分土体得到增强或被置换，或在天然地基中设置加筋材料，加固区由基体（天然地基土或改良的天然地基土）和增强体（桩体）两部分组成的人工地基，根据地基中增强体方向可分为水平向增强体复合地基和竖向增强体复合地基。在荷载作用下，基体和增强体共同承担上部结构传来的荷载，这是复合地基的本质。复合地基能充分发挥天然地基和加固材料的潜能，复合地基处治技术在工业和民用建筑及高速公路等工程中得到了广泛的应用，取得了良好的经济和社会效益。

随着地基处治技术的发展，复合地基在土木工程建设中大量应用，人们不断研究新理论、新技术，现在已经发展了包括柔性桩、半刚性桩、刚性桩复合地基形式。柔性桩复合地基主要由散粒状材料构成，其桩身多表现为侧向破坏、强度较低，在处理沉降要求高的拼接工程的深厚软基中不宜采用。半刚性桩复合地基主要由水泥土桩所构成，较散粒材料桩有一定的强度，受条件限制，目前其最大的处理深度不超过 20 m，否则其桩身质量难以保证。刚性桩具有桩身强度高、桩身压缩量小、处理深度大等优点，不过其造价较高。

我国几条主要高速公路的拼接工程中新路地基采用复合地基处治情况（表 5-1）：有粉（湿）喷桩、混凝土管桩（如 PC 桩、PCC 桩、PHC 桩、PTC 桩等）。2000 年沪杭甬高速公路拓宽工程中采用的是路堤桩加土工格栅的方法处治桥头软土地基，达到了控制沉降的目的，这也是 PC 桩首次应用于高速公路工程中。2003 年，PTC 桩也应用到沪宁高速公路的拓宽工程试验段，也取得了较好的结果。

表 5-1　高速公路改扩建工程中软基处理方案

处理方案	原理	优缺点	改建工程实例
隔离墙+塑料排水板+预压	是一种侧向约束方法，可以加速改扩建部分软基的固结	降低地下水位效果可靠，可以隔离拓宽荷载对老路的影响，但堆载预压工期较长	锡澄-沪宁高速公路分离式拼接段
桩网复合地基	考虑桩-承台-土工织物-路堤协调作用降低差异沉降	施工方便，工期快；处理效果明显，工后沉降小	沪宁高速、沪杭甬高速、南京绕城高速
塑料排水板	增加排水通道，缩短排水距离，加速固结，减少工后沉降	理论较成熟，设计、施工经验丰富；工期较长，对老路堤影响加大	沈大高速、沪杭甬高速
水泥搅拌桩复合地基	半刚性复合地基	理论较成熟，处理效果明显，处理深度有限（<20 m）	广佛高速、沪杭甬高速、沪宁高速
CFG 桩复合地基	由水泥、粉煤灰和碎石或石屑形成的一种刚性复合地基	承载力高，沉降变形小，变形稳定快，灌注方便，易于控制施工质量，工程造价较低	南京绕城高速
轻质路堤（EPS）	填料自身质量轻，以降低对地基压力，降低沉降量	稳定性高，耐久性好，施工装配简单，易于维修，但价格较高	沪宁高速、沪杭甬高速

复合地基的沉降计算方法中，通常把计算厚度内复合地基总沉降量 S 分为加固区土体压缩量 S_1 和加固区下卧层压缩量 S_2 两部分。加固区土层压缩量可采用复合模量法、应力修正法和桩身压缩量法三种计算方法，其中复合模量法是将复合地基加固区中增强体和基体两部分视为复合土体，采用复合压缩模量 E_{cs} 来评价复合土体的压缩性，并采用分层总和法计算加固区土层压缩量。竖向增强体复合地基复合土压缩模量 E_{cs} 可采用面积加权平均法来计算，即：

$$E_{cs} = mE_{ps} + (1-m)E_{ss} \tag{5-1}$$

式中：E_{ps} ——桩体压缩模量；

　　　E_{ss} ——桩间土压缩模量；

　　　m ——复合地基置换率。

复合地基沉降计算也可以采用有限单元法计算，根据分析中所取的几何模型可分为两类：一类是把单元划分为增强体单元和土体单元，有的会加上界面单元；另一类是把单元划分为加固区复合土体单元和非加固区土体单元，复合土体单元采用复合材料参数。前一类计算方法可称为分离式分析法，后一类可称为复合模量分析法。用有限单元法计算柔性桩复合地基的沉降时，常使用复合模量分析法，采用复合模量等指标来模拟加固区复合土体。竖向增强体复合地基采用复合模量分析法进行有限元计算时，复合土体的复合模量可采用式（5-1）来确定，加筋后复合土体的泊松比略有减小，可近似采用土体泊松比的数值。采用有限单元法计算复合地基的沉降，能否取得较好的成果的关键在于本构模型的合理选用以及模型参数的正确确定。

5.2.3 轻质路堤填料法

轻质填料有粉煤灰、EPS块体、轻量混合土等。

（一）粉煤灰

粉煤灰是电厂燃烧粉煤排出的灰色粉末灰渣，粉煤灰容重在 $10.7\sim11\ kN/m^3$，比土轻 $1/5\sim1/3$，属于轻质材料。另外，室内试验表明，许多粉煤灰的抗剪强度参数完全满足公路路堤的要求，一些具有自硬性的粉煤灰，抗剪强度随时间增强，还可超过土的抗剪强度。国内外软基路堤工程的工程实践也表明粉煤灰是一种可行的减轻路堤重量的填料。在沪嘉及莘松高速公路曾做过粉煤灰试验填筑的研究。

（二）EPS

随着社会和科技的发展，促进了新材料和新技术的产生。发泡聚苯乙烯（Expanded Polystyrene，简称EPS）俗称聚苯泡沫乙烯，由聚苯乙烯树脂颗粒发泡而成，主要含有聚苯乙烯、可溶性戊烷（膨胀成分）和防火剂。1972年，挪威道路研究所首次将1m厚的普通填料层换成聚苯乙烯板，成功地遏制了与桥台连接路堤的过度沉陷，从此开创了EPS在土工中应用的先例，引起了世界各国道路工作者的重视，并在瑞典、荷兰、法国、日本等国得到广泛应用。

EPS在成型过程中形成了许多均匀的封闭空腔，决定了其具有优良的路用性能。

超轻质性EPS材料密度可在 $0.2\sim0.3\ kN/m^3$ 范围选用，是土和混凝土的 $1/100\sim1/60$，一般使用密度多为 $0.2\sim0.23\ kN/m^3$。EPS是通过减载解决软土地基路堤沉降及斜坡地段抗滑稳定的超轻质材料。

因此，可用EPS作为路堤填料，以减轻路堤重量，减小路堤沉降量，同时保证路堤稳定性。EPS的出现使土工中原来难以解决的问题获得了令人满意的解决方法。目前，应用于路堤填料的EPS的密度一般为 $0.2\ kN/m^3$，因其本身具有足够的强度，在路堤内应力环境中不易压缩变形，故其一方面可减少路基自身的压缩变形量，另一方面可减少地基所承受的上覆路堤荷载，从而减小地基压缩变形量。在我国，EPS技术已经应用到沪杭高速、沪宁高速、杭州绕城高速等工程中。

EPS属超轻质高分子材料，在设计过程中必须解决好排水和坡面防护问题，防止受浮力作用而使路面开裂。为进一步减小拼接部分的接地压力，在路堤设计过程中，可在老路基上向下开挖一定的深度，采用EPS置换路基填土，但不能低于地下水位。同时，EPS轻质填料适用于对高速公路用地有特殊限制的路段，以及施工场地受限制或存在施工安全隐患的路段。

EPS材料是石化工业产品，用其作为路堤填料，原材料成本相对较高，使用时应结合工期和其他处理措施综合考虑。

（三）轻量混合土

轻量混合土则是在原料土中掺入EPS颗粒或泡沫剂等拌制而成，轻量混合土相对天然填土而言,有着较轻的自重,其密度范围可调为 7~15 kN/m³。与 EPS 块体等其他轻质材料相比,轻质土有如下优点:①价格相对低廉,且有着更好的力学性能;②轻质土能处治大量工程建设废土以及废旧泡沫塑料,因此是一种环保的土工材料;③通过改变固化剂的比例,可以调节轻质土的强度;④气泡混合土还具有较好的流动性和自立性。轻质混合土可以广泛应用到高速公路路堤、桥台填土以及管道沟回填等工程。日本东名高速公路厚木-大井松段扩建时采用气泡轻量混合土桩处治深厚软基,在施工和经济性方面都取得了较好的效果。

5.3 新老路基结合部拼接技术

纵向裂缝作为公路拓宽改造工程中的质量通病,防治应遵循"预防为主,及时防治"的原则,在设计和施工过程中通过合理设计,提高施工工艺和施工质量等方法进行有效预防,努力减小路基的差异沉降,最大限度地减少及延缓裂缝的产生和发展,恢复路面功能、延长路面的使用寿命。

目前,解决纵向裂缝的处理措施主要有:①选取合适的地基处理方法并保证处理质量;②边坡削坡和台阶开挖;③土工合成材料的选用;④路堤压实度的控制;⑤采用高强度的路基填料。

5.3.1 边坡削坡和台阶开挖

(一)原路边坡削坡和台阶开挖的作用

①清除老路边坡一定深度内的表层植被土和压实度不足的填土。
②便于加宽部分路堤下软基处理。
③增加新老路结合部接触面积,增强结合部摩阻力和抗剪能力,保证新老路基之间的有效结合和整体性。
④在横向台阶面为土工格栅的铺设提供一个锚固长度。

应该注意的是削坡也应该满足施工期间路基的稳定性要求。

(二)削坡及台阶开挖方式

最常用的开挖方式包括两种:一种是先削坡(1:0.5)再挖成台阶状,另一种是直接挖成台阶状。后一种开挖方式包括由上向下开挖和由下向上开挖。表 5-2 是我国已扩建高速公路削坡和台阶开挖的情况。

表 5-2 我国高速公路已改扩建工程中的削坡及台阶开挖方式

工程项目	削坡方式
广佛高速公路	粉喷桩处理:第一阶段按 1:0.8 的坡率开挖老路边坡,第二阶段施工按 1:0.5 的坡率继续开挖边坡 旋喷桩处理:按 1:0.5 的坡率开挖老路边坡
沪杭甬高速公路	挖成台阶状,台阶高度控制在 80 cm 左右,宽度为 100~200 cm
沈大高速公路	从土路肩向下挖成 1:0.5 坡度,并挖成高度不大于 80 cm 的台阶,台阶地面向路中心的横坡为 3%,台阶挖至与原地面齐平

续表

工程项目	削坡方式
海南环岛东线高速	从坡脚向上挖成宽 100~150 cm，内倾 2%~4%的反向台阶
沪宁高速公路	清除表层 30 cm 压实度不够的土，挖成台阶状，台阶高度控制在 50~60 cm，宽度为 90~100 cm
南京绕城高速	从坡顶向下挖成台阶状，台阶高度控制在 80 cm 左右，宽度为 100~200 cm

高翔采用有限元数值模拟的方法，分析了台阶的开挖方式以及开挖台阶高度、宽度和倾斜角度对新老路基沉降变形的影响，认为开挖方式对新老路基的沉降变形影响区别不大，但自下而上的开挖方式比较利于施工，同时边开挖边填筑新路基有利于保持老路基的稳定性。台阶的高度和宽度受制于老路边坡削坡的坡度，在老路坡比为 1∶1.5 的情况下，最优台阶高度在 75~90 cm，即最佳台阶宽度在 110~130 cm。台阶顶面内倾可以增强新老路基嵌固作用，台阶竖直面内斜有助于提高新老路基结合部的压实质量，两者结合起来可以更好地保证台阶内侧的压实质量和台阶竖面的稳定，从而保证新老路基结合部的拼接质量。对于削坡的情况，台阶宽度受到削坡坡度的影响，但应大于 100 cm，这点与《公路路基设计规范》（JTG D30—2004）规定相同。

5.3.2 土工材料的应用

土工材料的品种较多，工程中主要应用的是土工布与土工格栅。土工格栅于 1979 年研制出来后，经实践检验其加筋作用大大优于条状土工带，因此获得了迅速发展，在公路、铁路、水利、电力、建筑、海港、采矿、机场、军工、环保等各工程领域得到广泛应用。

土工格栅的加筋作用主要通过与土之间较强的相互作用实现：第一，土工格栅表面与土体之间的摩擦作用；第二，土工格栅和结点产生的被动阻抗作用；第三，土工格栅网格上层填料与下层填料相互作用，对加固材料产生的锁定作用。通过上述作用，土工格栅在限制土体的侧向变形、减小地基的不均匀沉降、加强整体结合性方面效果明显，因此也逐渐被广泛应用于高速公路加宽工程中。实施时通常将老路基边坡挖成一定宽度的内倾台阶后，沿道路纵向铺筑一定幅宽的土工格栅，使土工格栅一半位于老路基上，另一半位于加宽路基上，必要时还可采取向老路基中植入筋带的方法加强新老路基间的连接。表 5-3 总结了几条高速公路拼宽工程中的土工合成材料铺设的情况。在新老路衔接的台阶处设置土工合成材料，可加强新老路基间的联结，减少不均匀沉降和侧向位移，从而有效防止路面破坏。影响作用效果的主要因素是土工合成材料的刚度，并且刚度越高作用效果越好。

表 5-3 拼宽工程中的土工合成材料铺设层数和位置

加宽或拼接工程	土工合成材料铺设层数和位置
广佛高速公路加宽工程	路基底部铺设一层土工布和一层土工格栅，其中下层为土工格栅，上层为土工布，两层间距 50 cm，中间填砂和风化土
沪杭甬高速公路加宽工程	路基顶面铺设一层土工格栅
沈大高速公路加宽、锡澄-沪宁高速直接拼接段、宁连-雍六高速公路拼接段	基底开始铺设一层土工格栅，以后每个台阶顶面均铺设一层土工格栅

续表

加宽或拼接工程	土工合成材料铺设层数和位置
马芜-芜宣高速公路拼接段	路床顶铺设 25 cm 厚土工格室装碎石，宽度为 300 cm，新老路基交接处左右各 150 cm 宽
庐铜-老合铜公路拼接段	每隔 50 cm 设置一层高纤维土工格栅；新老路基顶结合部铺设一层宽 600 cm、厚 15 cm 的土工格室进行加筋，土工格室内部用级配碎石填充密实，新老路基拼接处两侧各布设 300 cm
安新高速公路	路基填高小于 4 m 时，在基底和最上层台阶底部各铺设一层高强土工格栅；路基填高大于 4 m 小于 6 m 时，在基底、第三层台阶（从基底算起）底部和最上层台阶底部铺设一层；路基填高大于 6 m 时，在基底、第三、第四和最上层台阶底部各铺设一层高强土工格栅 土工格栅从台阶内缘铺设至加宽路基的边坡，土工格栅采用钢筋钉固定，钢钉间距在台阶部位为 0.5 m，其他部位为 1 m
沪宁高速公路	路堤顶面以下 20 cm、路堤底部原地面各铺设一层单向塑料土工格栅

从近年来土工材料在高速公路拓宽工程中的应用可见，对于土工格栅的铺设位置、层数以及铺设方式并没有统一的认识，这主要是由于对加宽工程新老路基相互作用机理以及土工格栅在结合部的作用机理缺乏深入研究，对于影响土工材料加固效果的各因素也仅仅停留在定性的认识上，无法提供满足设计需要的相关参数，因此在实践中表现出明显的经验性和一定的随意性。

随着加宽工程的兴起，众多学者对土工合成材料在软土地基上加宽路基工程中的应用进行了大量研究。早在 1992 年，S·Ludlow 等的有限元分析结果表明，加筋材料的类型、模量对加宽路基特性有较大的影响，同时加筋材料应用于加宽路基工程中可以有效地减小路基的侧向位移。随后多数学者采用有限元方法进行了进一步的研究。S·P·Corbet 等通过现场测试研究了土工合成材料在加宽路基边坡中的设计和施工方法，认为加筋材料用于路基加宽工程具有很大的优势。

进一步对于其加固性能的研究表明，土工合成材料能够有效地加强新老路基的整体性、提高地基的承载力，改善结合部应力特性，减小新老路基的差异沉降。但张培通过有限元分析认为土工合成材料对于薄层软土（当 $h/B \leqslant 2/3$）作用非常明显和有效，对于深厚软土地基（$h/B > 2/3$）仅靠土工合成材料来减少不均匀沉降效果有限。此外，当软土地基上路堤高度大于 2.5 m 时通常要采取与其他软土地基处理方法相结合的办法来减少不均匀沉降。

李锁平等同时基于土工格栅加筋复合砂垫层的应力扩散假设，给出了加筋层数和复合砂垫层厚度的确定方法。许多国内学者也对设计方案和施工工艺进行了研究。对于加筋层数方面，研究结果存在一定争议，有学者认为路基内铺筑 2~3 层土工格栅可以增加新老路基的结合；也有学者认为土工格栅多层加筋好于单层加筋，但效果差异不大。对于加筋位置的研究结果较为一致，普遍认为土工格栅设置在路基底部要比设置在路基中部取得的效果明显，有学者通过对格栅的受力及变形分析，认为桩顶上方铺设土工格栅可以提高桩体荷载分担比，减小桩间土压力，从而减小桩间土的沉降，建议在地表以及在路面基层各加一层筋，并且在路基稳定的前提下采用局部铺设。

众多学者的研究表明，土工格栅的抗拉模量越大，对侧位移的抑制作用越大；格栅刚度相对于地基土刚度较大时，对减小桩间土沉降有明显的作用，反之作用不明显；格栅刚度较小，地基沉降较大时，格栅的最大应变可能超过允许应变。

同时，也有少数学者采用了离心模型试验，冯光乐等采用四种离心模型试验方案，对不同布置方式、不同压实度情况下的土工合成材料处理过渡段路基的沉降变形进行了研究，得出土工合成材料处理的主要作用是使过渡段路基台阶型沉降转化为沉降坡差，而不是降低沉降至某一值，并且得出上部密长的半断面布置为最优布置的结论。张军辉根据软基上高速公路加宽工程加筋路堤离心模型试验，结合有限元方法，分析了路堤加筋技术，参照现场测试结果表明土工材料铺设位置越靠近软基，加筋效果越显著，当铺设在路堤中部以上时，基本上起不到加筋作用。考虑到路基中部加筋可以有效提高路堤整体稳定性，建议加宽工程新路堤加两层筋，一层在底部，一层在中部。如果只加一层，应加在底部偏上、中部以下的地方。同时，加筋可以减小软基内超静孔隙水压力和加宽路堤差异沉降，筋材模量越高，效果越显著。理论与实测资料还表明，筋材以铺满加宽路堤全宽并嵌入老路基为宜。但加宽路堤加筋只能起到增强路堤短期稳定性的作用，对于长期稳定作用不大。

2001年杨茂等在S103线喇嘛湾-大饭铺段公路改建中成功地应用了土工合成材料解决路基下沉和新老路基土体结合处路面反射裂缝等公路病害问题。也有学者对结合部路堤性能进行了实例分析，分析表明路堤填料竖向荷载引起的水平荷载主要由底层格栅承担，格栅层数增加，加筋效果没有明显的改善；格栅模量增加，加筋效果略有增强，应采用高模量的土工格栅加筋路堤。

综上所述，通过有限元、离心模型试验和实例研究，对于土工格栅的加固机理以及铺设层数、铺设位置、材料刚度对加固效果的影响的认识逐渐深入，为土工材料的应用提供了一定的理论依据。但对其具体的设计应用标准以及土工格栅与填土间相互作用的研究仍有待进一步深入。

5.4 新老路基差异沉降控制标准研究

5.4.1 差异沉降量控制标准

高等级公路的加宽改建工程中，从加宽开始即以边载的形式作用于原路堤，因此相应发生的沉降增量与新老路基纵横坡的改变量应当是关键指标，也是防止新老路基开裂，保证行车平稳及排水畅通的关键。

当路堤纵横坡发生改变时，必将引起路堤内拉应力的产生，当拉应力值达到路堤的极限拉应力时，必将引起路堤的开裂。控制加宽段的纵横向裂缝实质上也就是控制路堤的纵横坡改变量，将路堤的纵横坡改变量作为控制标准更具有实际意义，通过纵横坡的改变量就可得出路堤的差异沉降的控制标准，从而为合理选择地基处理方法提供依据。

（一）国外研究

美国的研究报告中指出：路面的容许总沉降或差异沉降不作规定，除了对桥头引道，通常规定为1.27~2.54 cm外，一条公路的工后沉降为30~60 mm通常是允许的，在某些管理部门还容许 1.7‰的差异沉降。

法国要求桥头引道部分的容许工后沉降为 3~5 cm，在一般路段为 10 cm，对应的地基固结度为 85%~95%。

日本是一个岛国，普遍存在软土。1967 年日本道路协会《道路土工指南》曾规定：当土方工程结束后立即铺筑高等级路面时，路堤中心处剩余沉降量的限值，对一般路段为 10~30 cm；与桥梁等邻接的填土部位为 5~10 cm。

联邦德国公路代表团来沪交流时，介绍控制路堤的工后沉降有两个指标：相对沉降（工后沉降与总沉降量之比）为 5%~15%，绝对沉降为 3~5 cm，特殊情况下为 10 cm，且要求两个指标同时满足。例如，对路基作分段处理时，需注意相邻路段间的沉降差不能过大，必要时应设置沉降差过渡段。

搭板沉降前后的坡差（简称搭板坡差）Δi 的大小是桥头跳车严重与否的决定因素。目前，国内外多根据现场行车调查确定搭板容许坡差 $[\Delta i]$。Moulton 建议对于连续桥梁跨结构和简支梁分别取 1/250 和 1/200；Stark 和 Wahlls 建议统取 1/200。原联邦德国莱昂哈特指出，对于高速公路，$[\Delta i]$ 不大于 1/300，但通常为 1/200。Daniel 等人给出 $[\Delta i]$ 为 0.28%~0.42%。

从以上所介绍的美国、法国的资料来看，他们对路堤工后容许沉降限值较宽，只有对有邻接构筑物（如桥梁、涵洞等）时，容许沉降限值较严。日本对工后沉降的重视程度逐渐减小，主要把问题放在养护中解决，这可减少一次性投资；但养护工作的质量水平、所用机械的自动化程度必须有一定要求，否则必然影响道路的运营效率。德国对预压的要求是很严的，并通过预压达到控制次固结的目的。所以即使是发达国家，对工后容许沉降这一指标也不统一，尤其是差异沉降控制指标。国外在桥头段研究较多，但对于拓宽路基差异沉降研究较少。

（二）国内研究

表 5-4 为国内部分高速公路加宽扩建工程沉降控制标准，由于缺乏统一的规范规定，因此不同工程之间的沉降控制标准相差较大。最新的《公路路堤设计规范》（JTG D30—2004）也只是简单规定：路堤拼接时，应控制新老路堤之间的差异沉降，原有路堤与拓宽路堤的路拱横坡度的工后增大值不应大于 0.5%。

表 5-4　我国主要几条高速公路拼宽工程沉降控制标准

加宽工程名称	沉降控制标准
广佛高速公路	新路堤的工后沉降小于 10 cm
沈大高速公路	新路堤工后沉降小于 12 cm（最初为 8 cm）
沪杭甬高速公路	新路堤工后沉降桥头段小于 5 cm，一般段小于 15 cm，横坡比的改变小于 0.5%
沪宁高速公路	新路堤总沉降小于 15 cm，工后沉降小于 5 cm，路拱横坡不出现反坡

张嘉凡假设路面各结构层在交通荷载和自重作用下随之下沉，层间不会出现脱空现象，沥青面层、基层和底基层间为连续接触条件，按平面应变问题以解析解的表达方式分析了不均匀沉降对路面结构附加应力的影响，认为当不均匀沉降超过 2 cm，即坡 2/(375×6/2) = 0.35%时，半刚性基层底面就会产生拉裂破坏。

何兆益在上述假设基础上，采用平面应变 8 节点等参单元分析了不同均匀沉降时的路面响应，提出了软土地基不均匀沉降的容许值为 5.5 cm，容许沉降坡差为 0.4%。

沈大高速公路拼宽工程路基加宽技术研究课题组提出了新加宽路基工后沉降量不大于 8 cm 的控制标准。

周志刚运用平面应变有限单元法，对老路拓宽时新路基在重力作用下的沉降和应力分布规律进行分析，指出了拓宽路面在界面处开裂的原因在于应力集中和界面强度的不足，并根据强度理论，对新铺加宽路基的预留厚度给出了定量的计算方法和建议值，提出了拓宽设计的基本方法。

河海大学（2003）在沪宁高速公路拼宽工程试验段地基处理中期报告中指出：拼接路基施工后，原高速公路路基中心与新路肩的横坡度增大值应小于 0.5%，与原公路横坡相比不得出现反坡，拼接路基施工后老路中心处附加沉降量应小于 3 cm。

章定文采用弹性力学多层路面结构体系分析了路基不均匀沉降引起的路面结构层中附加应力，提出了扩建工程的容许不均匀沉降，探讨了扩建工程的容许工后沉降指标。得到路面功能性要求（纵坡、横坡和平整度）及路面结构性要求容许的不均匀沉降为 0.4%。

胡锋提出了用整个路基的总沉降曲线 $y_1(x)$ 与旧路基的沉降曲线 $y_2(x)$ 的差值来拟合拓宽路基段引起的沉降变形曲线 $y_3(x)$。并结合有限元计算及路面材料的抗疲劳强度，提出了旧路拓宽改造的不均匀沉降坡差指标为 0.4%，并由此给出了拓宽道路的工后沉降控制标准。

张军辉也从路面的结构性要求和功能性要求出发，对加宽工程的沉降控制标准进行了类似的分析研究。

刘汉清等假设老路堤不发生沉降变形，同时假定新路堤沉降量横向服从二次曲线分布，运用平面应变有限元方法分析了不同沉降量对路面结构的影响，并提出了老路拓宽不均匀沉降容许值。

汪浩在从基层材料的极限抗拉强度出发，提出路面结构性能允许的不均匀沉降坡比为 0.4%；从路面平整度及排水性能出发，提出路面功能性要求允许的不均匀沉降的坡比为 0.15%；并建议适当提高新路堤的工后沉降标准为一般路堤匝道不超过 20 cm，桥头段不超过 10 cm。

聂鹏等采用三维有限元方法，结合沈大高速公路扩建工程，将新老路基不均匀沉降转换为结构层底脱空，并用抛物线拟和层底脱空曲线，对路面结构进行了力学分析，提出了沈大工程容许工后不均匀沉降指标。

高翔采用平面应变有限元方法，计算得到路堤表面沉降变形，从而减小了用理想曲线拟合沉降变形带来的误差，并考虑新老路面结构材料的差异，比较细致地分析了不均匀沉降对路面结构的影响，同时结合路面功能性要求，对新老路堤的工后不均匀沉降控制标准以及新路堤的工后沉降量控制标准进行了比较全面的分析评价，最终建议软土地基上高速公路加宽扩建工程沉降控制标准为：新老路堤工后横坡比的增加率不应大于 0.5%，单侧加宽宽度大于 2 车道时，新路堤不应出现反坡；加宽路堤的总沉降量应满足新老路面施工及运营过程中的结构性能要求，对于两侧加宽 2 车道的扩建工程，加宽新路基的总沉降量不应大于 16 cm，加宽新路基的工后沉降量不应大于 10 cm。

5.4.2 施工动态控制标准

高等级公路加宽工程的施工期动态控制标准，主要从沉降速率和保证路堤的稳定性方面来进行研究，即以沉降速率作为控制标准。为便于施工操作方便，采用沉降速率法进行控制，而这种控制方法则应根据项目所在地区的自然环境、施工质量的不同而作相应的改变。

沪宁高速公路加宽改建工程选择复合地基处理软土地基，提出新旧路肩各层次实测点沉降速率应小于 2 mm/月。另外，对软基而言，还应限制路堤最高填筑速率，路基填筑速率应小于 1 m/月。

沈大高速公路加宽改建时，对软土地基的路堤分别在桥头及路堤每 100 m 的加宽部分路基中心及两侧埋设沉降板及侧向变位桩。一般规定为：当填土高度在临界高度以上，日沉降量不大于 0.3 cm，日侧向位移不大于 0.3 cm；当填土高度在临界高度以下，日沉降量不大于 1 cm，日侧向位移不大于 0.5 cm，以此严格控制填土速率。结合沈大高速公路海滩段的施工经验，建议在接近临界高度及临界高度以下时每 2 天填筑 25 cm，在超过临界高度时，每 4 天填筑一层 25 cm。该项目路基的临界高度约为 3.5 m。

压实度的控制标准应结合项目工程的特点或试验路的情况合理确定。

5.5 老路基利用中工程资料的收集

公路建设是在各种地质环境中进行的，公路与地质环境之间，必然产生一定方式的相互关联和制约。地质环境对公路的制约，可以由一定的作用影响公路的正常稳定和正常使用，也可以由于某些地质条件欠佳而提高工程造价。公路建设又可以各种方式影响地质环境，使其产生程度不同、范围不一的变化，在一定条件下，又会影响原有的和正建的工程建筑物的安全稳定和正常使用。在公路建设之前，必须对其所处的工程环境进行详尽的勘察。

收集的工程资料包括岩土分类、工程地质调查与测绘、工程地质勘探等，下面将分别进行阐述。

5.5.1 改建公路工程地质勘察

改建公路工程地质勘察的任务是为改建项目的工程设计提供沿线路况资料、工程地质资料及测试参数，作为改建工程设计的依据。

改建公路工程地质勘察，应收集沿线的地质资料和路况资料，并进行分析研究，以全面了解公路的状况，主要勘察内容如下。

①收集沿线的地形、地貌、工程地质、水文地质、气象、地震等资料。

②收集有关桥梁、隧道和防护、排水等构筑物的新建、改建或加固工程所需要的地质资料。

③收集原有公路路况资料。

④调查原有公路的路基、路面、小桥涵等人工构筑物的状况及其病害，研究分析病害的成因和防护效果。对原有公路的工程地质、不良地质地段的道路病害应力求根治。

⑤当路线因提高等级或绕避病害而另选新线时，应按新建公路的要求进行工程地质勘察工作。

5.5.2 路基工程的地质勘察

改建公路时路基工程的地质勘察，应阐明地貌特征、地质构造、岩性与产状、工程地质特征及水文地质条件等，应特别注意原路基形态、稳定状况以及历史演变情况。

凡受不良地质因素控制，影响方案选择的地段，应提前进行较大面积的测绘及必要的勘探，以便作为方案必选依据，待确定方案后，再进行补充勘察。

一般改建公路的路基勘察的基本要求是：查明原路基填土类别、断面特征、天然含水量变化、稳定状况，以及岩石和土层的分界线、类别及其工程分级，还应详细调查以下地段：

①加宽路基时，应查明加宽一侧的工程地质条件，诸如地貌特征、山坡和岸坡稳定、水流影响、岩石性质、地下水赋存状况等。

②加高路基时，应调查借土来源及其数量与质量，并重视环境保护，防止乱开乱挖。

③路基坡脚如需防护时，应调查防护工程的地质情况。

④深挖路基后可能出现的不良地质现象，应予判明，并拟定处理措施。

⑤路基有受水流冲刷的可能性时，应调查汇水面积、径流情况，并拟定截留、导流等排水措施以及边坡防护方案。

⑥当地下水影响路基稳定时，应调查其稳定水位、流量，并拟定排水措施的断面尺寸、加固类型及位置。

⑦路基两侧设取土坑、排水沟时，应与灌溉渠道综合考虑，必要时应进行排水系统的工程地质勘察。

⑧在需要开挖视距台处，应调查其土质类别及边坡稳定情况等。

⑨应查明刷坡清方、增设坡面防护、放缓填方边坡、绿化加固等地段的工程地质条件。

改建公路中各类路基病害地段的工程地质勘察工作，还应做好下列调查：

①调查沿线路基病害的类型与规模，以及病害的发生原因及发展情况。

②调查病害地段路线所处的地貌特征、工程地质条件与病害的关系。

③调查原有防治工程的平面位置、结构类型、各部尺寸及防治效果，确定是否利用、加固或进行改建设计。

④调查当地相关工程治理病害的经验。

另外需要注意的是，应在不利季节进行整体强度测定，查明聚冰层的位置和厚度，要采取沿线代表性土样进行相关的物理、力学、水理性能试验。

5.5.3 路面工程的地质勘察

改建公路时路面工程的地质勘察，除满足新建路面的调查要求外，还应作如下勘察：

①收集原有公路修建和养护期间的测试数据等有关资料。

②进行原有公路调查，包括路基与路面宽度、路面拱度与平整度；路面破坏的类型、程度和成因；排水与积水情况以及有无积雪、积砂等。

③调查原有路面的结构和不利季节土基湿度，一般每 500 m 测一个断面，在结构类型、厚度与水文地质有明显变化处应适当增测断面；查明原有路面的分层厚度，并分层取样试验；还应查明原有路面材料可供利用的可能性。

④分段取样进行有关试验。

⑤在不利季节，进行原有路面整体强度的测点。通过调查，对原有路面的现状及可利用程度应做出分析评价。

5.5.4 沿线筑路材料料场的工程地质勘察

改建公路沿线筑路材料的勘察要点，除应满足新建公路料场勘察的规定外，还应满足以下要求：

①根据当地养护部门提供的资料，对沿线已有的筑路材料料场进行必要的复查和补充。

②当沿线筑路材料缺乏时，则应加强远运材料产地的勘察。

③沿线筑路材料料场的选定，仍应以质量优良、储量丰富、易于开采、运输方便、少占农田、有利于环境保护等为条件而进行优选。

④应采取代表性样品按规定试验项目和试验方法鉴定材料质量。

5.5.5 强夯法的岩土工程勘察

强夯法的岩土工程勘察宜包括下列内容：

①查明强夯影响深度范围内土层的组成、分布、强度、压缩性、透水性和地下水条件。

②查明施工场地和周围受影响范围内的地下管线和构筑物的位置、标高；查明有无对振动敏感的设施，是否需在强夯施工期间进行监测。

③根据强夯设计，选择代表性试验区进行试夯，采用室内试验、原位测试、现场监测等手段，查明强夯有效加固深度、夯击能量、夯击遍数与夯沉量的关系，夯坑周围地面的振动和地面隆起，土中孔隙水压力的增长和消散规律。

5.6 工程实例

5.6.1 工程概况

威乳高速公路是国家重点公路威海至乌海线威海至青岛支线的重要组成部分，是山东省公路网主框架"五纵、四横、一环"之"一环"和威海市"三纵、三横"之"一纵"的重要路段。

(一) 工程地质条件

威乳高速公路地处山东半岛东南部威海市境内，地理坐标介于东经121°31′~122°14′，北纬36°55′-37°23′之间。路线线位基本穿越威海市正棋山和北玉黄山之间的丘陵地带，沿一条山谷带延展。地貌具有两个特征：其一，区域内以昆嵛山为主构成中部偏北的山地主题，北部地势较陡，南部地势相对平缓。地势中部高，水系呈"非"字形向南北排泄。其二，区域山地丘陵分割强烈，山岭由斜长片麻岩、变质花岗岩构成，岩石风化严重。受地壳升降运动的影响，地基上部普遍发育古河道。地表土层大部地区为沿水系分布的砂、砾石层和残破积物构成。

(二) 老路堤与地基的土质类型

1. 老路堤填料土质

K7+330 至 K10+501、K19+300 至 K27+960、K55+810 至 K60+125 段，路堤填料基本为分选较差、级配较好的混多量黏性土的砾砂或中粗砂，其路基底部普遍含有一层灰黑色、有腥臭味、含少量腐殖质的有机土。在 K28+271 至 K52+150 地段的路堤填料基本都是上部为呈细砾、砾砂状的混有少量碎石的角闪斜长片麻岩风化料，下部为风化角闪斜长片麻岩形成的亚黏土，土中含有较多的沙砾。

2. 地基土土质

K19+300 至 K23+800 段，地基土基本上是硬塑、含铁锰质结核、混有少量中粗砂的亚黏土。K28+271 至 K29+510 段，地基为强风化角闪斜长片麻岩，其岩芯部分呈砂土状，部分碎块状，节理、缝隙发育，裂隙充填方解石。K55+810 至 K60+125 段，路堤上部土质为分选较差、级配较好的混少量黏性土的粗砂，大部分路段下部为硬塑、含铁锰质结核、混有少量中粗砂的亚黏土。

总体上来说，路堤和地基土是由角闪斜长片麻岩和变质花岗岩风化后组成的沙砾料，土的特点是黏性土中含有沙砾，沙砾中含有黏性土，土质相对较为复杂。

(三) 路堤与地基土的物理性质

土的颗粒组成中，沙砾土中砾的含量约占 45%，砂粒含量为 48.8%，粉粒含量约为 6.2%。土的不均匀系数 CU 变化在 9.0~19.0 之间，曲率系数 CC 变化在 1.10~2.20 之间，属级配良好的土；沙砾土的塑性指数变化在 8~10 之间，呈单粒结构，没有可塑性。含沙砾黏性土中，砂粒含量约为 33%~40%，黏粒含量约为 2%~10%。土的不均匀系数 CU 变化在 8.0~12.0 之间，曲率系数 CC 变化在 1.10~1.80 之间，属级配良好的土；个别路段偶夹高塑性黏性土块，其塑性指数为 17.1，粉粒含量为 51.1%，黏粒含量高达 13.3%；含砂黏性土的塑性指数变化在 13~16 之间，具有良好的压实性能。

沙砾土的渗透系数为 5.68×10^{-5}，含砾黏性土得渗透系数为 1.27×10^{-7}，因此具有良好的渗透性，没有冻敏性。

由于土的渗透性良好，路基上部天然含水量较小，在 8%~11% 之间，随着深度的增加含水量增大，个别地方可达到 26%。地基土的天然含水量一般在 17%~24% 之间。

老路基路床区的密实度一般在 80% 左右，路床以下一般在 73%~75%，个别路段在 68% 左右，如表 5-5 所示。

在老路基、老地基和拟建的新地基取芯进行了室内侧限试验，结果曲线如图 5-3 所示。

①老路堤土的压缩量小于老地基的压缩量，老路堤顶面土的压缩量最小，新路基的压缩量最大。

②新地基压缩曲线的斜率大，老路基顶面和老地基顶部土的压缩曲线斜率小，曲线平缓，即新地基压缩性大，老路基除顶部外压缩性较大。

③风化料属于中低压缩性土。

④老地基中的沙砾层压缩性小，黏性土压缩性大。

⑤随深度增加，老路基压缩系数 a1-2 由 0.1 变化到 0.13~0.15，压缩性逐步增大。

⑥老路基土压缩模量随着深度的增加总体上逐渐降低。

表 5-5 室内试验结果

土样位置	取土深度 (m)	天然含水量 (%)	最佳含水量 (%)	湿密度 (g/cm³)	干密度 (g/cm³)	最大干密度 (g/cm³)	压实度 (%)	凝聚力 (kPa)	内摩擦角 (°)	破坏比 R_f	模量参数 k	模量参数 n	泊松比参数 D	泊松比参数 G	泊松比参数 F
老路基	0.9	12.6	10.2	2.01	1.79	2.23	80	3.0	35.7	0.903	331.1	0.51	2.666	0.201	−0.169
老路基	2.3	19.8		1.83	1.53		68.6	10.0	31.6	0.898	251.2	0.62	2.088	0.289	−0.175
老路基	4.0	21.3		1.87	1.54		69	10.0	29.3	0.897	218.8	0.66	1.145	0.334	−0.179
老地基	5.7	26.9		1.85	1.46			29.0	23.2	0.853	128.8	0.58	1.800	0.272	−0.158
老地基	7.1	24.5		1.99	1.60			19.0	27.9	0.885	173.8	0.64	1.797	0.310	−0.129
老地基	8.2	23.0		1.93	1.57			9.0	33.3	0.902	316.2	0.53	1.868	0.335	−0.177
新地基	0.2	17.1		2.00	1.71			14.0	32.0	0.893	208.9	0.61	1.286	0.355	−0.170
新地基	1.4	24.1		2.03	1.64			23.0	23.3	0.852	138.0	0.64	2.075	0.286	−0.109
新地基	3.0	20.1		1.96	1.63			24.0	26.2	0.876	173.8	0.66	2.000	0.284	−0.118
新路基	土场		11	2.14	1.93	2.07	93								
新路基	土场			2.16	1.95		94								
新路基	土场			2.21	1.99		96								

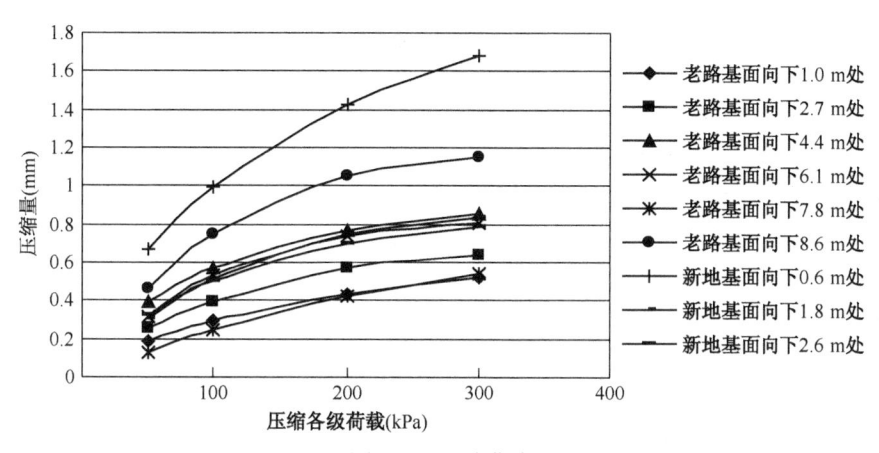

图 5-3 压缩曲线

老路基的密实度较差，压缩性大；新地基的压缩量较大。按现行规范标准修筑的新路基与老路基之间存在较大的密度差异，在上部荷载作用下，老路基容易产生较大的压缩变形及横断面上的路基变形不均匀。因此，要对老路基、新地基进行处理。

5.6.2 老路基利用引起的不均匀沉降分析

下面将结合威乳高速公路改扩建工程，采用数值计算分析软件 Lagrangian 差分程序 FLAC (Fast Lagrangian Analysis of Continua) 进行计算分析。

(一) 不均匀沉降计算的技术路线

用 Lagrangian 差分程序 FLAC 对差异沉降进行计算，技术路线如下。

①现场对老路基与新地基取土芯，同时取填筑新路基所用土场的土。对它们进行室内土力学试验，测得计算所需的土力学参数。

②选取合适的本构模型。

③建立地基与老路基的几何模型。

④初始应力计算。对老路基与新老天然地基进行计算。因为老路基自重产生的沉降已经完成，所以此步计算完毕后强制土体的变形与位移为零，但保留应力，作为真正沉降计算的初始应力状态。

⑤固结沉降计算。分层添加新路基，进行固结沉降计算。计算时将路面各结构层重量换算为均布载荷。

⑥对计算结果进行整理分析。

(二) 计算原理和土力学参数

1. 流固耦合基本方程

FLAC 为一显式有限差分计算程序，内含多种地质材料本构模型。在用它对路面结构进行流固耦合计算分析时，将路面结构视作多孔介质，流体在孔隙介质中的流动满足 Darcy 定律，同时满足 Biot 方程。使用有限差分进行流固耦合计算时，必须满足以下方程：

(1) 平衡方程

对于小变形，流体质点平衡方程为：

$$-q_{i,j} + q_v = \frac{\partial \xi}{\partial t} \qquad (5-2)$$

式中：q_i——渗流速度（m/s）；

q_v——流体源强度（1/sec）；

ξ——单位体积孔隙介质的流体体积变化量。

$$\frac{\partial \xi}{\partial t} = \frac{1}{M}\frac{\partial p}{\partial t} + \alpha \frac{\partial z}{\partial t} - \beta \frac{\partial T}{\partial t} \qquad (5-3)$$

式中：M——Biot 模量（N/m²）；

p——孔隙压力；

α——Biot 系数；

ξ——体积应变；

T——温度；

β——考虑流体和颗粒的热膨胀系数。

本书中不考虑热膨胀因素，上式可简化为：

$$\frac{\partial \xi}{\partial t} = \frac{1}{M}\frac{\partial p}{\partial t} + \alpha \frac{\partial z}{\partial t} \qquad (5-4)$$

（2）运动方程

流体的运动用 Darcy 定律来描述。对于均质、各向同性固体和流体密度是常数的情况，流量具有如下形式：

$$q_i = -k_{il}[p - \rho_f x_j g_j]_{,l} \qquad (5-5)$$

式中：k_{il}——介质的渗透系数张量（m⁴/N·s）；

ρ_f——流体密度（kg/m³）；

$g_j(j=1,2,3)$——重力加速度的三个分量（m/s²）。

（3）本构方程

体积应变的改变引起流体孔隙压力的变化，反过来，孔隙压力的变化也会导致体积应变的发生。孔隙介质本构方程的增量形式为：

$$\Delta \hat{\sigma}_{ij} + \alpha \Delta p \delta_{ij} = H_{ij}^*(\hat{\sigma}_{ij} \Delta \varepsilon_{ij} - \Delta \varepsilon_{ij}^T) \qquad (5-6)$$

式中：$\Delta \hat{\sigma}_{ij}$——应力增量；

H_{ij}^*——给定函数；

ε_{ij}——总应变；

ε_{ij}^T——温度应变。

（4）相容方程

应变率和速度梯度之间的关系为：

$$\dot{\varepsilon}_{ij} = (v_{i,j} + v_{j,i})/2 \qquad (5-7)$$

式中，v_i 是介质中某点的速度。

2. 土力学参数

摩尔-库仑弹塑性模型用到的主要力学参数有弹性模量 E、泊松比 μ、粘聚力 c 及土的内

摩擦角 φ。本算例结合威乳高速公路改扩建项目,其计算所需的力学参数均按表 5-5 进行选取。表 5-5 是在威乳路 K59+500 处进行钻芯,然后在室内进行土工试验得到的。c、ϕ、R_f、k、n、D、G、F 等为邓肯-张本构模型的 8 个参数。

由表 5-5 可见:老路基的压实度较低,不能满足规范要求;对旧地基,无论是刚度参数 k、n,还是强度参数 c、ϕ,基本上都高于新地基对应的参数值。

弹性模量按下式计算:

$$E = kP_a(\sigma_3/P_a)^n \tag{5-8}$$

式中:k、n——材料常数,见表 5-5;

P_a——大气压力;

σ_3——围压,计算中取上覆土体和路面(面层与基层)材料自重产生的竖向应力之和。

(三) 几何模型

路堤作为带状构筑物,变形主要发生在横断面上,即一般将其视为平面应变问题。计算模型如图 5-4 所示。根据相关学者的有限元计算,对天然地基的尺寸取值进行试算,结果分析表明,当天然地基深度>4h(h 为路基填土高度)时,地基的沉降变形受路基的影响很小,可以忽略。因此,地基深度尺寸取 4 倍的路基填高,即 4h(这里 h=4 m)。经验认为,在地基断面宽度为路基半宽的 3 倍处应力误差一般在 10% 以下,在路基半宽的 5 倍处应力误差一般在 3% 以下,计算边界可取为 3~5 倍道路半宽。模型的几何尺寸较大,在模型的几何边界处,地基的位移受路基的影响很小。因此,模型中使用 fix 命令固定边界的位移:左右边界 X、Y 方向均固定,下边界即地基以下 4h(h 为路堤高度)处 X、Y 方向均固定。左右边界及下边界均认为是不透水的。地基表面的初始孔隙水压力设为零。

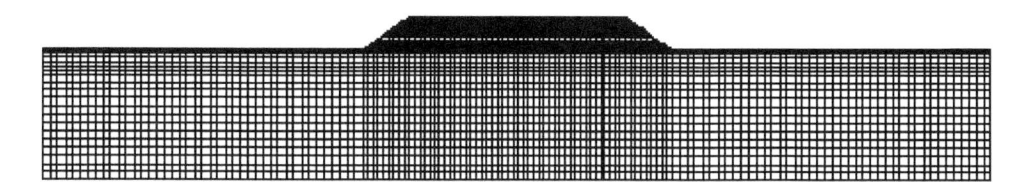

图 5-4 地基及路堤几何模型

计算中将对单侧加宽与双侧加宽的工况进行计算,如图 5-5 所示。设老路基高度为 H,新路基高度为 h,根据 H 和 h 的不同,得到若干子工况。

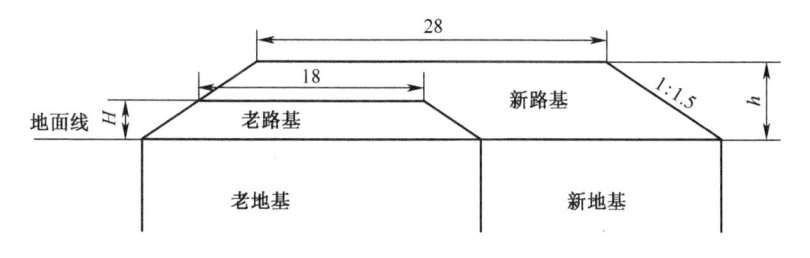

工况 1　　单位:m

图 5-5　计算工况

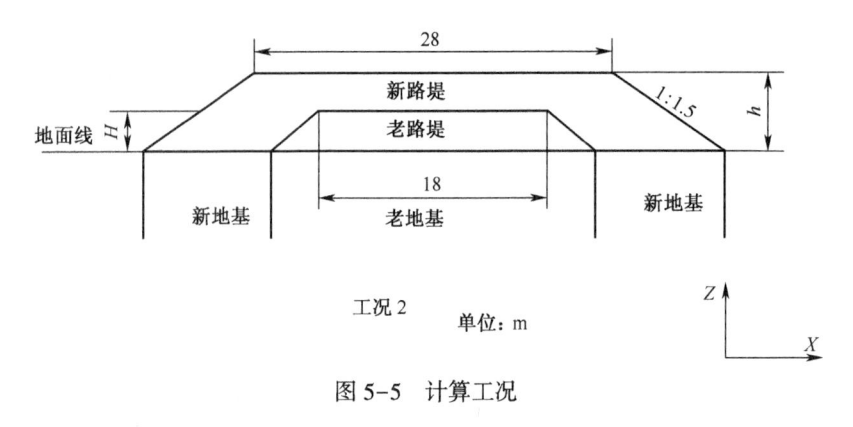

(四) 地基初始固结计算

在筑路前，天然地基经过了若干年的固结沉降已经基本稳定，其内超静孔隙水压力已经很小，在其自重作用下也不会再下沉。为了模拟这种状态，在模拟路基自重引起的地基沉降之前，首先让地基在其自重作用下固结。试验段地基的形成过程实际上是由冲积而成，分层沉积，历时数年。在计算中 24m 厚的地基是一次加载的，与实际过程不同，但只要通过固结计算让地基中的超静孔隙水压力充分消散，最终得到的地基固结状态与实际情况相同即可。地基自身固结过程如图 5-6 所示。

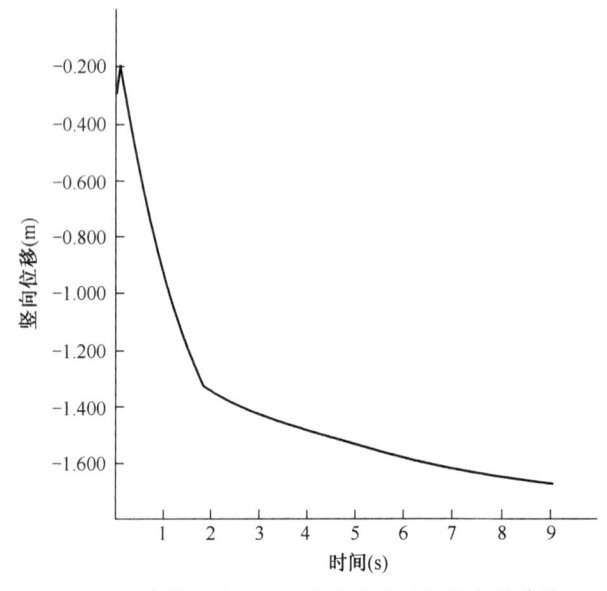

图 5-6　路堤中线地面竖向位移随时间的变化曲线

地基在多年自重应力的作用下固结完毕，产生一定的沉降变形，但该沉降值对计算由于路基自重引起的沉降变形是没有意义的。所以在填筑路堤之前，将地基的位移初始化为零。但因为初始围压对再加载过程中土体的变形模量和强度影响很大，所以保留此时地基中的应力作为加载前的初始应力。

(五) 地基沉降计算过程

计算时路基的分层施工实际上是分级加载过程。为了模拟实际施工过程，采用分级加载的方法激活路基单元，取每层的厚度为 25 cm，间隔时间为 5 天。计算时，将虚拟材料物理参数改为相应层位实际土体的参数即可。图 5-7 所示为分层加载的几何模型示意图。

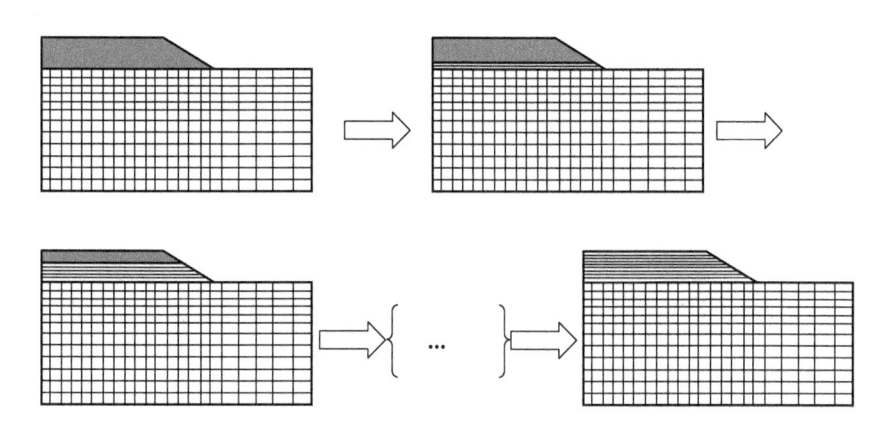

图 5-7　路基填筑过程示意图

通过计算可以得到应力、位移及孔压等变量的数值，并同时随着计算的进行，记录模型中网格点各变量的变化历史。在第一层土填筑到地基上时，地基中的地下水就开始产生流动。因此，系统处理的进程由流体的流动时间（Fluid Time）来控制。

在路堤施工完毕后，为了减少工后沉降及增强路基的稳定性，按工程要求先搁置 6 个月，然后施工路面结构。在对地基进行固结计算时需对这一过程依次进行模拟。图 5-8 所示为固结计算所遵循的施工进度图（以路堤高度 6 m 为例）。

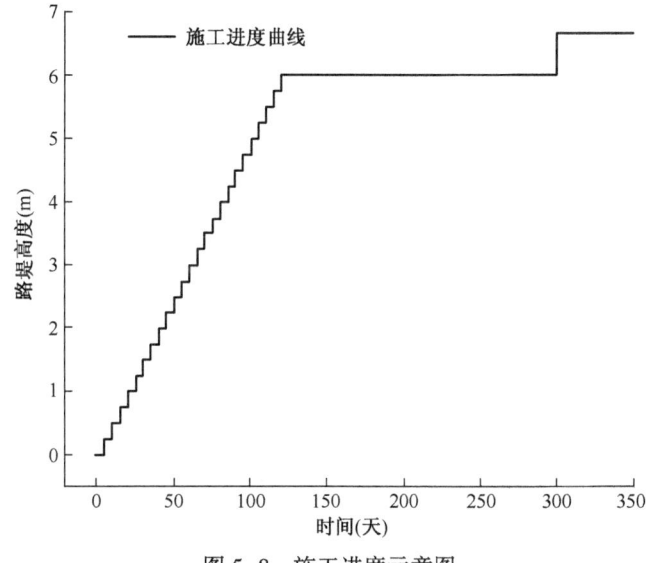

图 5-8　施工进度示意图

（六）沉降计算结果

图 5-9 为 $H = 6$ m、$h = 3$ m 时道路单侧拓宽 1 年后地基内的水压云图。图 5-10 为两种工况地基中点的沉降曲线及水压曲线。

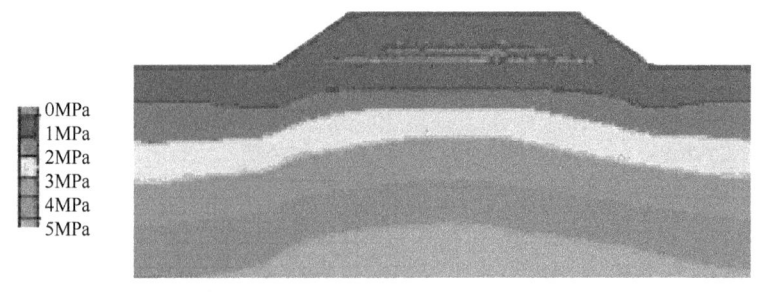

图 5-9　工后 1 年地基内的水压云图

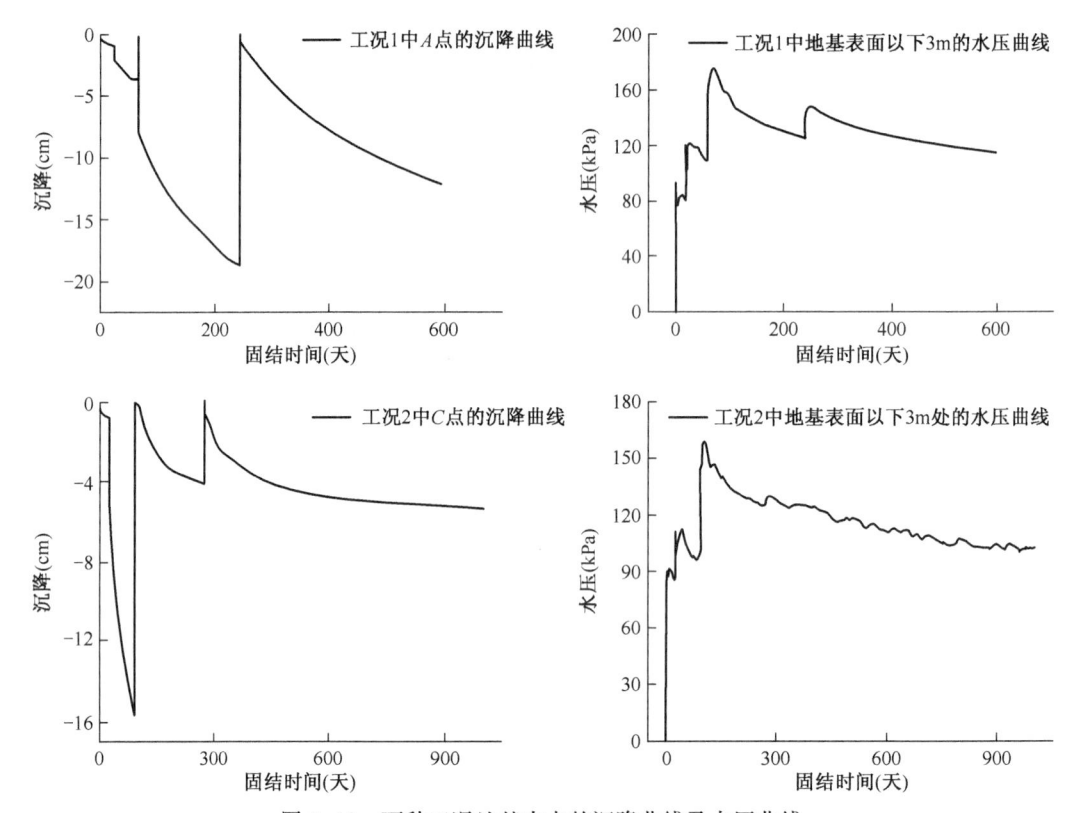

图 5-10　两种工况地基中点的沉降曲线及水压曲线

图 5-11 至图 5-16 分别为路基的速度矢量图、塑性状态图，可以看出以下几点：

①老路基由于已经在自重作用下沉降稳定，故即使在新路基的自重影响下，沉降也很小。路基的沉降主要发生在新路基，尤其是边坡处，沿着新老路基拼接处产生一定的滑移。

②由三种工况下的塑性状态云图可以看出，新老路基的拼接处表层出现拉应力屈服，往下沿着老路基边坡出现剪应力屈服。故在工程中应该重点处理新老路基的拼接处。

图 5-17 至图 5-18 所示分别为 $H=6\text{ m}$、$h=3\text{ m}$ 道路单侧拓宽，$H=6\text{ m}$、h 分别为 6 m 和 3 m 道路双侧拓宽下新路基施工搁置 6 个月以及工后 1 年的地基表面沉降盆。可见，地基局部出现了隆起现象，这是由于新填路基对地基的反压作用引起的。而由图 5-17 和图 5-18 可见，对于地基沉降，单侧加宽时大于双侧加宽对应的地基沉降，因此单侧加宽是最不利的情况。下面主要对单侧加宽的情况进行分析。

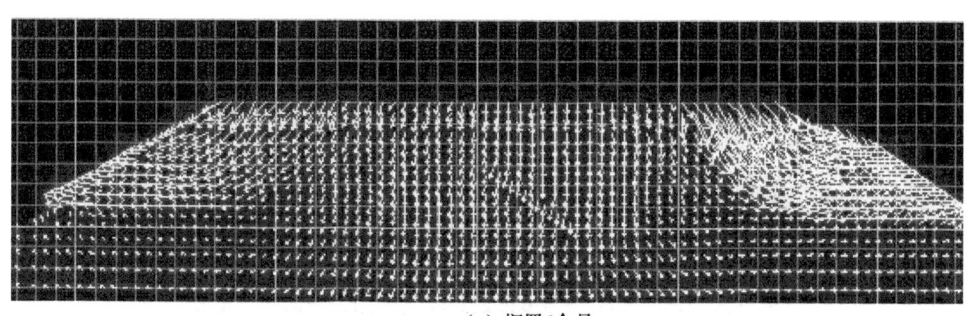

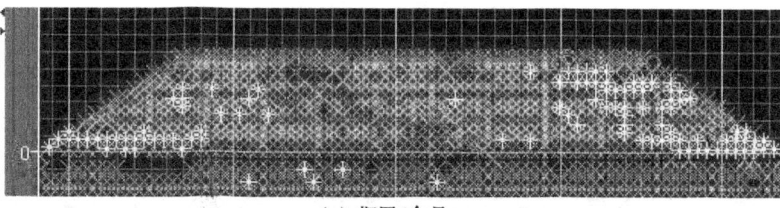

(a) 搁置6个月

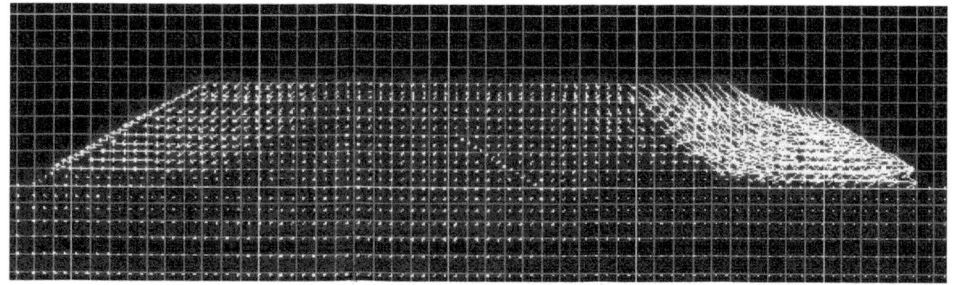

(b) 工后1年

图 5-11　$H = 6\,\mathrm{m}$、$h = 3\,\mathrm{m}$ 道路单侧拓宽路基的速度矢量图

塑性指示器
* 剪切破坏
X 弹性
○ 拉伸破坏

(a) 搁置6个月

塑性指示器
* 剪切破坏
X 弹性
○ 拉伸破坏

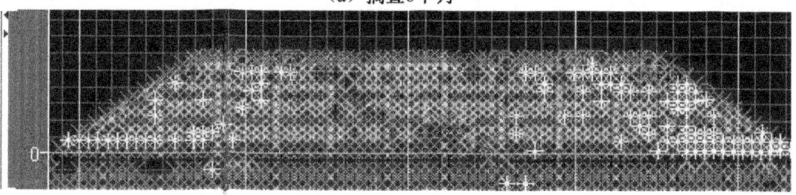

(b) 工后1年

图 5-12　$H = 3\,\mathrm{m}$、$h = 6\,\mathrm{m}$ 道路单侧拓宽塑性状态图

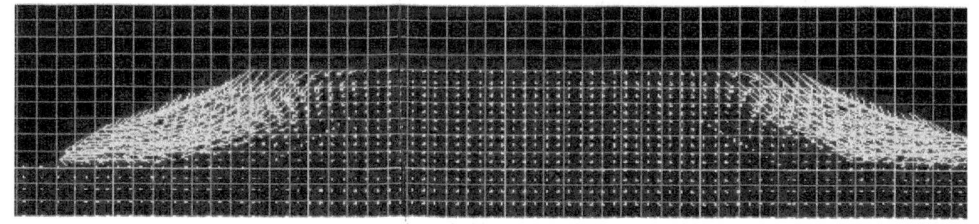

(a) 搁置6个月

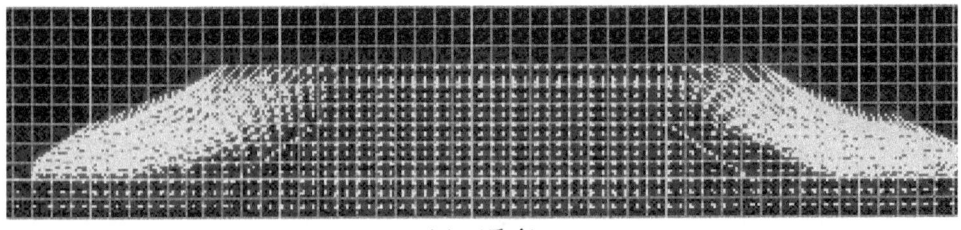

(b) 工后1年

图 5-13　$H = 6\,\text{m}$、$h = 6\,\text{m}$ 道路双侧拓宽路堤速度矢量图

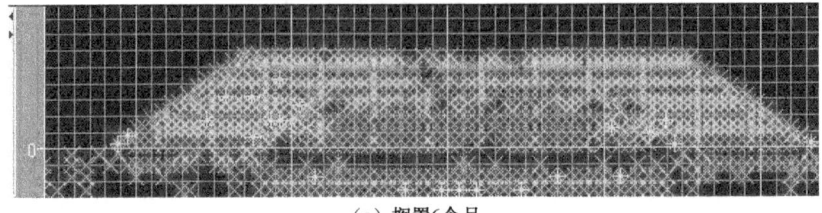

塑性指示器
· 剪切破坏
× 弹性
○ 拉伸破坏

(a) 搁置6个月

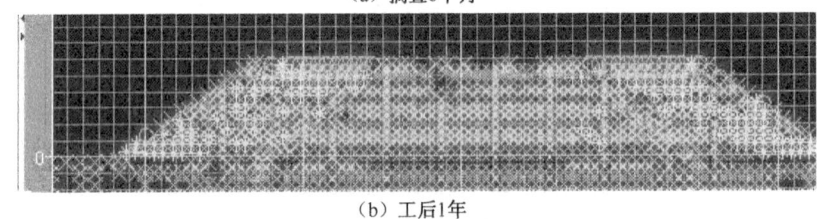

塑性指示器
· 剪切破坏
× 弹性
○ 拉伸破坏

(b) 工后1年

图 5-14　$H = 6\,\text{m}$、$h = 6\,\text{m}$ 道路双侧拓宽路基塑性状态图

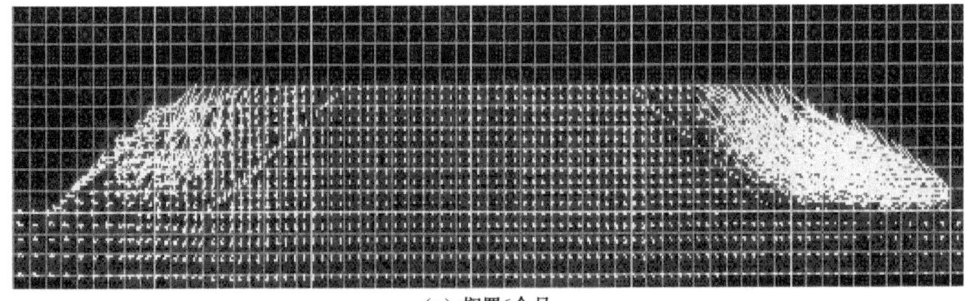

(a) 搁置6个月

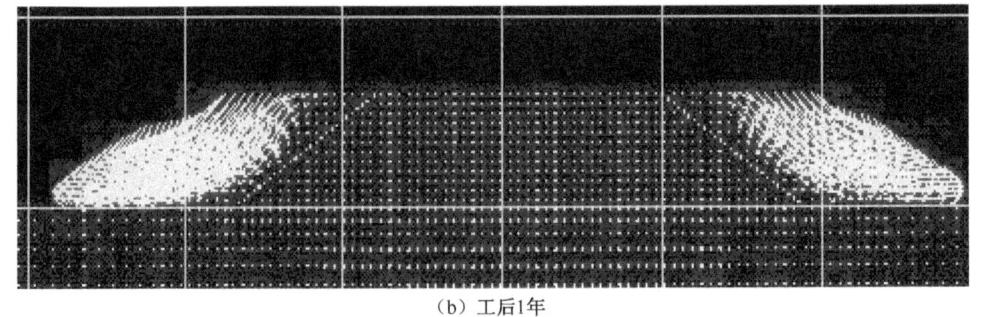

(b) 工后1年

图 5-15　$H = 3\,\text{m}$、$h = 6\,\text{m}$ 道路双侧拓宽路堤的速度矢量图

塑性指示器
▲ 剪切破坏
× 弹性
○ 拉伸破坏

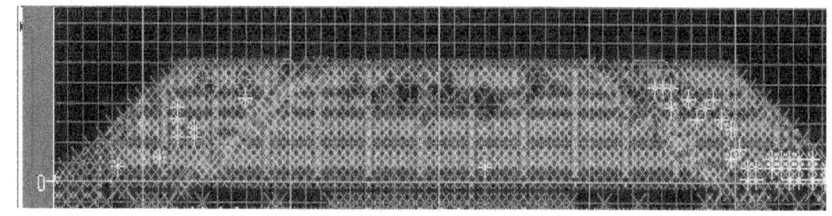

(a) 搁置6个月

塑性指示器
▲ 剪切破坏
× 弹性
○ 拉伸破坏

(b) 工后1年

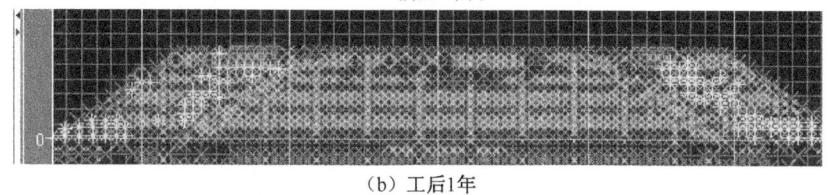

图 5-16　$H = 3\,\text{m}$、$h = 6\,\text{m}$ 道路双侧拓宽新路堤搁置6个月、工后1年的塑性状态图

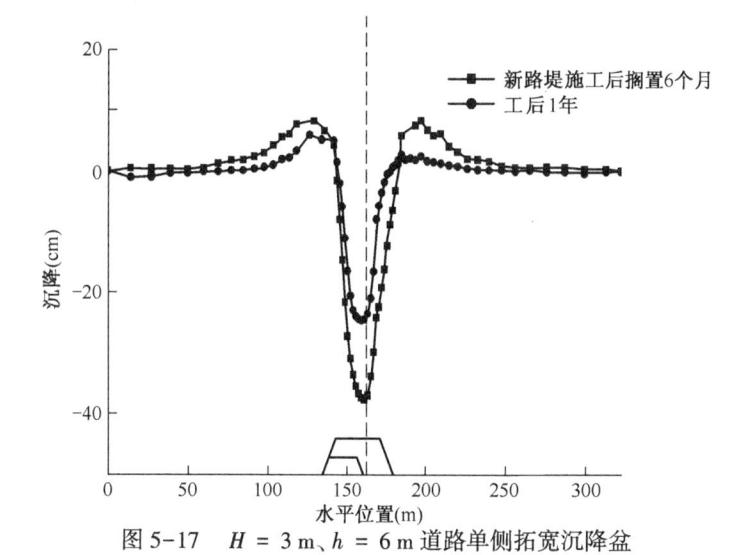

图 5-17　$H = 3\,\text{m}$、$h = 6\,\text{m}$ 道路单侧拓宽沉降盆

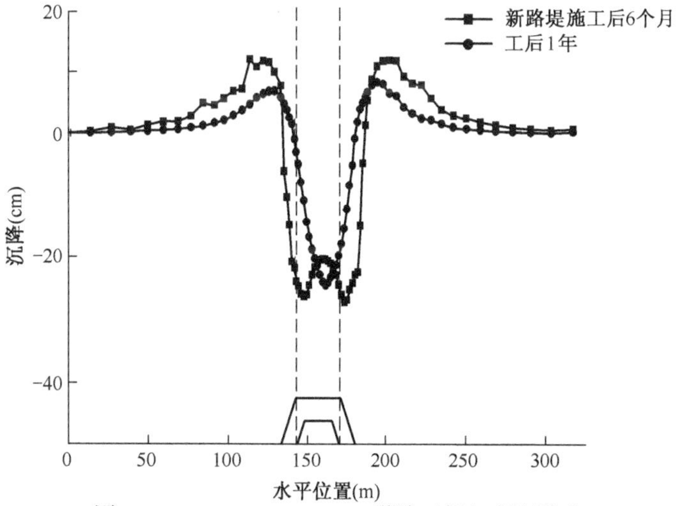

图 5-18　$H = 3\,\text{m}$、$h = 6\,\text{m}$ 道路双侧拓宽沉降盆

图 5-19 和图 5-20 是老路基高度 H 和新路基高度 h 分别取不同值时得到的地基表面与路基表面沉降曲线。可见，地基表面沉降曲线与路基表面沉降曲线都是不对称的，最大沉降点均发生在新填路基位置，而且路基的沉降主要是由地基的沉降引起的。

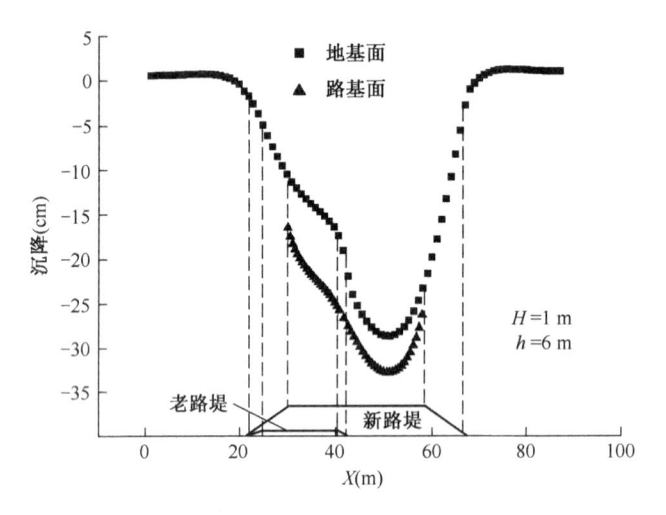

图 5-19　$H = 1\text{ m}$、$h = 6\text{ m}$ 地基表面与路基表面沉降曲线

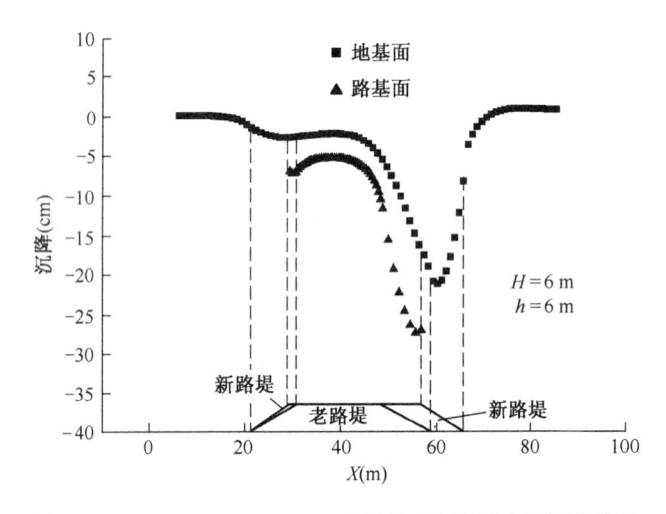

图 5-20　$H = 6\text{ m}$、$h = 6\text{ m}$ 地基表面与路基表面沉降曲线

老路基的存在会使得地基面沉降曲线出现如图 5-21 所示的 A、B、C 三个特征点。在老路基不存在的情况下，曲线会沿着 AB 发展。但由于老路基的存在，使得引发新的沉降的荷载成为偏心荷载，而且由于新老地基固结程度不同导致它们的刚度不同，以至出现 BC 曲线变缓段，而在老路基右边坡处出现 AC 曲线变陡段。不均匀沉降一般用沉降曲线的缓陡即单位宽度上的绝对沉降差来表示，而且在不均匀沉降大的位置土体的剪切变形就大，路堤及路面结构就越容易破坏。所以在对沉降进行评估时往往用不均匀沉降作为评估指标，因为最大不均匀沉降发生在老路基的右边坡即新老路基拼接处，所以拼接处是地基处理的重点部位。

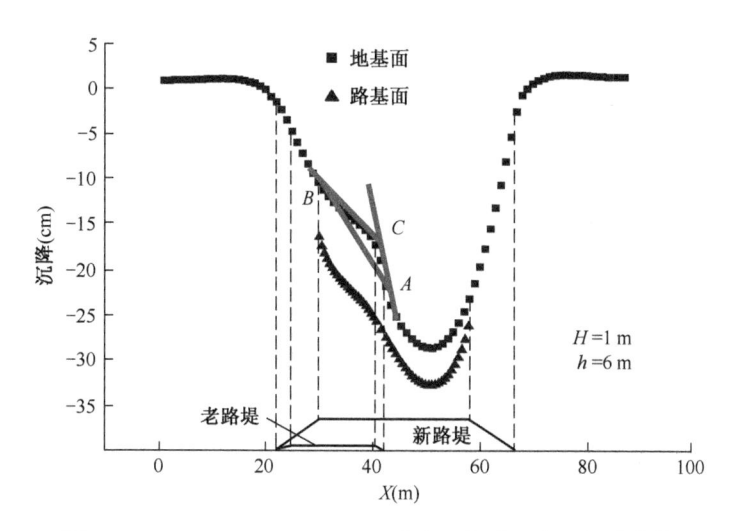

图 5-21 $H = 1\,\text{m}$、$h = 6\,\text{m}$ 地基表面与路基表面沉降曲线

（七）地基沉降与差异沉降分析

1. 地基沉降分析

（1）沉降大小分析

在新路基高度不变的情况下，随着老路基高度的增大，地基面的最大沉降逐渐减小，如图 5-22 所示。

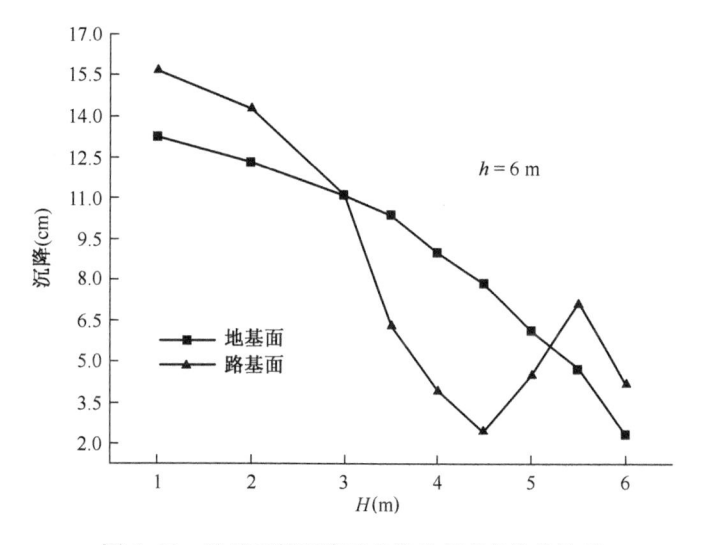

图 5-22 地基面的沉降随老路基高度变化的关系

这一方面因为老路基越高，对新天然地基的反压作用就越大，也就是说老路基高度 H 与最大沉降成负相关；另外，老地基越密实，最大沉降越小，如图 5-23 所示，而老地基的密实程度与旧路堤高度成正相关，所以从地基刚度角度看，最大沉降同样间接地与老路基高度 H 成负相关。另一方面最大沉降还与载荷大小有关，这里的载荷指新填路基部分的自重，所以新路基高度 h 越大，地基最大沉降越大。

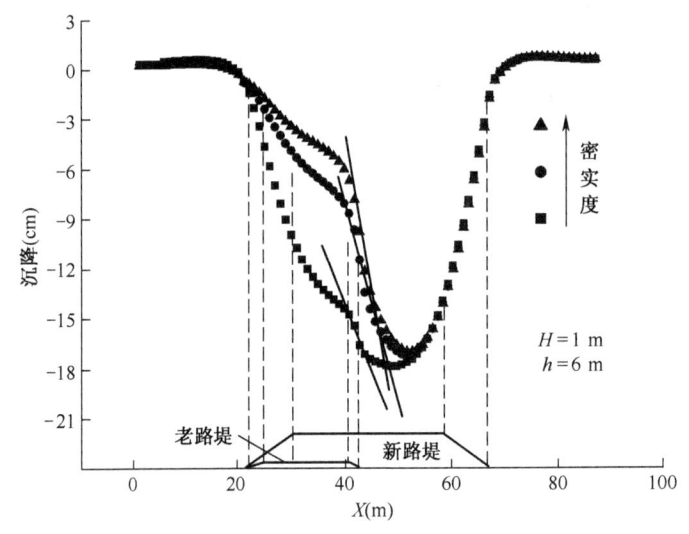

图 5-23 地基沉降与老路基密实度的关系

（2）地基最大沉降点的位置分析

图 5-24 所示为地基最大沉降点的位置。图中新路基的高度 h 为 6 m，纵坐标 $(x-x_m)/l$ 为一无量纲量，其中 x 为图 5-24 所示的横向坐标，x_m 为新路基对称轴对应的横向坐标，l 为新路基顶面宽度的一半。$(x-x_m)/l=0$ 表示最大沉降点在新路基的中间位置；$(x-x_m)/l=1$ 表示在新路基的右路肩位置；$(x-x_m)/l=-1$ 表示在新路基的左路肩位置。图 5-24 所示的新路基引起地基发生新的变形，这部分荷载为典型的偏心荷载。为了分析方便，在此引入新的变量——偏心度 $e=H/h$ 来表示偏心程度。当 $H=0$ 时，$e=0$，表示路基全为新填路基，没有偏心；当 $H=h$ 时，$e=1$，表示偏心达到最大值，老路基与新路基同高。由图 5-24 可见，当 e 在 0~1.0 之间变化时，地基的 $(x-x_m)/l$ 在 0~1.0 之间变化，这表示随着偏心度增大，地基面最大沉降点的位置从新路基的中间位置逐渐右移到新路基右路肩。另外，从地基刚度考虑，老路基越低，老天然地基越不密实，导致最大沉降点的位置越接近老地基。综合考虑以上因素，我们可以认为：e 与 H 越大（即在新路基高度 h 不变的情况下，H 越大），最大沉降点的位置越远离老地基。这样，为了减小地基和路基的不均匀沉降，需采取"主动"措施，对新天然地基进行加固，减小地基的绝对沉降。

2. 地基不均匀沉降分析

从地基刚度的角度考虑，老地基越密实，地基的不均匀沉降越大，这可从图 5-23 中看出，图 5-23 中新老路基高度分别为 6 m 和 1 m，同时因为老路基越高，老路基越密实，所以说地基的不均匀沉降与老路基高度 H 相关。同时，地基不均匀沉降还与载荷偏心度 e 有关，不均匀沉降随 e 的增大而增大。另外，不均匀沉降还与地基上平均上覆荷载有关，平均上覆荷载可表示为 $ah+b(h-H)$（式中：a、b 为正的系数），上覆荷载越大，沉降越大，如图 5-25 所示，不均匀沉降也越大。在 H、e、$ah+b(h-H)$ 三个变量中，H、e 与 H 成正相关，$ah+b(h-H)$ 与 H 成负相关。所以不均匀沉降与前面分析的最大沉降不同，不是随老路基高度 H 单调变化，而是在 3.5m 时不均匀沉降最大，如图 5-26 所示。在对图 5-26 所示的不均匀沉降进行计算时，老天然地基的力学参数是根据老地基高度在新老天然地基芯样对应的参数值

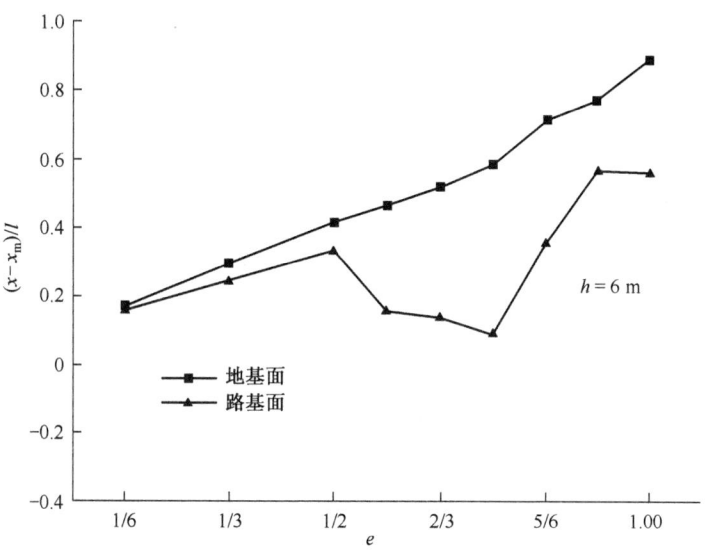

图 5-24 地基最大沉降点与偏心度的关系

之间进行插值得到的，由此得到的参数值随老路基高度增大而增大。至此我们可以得到关于不均匀沉降的初步的结论：新路基高度越大，不均匀沉降也越大；而且对一定的新路基高度，当老地基高度为新地基高度的一半左右时，不均匀沉降最大。具体尚需要进一步的理论论证和实践证明。

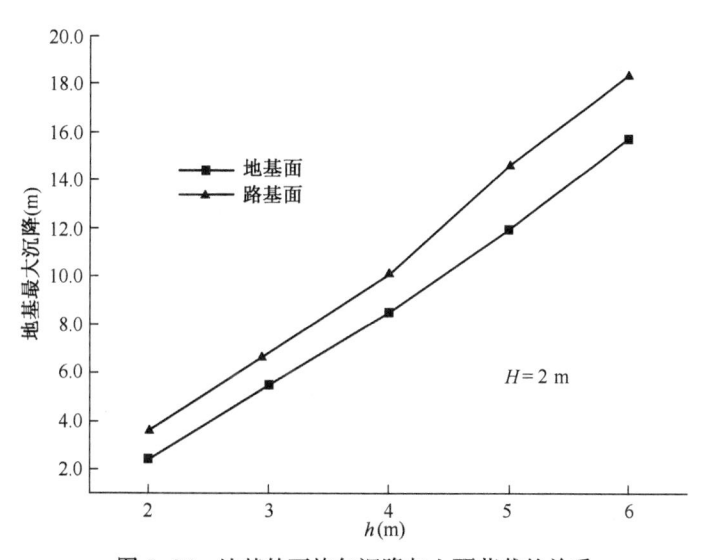

图 5-25 地基的不均匀沉降与上覆荷载的关系

地基的不均匀沉降可以通过"主动"地减小地基的总沉降进行有效的控制。对总沉降的控制，新天然地基的处理是关键。图 5-27 将地基未处理与处理（在 1.5 m 范围内天然地基土的刚度与强度参数都增加了 0.5 倍）的情况进行了比较，可见地基处理后其最大沉降和不均匀沉降都相应减小。

由图 5-20 与图 5-21 可见地基的最大不均匀沉降一般发生在老路基右边坡处，也就是新

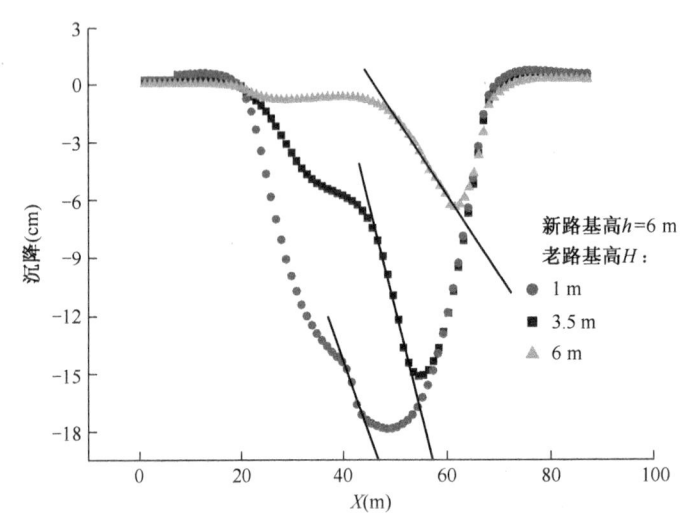

图 5-26 地基的不均匀沉降随老路基高度变化的关系

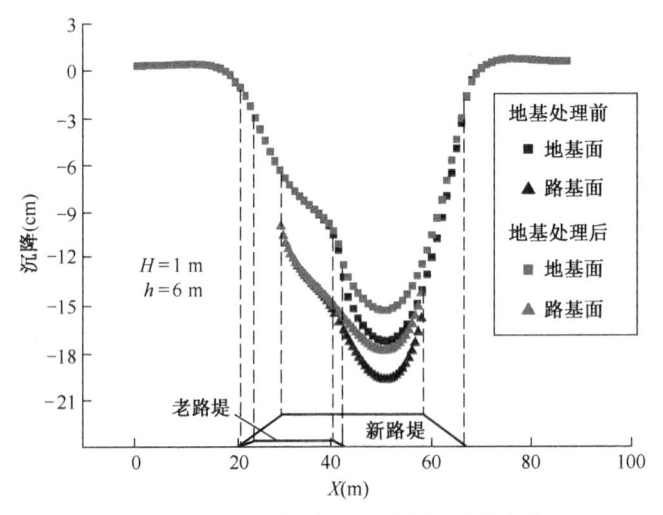

图 5-27 地基处理前后不均匀沉降的变化

老路基拼接处，所以拼接处的处理也是本课题要解决的关键问题。

（八）路基沉降与不均匀沉降分析

1. 路基沉降分析

路基沉降由地基沉降与本身的压缩两部分组成。

（1）路基最大沉降点位置分析

由图 5-25 可见，在新路基高度一定的情况下，路基的最大沉降点位置随老路基高度增加先是向拓宽一侧移动，当到达拓宽一侧行车道时，随着偏心度的增大最大沉降点位置逐渐回移，在到达中心线时再次向拓宽一侧移动，在偏心度为 1 时在行车道上沉降最大。这是因为路基沉降由地基沉降与本身的压缩两部分组成，而路基本身的压缩是由新路基的压缩和由上覆新填路基自重引起的老路基的压缩两部分组成。当天然地基沉降及新路基高度不变时，主要受老路基本身的压缩量控制。因为老路基本身的压缩量是变形沿其高度进行积分，所以随

老路基高度 H 增大而增大,即与 H 成正相关;同样,随老路基上覆载荷(可用 $h-H$ 表示)增大而增大,即在 h 一定时与 H 成负相关。所以应该存在一个老路基高度的临界值,使老路基本身的压缩量最大。由此,我们可以解释路基最大沉降点位置的变化规律。

(2) 路基最大沉降分析

路基面最大沉降的变化规律则不是单一的,当老路基高度较小时,沉降随其高度的增大而减小;但当老路基高度较大时,规律不明显,如图 5-23 所示。这同样可用上面的分析进行解释。

2. 路基不均匀沉降分析

由图 5-20 与图 5-21 可见,路基的最大不均匀沉降比地基的最大不均匀沉降还小。这是因为老路基的力学参数明显低于新路基的参数,使得填筑新路基后老路基产生很大的自身压缩量,从而抵消了部分新老路基的不均匀沉降。但是路基下部的不均匀沉降仍然很大,而且老路基压实度不满足规范要求,还需要对其处理,所以加固后新老路基的不均匀沉降会传递到地基上去,使得路基表面的不均匀沉降超过路面结构的容许值,从而产生路面裂缝等病害。

由图 5-23 可见地基的工后沉降最大可达 16 cm,最大不均匀沉降可达 1.1%。周虎鑫等从规范中要求的路面纵坡、横坡、平整度要求及路面结构强度要求角度出发,认为路基不均匀沉降应不超过 0.4%。沈大高速公路以工后差异沉降量不超过 8 cm 为标准,沪宁高速以横坡度增大值不超过 0.5% 为标准,而现行《公路路基设计规范》对此没有做出明确规定,但条文说明中指出拓宽后老路基中心附加沉降值不得超过 3 cm,拓宽路基的路拱横坡度增大值不得超过 0.5%。所以威乳高速公路拓宽改建中应采取措施减少工后差异沉降,否则老路基直接利用而不加以改造,会引起路面开裂。

第6章

公路高边坡路基柔性防护技术

6.1 柔性防护技术概况

6.1.1 绪论

随着我国经济发展进入一个新的阶段，生态破坏和环境污染已经成为重大的社会问题。生态环境保护的理念逐渐得到普及，并受到重视。党的十六大提出了构建和谐社会的目标，发展方向已由单纯追求 GDP 上升到追求人文 GDP、环保 GDP，因此项目开发与环境保护兼顾是经济可持续发展的重大课题，世界各国对此都十分重视，我国也不例外。对于工程建设来说，合理利用资源，保护资源，保护环境，是我们必须正视和认真对待的问题。公路、铁路、水电等基础设施建设工程的施工和运营中，不可避免会造成水土流失、植被破坏等自然生态环境的破坏。随着社会和经济的发展，社会对环境和生态保护的重视，公路不但需承担快速交通通道的功能，同时也被赋予保护生态、美化环境的要求，因此公路建设中充分考虑公路沿线的植被绿化、公路构筑物与沿线自然景观的环境协调正成为全社会的共识和迫切要求。

近年来，由于高等级公路的大规模建设，经常需要开挖大量边坡。边坡的开挖破坏了原有的植被覆盖层，导致出现大量的次生裸地以及严重的水土流失现象，加剧了生态系统的退化。为此，需要进行边坡防护。常用的坡面防护工程措施有灰浆抹面、喷混凝土、浆砌片石等。常用的支挡加固工程措施有挡土墙、锚杆挡墙等。在坡面修建初期，坡面防护和支挡加固工程措施对防止坡面侵蚀和增加坡体的稳定性方面效果很好，作用非常显著。然而，随着时间推移，由于岩石的风化，混凝土的老化，其效果会越来越差，甚至造成破坏，其后期整治费用很高。另外，在路基边坡中，混凝土护面墙是最容易产生病害的一种工程措施。护面墙由于墙背后的防水措施布设较困难及施工处治不易搞彻底而留有缺陷，在降雨集中季节，雨水沿墙背和坡体接触部位下渗，引起墙后土体孔隙小压力急剧增大，从而引发护面墙和边坡的破坏。对于湿陷性黄土边坡，则由于墙后土体浸水后的湿陷性破坏，引发潜蚀性冲刷破坏，致使防护工程失效。

这种现象在我国北方的干旱地区尤为明显。公路工程建设者受到来自生态环境保护方面的压力越来越大，如何快速恢复开挖边坡的生态环境并实现坡面的植被保护是一个急需研究和解决的问题。

这就要求我们寻求一种既满足支挡功能又绿色环保的新型护坡方式,在这种背景下利用土工格室柔性植被护坡这一理念被提出,其实质是使用新材料的柔性防护技术与植物护坡相结合构成一种复合型柔性防护技术。该技术为一种柔性、开放式、三维立体的防护形式,并具有生态保护功能,不仅能克服护圬工工程措施的不足,而且在合理设计下能降低施工成本。然而,到目前为止,对于这种柔性防护技术的研究与应用还处于起步阶段,至今尚无较为完整与系统的设计理论。

6.1.2 国内外研究概况

植物生态护坡作为一项工程技术,其研究主要包括与植物护坡理论与应用技术两方面的内容。目前,边坡的植物防护技术研究在国际上尚处于发展阶段。

植物生态护坡研究形成一门学科,还是近十几年的事,直至今日仍没有一个统一而贴切的术语,英文有称其为 Biotechnique、Soil bioengineering、Vegetation、Revegetation 等,国内有植物固坡、植物护坡、植被护坡、生态边坡、坡面生态工程、坡面绿化之称等。

利用植物进行边坡防护的实践历史久远,主要用于河堤的护岸和荒山的治理。例如,1591 年我国明代,通过栽植柳树来加固和保护河岸;在 1633 年的日本,德川五代将军纲吉采用铺草皮、植树的方法来治理荒山。直到 20 世纪初,人们才发现和认识到植物护坡这一古老护坡方法的重要性。

国际上专门以植物护坡为主题的国际会议首次于 1994 年 9 月在牛津举行。国外一般把植物护坡定义为"用活的植物,单独用植物或者植物与土木工程及非生命的植物材料相组合,以减轻坡面的不稳定性和侵蚀"。

国内外关于植物护坡的理论研究主要包括以下三方面的内容:植物生长对坡体中孔隙水压力的影响、植物浅根的加筋和深根的锚固作用、植物体对坡面雨水冲刷侵蚀的防护作用。

1990 年,Coppin,N. J. 等人出版了《植物在土木工程中的应用》。该报告由英国建筑工业研究与信息学会(CIRIA)合作完成。这本专著的验证试验仍由 CIRIA 资助完成。验证试验于 1993 年 10 月开始,连续进行至 1998 年 9 月,历时 5 年多。有文献论述了验证现场实验使用的流体力学监测系统,另有文献讨论了植被处理方法对孔隙水状态和运动的影响。试验结果显示:从排水效果看,柳树>灌木>草及非禾木草本植物;柳树与草及非禾木草本植物、灌木相比较,其根系在较深部位吸水效果最好,而由于柳树树冠的存在,坡面向下 50 cm 深处孔隙水出现增加现象。

在我国,针对边坡植物侵蚀冲刷作用,北方交通大学做了植物的防水冲刷实验,实验结果显示随着植被覆盖度的增加,坡面径流与侵蚀产沙量明显减少,当降雨强度为 0.81 mm/min,降雨历时为 30 min,对于覆盖度为 60% 和 100% 边坡,降雨的径流比裸地减少 68% 和 98% 左右,而侵蚀产生的泥沙量减少分别达 95% 和 98% 左右。此外,长安大学的博士后罗斌也做过此方面类似工作。

长安大学王秉纲等人对 109 国道上防护植物的须根加筋作用进行三轴剪切对比试验,试验结果显示含须根土的抗剪强度大于无根土的抗剪切强度。此外,Nilaweera N. S.、王可钧、周德培、张俊云等对植物根系固坡的力学机理进行了简单分析。

蒋德松等人在综合分析城市岩质边坡工程特点的基础上,结合现有边坡生态防护技术的优缺点,针对城市岩质边坡的工程特点及出现的新问题,对城市岩质边坡的生态防护技术进行研究,探讨了土工格室与岩质边坡相互作用的受力特性和稳定机理。

6.1.3 植物护坡工程技术应用方面的进展

在欧美国家,植物护坡工程技术的应用,主要是围绕着防止坡地免受雨水冲刷侵蚀的目的而进行。目前,欧美国家常用的植物护坡方法有活枝捆垛(Live Fascine)、活枝扦插(Live Cutting)、树枝压条(Brush Layer)、枝条篱墙(Wattle Fence)等,主要应用于公路边坡的植被防护及河堤岸。另外,液压喷播技术(Hydroseeding or Hydraulic Mulching)自20世纪50年代发明后至今亦获得广泛应用。80年代又发明了三维网植草护坡方法。

日本植物护坡工程技术研究方面处于领先地位。在日本,植物护坡被称为坡面绿化。1951年,川端勇作开发了采用外来草种的植生盘用于道路坡面,标志着以牧草类为代表的外来草种开始用于坡面绿化。1958年4月在大阪香里团开发了喷射种子法。后来又经多次试验,采用沥青乳剂覆盖膜养生。1973年开发出的纤维土绿化工法(Fiber-soil Greening Method),后来相继开发出高次团粒绿化工法(Soil Flock Greening Method)、连续纤维绿化工法(TG绿化工法)。这三种绿化工法是日本近20年来常用的厚层基材喷射工法。在日本,其他常用的坡面绿化工法还有框格植被绿化工法(包括预制框格、现浇框格)、绿化网等。另外,1995年日本又开始进行植被型多孔混凝土的研发,并取得一定成效。

国内在植物护坡技术应用方面的研究始于20世纪90年代。90年代以前一般多采用撒草种、穴播或沟播、铺草皮、片石骨架植草、空心六棱砖植草等护坡方法。1989年,广东省水利水电科学研究所从香港引进一台喷播机,开始在华南地区进行液压喷播试验。1990~1991年,中国黄土高原治山技术培训中心与日本合作在黄土高原首次进行了坡面喷涂绿化技术(即液压喷播)试验研究。此后,经过十余年左右的发展完善,液压喷播技术已广泛应用于我国不同地区的公路、铁路及堤坝等工程中的边坡防护。1993年我国引进土工材料植草护坡技术随着土木工程界与塑料纸制品厂家合作,开发研制出了各式各样的土工材料产品,如三维植被网、土工格栅、土工网、土工格室等,结合植草技术在铁路、公路、水利工程的边坡中陆续获得应用。我国北方干旱地区的土质路基边坡的植物防护技术研究仍处于探索阶段。

目前,国内关于边坡复合型生态防护技术的研究多是模仿或引进国外的边坡绿化方案,如客土植生带法、生态多孔混凝土绿化法、纤维绿化法等技术。这些技术在日本由于地理位置、气候条件相当优越,很适宜植物的生长,所以在日本是比较成功的。但这些方案并不适合中国北方地区的气候条件。另一方面,这些方案造价过高,与中国发展中国家的经济实力不相称,难以推广。因而,探索一种适合我国国情的公路边坡生态防护技术是十分必要的。

在以上的研究和实践应用中,支挡结构物和边坡生态防护无法做到有机的结合,在采取工程支挡结构物后,无法进行生态边坡防护,所以我国高速公路会出现视觉荒漠的问题。土工格室挡墙则实现了二者有机的结合,既满足了边坡稳定,又实现了生态护坡。

土工格室是20世纪80年代开发出来的一种新型土工合成材料,它是由高密度聚乙烯宽带(PE、HDPE)经超声波焊接而成的具有蜂窝状格室结构的立体材料,与土工格栅、土工网等平面加筋材料相比,其最大的特点是具有立体结构、强度高、刚度大、整体性能好,并且伸缩自如。运输时可折叠，使用时张开并可充填土石等材料，构成具有强大侧向限制和刚度的结构体，广泛用于公路、铁路、水电等土木工程领域。

土工格室生态挡墙则是近几年才提出的，它是由具有三维网状结构的土工格室和充填料组成的结构层，按一定坡度层层叠加形成的一种新型支挡构筑物。与常见的支挡构筑物（重力式挡墙、轻型挡墙、加筋土挡墙等）相比，具有结构轻、施工简便、造价低廉的优点，特别是其墙面格室内可植草种树，在公路建设中，能够满足恢复生态、绿化墙面、美化沿线景观的要求，应用前景广阔。

6.2 土工格室绿色生态防护技术

6.2.1 土工格室植草护坡设计

土工格室植草护坡是指在展开并固定在坡面上的土工格室内填充改良客土，然后在格室上挂三维植被网，进行喷播施工的一种护坡技术。利用土工格室为草坪植物生长提供稳定、良好的生存环境。采用土工格室植草，可使不毛之地的边坡充分绿化，带孔的格室还能增加坡面的排水性能。

土工格室植草护坡各地区均可应用，特别是在有养护用水供应条件的干旱、半干旱地区能发挥其独特优势。一般应用范围为边坡坡率不陡于 1:0.5 的稳定土质边坡。当坡率缓于 1:1 时，采用平铺式植草护坡型式；当坡率陡于 1:1 而缓于 1:0.5 时，采用叠置式护坡型式（图 6-1）。无论采用哪一种护坡型式，每级坡高不应超过 10 m。

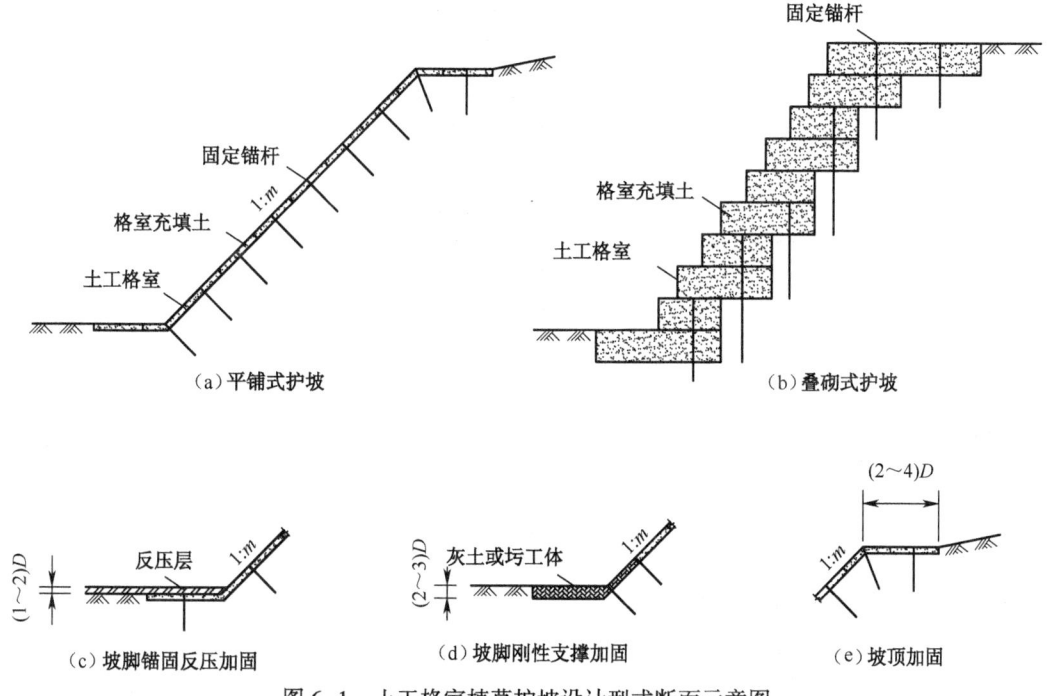

图 6-1 土工格室植草护坡设计型式断面示意图

6.2.2 土工格室柔性挡墙技术

土工格室加筋土及应用涉及土木工程的各个领域，但究其根本，其作用主要有三个方面：一是冲刷防护；二是坡面防护和边坡稳定；三是作为层状承重结构。因此，研究工作大体也分为三类。

(一) 冲刷防护研究

通过试验分析，研究土工格室加固土技术在冲刷防护中的作用。包括其适用场合，允许不冲刷流速的变化，各种加固原材料及加固方式所能适应的流速、水深等。

(二) 坡面防护及边坡稳定研究

这一研究有两方面内容，一是稳定边坡的坡面防护，二是不稳定边坡的防护。对稳定边坡，主要是研究单层土工格室加筋土所能适应的坡度，土工格室加筋土防护层的固定方法，加筋原材料和防护方式的选择。对不稳定边坡，主要是研究多层重叠土工格室加筋土挡土墙的适用条件和结构形式。

(三) 层状承重结构研究

根据土工格室加筋土的结构特点，分析其强度机理。通过室内外模型和原型试验，观测给定条件下土工格室加筋土层状结构的宏观力学指标，研究土工格室的加筋作用和加筋效果，分析有关的影响因素。

土工格室柔性挡墙的结构示意如图 6-2 所示。土工格室成层铺设，从上到下形成一定的角度。

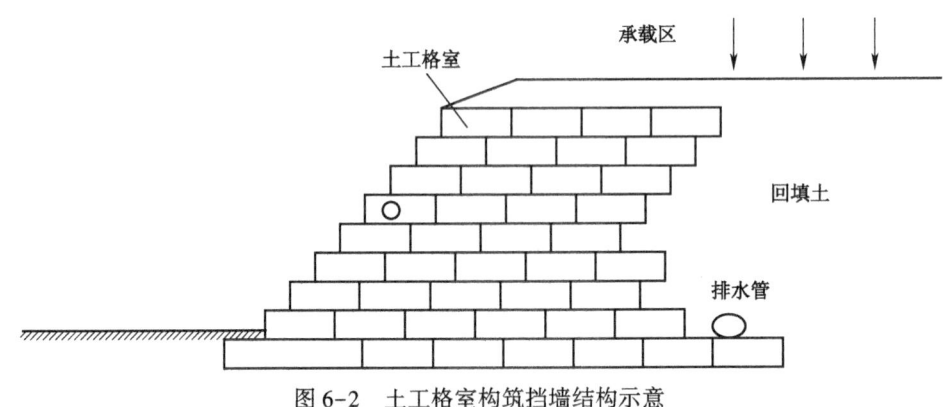

图 6-2 土工格室构筑挡墙结构示意

采用这种结构修建的挡土墙不仅稳定性好，还可以防止陡坡表面被雨水冲蚀，在经济上与混凝土相比可以大大地降低造价。并利用土工格室交错重叠铺设而使墙面呈现阶梯状的特点，在各层阶梯的土工格室内种植植物，使墙面呈现为三维植被网，从而真正起到绿化环境的作用。

6.2.3 土工格室柔性挡墙计算模式研究

(一) 土工格室柔性挡墙结构型式

土工格室柔性挡墙的结构型式分为路肩式挡墙和路堤式挡墙，如图 6-3 和图 6-4 所示。作用在挡土墙上的力系，包括填土自重及上覆荷载产生的土压力 E_a，可分解为水平土压

力 E_x 与垂直土压力 E_y；墙身自重 G；拉筋拉力 T_i。

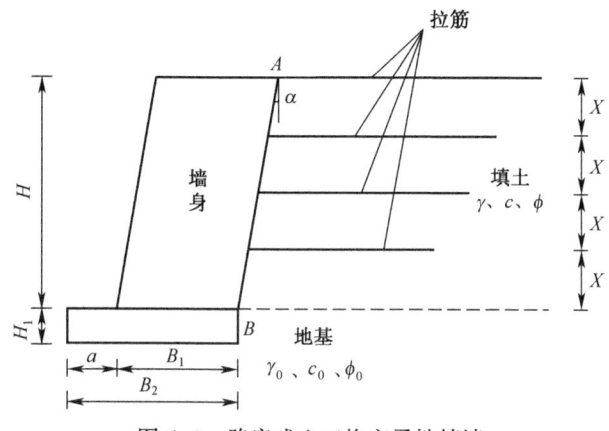

图 6-3 路肩式土工格室柔性挡墙

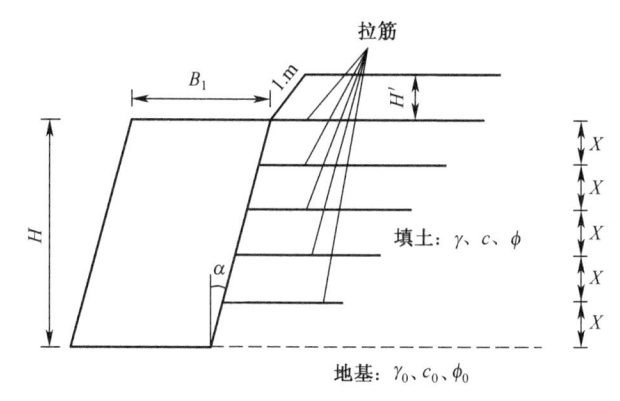

图 6-4 路堤式土工格室柔性挡墙

(二) 路肩式土工格室挡墙计算模式

按荷载组合 I 进行结构设计，挡土墙结构示意图如图 6-3 所示。设拉筋等间距布置，间距为 x，共布设 n 层。可知：$H=nx$。

1. 确定设计墙身宽度 B_1

由于挡土墙的墙身具有一定的柔性，在墙后填土及车辆荷载引起的土压力作用下，墙身必将产生一定的变形，但变形不宜过大，以保证挡土墙的正常工作及稳定性。考虑到土工格室的强度利用模数、土工格室与土体的协调变形和挡墙的整体性，本书中以墙身的最大变形不超过墙宽的 1.5% 进行墙身宽度的控制标准。

(1) 不考虑拉筋的作用，拟定设计墙身宽度 B_1

设计中分别从控制墙身的变形和保证挡土墙的整体稳定安全系数出发，初步拟定设计墙身宽度，并取二者中的较大者。

①由墙身变形确定墙深宽度 B_{11}。

此时挡土墙如同仰斜式重力式挡土墙一般，依靠其庞大的墙身来抵抗土压力的作用，维持自身稳定。

墙背后填土表面常有车辆荷载作用，使土体中产生附加的竖向应力，从而产生附加的侧向应力。土压力计算时,对于作用于墙背后填土表面的车辆荷载可以近似地按均布荷载来考虑,并将其换算为容重与墙后填土相同的均布土层(见《规范》)。

根据库仑土压力理论,得到墙背土压力分布如图 6-5 所示。

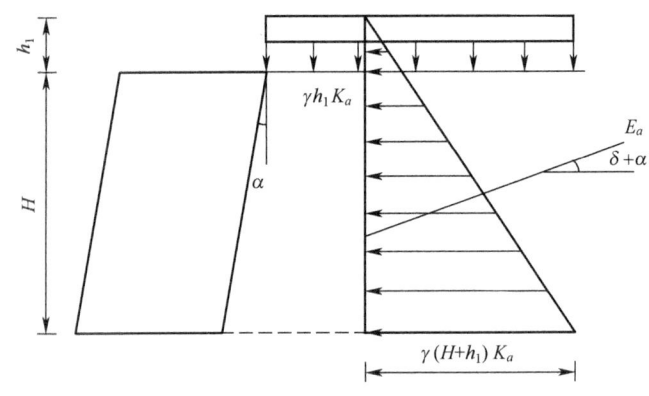

图 6-5 墙背土压力分布

式中:δ——墙背摩擦角(°);
　　　α——墙背倾角(°),当墙背俯斜时 α 为正,仰斜时为负;
　　　K_a——库仑土压力系数。

$$K_a = \frac{\cos^2(\varphi - \alpha)}{\cos^2\alpha\cos(\delta + \alpha)\left[1 + \sqrt{\dfrac{\sin(\varphi + \delta)\sin\varphi}{\cos(\delta + \alpha)\cos\alpha}}\right]^2} \tag{6-1}$$

式中:h_1——换算均布土层厚度(m);
　　　H——墙背高度(m);
　　　φ——土工格室加筋填土的内摩擦角(°);
　　　γ——填土的容重(kN/m³)。

取单位墙长,所得的假想墙背主动土压力 E'_a(kN)的表达式为:

$$E'_a = \frac{1}{2}\gamma(H + h_1)^2 K_a = \frac{1}{2}\gamma * H'^2 K_a \tag{6-2}$$

沿墙高的土压应力 σ_a,可通过 E'_a 对 H' 求导而得到:

$$\sigma_a = \frac{\mathrm{d}E'_a}{\mathrm{d}H'} = \gamma * h K_a \tag{6-3}$$

其中:H'——假想墙背高度(m)。

截取假想墙背土压应力分布图 6-5 与墙身高度相应的部分,得到实际墙背土压力分布,如图 6-6 所示。

$$E_a = \frac{\gamma * h_1 K_a + \gamma * (H + h_1) K_a}{2} H = \frac{H\gamma * K_a(H + 2h_1)}{2} \tag{6-4}$$

$$H_{E_a} = \frac{\gamma * h_1 K_a H \dfrac{H}{2} + \gamma * H K_a \dfrac{1}{2} H \dfrac{H}{3}}{\dfrac{H}{2}\gamma * K_a(H + 2h_1)} = \frac{H(H + 3h_1)}{3(H + 2h_1)} \tag{6-5}$$

② 由墙身稳定性出发确定墙身厚度 B_{12}。

a. 抗滑稳定性分析：墙身受力如图 6-6 所示。

$$K_c = \frac{\mu * N}{T} = \frac{\mu * (G + E_y)}{E_x} = \frac{\mu * [\gamma_1 B_1 H + E_a \sin(\delta + \alpha)]}{E_a \cos(\delta + \alpha)} \geqslant [K_c] \quad (6-6)$$

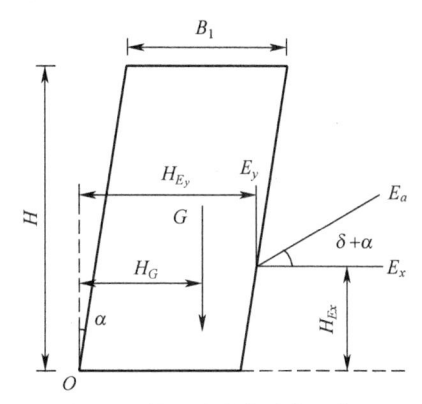

图 6-6 挡土墙墙身受力示意图

b. 抗倾覆稳定性分析：

$$K_0 = \frac{\sum M_y}{\sum M_0} = \frac{GH_G + E_y H_{E_y}}{E_x H_{E_x}} \geqslant [K_0] \quad (6-7)$$

$$H_G = \frac{\frac{1}{2} H \tan\alpha H (\frac{2}{3} H \tan\alpha + B_1 + \frac{1}{3} H \tan\alpha) + (B_1 - H \tan\alpha) H (H \tan\alpha + \frac{B_1 - H \tan\alpha}{2})}{B_1 H}$$

$$= \frac{B_1 + H \tan\alpha}{2} \quad (6-8)$$

$$H_{E_y} = B_1 + H_{E_x} \tan\alpha = B_1 + \frac{(H + 3h_1)H}{3(H + 2h_1)} \tan\alpha \quad (6-9)$$

c. 墙底偏心距分析：

$$e' = \frac{B_1}{2} - \frac{\sum M_y - \sum M_0}{N} = \frac{B_1}{2} - \frac{GH_G + E_y H_{E_y} - E_x H_{E_x}}{G + E_y} \leqslant \frac{B_1}{6} \quad (6-10)$$

d. 基底偏心距 e 和基底应力分析：下面设计出基础的高度和底部宽度，如图 6-7 所示。

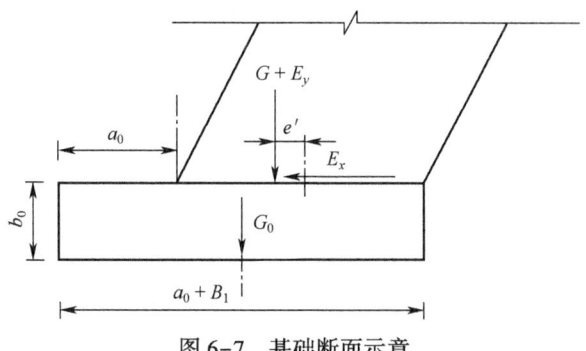

图 6-7 基础断面示意

$$e = \frac{a_0 + B_1}{2} - \frac{(G + E_y)\left(a_0 + \frac{B_1}{2} - e'\right) + G_0 \frac{a_0 + B_1}{2} - E_x b_0}{G + E_y + G_0} \leqslant \frac{a_0 + B_1}{6} \quad (6-11)$$

$$\sigma_{\max} = \frac{G + E_y + G_0}{a_0 + B_1} + \frac{6(G + E_y + G_0)e}{(a_0 + B_1)^2} \leqslant k[\sigma] \quad (6\text{-}12\text{a})$$

$$\sigma_{\min} = \frac{G + E_y + G_0}{a_0 + B_1} - \frac{6(G + E_y + G_0)e}{(a_0 + B_1)^2} \geqslant 0 \quad (6\text{-}12\text{b})$$

式中：H_{E_y}——土压力的垂直分力 E_y 对墙趾 o 点的力臂（m）；

$\quad\quad H_{E_x}$——土压力的水平分力 E_x 对墙趾 o 点的力臂（m）（$H_{E_x} = H_{E_a}$）；

$\quad\quad H_G$——墙身重力 G 对墙趾 o 点的力臂（m）；

$\quad\quad K_c$——基底抗滑稳定系数；

$\quad\quad [K_c]$——基底抗滑要求安全系数；

$\quad\quad K_0$——抗倾覆稳定系数；

$\quad\quad \gamma_1$——墙身的容重（kN/m³）；

$\quad\quad [K_0]$——抗倾覆要求安全系数；

$\quad\quad \sum M_y$——各力系对墙趾的稳定力矩之和（kN/m）；

$\quad\quad \sum M_0$——各力系对墙趾的倾覆力矩之和（kN/m）；

$\quad\quad b_0$——基础的高度（m）；

$\quad\quad \sigma_{\max}$——基础底面的最大压应力（kN/m）；

$\quad\quad \sigma_{\min}$——基础底面的最小压应力（kN/m）；

$\quad\quad [\sigma]$——修正后地基土的容许承载力（kPa）；

$\quad\quad k$——地基土容许承载力提高系数。

由式（6-6）得：

$$B_{11} = \frac{E_a[\cos(\delta + \alpha)[K_c] - \mu\sin(\delta + \alpha)]}{\mu * \gamma_1 H} \quad (6\text{-}13\text{a})$$

由式（6-7）得：

$$B_{12} = \frac{\sqrt{\left(E_y + \frac{\gamma_1 H^2 \tan\alpha}{2}\right)^2 - \frac{2\gamma_1 H^2 (H + 3h_1)[E_y \tan\alpha - E_x[K_0]]}{3(H + 2h_1)}} - \left(E_y + \frac{\gamma_1 H^2 \tan\alpha}{2}\right)}{\gamma_1 * H}$$

$$(6\text{-}13\text{b})$$

取 B_{11} 和 B_{12} 的较大值，作为 B_1 的进一步设计值。再取 B_1 的初步设计值和 B_1 的进一步设计值的较大值作为不考虑拉筋作用时墙身厚度 B_1 的设计值。

最后，根据式（6-10）、式（6-11）、式（6-12a）和式（6-12b），进行对墙底偏心距、基底偏心距和基底应力的验算,若不满足,增大 B_1 值,直到满足要求为止。

(2) 考虑拉筋的作用,设计墙身宽度 B_1

设计中分别从控制墙身变形和保证墙身稳定性出发,设计墙身宽度,并取二者中的较大者。

由墙身稳定性确定墙身厚度 B_1,如图 6-8 所示。图中 θ 为破裂角(°)。

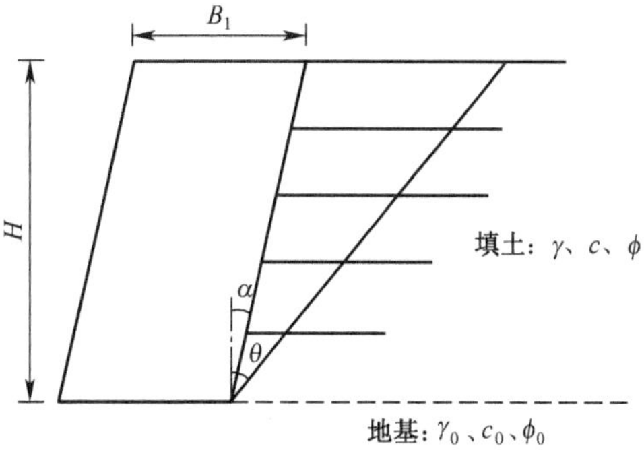

分析前的三条假定:① 各层拉筋的锚固区长度相等,均为 L_m;② 各层拉筋的拉力设计值由其抗拔力决定;③ 将锚固区的土工格室加筋体视为均匀等代层,与填土之间的抗拔摩擦系数为 f^*(由试验确定)。

下面求各层拉筋的极限抗拔力:

$$S_i = 2\sigma_i f^* L_m \quad (6-14)$$

式中:S_i——第 i 层拉筋的极限抗拔力(kN);
σ_i——作用在第 i 层拉筋上的法向应力(kPa)。

图 6-8 破裂面示意图

所以,各层拉筋的拉力设计值 T_i 为:

$$T_i = \frac{S_i}{[K_f]} = \frac{2\gamma*(i-1)xf^*L_m}{[K_f]} \quad (i=1,2,\cdots n) \quad (6-15)$$

式中:$[K_f]$——抗拔稳定要求安全系数。

墙身受力如图 6-9 所示。图中各符号意义同前。

对于墙体稳定破坏,考虑两部分阻力:① 挡墙本身提供的阻力;② 拉筋提供的阻力。

抗滑稳定性分析:

$$K_c = \frac{\mu*N + \sum_{i=1}^{n}T_i}{E_x} = \frac{\mu*(G+E_y) + \sum_{i=1}^{n}T_i}{E_x} \geqslant [K_c] \quad (6-16)$$

抗倾覆稳定性分析:

$$K_0 = \frac{\sum M_y}{\sum M_0} = \frac{GH_G + E_y H_{E_y} + \sum_{i=1}^{n}T_i(n-i+1)x}{E_x H_{E_x}} \geqslant [K_0] \quad (6-17)$$

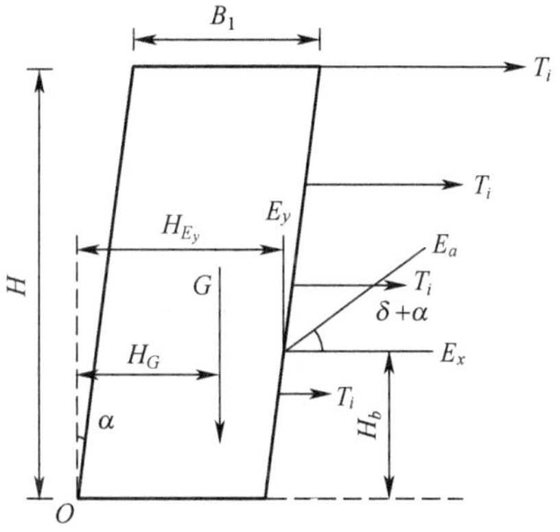

图 6-9 挡墙受力示意图

墙底偏心距分析:

$$e' = \frac{B_1}{2} - \frac{\sum M_y - \sum M_0}{N} = \frac{B_1}{2} - \frac{GH_G + E_y H_{E_y} + \sum_{i=1}^{n}T_i(n-i+1)x - E_x H_{E_x}}{G+E_y} \leqslant \frac{B_1}{6} \quad (6-18)$$

基底偏心距和基底应力分析:设计出基础的宽度和高度,如图 6-10 所示。

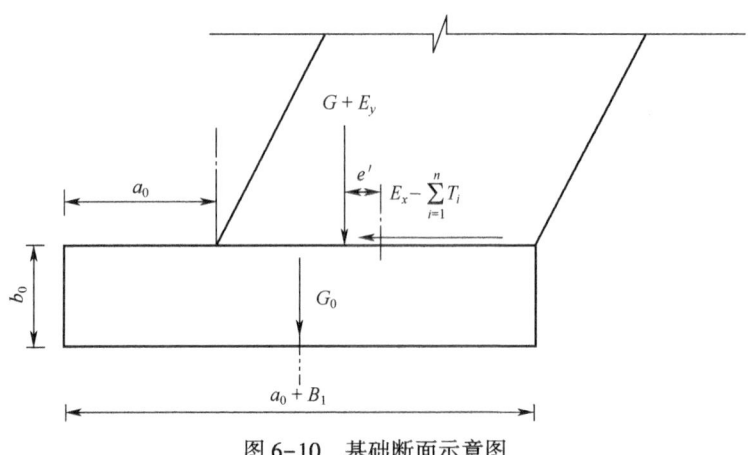

图 6-10 基础断面示意图

$$e = \frac{a_0 + B_1}{2} - \frac{G_0 \frac{a_0 + B_1}{2} + (G + E_y)(a_0 + \frac{B_1}{2} - e') - (E_x - \sum_{i=1}^{n} T_i) b_0}{G + E_y + G_0} \leqslant \frac{a_0 + B_1}{6}$$

(6-19)

式中：e——基底偏心距（m）。

$$\sigma_{\max} = \frac{G + E_y + G_0}{a_0 + B_1} + \frac{6(G + E_y + G_0)e}{(a_0 + B_1)^2} \leqslant k[\sigma] \quad (6\text{-}20a)$$

$$\sigma_{\min} = \frac{G + E_y + G_0}{a_0 + B_1} - \frac{6(G + E_y + G_0)e}{(a_0 + B_1)^2} \geqslant 0 \quad (6\text{-}20b)$$

由式（6-16），得：

$$B_{11} = \frac{[K_c]E_x - \dfrac{n(n-1)\gamma * x f^* L_m}{[K_f]} - \mu * E_y}{\mu * \gamma_1 * H} = \frac{[K_c]E_x - \dfrac{H(\dfrac{H}{x} - 1)\gamma * f^* L_m}{[K_f]} - \mu * E_y}{\mu * \gamma_1 * H}$$

(6-21a)

由式（6-17），得：

$$B_{12} = \frac{\sqrt{(\dfrac{\gamma_1 * H^2 \tan\alpha}{2} + E_y)^2 - 2\gamma_1 * H[E_y H_{E_x}\tan\alpha - E_x H_{E_x}[K_0] + \dfrac{\gamma * H f^* L_m(H^2 - x^2)}{3x[K_f]}]}}{\gamma_1 * H}$$

$$- \frac{\dfrac{\gamma_1 * H^2 \tan\alpha}{2} + E_y}{\gamma_1 * H}$$

(6-21b)

取 B_{11} 和 B_{12} 的较大值，作为 B_1 的进一步设计值。

再取 B_1 的初步设计值和 B_1 的进一步设计值的较大者，作为考虑拉筋作用时墙身宽度 B_1 的设计值。

最后，根据式（6-18）、式（6-19）、式（6-20a）和式（6-20b），进行对墙底偏心距、基底偏心距和基底应力的验算，若不满足，增大 B_1 值，直到满足要求为止。

2. 挡土墙整体滑动稳定性分析

设拉筋的长度不超过可能发生的滑动面,如图 6-11 所示,可以用普通的圆弧法计算。

$$K_s = \frac{\sum(c_i L_i + W_i \cos\alpha_i \tan\varphi_i)}{\sum W_i \sin\alpha_i} \geq [K_s] \tag{6-22}$$

式中:C_i,L_i——第 i 条块滑动面上的粘聚力(kPa)和弧长(m);

W_i——第 i 条块自重及其荷载重(kN);

φ_i——第 i 条块滑动面上土的内摩擦角(°);

α_i——第 i 条块滑动弧的法线与竖直线的夹角(°)。

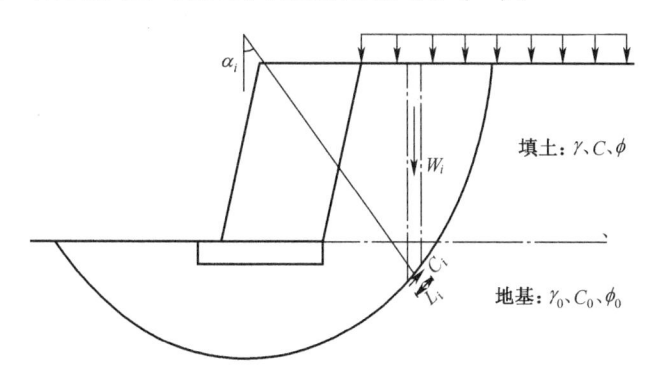

图 6-11 圆弧滑动面条分法验算图示

3. 沉降分析

地基土因墙身自重及其他荷载引起的沉降,尤其是不均匀沉降必须控制在容许范围内。在预计有较大不均匀沉降的地段,可把挡土墙在构造上分为若干段,段间设置沉降缝,尤其是与桩基、桥台及涵洞等的连接部分应加设沉降缝。挡土墙地基的沉降计算方法和其他建筑物计算一样,按土力学中浅基础沉降和填土沉降计算方法(一般采用分层总和法)来进行估算。

(三) 路堤式柔性挡墙的计算模式

与路肩式加筋挡墙的设计方法基本相同,不再论述。下面只对路堤式加筋挡墙的墙背土压力进行计算。路堤式加筋挡墙的结构断面如图 6-4 所示。

将挡土墙上填土重力按下式换算成等代土层厚度计算:

$$h_1 = H' \tag{6-23}$$

式中:h_1——挡土墙上填土换算成等代均布土层厚度(m);

H'——加筋体上路堤高度(m)。

车辆荷载作用在挡土墙墙背填土上所引起的附加土体侧压力,可按式(6-24)换算成等代均布土层厚度计算:

$$h_0 = \frac{q}{\gamma} \tag{6-24}$$

式中:h_0——换算土层厚度(m);

q——车辆荷载附加荷载强度,墙高小于 2 m,取 20 kN/m²;墙高大于 10 m,取

10 kN/m²；墙高在 2~10 m 时，附加荷载强度用直线内插法计算。作用于墙顶或墙后填土上的人群荷载强度规定为 3 kN/m²；作用于挡墙栏杆顶的水平推力采用 0.75 kN/m，作用于栏杆扶手上的竖向力采用 1 kN/m。

γ——墙背填土的重度（kN/m³）。

将挡土墙上填土重力和车辆荷载均换算为等代均布土层厚度之后，可以计算出挡土墙墙背的土压力，如图 6-12 所示。

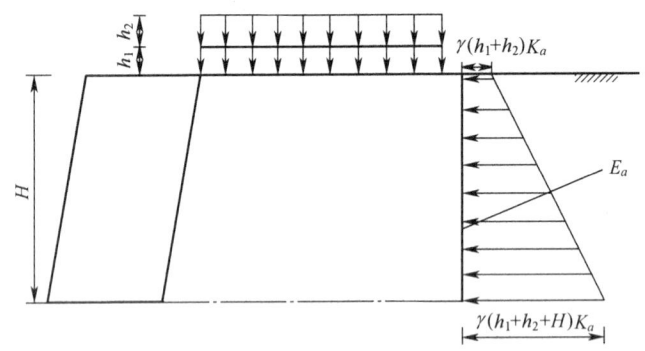

图 6-12 墙背土压力分布示意

$$E_a = \frac{\gamma * K_a[2(h_1+h_2)+H]H}{2} \tag{6-25}$$

式中各符号意义同前。

路堤式柔性挡墙设计方法同路肩式柔性挡墙。

（四）设计步骤

土工格室柔性挡墙的设计步骤如下：

①测定填料的指标和界面上的摩擦角。

②设定墙身高度、加筋间距。

③拟定墙身厚度，根据墙身变形和稳定性出发，对墙身宽度的初步设计进行验算、调整，直到满足要求为止。

④根据式（6-21a）和式（6-21b），进行墙身宽度的进一步设计，得到墙身宽度 B 和加筋锚固长度 L_m 的关系。设定加筋锚固长度 L_m，得到墙身宽度设计值。

⑤根据式（6-18）到式（6-20），对墙底偏心距、基底应力和基底偏心距进行验算。

⑥对墙身抗剪进行验算。

6.3 工程应用技术研究

6.3.1 工程概况

S234 沂台线高庄至蒙阴界段大修工程一合同，路线长 25.9 km。其中一段路基位于山东省临沂境南部某河谷的二级阶地之上，阶地坡度接近直立，阶地陡坡高度 15.47~16.94m 之间，地形照片见图 6-13 所示。路基土为 Q3 黄土状土，具有湿陷性，该土层裂隙发育，对路基产生了一定的破坏，路床表面出现长达 3 m 以上的穿透性纵向裂缝（图 6-14），路基边缘出现崩塌，已沿横向侵入路床范围 0.92 m，严重影响路堤的稳定性。

图 6-13　地形照片

图 6-14　路基顶部纵向裂缝

6.3.2　防护设计方案

在 K35+885 至 K35+965 路段范围内，综合运用了多种防护形式，较好地满足了土地资源、生态绿化、视觉效应等要求，体现了精心创作、精细设计的公路设计新理念。具体采取了以下三种防护方案。

重力式挡墙：K35+885 至 K35+965 段，挡墙设计主要包括两种形式。K35+885 至 K35+917 段为重力式挡墙加土工格室护坡。下部为重力式挡墙，墙高形式有两种：K35+885 至 K35+907 段墙高为 7 m，K35+907 至 K35+917 段墙高为 6.5 m；在挡墙上部为土质边坡，坡度为 1∶1.5，在坡面上用厚度为 20 cm 的土工格室进行护坡处理。

土工格室柔性挡墙：K35+917 至 K35+955 段，构造主要分为两部分，下部为 3 m 的浆砌片石基础，墙面坡度为 1∶0.2；挡墙上部为 10 m 的土工格室墙体，坡度为 1∶0.5；在挡墙上面为 3 m 高的填土边坡，坡度为 1∶1.5，挡墙细部尺寸见图 6-15 所示。

自然放坡：K35+955 至 K35+965 段，依托天然地势放坡，采取放坡的形式护坡，坡度与衔接路段（K35+965 以后桩号）相同。

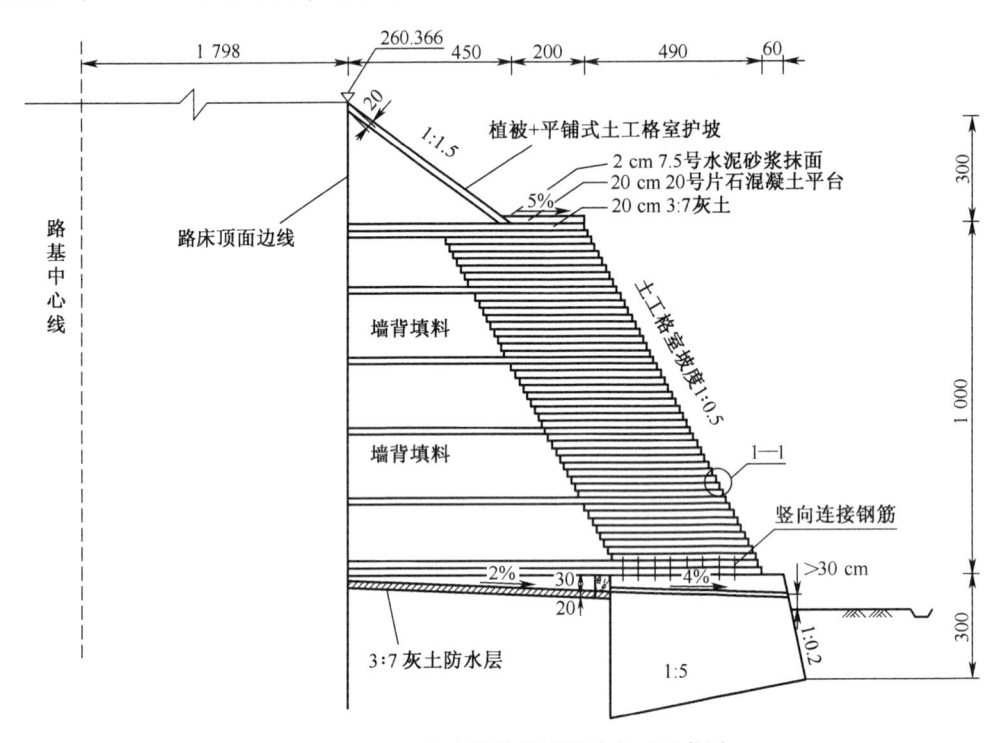

图 6-15　土工格室植被护坡设计断面示意图

6.3.3　稳定性验算

按照 6.2 节、6.3 节推导公式进行设计计算，根据现场取样得到土性参数：c = 38 kPa，φ = 34°，γ = 19.3 kN/m³，$\delta = \varphi/2 = 17°$，$\alpha = -13.5°$，墙身的计算图示如图 6-16 所示。

（一）格室护坡稳定性验算

坡面格室下滑力为：

$$F = G\sin\beta = gtL\sin\beta = 1.8 \times 0.2 \times 5.4 \times 0.56 = 10.8 \text{ kN}$$

格室-土系统在坡面的抗滑力：

$$R_s = G\cos\beta \mathrm{tg}\varphi + cL = 19.44 \times 0.83 \times 0.59 + 38 \times 5.4 = 219.55 \text{ kN}$$

钎钉传递的附加阻力为：

$$R_j = tf_j L/sw = 0.2 \times 0.16 \times 20 \times 5.4/2 = 1.73 \text{ kN}$$

坡面格室的总抗滑力为：

$$R = R_s + R_j = 219.55 + 1.73 = 221.28 \text{ kN}$$

此处忽略坡脚处土工格室提供的被动阻力或抗滑阻力 Ra。

坡面土工格室防护体的安全系数为：

$$K = R/F = 221.28/10.8 = 20.5 \geqslant 1.5$$

故坡面土工格室防护体稳定性满足要求。

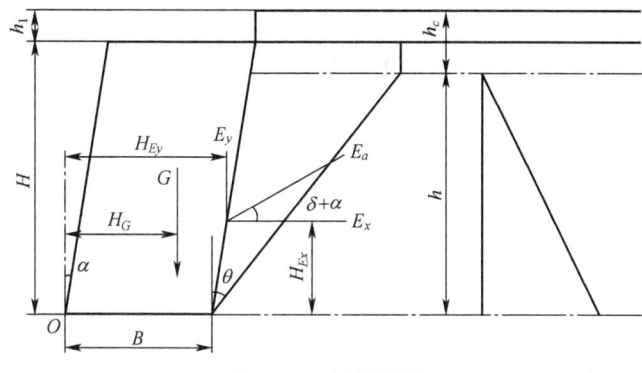

图 6-16　计算图示

(二) 格室挡墙稳定性验算

根据抗滑稳定性与抗倾覆稳定性，由式（6-13）、式（6-21）拟定 $B=4$ m。验算以下部分。

1. 墙底偏心距验算

$$e' = \frac{B}{2} - \frac{\sum M_y - \sum M_0}{N} = \frac{B}{2} - \frac{GH_G + E_y H_{E_y} + \sum_{i=1}^{n} T_i(n-i+1)x - E_x H_{E_x}}{G + E_y} = 0.10 \leqslant \frac{B}{6} = \frac{1}{3} \tag{6-26}$$

2. 基底偏心距 e 和基底应力验算

$$|e| = \frac{a_0 + B}{2} - \frac{G_0 \dfrac{a_0 + B}{2} + (G + E_y)\left(a_0 + \dfrac{B}{2} - e'\right) - \left(E_x - \sum_{i=1}^{n} T_i\right)b_0}{G + E_y + G_0}$$

$$= 0.11 \leqslant \frac{a_0 + B}{6} = 0.5 \text{ (m)} \tag{6-27}$$

$$\sigma_{\max} = \frac{G + E_y + G_0}{a_0 + B_1} + \frac{6(G + E_y + G_0)|e|}{(a_0 + B_1)^2} = 175.28 \leqslant 200 \text{ kPa} \tag{6-28}$$

$$\sigma_{\min} = \frac{G + E_y + G_0}{a_0 + B_1} - \frac{6(G + E_y + G_0)|e|}{(a_0 + B_1)^2} = 112.07 \geqslant 0 \text{ kPa} \tag{6-29}$$

3. 墙身抗剪验算

将墙身分为 5 个区域，每区域高度 2 m。在每个区域内均有一个截面的抗滑稳定系数最小，利用求极值的方法，求出该最小抗滑稳定系数，如果此值大于抗滑要求安全系数，则墙身满足抗剪要求。以墙顶为原点，向下取坐标 x，x 截面处的抗滑稳定系数如下：

一区域：

$$K_c = \mu \frac{\dfrac{(3.54 + 5.22x)x}{2}\sin 3.5° + 2x\gamma}{\dfrac{(3.54 + 5.22x)x}{2}\cos 3.5°} = 0.06\mu + \frac{72\mu}{3.54 + 5.22x} \tag{6-30}$$

$$x = 2 \text{ 时}, K_c = 5.21\mu \geq [K_c] = 1.3 \tag{6-31}$$

二区域:

$$K_c = \mu \frac{\dfrac{(3.54 + 5.22x)x}{2}\sin3.5° + 2\gamma x}{\dfrac{(3.54 + 5.22x)x}{2}\cos3.5° - 17.28} \tag{6-32}$$

对上式求导，不存在极值。

当 $x=4$ 时, $K_c = 4.67\mu \geq [K_c] = 1.3$ (6-33)

三区域:

$$K_c = \mu \frac{\dfrac{(3.54 + 5.22x)x}{2}\sin3.5° + 2\gamma x}{\dfrac{(3.54 + 5.22x)x}{2}\cos3.5° - 51.84} \tag{6-34}$$

对上式求导，同样不存在极值。

当 $x=6$ 时, $K_c = 4.23\mu \geq [K_c] = 1.3$ (6-35)

四区域:

$$K_c = \mu \frac{\dfrac{(3.54 + 5.22x)x}{2}\sin3.5° + 2\gamma x}{\dfrac{(3.54 + 5.22x)x}{2}\cos3.5° - 103.68} \tag{6-36}$$

上式同样不存在极值。

当 $x=8$ 时, $K_c = 3.87\mu \geq [K_c] = 1.3$ (6-37)

五区域:

$$K_c = \mu \frac{\dfrac{(3.54 + 5.22x)x}{2}\sin3.5° + 2\gamma x}{\dfrac{(3.54 + 5.22x)x}{2}\cos3.5° - 172.8} \tag{6-38}$$

上式同样不存在极值。

当 $x=10$ 时, $K_c = 3.58\mu \geq [K_c] = 1.3$ (6-39)

本格室挡墙设计尺寸满足验算要求。

6.3.4 格室挡墙工程性状数值仿真

根据本实体工程方案建立数值仿真模型，对其主要工程性状进行分析，对设计方案进行优化，仿真模型及计算参数见第3章。

(一) 刚度对墙背应力的影响

图 6-17 是墙高 10 m、墙宽 4 m 情况下不同荷载不同地基刚度时的墙背应力曲线。

从图 6-17 可以看到：①在荷载较小的情况下，在墙顶处地基刚度小的墙背应力大，而在墙趾处情况相反。究其原因可能是因为地基刚度小的情况下生态挡墙的墙体沉降较大，导致墙体（有一定坡度）上部墙后填土的压力也大；而在墙趾处由于地基刚度大，地基对墙体下

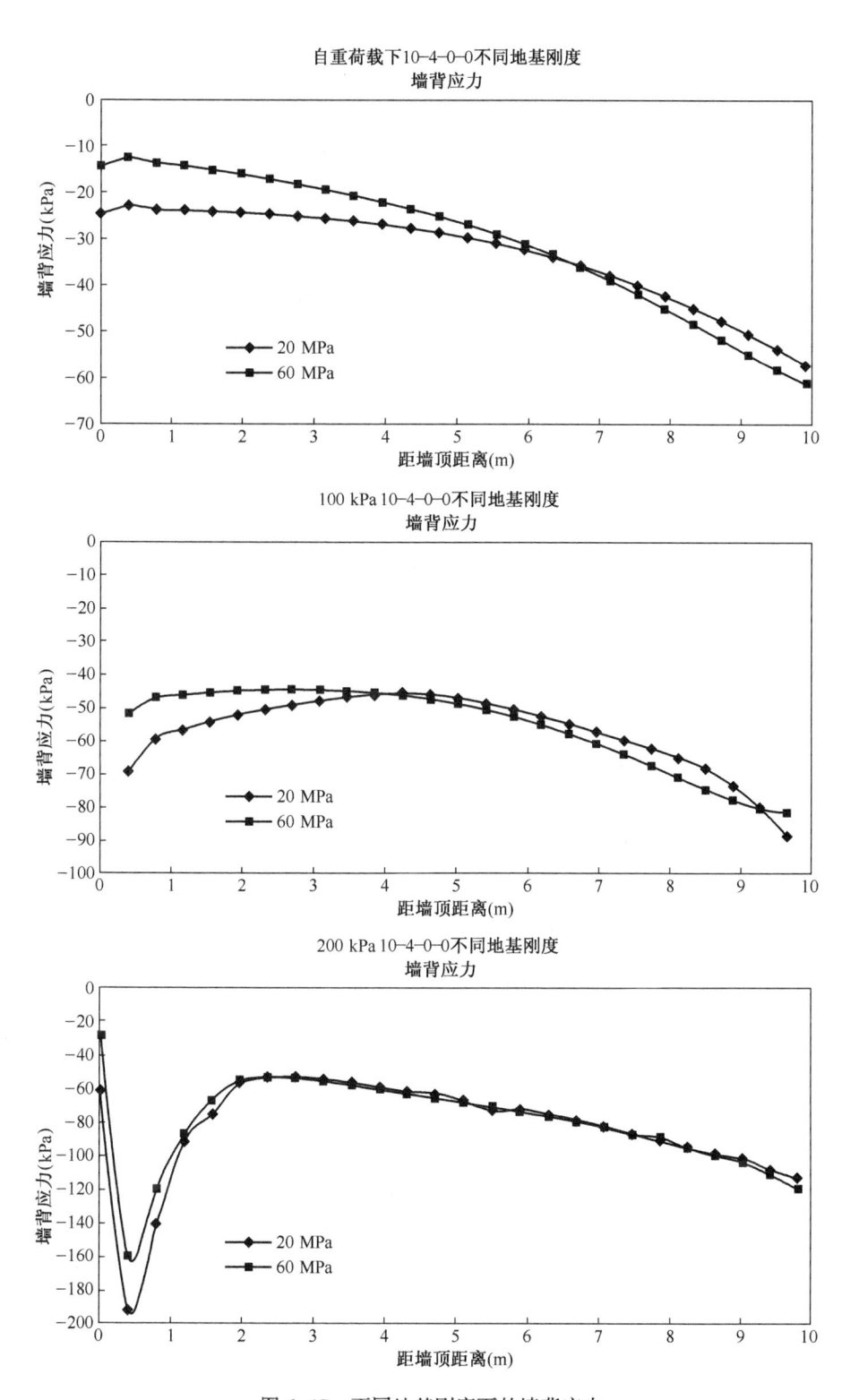

图 6-17 不同地基刚度下的墙背应力

部的约束力也大，导致墙体下部的墙背位移减小，从而使该处的墙背应力增大。②在荷载较大（达到 200 kPa 时），不同地基刚度情况下的墙背应力曲线几乎重合。这是因为在荷载较大的情况下，地基及墙后填土的沉降较大，墙趾处的水平位移也较大，从而削弱了地基刚度不同造成的墙体在竖直和水平方向位移差异的影响，使两者的墙背应力曲线重合。对于该段悬崖高度较高，上部荷载较大，基于以上分析，为减小沉降，基础采用扩大基础以增加稳定性，减小沉降。

（二）塑性区的开展

土工格室生态挡墙如本章绪论中提到的具有土质边坡的性质，此时要讨论其性质就要考虑滑动面的位置。假设结构各个计算区域均为基于线性 Mohr-Coulomb 模型的理想弹塑性材料而进行弹塑性分析，目的就是希望通过计算得到整个结构中塑性区的开展状况，进而讨论可能存在的滑动面。

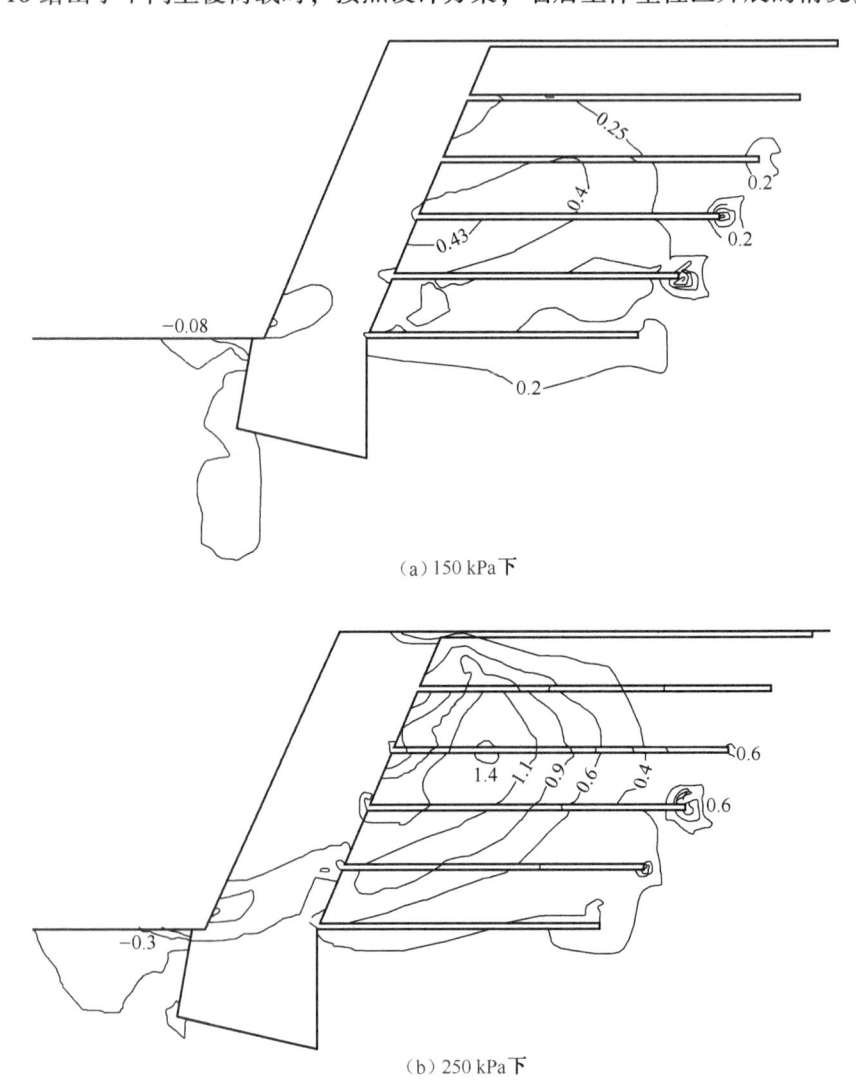

图 6-18 给出了不同上覆荷载时，按照设计方案，墙后土体塑性区开展的情况。

(a) 150 kPa 下

(b) 250 kPa 下

(c) 350 kPa 下

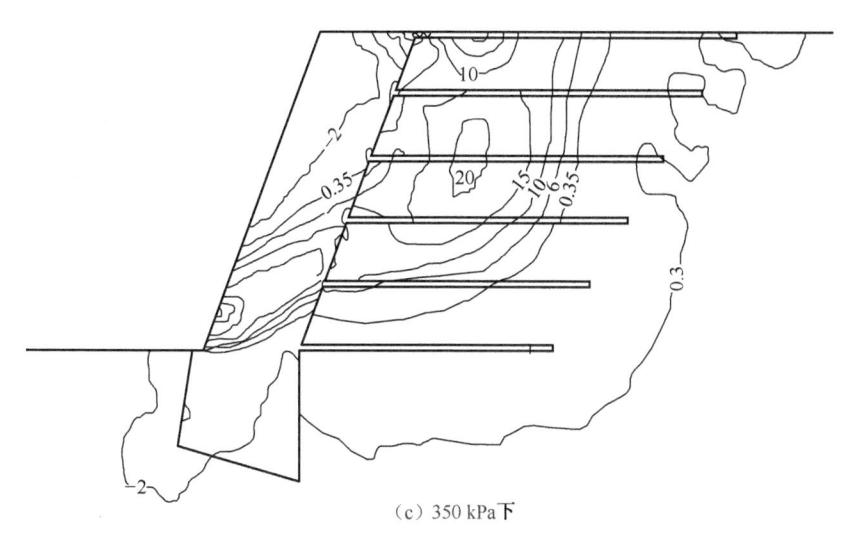

图 6-18　不同上覆荷载时墙后土体塑性区开展情况

从图 6-18 中可以看到，塑性区首先开展于墙趾后土体（并呈一定角度向墙后填土上方方向延伸）与挡墙基础前沿的土体中，这与滑动面的经验取法（经过墙趾或经过挡墙基础前沿的土体中）是一致的。同时，我们注意到墙体下部和地基深处也有部分塑性区开展。增大荷载，墙趾处墙体形成塑性区并与先前墙趾处土体产生的塑性区连为一体，同时墙顶处产生塑性变形；当荷载增大到 350 kPa 时，墙体中的塑性区与墙趾处的塑性区连为一体，同时该塑性区继续向上延伸至墙后填土表面。从此处斜向下至墙趾并延伸到墙体成为可能的滑动面。如果把整个结构看成土质边坡的话，此面即是最危险滑动面。

值得注意的是当加筋间距减小到 1 m 时，加筋层末端的塑性区开展并连成一片，构成了一个新的可能存在的滑动面（图 6-19）。本工程设计的挡墙上部填土高度为 3 m，考虑到上部路面结构层厚度，上部荷载应该在 150 kPa 以内，按照所计算结果塑性区在加筋范围内，满足穿透滑动面的要求。

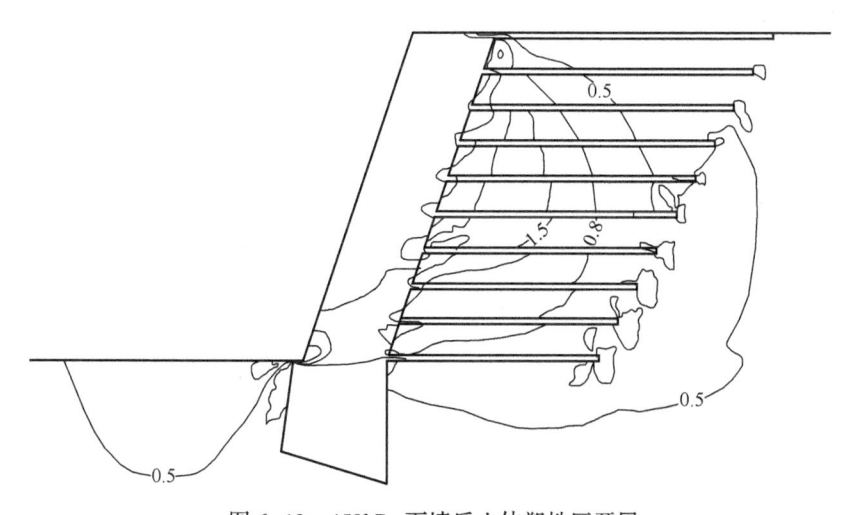

图 6-19　450kPa 下墙后土体塑性区开展

6.3.5 观测方案

为了明确墙背土压力的实际分布和位移变化情况，以求了解土工格室生态挡墙在实际工程中的工作性状并与数值计算结果相比较验证，为工程的效果评价提供依据，同时为施工控制提供一定的参考，本工程在土工格室生态挡墙墙体和墙背处埋设了若干土压力盒，并在挡墙表面布设了位移监控点（图6-20）。

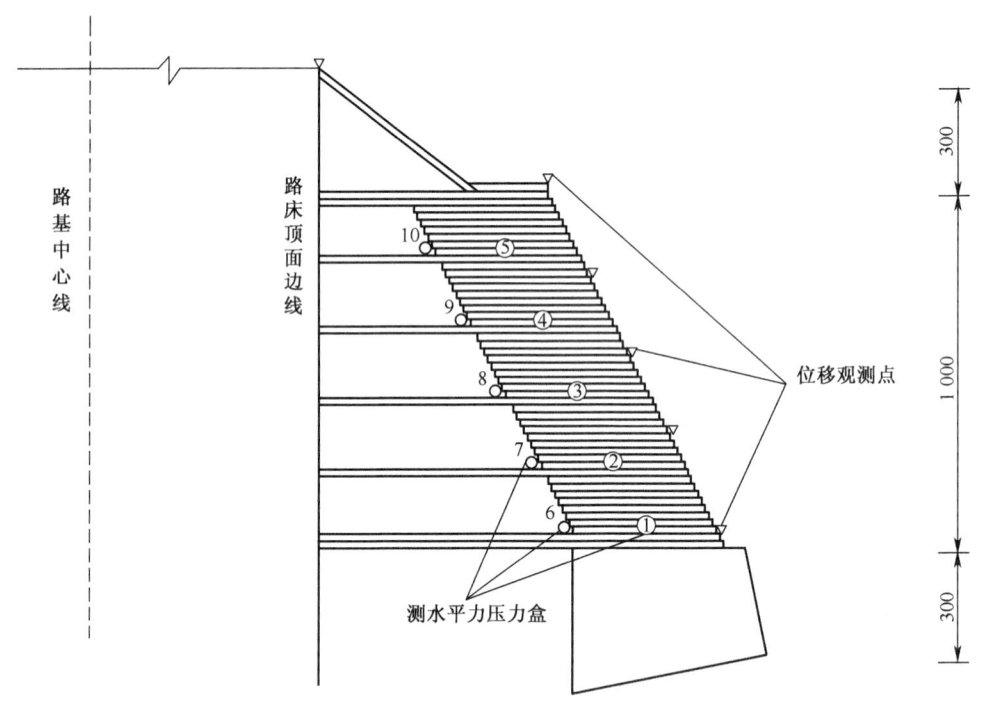

注：
①本图尺寸均以 cm 计。
②图中○表示压力盒埋设位置，▽表示位移测试点布置的位置。
③压力盒为侧向埋置，根据施工情况确定 2~3 个测试断面。

图 6-20 测试元件布置示意图

（一）土压力观测

土工格室生态挡墙的现场测试布设主测断面和辅测断面各 1 个，共埋置土压力盒 23 个，用以测量墙背与墙体中的土压力值及压力随时间和沿墙高的变化趋势，主要分析墙背土压力的分布性状。

（二）测试元件埋设

钢弦式测试元件构造简单，测试结果比较稳定，受温度影响小，可用于长期观测，故现场测试选择了钢弦式压力盒。土压力盒采用单膜 JXY-2 型，测水平力最大量程为 0.1 MPa，测竖向力最大量程 0.3 MPa。考虑到施工可能对引线及元件造成破坏，测试元件埋设较多，埋设了三个断面：①K35+922；②K35+934；③K35+945。为与以前数值仿真结果作对比，测试断面和计算断面选在同一位置。

1. 测试元件的检验与标定

测试元件质量的好坏直接关系到现场测试的成败，其检验标定是一项非常重要的环节。元件检验包括元件防水性能、引线质量、初读数稳定性等方面。元件标定是指采用试验的方法、测定力（应变）与输出信号之间的关系曲线，测试结果再以此曲线反查出力（应变）。标定方法有液压标定、气压标定、砂压标定等几种，其中油压标定最为常用。

2. 测试元件布设注意事项

压力盒读数能否真正代表埋设点的土压力值，与压力盒埋设方法有很大关系，埋设方法不当，甚至会使量测"误差"变成"错误"，故现场测试中应高度重视，压力盒埋设的一个基本原则是要使得压力盒承压面充分发生挠曲变形。

为保证测试面的平整均匀，填土时在压力盒埋置位置处埋入木模子，形状为倒梯形，木模子立面须垂直于路基的横断面，填土压实后，慢慢挖出木模子，注意挖出过程中，不能破坏木模子形成的土坑垂直面；把压力盒垂直放入土坑中，注意压力盒光面一定要指向路基中心面，压力盒粗糙面紧贴土坑立面。在土坑孔隙处填入细砂，用锤子轻轻击实填砂，以保证压力盒受力均匀（图6-21）。

图6-21 压力盒埋设施工

（三）测试数据处理方法

现场测试读数为频率值，需由标定曲线转化为相应力（应变）值，标定曲线和初始频率的选取对换算结果也会产生很大的影响。钢弦式测试元件的基本原理是由元件内钢弦的应力变化转变为钢弦的振动频率变化，根据《数学物理方程》中有关弦的振动微分方程可推导出钢弦应力和振动频率的如下关系：

$$f = \frac{1}{2L}\sqrt{\frac{\sigma}{\rho}} \tag{6-40}$$

式中：f——钢弦振动频率；

L——钢弦长度；

ρ——钢弦的密度；

σ——钢弦所受的张拉应力。

以压力盒为例，当压力盒已做成后，L、ρ 已为定值，所以钢弦的频率只取决于钢弦上的

张拉应力。而从弹性理论可知,钢弦上产生的张拉应力与承压面压力成线性关系,钢弦频率与压力盒所受压力 P 的关系如下:

$$f^2 - f_0^2 = kP \tag{6-41}$$

式中:f——压力盒受压后的钢弦的频率;

f_0——压力盒未受压时钢弦的频率;

P——压力盒所受的压力;

k——标定系数,与压力盒构造等有关,各压力盒各不相同。

基于分析可知,理论上可以用二次多项式来拟合压力盒标定曲线,从图 6-22 拟合曲线也可进一步得到证明。

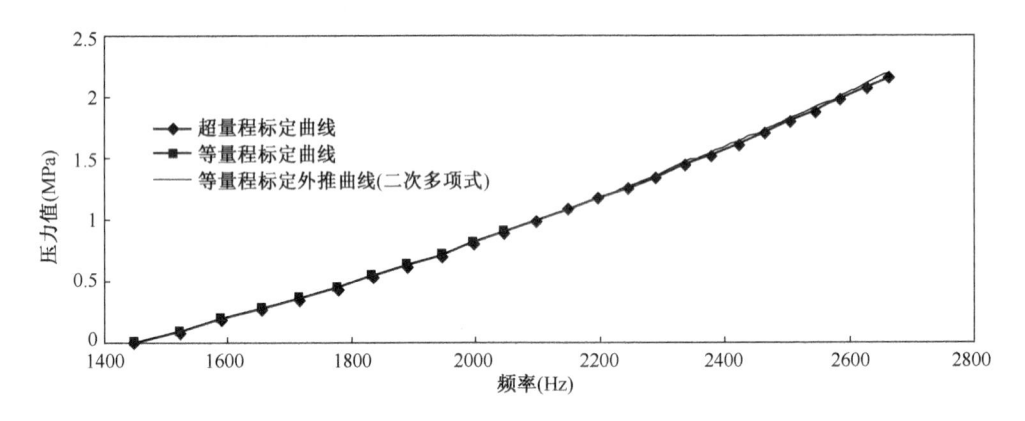

图 6-22 压力盒测试元件标定曲线

6.3.6 现场测试结果分析

(一) 挡土墙土压力测试

挡土墙的主要荷载是土压力,挡土墙设计的好坏、安全程度,与土压力的选取息息相关。因此,土压力的选取至关重要。现场测试的目的是监控挡土墙在路基施工过程和通车运营后的稳定性,并可与仿真分析计算结果和理论计算结果进行比较,从而为土压力的合理取值提供依据并给予修正。

1. 挡土墙土压力的影响因素

影响作用在挡土墙上土压力的因素很多,归纳起来包括以下几点:①墙后土体的性质,包括土体的容重、含水量、内摩擦角和粘聚力的大小等;②墙后土体的地面形状(包括局部荷载);③挡土墙的结构形式、墙背的形状和光滑程度;④挡土墙的位移方向和位移量;⑤外界条件(如地震和浸水等)。

2. 土压力测试结果

土工格室生态挡墙主测断面横断面(K35+934)土压力值变化如图 6-23 所示。

土工格室生态挡墙内侧土压力变化汇总如图 6-24 所示。

土工格室生态挡墙中部土压力变化汇总如图 6-25 所示。

土工格室生态挡墙主测断面土压力汇总值如图 6-26 所示。

(a) 10m处土工格室挡墙侧压力变化

(b) 8m处土工格室挡墙侧压力变化

(c) 6m处土工格室挡墙侧压力变化

(d) 4m处土工格室挡墙侧压力变化

(e) 2m处土工格室挡墙侧压力变化

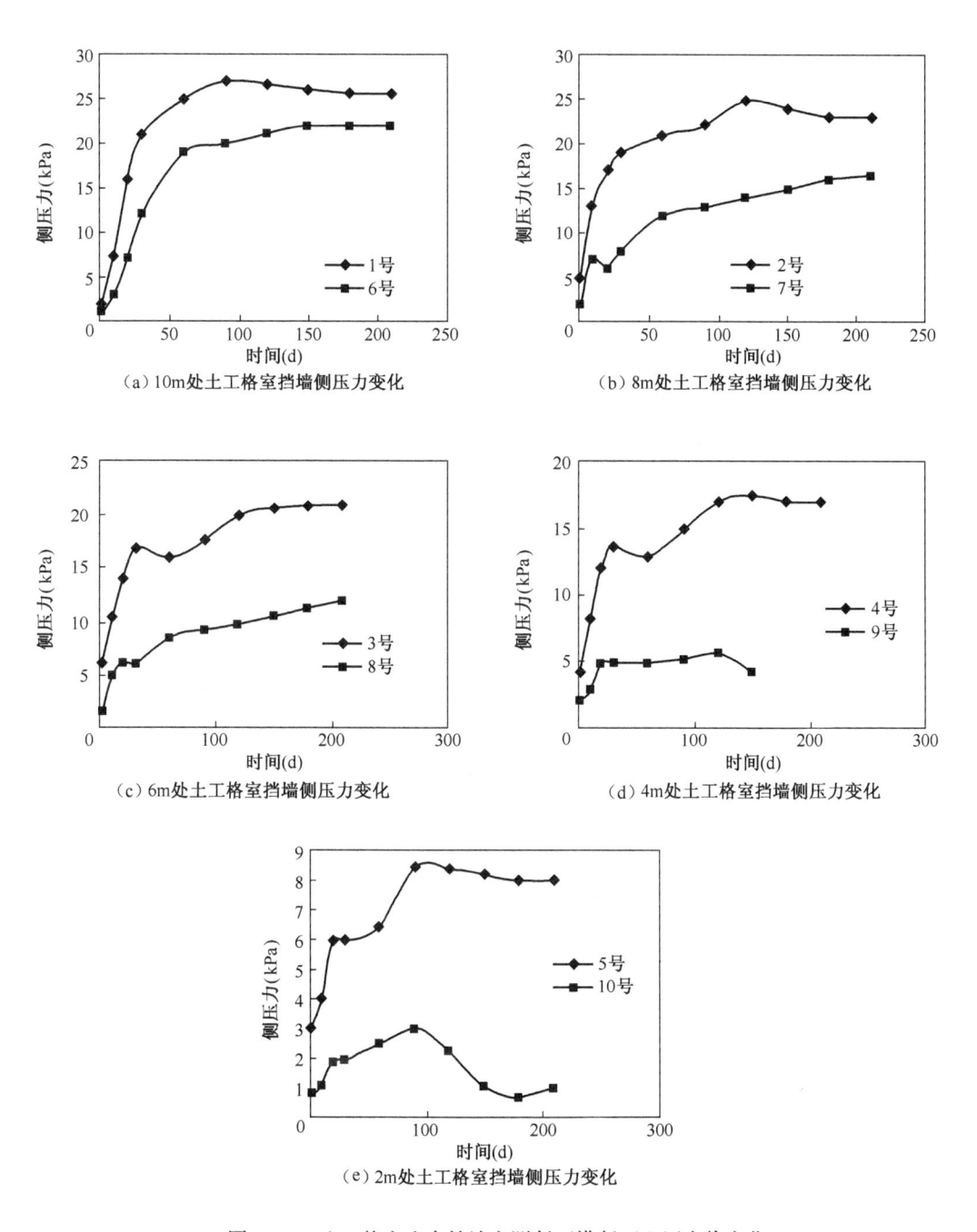

图 6-23　土工格室生态挡墙主测断面横断面土压力值变化

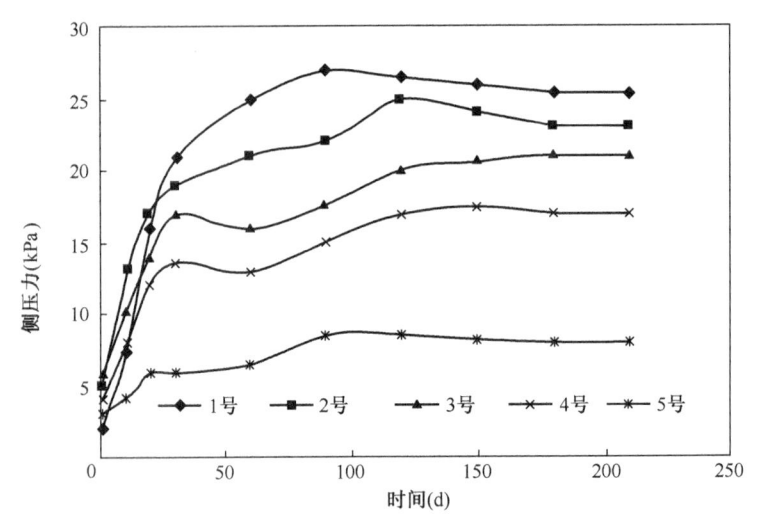

图 6-24 土工格室挡墙内侧土压力变化汇总

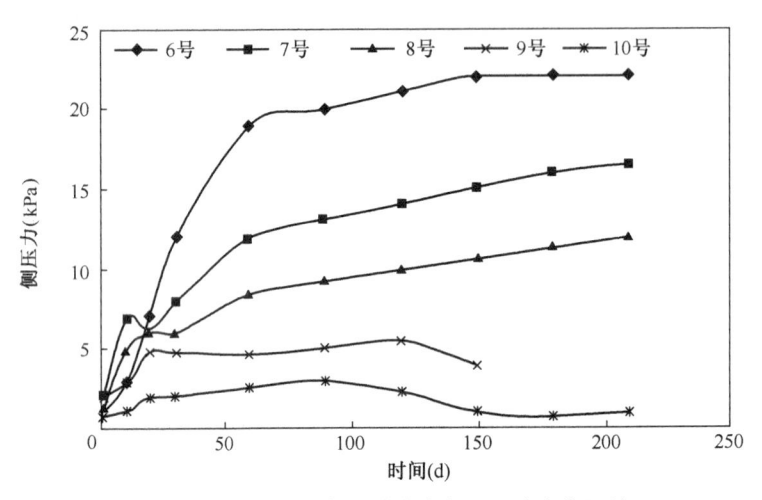

图 6-25 土工格室挡墙墙背中部土压力变化汇总

3. 土压力测试结果分析

从图 6-23 中看出，随着时间的增长（上覆荷载的增加），各点的侧向土压力起初都呈现增长的趋势，但随后又有下降的趋势，这种下降的趋势随着与挡墙顶部距离的减小而愈加明显，当距离挡墙顶部约 1/3H（H 为挡墙墙高）时，侧向土压力随着时间减小的趋势最为明显，继续向墙顶接近时，这种减小的趋势又有所减小。这是因为，土压力大小不仅与上覆荷载的大小有关，而且与挡墙的变形有关，挡墙的变形在距离墙顶约 1/3H 处最大，向墙顶和墙底方向移动又有减小的趋势。在墙后土体的压力作用下，墙体产生挠曲变形，引起土压力的重新分布。随着筑砌高度的增加，位移增大，释放土压力增大，主动侧向土压力逐渐减小，并且较上部的侧向土压力减小的幅度远大于较下部的侧向土压力减小的幅度。下部主动侧向土压力仍介于静止土压力 K_0 与朗肯主动土压力 K_a 之间，但上部主动侧向土压力与朗肯主动土压力相差较远。

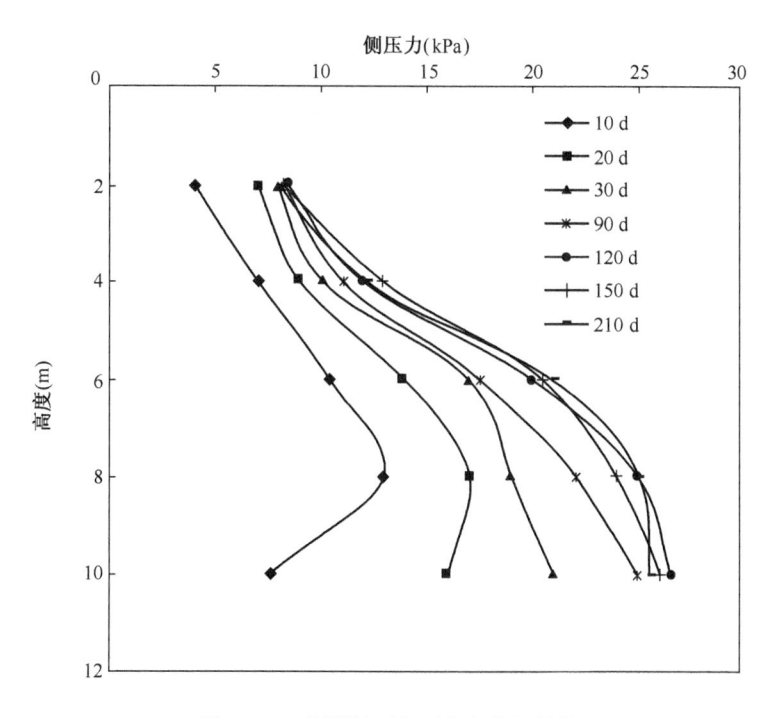

图 6-26 主测断面土压力变化汇总值

从图 6-24 和图 6-25 看出，在同一横截面上，格室挡墙墙背中部的侧向土压力明显小于挡墙墙背内侧的土压力，且格室挡墙墙背中部的侧向土压力的变化比墙背内侧的要滞后。这是由于土工格室的阻挡作用所致，阻止了水平荷载的传递。

从图 6-26 看出，土压力变化大致分为三个阶段：①墙顶→1/4H，逐渐减小；②1/4H→3/4H，逐渐增大；③3/4H→H，缓慢的逐渐减小。

墙体的水平位移使得作用在墙背上的水平土压力几乎沿整个墙身都小于静止土压力。墙身上段约 1/3H 的水平土压力与主动土压力相差较远，下段与主动土压力较为接近。

同时指出，由于现场的条件所致，土压力的测试结果必将受到施工荷载、土压力盒具体埋设情况等的影响。这势必造成土压力值在某些领域内的离散性较大，本文在土压力测试结果的分析阶段，不具体分析这些不确定因素对土压力测试结果的具体影响。

土压力现场测试结果与数值仿真计算结果比较如图 6-27 所示。

由于实际工程中为防治已出现的纵向裂缝，在挡墙顶部 3 m 范围路基部分灰土换填，并用土工格栅加强，使挡墙顶部的变形受到限制，影响了挡墙顶部一定范围内的侧向土压力分布，可以看出，土压力现场测试的结果与数值仿真分析结果有一些差异，但趋势基本吻合。

4. 生态挡墙现场测试成果小结

墙体的水平位移使得作用在墙背上的水平土压力几乎沿整个墙身都小于静止土压力。下部主动侧向土压力仍介于静止土压力 K_0 与朗肯主动土压力 K_a 之间，但上部约 1/3H 处的主动侧向土压力与朗肯主动土压力相差较远。

土工格室生态挡墙的墙背侧向土压力测试结果与数值仿真分析结果有一些差异，但趋势基本吻合。

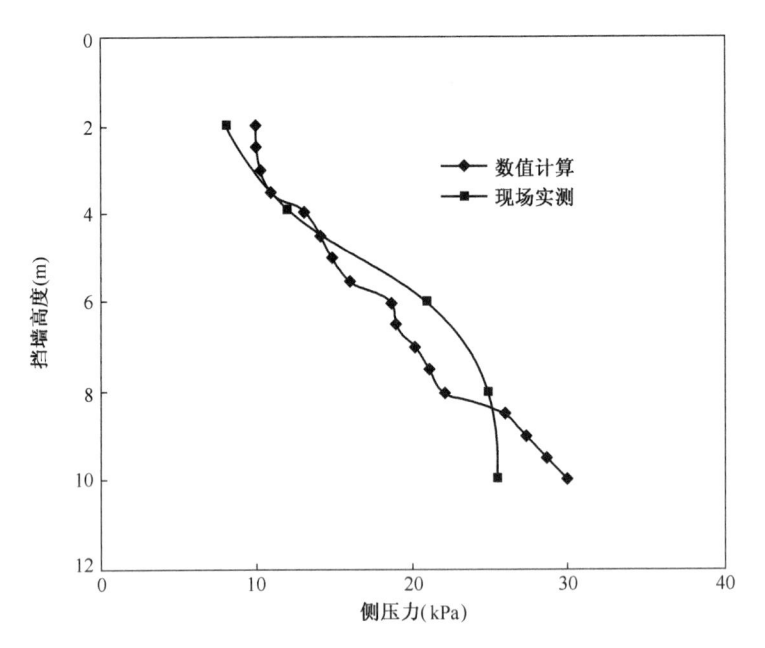

图 6-27　土压力现场测试结果与数值计算结果比较

(二) 位移监测

1. 原理

水平位移监测利用极坐标法。利用该方法进行水平位移监测时，将全站仪安置于预先布设的工作基点上，以其他的工作基点作为后视，观测到待测监测点的水平角和边长，进而求得监测点的坐标、相邻周期的位移和累积位移。

设工作基点为 A，后视工作基点为 B，AB 的方位角为 α，任意一测点为 P，测得水平距离为 D，水平角为 β，则可得 P 点的坐标（图 6-28）为：

$$x_P = x_A + D\cos(\alpha + \beta)$$
$$y_P = y_A + D\sin(\alpha + \beta)$$

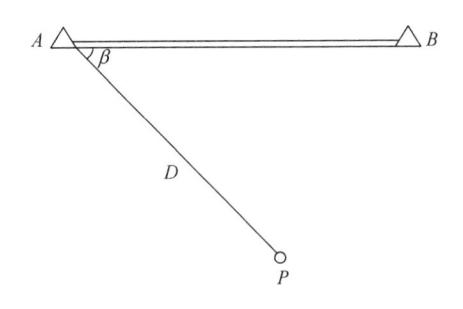

图 6-28　P 点坐标计算原理

2. 水平位移监测精度分析

将上式线性化得：

$$m_{x_P}^2 = m_D^2 \cos^2(\alpha + \beta) + D^2 \sin^2(\alpha + \beta) \cdot \frac{m_\beta^2}{\rho^2}$$

$$m_{y_P}^2 = m_D^2 \sin^2(\alpha + \beta) + D^2 \cos^2(\alpha + \beta) \cdot \frac{m_\beta^2}{\rho^2}$$

若不计仪器与测点的对中误差，则 P 点的点位中误差为：

$$m_P = \pm \sqrt{m_D^2 + \left(\frac{m_\beta}{\rho}\right)^2 D^2}$$

设每次观测的方法相同，同一测点相邻两周期测得的 y 坐标为 $y^{(i)}$、$y^{(i+1)}$，由 $\Delta y = y^{(i)} -$

$y^{(i+1)}$，得到 $m_y = \dfrac{m_{\Delta y}}{\sqrt{2}}$

监测中采用标称精度 2+2×10⁻⁶、2.0″的全站仪极坐标观测仪测回，取 $m_S = 2 + 2 \times 10^{-6}$，$m_\beta = 3.0″$，当 D 为 200 m 时，可得 $m_P = 3.8$ mm，则 X，Y 方向的精度为：$m_x = m_y = 2.7$ mm。

3. 观测结果分析

由图 6-29 与图 6-30 可以看出，两个观测断面的水平位移的最大点均在格室挡墙的上部 1/3 处，这是由于上部路堤边缘部分土进行了换填处理，在水平主动土压力下，产生了水平变形；挡墙下部由于竖向土压力较大，且下部挡墙内侧为原状土，水平方向变形受到限制，故变形最大处出现在中上部。

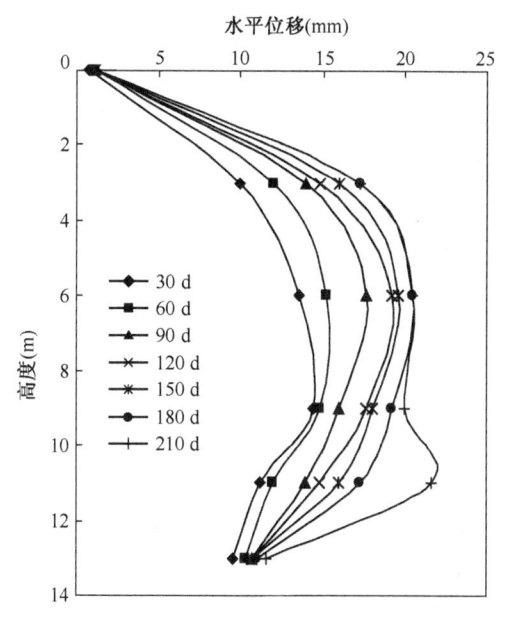

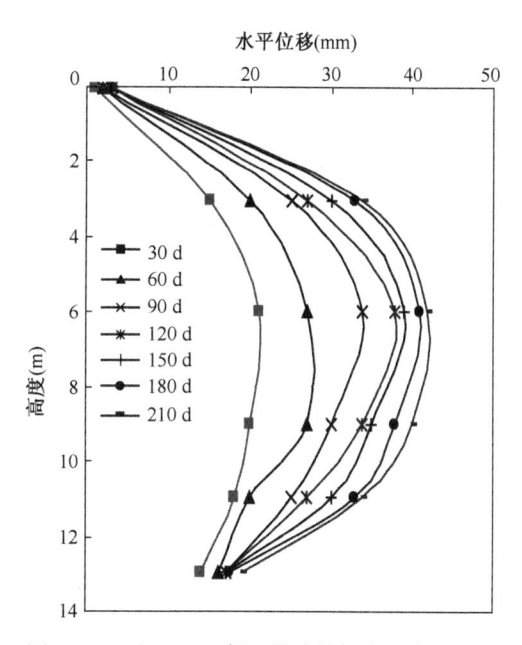

图 6-29 K35+922 断面挡墙外侧水平位移变化

图 6-30 K35+934 断面挡墙外侧水平位移变化

K35+922 断面水平位移最大在 25 mm 左右，K35+934 断面水平位移最大没有超过 40 mm。对比两断面，整体水平变形量均不大，本格室挡墙虽然为柔性结构，适应较大变形，但由于挡墙内侧路堤整体的原状土结构没有破坏，重力引起的变形很小，只是在路面结构和交通荷载作用下产生了少量水平变形。K35+934 断面挡墙的变形略大，这是因为此断面为原悬崖最凹处，此处的回填土较多，故变形也较大。由位移变化图也可以看出竣工 6 个月后变形量已基本稳定，变化很小。

6.4　现场施工及质量控制技术

6.4.1　土工格室植草护坡施工与质量检测

（一）施工工艺

土工格室植草护坡施工工序为：平整坡面→排水设施施工→土工格室施工→回填客土→

喷播施工→盖无纺布→前期养护。

1. 平整坡面

坡面平整关系到土工格室植草护坡工程的成败，坡面凹凸不平时铺设土工格室易产生应力集中，使得格室焊点开裂，造成格室垮塌等。因此，须整平坡面至设计要求，并采用人工修坡。

2. 排水设施施工

边坡排水系统的设置是否合理和完善直接影响到边坡植草的生长环境，对于长大边坡，坡顶、坡脚及平台均须设置排水沟，并应根据坡面水流量的大小考虑是否设置坡面排水沟。一般坡面排水沟横向间距为 40~50 m。

3. 土工格室施工

①采用插件式连接土工格室单元。连接时，将未展开的土工格室组件并齐，对准相应的连接塑件，插入特制圆销，然后展开。连接时，根据不同坡率的边坡采用不同单元组合形式。

②在坡面上按设计的锚杆位置放样，采用 $\phi 38 \sim 42$ 钻杆进行钻孔，孔径基本可达 $\phi 50$，按要求进行冲孔，在钻孔内灌注 30 号砂浆。

③按设计要求弯制锚杆，并除锈、涂防锈油漆，悬在坡面外的锚杆应套内径为 $\phi 25$ 的聚乙烯或丙烯软塑料管，管内所有空间应用油脂充填，端部应密封。

④土工格室施工铺设时，在坡顶先用固定钉或锚杆进行固定，按设计图纸要求开展，在坡脚用固定钉或锚钉固定，其间按图纸要求用锚杆固定。土工格室应预系土工绳，以备与三维网连接绑扎。

⑤施工边坡平台及第一级平台填土，以固定土工格室于坡面上。

4. 回填客土

土工格室固定好后，即可向格室内填充改良客土，充填时要使用振动板使之密实，靠近表面时用潮湿的黏土回填，并高出格室面 1~2 cm，并保持预系的土工绳露出坡面。第一段铺设完毕后，即可进行第二段的铺设直至最终完成。土工格室内填土要从最上层开始分段进行，初期铺设时，上端一定要锚固好，一般上部至少每隔一个格室间距布置一个锚杆或锚钉，等全部铺设完成并填充压实后，附加锚钉可取掉。

5. 喷播施工

按设计比例配合草种、木纤维、保水剂、黏合剂、肥料、染色剂及水的混合物料，并通过喷播机均匀喷射于坡面。

6. 盖无纺布

雨季施工，为使草种免受雨水冲失，并实现保温保湿，应加盖无纺布，促进草种的发芽生长，也可采用稻草、秸秆编织席覆盖。

7. 前期养护

用高压喷雾器喷洒，使养护水呈雾状均匀地湿润坡面。注意控制好喷头与坡面的距离和移动速度，保证无高压射流水冲击坡面形成径流。养护期限视坡面植被生长状况而定，一般不少于 45 d。

（二）质量检测标准

购进的土工格室材料必须有出厂合格证和检测报告，每 5 000 m² 应随机抽样进行强度指标试验,结果应满足设计要求。据课题组研究结果,并借鉴已完成的工程经验,各项质量检测标准见表6-1所示。

表6-1 土工格室性能参数及测试标准

测试内容	质量标准	测试标准
环境应力开裂时间(h)	>1000	GB/T 1842—1999
低温脆化温度(℃)	<60	ASTMD746 A型
拉伸屈服强度(MPa)	>20	GB/T 1040—1992
维卡软化温度(℃)	>120	GB/T 1633—2000
氧化诱导时间(min)	>40	GB/T 17391—1998
焊接处抗拉强度(N/cm)	>100	GB/T 1040—1992
边缘联结处抗拉强度(N/cm)	>250	GB/T 1040—1992
中间联结处抗拉强度(N/cm)	>160	GB/T 1040—1992

对土工格室的土工利用模数进行测试,要求当材料3%应变时,应发挥出50%以上的整体强度。

对土工格室固定钎钉的锚固间距、锚固深度、固定孔砂浆灌注质量派专人负责,并做好纪录。同时,应按钎钉总数的2%进行拉拔试验,合格率应达到85%。

土工格室生态护坡按施工工艺要求,先后进行了坡面刷方、整修坡面、铺设土工格室并与坡面固定、格室回填种植土、坡面种草和养护等工序,于2007年9月底竣工。经过一年多的观测,坡面完整,未发生坡面冲蚀、局部溜坍等病害现象,且植被生长良好,取得了较好效果。

6.4.2 土工格室柔性挡墙施工与质量检测

(一)施工工艺

1. 土工格室材料

土工格室生态挡墙设计中,格室的各种参数如下。

①土工格室规格:焊距80 cm,格室高度20 cm,格室板材厚度1.20±0.1 mm,具有整体排水功能。

②土工格室性能指标:格室材料拉伸强度≥20 MPa,拉伸模量≥650 MPa,焊接处抗拉强度≥100 N/cm。

③格室组间连接处抗拉强度:格室片边缘≥250 N/cm、格室片中间≥150 N/cm,低温脆化温度≤-50 ℃,维卡软化温度≥110 ℃。

④格室外露板材料要求有较高的阻燃性和抵抗环境影响能力,使用寿命大于30年,同时,应加工成绿色。

2. 连接与固定方式

为保证土工格室生态挡墙的整体稳定性,土工格室相邻板块采用整体连接,每两层格室(高40 cm)之间采用长50 cm的ϕ10锚钉沿纵向间隔2 m、横向间隔1 m进行固定。布置最底层土工格室时需把锚钉打入浆砌基础中20 cm,锚钉间距为纵向间隔1 m、横向间隔1 m。

土工格室挡墙与路线纵向搭接处，路线斜坡挖成台阶，沿高度间隔 2 m，土工格室层伸入斜坡台阶 2 m。

3. 其他要求

挡墙格室填料包括素土、三七灰土、粗砂，填料后必须压实，压实度应达到相应的规定与要求。

土工格室墙体的总高度为 10 m，每层格室高度 20 cm，共 50 层。

根据陡崖外形尺寸，土工格室墙上部的宽度可适当调整，但其最小宽度不小于 3 m。

格室墙背填土要分层填筑，与格室填土同时压实，压实度要求达到相应层位的要求，不允许向着墙斜坡填筑。

沿路线方向，每层格室的纵坡均为 1.2%。

由下至上，最下两层即第一层、第二层和最上两层即第四十九层、第五十层格室分别填三七灰土，以防止水的向下渗透，压实度要求为 95%。其他层的格室一律填素土，压实度不低于 93%。

沿路线方向最下两层及最上层格室除灰土封层外，所有层的最外一侧格室必须填素土或砂，并掺入一定量的化肥和草种，进行绿化。

（二）质量检测标准

①购进的土工格室材料必须有出厂合格证和检测，每 5 000 m² 应随机抽取样品进行强度指标试验，结果应满足设计要求。

②土工格室生态挡墙施工前，先对基础整平；对土层要分层压实，压实系数 $K \geqslant 0.90$。要求地基承载力 $\geqslant 190$ kPa。

③生态挡墙施工与路基施工同步进行，铺设土工格室时，要先完全张拉开土工格室，并固定四周，验收合格后方能填料，格室在铺料前，严禁机械设备在其上行驶。

④挡墙格室填料要求颗粒大小均匀，最大粒径不得大于 5 cm。每层填料虚填厚度不得大于 30 cm，但不宜小于 25 cm，填料整平后方可进行碾压，压实度与路基同一部位一致，不得小于 0.93。

⑤土工格室固定锚钉应采取防锈措施。

⑥土工格室生态挡墙墙面空挡和路基边坡要种草并进行养护。墙面空挡中要种植适宜于当地环境要求的草籽，同时应加强早期养护，若发现大面积生长不良时，及时补种。

⑦施工期间要求做好临时排水措施。

经过一年多的观测，土工格室柔性挡墙最大位移发生在距墙顶 4 m 左右处，最大墙背位移为 4 cm，未达到土工格室生态挡墙的破坏标准。

6.4.3 效益综合评价

植物-土工材料复合型护坡技术，不仅能改善和弥补传统圬工工程护坡方法的不足，而且具有显著的经济效益。土工格室植草护坡将护坡与植草结合起来，且采用天然野草，根据工程测算，比浆砌片石护坡造价低 20%~40%。

经工程单位测算，该悬崖段防护如采用传统的重力式挡墙，仅浆砌片石工程部分的造价就超过 100 万元，其中还不包括地基处理、土方的费用，土工格室挡土墙比砌片石墙造价降低 20%~30%，经济效益明显，适于大规模推广。

通车一年多来道路运营结果显示该段路基防护效果良好。工程实践表明植物-土工格室复合型护坡技术很好地解决了土质悬崖高边坡稳定性防护的难题。而且，在节约土地、保护生态环境、改善公路景观功能与旅行环境方面具有显著的综合效益。

第 7 章

路基填筑碾压盲区及弱碾区动力补强技术

7.1 路基填筑压实技术概述

路基是公路的基础组成部分，高质量路基是公路长久使用的必要条件。在路面荷载和外界环境影响下，路基会产生多种变形及病害，因此对路基有几个基本要求，即足够的稳定性、足够的强度和足够小的变形。为满足上述基本要求，路基需要很好的压实并达到相关标准压实度的要求，以提高道路的承载能力及强度。压实是提高路基压实质量、承载能力的有效措施。

7.1.1 常规路基压实技术

压实技术是集被压材料、压实设备及压实工艺为一体的综合技术，对路基压实效果有着至关重要的影响。压实效果受到被压实材料的性质（土的级配、含水量、类别）以及压实设备等因素的影响。不同的压实设备由于工作原理不同，其产生的压实力的大小和规律不同，在被压实材料中的传递特性也就不同，因而产生不同的压实效果。所以在选择压实技术时，必须要将被压实材料、压实设备及压实工艺结合起来统一考虑，才能获得理想的压实效果。

传统的压实方法有滚压、振动压实和冲击压实。随着科学技术的进步，压实技术的主要发展可以归结为以下三个部分。

（一）压实方法不断创新

压实设备由单一的静力作用式发展为多种力复合作用式。最早出现的压路机为光轮和羊脚碾压路机，其主要依靠压路机的重力作用来实现压实效果。随着新的压实理论和方法的探索，研究两种以上复合压实力共同作用于被压材料，并取得了丰富的成果。例如，轮胎压路机是将静作用力与搓揉作用相结合；振动压路机是将静作用力与振动相结合；振荡压路机是将静作用力与交变水平剪应力相结合；而非圆形滚轮冲击压路机是将静作用力、冲击作用力及搓揉作用力相结合的结果。多种力的复合作用可以极大地强化压实过程，提高压实效率，起到事半功倍的压实效果。

（二）压路机参数的优化配置

常用的压路机一般是单频率和双振幅压路机，在压实过程中不能针对压实情况，实时调节振动参数，造成了能量的浪费。压实设备生产商对压路机的参数进行优化配置研究，这主要体现在振动参数的自动调整和压实方法的自动转换两个方面。在振动参数的自动调整方面，出现了振幅自动无级调节机构，该连续变幅机构包括三个偏心块，其中两个偏心块沿圆周方向固定，中间的偏心块沿圆周方向可以转动。系统的激振力为三个偏心块所产生的偏心力之和，通过控制中间偏心块的位置，可以实现对工作振幅的调节，当三个偏心力的方向相同时，激振力最大，当活动偏心块的方向与两个固定偏心块的方向相反时，激振力最小。

在压实方法的自动转换方面，新型压实机械可以实现施工中对振动力进行定向的控制，可根据碾压的要求，自动切换振动压实和振荡压实方法。其原理是振动轮内装有相互独立的两个偏心块，两个偏心块的位置可以在圆周方向上转动，通过转动两偏心块的位置来改变振动合力的作用方向。当振动作用合力方向水平时，振动轮只在水平方向产生振动，振动压路机通过振荡与揉搓压实被压材料，碾压有效深度较浅，适用于路面碾压作业；当振动作用力方向为垂直方向时，振动轮只在垂向产生振动，此时振幅较大，振动压力波可以传至较深的层面，可对深层填土进行压实。当振动作用力处于两种状况之间，这时即有水平作用力也有垂直作用力，其有效压实深度介于前面两者之间。

（三）压实质量控制技术

现代高科技技术迅猛发展，在压实质量的自动控制方面，出现了 TERRAMETER 压实控制系统，该系统可连续地、实时地测量并处理压实过程中压实度的变化情况，并显示或打印出压实层纵切面各点的压实状况。进一步的开发还能给出整个压实地区的三维压实图，实现了压实过程的自动监测、自动控制和自动调节。该检测系统中的传感器装在压实轮上，连续地记录压实轮的加速度矢量，通过内置程序计算出压路机的有效压实功率，将有效功率的相应值显示并打印，此值与被压实材料的干密度之间呈线性关系，因此可直观地判断该处是否达到压实度要求。在未来，随着自动控制技术、传感器技术、微电子技术以及计算机技术的发展，压实技术将逐步实现智能压实作业。

7.1.2 常规压实技术不足之处

（一）碾压盲区及弱碾区问题

目前路基压实施工，在桥涵台背、新老路基或填挖部接缝、加宽部、涵顶铺层、路肩边坡、沟槽等位置填筑时存在施工场地狭小、大型机械难以到达或运行不便、小型夯实设备压实功及施工效率过低，压实效果不理想等问题，致使这些部位的压实质量无法有效保证，这些位置振动压实不充分，容易发生工后沉降超限、桥台跳车、不均匀沉降等路基质量问题。此外，分层填筑路基振动压实属于浅表处理，本质上仍属于重力压实，碾压施工由于单位面积压实功小、克服阻力能力低，存在分层路基层内均匀性差、层间结合力低等固有缺陷。

（二）邻近构筑物施工问题

强夯、冲击压路机是当前业内认可的路基压实方法。其中，强夯有助于提高路基整体稳定性，减小工后沉降，是目前压实强度最大的动力压实机械，但强夯用于分层碾压路基补强时将产生剪切，破坏既有路基结构，不宜用于成型路基补强。冲击压路机是一种以夯为主、夯碾结合的高强度动力压实机械，其补强效果得到业内普遍认可，但存在作业盲区大、具有较大水平力、易破坏邻近构筑物等问题。

7.2 路基填筑碾压盲区及弱碾区动力补强理论分析

7.2.1 振动压实理论

在振动压实中具有代表性的理论主要有以下几种。

①内部摩擦减小学说。在振动冲击作用下路基填料土颗粒之间摩擦阻力较静力压实显著减小，抗压阻力和抗剪强度急剧降低，所以土颗粒相对容易移动，路基填料影响效果较好。振动压轮在振动压实过程中要求始终保持和被压实材料的接触，即被压实材料的振动频率和振幅应与振动压轮的振动频率和振幅相同，这样可以获得最好的压实效果。

②共振学说。从共振角度分析，当振动压路机振动频率和路基填料固有频率相匹配时，振动压实效果较为理想，事实上利用共振原理可以显著提高振动压实效果。但由于土壤的物理性能不同，区位不尽相同，固有频率有所变化，因此要求振动压实机械的振动频率能够在一定范围内调节变化，才能保证高效良好地压实路基。

③反复载荷学说。振动压路机碾压路基填料时振动轮可以周期性冲击压实材料，在压实力反复作用下将路基碾压密实。因而应当增大振动压实轮与填料接触时的动量，即要求振动轮必须具有足够的质量及一定的振幅。通过试验研究，一致认为在低频率范围内反复载荷理论具有参考意义，在高频振动压实工况下根据不足，高频振动压实效果远远超过反复载荷压实效果。

④交变剪应变学说。依据土力学中土的交变剪应变原理，由于振动作用，路基填料发生剪切应变，促使土颗粒彼此挤进从而达到碾压密实的目的。

⑤土壤"液化"学说。在振动波的作用下，土颗粒处于受迫高频振动状态，其内部粘聚力和摩擦力明显减小，土颗粒类似于流动状态，即"液化"现象。"液化"现象的出现，是被压实材料颗粒之间相互填充，并且在重力作用下向低位能的方向流动，为充分压实材料创造了有利条件。

从振动压实对材料剪应力和抗剪强度影响的角度研究振动压实，认为当剪应力大于材料的抗剪强度时，就会发生压实。振动压实剪应力由静压力和动压力合成，抗剪强度通过库仑定律计算，由粘聚力和内摩阻力决定。压实轮通过振动作用对路基填料产生冲击力，土颗粒之间从静摩擦状态逐渐过渡到动摩擦状态，使得摩擦阻力减小。如果振动压路机振动频率与路基填料固有频率相匹配，则产生共振作用，出现"液化"，土颗粒之间摩擦阻力最小，不同粒径颗粒彼此填充挤紧，密实度显著提高。而静力压路机仅仅依靠其自身荷载对路基填料施加剪应力，使得土颗粒相对移动，排列紧密，达到压实的目的，与振动压实原理明显不同。即使压实功相同，压实后材料结构也不尽相同，最佳含水率也有所变化。而且采用静压的方法压实较大粒径混合料，容易压碎大颗粒，导致混合料的级配发生变化，与初始设计级配存在较大偏差。路基土颗粒表面带有负电荷，土颗粒周围存在电荷，水分子为极性分子，电场范围内的水分子在电场作用下定向排列即为结合水，因此在土颗粒表面存在一层水膜。这层水膜相当于土颗粒相对移动时的润滑剂，在振动冲击作用下水分可以比较均匀地分布于材料内部，为材料碾压密实创造有利条件。

7.2.2 拟静力法计算土体压实应力位移

所谓拟静力法就是先通过某种理论得到接触面上的最大接触应力，然后把最大接触应力看为静力荷载作用在土体上，进而求得土中附加应力，表面接触应力通过经典的结构动力学获得。基于力学（拟静力法）用以计算压路机在路基中的补强压实效果，可确定冲击压实中路基土应力分布、土体竖向位移和冲击压路机有效影响深度，为具体施工提供理论依据。

首先，采用钱家欢法确定最大接触应力，该方法改进了 Scott 公式，将强夯划分为两个阶段：加荷阶段、卸荷阶段。

在加荷阶段，假设冲击荷载作用下动力反应受粘滞力影响忽略不计，将 Scott 基本方程简化为：

$$M\ddot{w} + Sw = 0 \tag{7-1}$$

式中：M——冲击碾压轮质量；

w——接触面沉降量，即位移值；

S——加荷弹性常数，$S = \dfrac{2aE}{1-u^2}$，a 为冲击轮接触面半径，u 为泊松比。

将公式简化初始条件：

$$w(0) = 0, \quad \dot{w}(0) = V = \sqrt{2gh}, \quad \ddot{w}(0) = 0 \tag{7-2}$$

式中：g——重力加速度，$g = 9.8 \text{m/s}^2$；

h——冲击碾的落距差，$h = R - r$，R、r 分别为冲击外、内半径。

利用公式 7-1 和公式 7-2 得到位移和应力表达式为：

$$w = \dfrac{V}{\omega}\sin(\omega t) \tag{7-3}$$

$$\sigma = \dfrac{M\ddot{w}}{\pi a^2} = \dfrac{VS}{\pi a^2 \omega}\sin(\omega t) \tag{7-4}$$

加荷阶段的时长：

$$t_0 = \dfrac{\pi}{2\omega} \tag{7-5}$$

在卸荷阶段，当 $t > t_0$ 时，冲击轮作阻尼振动，也就冲击碾轮对路基碾压，冲击能进行转化，使路基受力压缩，产生位移。基本方程为：

$$M\ddot{w} + R'\dot{w} + S'(w - w_f) = 0 \tag{7-6}$$

式中：w_f——残余沉降量；

R'——土体的阻尼常数，$R' = 0.6\pi a^2 \sqrt{\rho E_{sul}}$；

S'——卸荷弹性常数，$S' = \dfrac{2aE_{sul}}{1-u^2}$，其中 E_{sul} 为卸荷弹性模量。

当 $t' \approx t - t_0 = 0$ 时，w，w_f 和 w' 应保持连续。

解方程（7-6）可得

$$w = \frac{V}{\omega}\left\{1 - \frac{S}{S'} + \frac{S}{S'}e^{-\frac{R't'}{2M}}\left[\cos(\omega't') - \frac{R'}{\sqrt{4MS' - (R')^2}}\sin(\omega't')\right]\right\} \tag{7-7}$$

$$\sigma = \frac{VS}{\pi a^2 \omega}e^{-\frac{R't'}{2M}} = \left[\cos(\omega't') - \frac{R'}{\sqrt{4MS' - (R')^2}}\sin(\omega't')\right] \tag{7-8}$$

式中，ω'——卸荷角频率，$\omega' = \sqrt{\frac{S'}{M} - \frac{(R')^2}{4M^2}}$。

转化式（7-6）后，可得残余沉降量的计算公式为：

$$w_f = \frac{V}{\omega}\left(1 - \frac{S}{S'}\right) \tag{7-9}$$

由此，可得卸荷时长的计算公式为：

$$t_{sul} = \frac{1}{\omega}\arctan\sqrt{\frac{4MS}{(R')^2} - 1} \tag{7-10}$$

夯击总时长：

$$T = \frac{\pi}{2\omega} + \frac{1}{\omega}\arctan\sqrt{\frac{4MS}{(R')^2} - 1} \tag{7-11}$$

改进后的正弦荷载形式：

$$\sigma = \sigma_{\max}\sin(\omega t),\ (t \leqslant T) \tag{7-12}$$

式中：$\sigma_{\max}$——动应力峰值；

T——加荷总历时，包括加荷历时和卸荷历时，$T = \frac{\pi}{\omega}$。

在冲击应力达到最大值时，竖向位移达到最大值，然后随着荷载的减小，而出现一定回弹，最终的残余沉降量 w_f 为：

$$w_f = \frac{V}{\omega}\left(1 - \frac{S}{S'}\right) \tag{7-13}$$

式中：S——加荷弹性常数，$S = \frac{2rE}{1-\mu^2}$；

S'——卸荷弹性常数，$S' = \frac{2rE_{sul}}{1-\mu^2}$；

ω——加荷角频率；

V——冲击轮初始速度。

假定在加荷阶段某时刻 t_1 位移达到残余沉降 w_f 后，位移不再增加也不回弹，可将其作为残余沉降保持不变，即 $w = w_f$，可解得：

$$t_1 = \frac{1}{\omega}\arcsin\left(1 - \frac{S}{S'}\right) \tag{7-14}$$

t_1 时刻对应的应力为：

$$\sigma_1 = \left(1 - \frac{S}{S'}\right)\frac{VS}{\pi a^2 \omega}$$

式中：πa^2——冲击轮与路基的接触面积。

将 t_1 时刻的应力作为考虑阻尼修正后的最大冲击应力 $\sigma_{\max}$ 为：

$$\sigma_{\max} = \sigma_1 = \left(1 - \frac{S}{S'}\right)\frac{VS}{\pi a^2 \omega} \tag{7-15}$$

把式（7-15）代入式（7-12）中可得正弦荷载下应力公式：

$$\sigma = \left(1 - \frac{S}{S'}\right)\frac{VS}{\pi a^2 \omega}\sin(\omega t) \tag{7-16}$$

土的自重应力计算：

$$\sigma_{cz} = \gamma Z \tag{7-17}$$

土的附加应力计算，可将接触面简化为条形基底受竖向均布荷载作用，土中任意一点 $M(x, z)$ 的竖向附加应力 σ_z 为

$$\begin{aligned}
\sigma_z &= \int_{-\frac{b}{2}}^{\frac{b}{2}} \frac{2z^3 p d\varepsilon}{\pi\left[(x-\varepsilon)^2 + z^2\right]^2} \\
&= \frac{p}{\pi}\left[\arctan\frac{1-2n'}{2m} + \arctan\frac{1+2n'}{2m} - \frac{4m(4n'^2 - 4m^2 - 1)}{(4n'^2 + 4m^2 - 1)^2 + 16m^2}\right] \\
&= \alpha_u p
\end{aligned} \tag{7-18}$$

式中，α_u 为应力系数，它是 $n' = \dfrac{x}{b}$ 及 $m = \dfrac{z}{b}$ 的函数。可由均布条形荷载下竖向应力系数表查得，进而计算出相对应各点处的附加应力。土中总应力分布，由自重应力与附加应力的线性叠加，可以计算出各点土的总应力。

$$\sigma' = \sigma_{cz} + \sigma_z \tag{7-19}$$

由上文已知 YCT-25 冲击压路机整机重量为 15.5 t，冲击轮质量 12 t，静态能量 25 kJ，$N = mgh$，$g = 9.8 \text{ m/s}^2$，$h = R - r = 0.2$ m，r 为冲击轮内侧半径，R 为冲击轮外侧半径，设计速度 10~15 km/h，本文按行驶速度 12 km/h 进行计算。通过计算可得到表 7-1。

表 7-1 土中应力分布

填土深度	0 m	0.5 m	1 m	1.5 m	2 m	2.5 m	3 m
α_u	1	0.55	0.31	0.21	0.16	0.13	0.11
σ_z(kPa)	592.6	325.9	183.7	124.4	94.8	77.0	58.3
σ_{cz}(kPa)	0	9	18	27	36	45	54
σ'(kPa)	592.6	334.9	200.7	151.4	130.8	122.0	112.0

通过计算可以得出冲击轮接触面下方不同深度土的总应力。正如表中所示：随着填土深度的增大，作用在路基上的冲击荷载随之减小；当填土深度小于 1.5 m 时，附加应力衰减较快；当填土厚度到达 2 m 时，附加应力已衰减 84%；当填土深度超过 2 m 时，附加应力衰减缓慢。综上所述，冲击荷载对 2 m 以下的填土几乎起不到压实作用，为了保证路基的压实度，所以冲击压路机在该工程中有效影响深度范围为 1.5~2 m。

基于拟静力法计算土体竖向位移，冲击轮冲击路基时，冲击荷载以纵波形式向下传递，波速 C_p 用 E、μ 表示。

$$C_p = \sqrt{\frac{E(1-\mu)}{(1+\mu)(1-2\mu)}} \tag{7-20}$$

由此可知，冲击轮在行进过程中，冲击荷载随时间而变化，设其应力时程 $\sigma_n(t)$，路基

土在冲击荷载作用下会产生竖向变形，设其变形速度为 $v_n(t)$。

依据 FLAC3D 关于动力边界条件描述，速度时程可以和应力时程相互转化。

$$\sigma_n(t) = 2\rho C_p v_n(t) \tag{7-21}$$

速度时程 $v_n(t)$ 也可用应力时程 $\sigma_n(t)$ 表示。

$$v_n(t) = \frac{\sigma_n(t)}{2\rho C_p} \tag{7-22}$$

式中，C_p 为纵波波速，ρ 为土体介质密度。

在冲击加荷 $[0, T]$ 阶段内，土体变形速度在 t 时为 $v_n(t)$，由微分学原理在 $[t, t+dt]$ 位移计算公式为，

$$ds = v_n(t)dt \tag{7-23}$$

把式 (7-21) 代入式 (7-23)，并在区间 $[0, T]$ 上积分，可得冲击荷载下路基竖向位移：

$$s = \int_0^T \frac{\sigma_n(t)}{2\rho C_p} dt = \frac{1}{2\rho C_p} \int_0^T \sigma_n(t) dt \tag{7-24}$$

根据计算过程中冲击荷载的简化，将正弦荷载影响下的应力代入式 (7-22) 和式 (7-24)，可分别得出速度时程和竖向位移表达式：

$$v_n = \frac{1}{2\rho C_p}\left(1 - \frac{S}{S'}\right)\frac{VS}{\pi a^2 \omega}\sin(\omega t) \tag{7-25}$$

$$s = \frac{1}{2\rho C_p}\int_0^T \left(1 - \frac{S}{S'}\right)\frac{VS}{\pi a^2 \omega}\sin(\omega t) dt$$

$$= \frac{1}{2\rho C_p}\left(1 - \frac{S}{S'}\right)\frac{VS}{\pi a^2 \omega}[1 - \cos\omega(T)] \tag{7-26}$$

又因 $T = \frac{\pi}{\omega}$，$\omega = \sqrt{\frac{S}{M}}$ 将其代入式 (7-26)，化简得：

$$s = \frac{1}{\rho C_p}\left(1 - \frac{S}{S'}\right)\frac{VS}{\pi a^2 \omega} = \left(1 - \frac{S}{S'}\right)\frac{VS}{\pi a^2 \rho C_p} \tag{7-27}$$

又因 $\frac{S}{S'} = \dfrac{\dfrac{2aE}{1-\mu^2}}{\dfrac{2a E_{\text{sul}}}{1-\mu^2}} = \dfrac{E}{E_{\text{sul}}}$，故可将式 (7-26) 简化为：

$$s = \left(1 - \frac{E}{E_{\text{sul}}}\right)\frac{VM}{\pi a^2 \rho C_p} \tag{7-28}$$

上式即正弦荷载下竖向位移计算公式。

路基的压实度要求通过普通压路机使土体压实系数>88%，然后运用冲击压路机进行补强压实，因此基于压实系数 Kb>0.88 进行计算，通过计算路基竖向位移见表 7-2 所示。

通过对上表分析得出：路基压实度随着冲击遍数的增多而增大，这说明路基强度也得到相应的提高；从另一方面来讲，随着压实度的增大，土颗粒间的空隙也逐渐减小，压缩模量逐渐增大，土体越来越难被压实，这时冲击遍数的增多对土体的压实影响很小。当冲击遍数

到达一定次数后,之后的冲击对土体压实效果不明显,便认为此时的冲击遍数为合理的冲击遍数。为了保证路基强度同时兼顾经济效益,建议冲击补强遍数为 10 遍较为合理。

表 7-2 竖向位移计算结果

	冲击前	冲击 5 遍	冲击 10 遍	冲击 15 遍
压实度(%)	88.2	91.1	93.5	94.1
竖向位移(mm)		22.47	15.24	11.79

7.2.3 基于应力波对冲击压实研究分析

波的传播过程其实是介质振动的传播,实质是能量传播的过程。应力波理论是冲击荷载问题最有效的方法。应力波理论最简单、最基础的是探讨一维杆中应力波的传播。此时杆中应力为单向应力,杆中应力随时间而变化,其变化主要随杆端接触力而变化。解决波动问题,特征线法具有独特的优势,因为特征线实质是波前行进的路线,只需找到所研究问题的特征线网,就有了问题的解,还可以给出清晰的图像。把冲击荷载看为冲击波并用特征线法进行详细的解答,然后用分离变量法对冲击碾压的波动方程进行探讨。随着冲击碾压的进行,土体的参数会发生变化,尤其是压缩模量,不同深度的土体变化不同,路基土此时会出现分层现象。冲击波在分层土体中传播时会发生反射与透射,对均质路基第一遍碾压进行研究,之后的重复碾压可在第一遍的基础上考虑反射与透射来分析。

计算采用的特征线法,计算过程如下。

如果存在偏微分方程的线性组合,使得所有的未知量都只保留在某一个方向上的微分,则这个方向称之为特征方向。如果一条曲线上每一点的切线方向都是特征方向,则该曲线称之为特征线。

例如,设有偏微分方程:

$$A\frac{\partial \sigma}{\partial t} + B\frac{\partial \sigma}{\partial x} = C \tag{7-29}$$

其中,σ 为 x 和 t 的待求函数,A,B,C 为 σ 的已知函数。

设在 (x, t) 平面内有曲线 Σ,σ 沿此曲线的变化为:

$$\mathrm{d}\sigma = \frac{\partial \sigma}{\partial t}\mathrm{d}t + \frac{\partial \sigma}{\partial x}\mathrm{d}x \tag{7-30}$$

式(7-29)、式(7-30)可视为 $\frac{\partial \sigma}{\partial t}$、$\frac{\partial \sigma}{\partial x}$ 的代数方程式,其解为:$\frac{\partial \sigma}{\partial t} = \frac{\delta_1}{\delta}$,$\frac{\partial \sigma}{\partial x} = \frac{\delta_2}{\delta}$

式中,δ 为系数行列式:

$$\delta = \begin{vmatrix} A & B \\ \mathrm{d}t & \mathrm{d}x \end{vmatrix} = A\mathrm{d}x - B\mathrm{d}t$$

δ_1 及 δ_2 为 δ 的代数余子式:

$$\delta_1 = \begin{vmatrix} C & B \\ \mathrm{d}\sigma & \mathrm{d}x \end{vmatrix} = C\mathrm{d}x - B\mathrm{d}\sigma$$

$$\delta_2 = \begin{vmatrix} A & C \\ dt & d\sigma \end{vmatrix} = Ad\sigma - Cdt$$

当 $\delta = \delta_1 = \delta_2 = 0$ 时,在曲线 Σ 上 σ 的导数无穷解,令 $\delta = 0$ 将得出特征线微分方程,即:

$$\tan\theta = \frac{dt}{dx} = \frac{A}{B} \tag{7-31}$$

$\frac{dt}{dx}$ 表示特征线上任一点处切线斜率,称为特征坡度。$\delta_1 = \delta_2 = 0$ 将得出函数 σ 沿特征线的变化规律,称为特征线上的相容条件。由上式可得特征线上的相容条件为:

$$Cdx - Bd\sigma = 0$$
$$Ad\sigma - Cdt = 0$$

由以上两式得到:

$$d\sigma = \frac{C}{B}dx = \frac{C}{A}dt \tag{7-32}$$

上式包括了式 (7-32),它们是特征线的微分方程和特征线上的相容条件。

分析一维杆波动方程的特征线解法,已知波动方程:

$$\frac{\partial^2 u}{\partial t^2} = C^2 \frac{\partial^2 u}{\partial x^2} \tag{7-33}$$

其中,$C = C(\varepsilon)$ 是波的传播速度,上式可写成 $v = \frac{\partial u}{\partial t}$ 及 $\varepsilon = \frac{\partial u}{\partial x}$ 两函数的方程。

根据多元函数求导可知 v 与 ε 关联(速度-应变关系):

$$\frac{\partial^2 u}{\partial t \partial x} = \frac{\partial v}{\partial x} = \frac{\partial \varepsilon}{\partial t} \tag{7-34}$$

设在 (x, t) 平面内有一曲线 Σ,沿此曲线 v 和 ε 的变化为:

$$dv = \frac{\partial v}{\partial t}dt + \frac{\partial v}{\partial x}dx$$

$$d\varepsilon = \frac{\partial \varepsilon}{\partial t}dt + \frac{\partial \varepsilon}{\partial x}dx \tag{7-35}$$

式中,dx/dt 仍是曲线切线斜率,其中,式 (7-35) 是 $\frac{\partial v}{\partial t}$、$\frac{\partial v}{\partial x}$、$\frac{\partial \varepsilon}{\partial t}$、$\frac{\partial \varepsilon}{\partial x}$ 四个量线性代数方程组,解为:

$$\frac{\partial v}{\partial t} = \frac{\delta_1}{\delta}、\frac{\partial v}{\partial x} = \frac{\delta_2}{\delta}、\frac{\partial \varepsilon}{\partial t} = \frac{\delta_3}{\delta}、\frac{\partial \varepsilon}{\partial x} = \frac{\delta_4}{\delta} \tag{7-36}$$

其中:

$$\delta = \begin{vmatrix} 1 & 0 & 0 & -C^2 \\ 0 & 1 & -1 & 0 \\ dt & dx & 0 & 0 \\ 0 & 0 & dt & dx \end{vmatrix} = -(dx)^2 + (Cdt)^2$$

第 7 章 路基填筑碾压盲区及弱碾区动力补强技术

$$\delta_1 = \begin{vmatrix} 0 & 0 & 0 & -C^2 \\ 0 & 1 & -1 & 0 \\ dv & dx & 0 & 0 \\ d\varepsilon & 0 & dt & dx \end{vmatrix} = C^2 dx dt - dt d\varepsilon$$

$$\delta_2 = dxdv - C^2 dtd\varepsilon$$

$$\delta_3 = dxdv - C^2 dtd\varepsilon$$

$$\delta_4 = dxd\varepsilon - dtd\varepsilon \tag{7-37}$$

令 $\delta = 0$，得到特征线微分方程：

$$\frac{dt}{dx} = \pm \frac{1}{C}, \quad dx = \pm C\, dt \tag{7-38}$$

上式中 $dx = +Cdt$ 为正向特征线，$dx = -Cdt$ 为负向特征线。

冲击碾压时就冲击轮下方土体受力，其接触面近似正方形，为了方便研究把接触面看成圆形来分析，这时研究对象就成为有一定长度的圆柱体，也就是一个半无限土柱体。接下来运用冲击波理论分析冲击轮对土柱体的作用。

半无限等截面土柱体的状况：截面积 A_0，初始密度 ρ_0，具有平截面假定。土柱体上质点具有的特性：轴向速度 v，应力 σ，应变 ε，密度 ρ，比内能 e。取变形开始 $t=0$ 的质点空间位置为物质坐标，取为 x 轴。物质坐标为 x 处的质点在应力作用下的轨迹为 $X = X(x, t)$，位移为 $u = u(x, t) = X - x$。

各物理量都只是 x 和 t 的函数，具体表示如下：

$$\begin{cases} v = v \cdot (X, t) = v \cdot [X(x, t), t] = v(x, t) \\ \sigma = \sigma \cdot (X, t) = \sigma \cdot [X(x, t), t] = \sigma(x, t) \\ \varepsilon = \varepsilon \cdot (X, t) = \varepsilon \cdot [X(x, t), t] = \varepsilon(x, t) \\ A = A \cdot (X, t) = A \cdot [X(x, t), t] = A(x, t) \\ \rho = \rho \cdot (X, t) = \rho \cdot [X(x, t), t] = \rho(x, t) \\ e = e \cdot (X, t) = e \cdot [X(x, t), t] = e(x, t) \end{cases} \tag{7-39}$$

为了计算方便，采用双线性本构模型（图 7-1），加载模量 E_0，卸载模量 E_u，其数学表达式为：

$$\begin{cases} 加载 & \sigma = E\varepsilon \\ 卸载 & \sigma = \sigma_{max} + E_u(\varepsilon - \varepsilon_{max}) \end{cases} \tag{7-40}$$

式中，σ_{max} 为加载结束时的应力；ε_{max} 为对应的应变。

边界条件和初始条件：冲击轮作用下土柱体在 $t=0$ 时刻具有初始条件和边界条件。

$$v(x=0, t=0) = v_1(t=0) = v_0$$
$$v(x>0, t=0) = 0$$
$$u(x, t=0) = 0$$

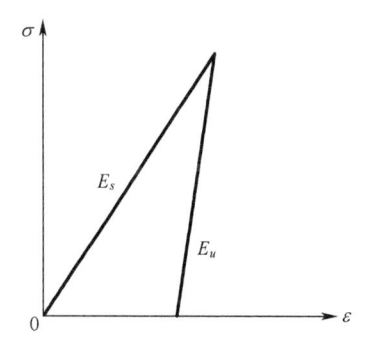

图 7-1 双线性本构模型

假定冲击轮的接触应力均匀分布，剪切波产生的侧向摩阻力根据尹放林的研究结果，可表示为：

$$\tau = C_s \rho_0 v_d \tag{7-41}$$

式中，v_d 为土的运动速度；C_s 为土中剪切波波速。

波动方程推导，波动过程中质点的速度为 $v = \dfrac{\partial x}{\partial t} = \dfrac{\partial u}{\partial t}$。

取 x 深度处土柱体的一个微元，由动量守恒得：

$$\rho_0 A_0 \mathrm{d}x \cdot [v + \mathrm{d}v - v] = [\sigma + \mathrm{d}\sigma - \sigma] A_0 \mathrm{d}t + q \mathrm{d}x \mathrm{d}t + \rho_0 A_0 \mathrm{d}x \cdot g \cdot \mathrm{d}t \tag{7-42}$$

令 $q = -2\pi\gamma\tau = -2\pi\gamma C_s \rho v = -Apv$，则：

$$p = \frac{2}{r} C_s \rho \tag{7-43}$$

由式可得：

$$\rho_0 \frac{\partial v}{\partial t} = \frac{\partial \sigma}{\partial x} - pv + \rho_0 g \tag{7-44}$$

此即一维连续波的运动方程。

由能量守恒（能量的增量相等），可得：

$$\rho_0 A_0 \mathrm{d}x \mathrm{d}e + \frac{1}{2} \rho_0 A_0 \mathrm{d}x \cdot (\mathrm{d}v^2) = A_0(\sigma + \mathrm{d}\sigma)(v + \mathrm{d}v) \cdot \mathrm{d}t - A_0 \sigma v \mathrm{d}t$$
$$- pv A_0 \cdot \mathrm{d}xv \cdot \mathrm{d}t + \rho_0 A_0 \mathrm{d}x \cdot g \cdot v \cdot \mathrm{d}t \tag{7-45}$$

略去高阶项，化简得到 $\rho_0 \mathrm{d}x \cdot \dfrac{\partial}{\partial t}\left(e + \dfrac{1}{2} v^2\right) \mathrm{d}t = \dfrac{\partial}{\partial x}(\sigma v) \mathrm{d}x \mathrm{d}t - pv^2 \mathrm{d}x \mathrm{d}t + \rho_0 gv \mathrm{d}x \mathrm{d}t$，即

$$\rho_0 \frac{\partial \varepsilon}{\partial t} = \sigma \frac{\partial v}{\partial x} - pv^2 + \rho_0 gv \tag{7-46}$$

此即能量方程，纵波的传播速度为：

$$C = \sqrt{\frac{1}{\rho} \cdot \frac{\mathrm{d}\sigma}{\mathrm{d}\varepsilon}} \tag{7-47}$$

式（7-47）即为一维连续应力波的波动方程，研究表明纵波波速 C 范围为 100～500 m/s。

波动方程的特征线解答，特征线及相容方程推导，为保证应力应变是线性关系，必须满足以下方程组：

$$\begin{cases} \dfrac{\partial v}{\partial x} = \dfrac{\partial \varepsilon}{\partial t} \\ \rho_0 \dfrac{\partial v}{\partial x} = \dfrac{\partial \sigma}{\partial x} - pv + \rho_0 g \\ \dfrac{\partial \sigma}{\partial t} = E \dfrac{\partial \varepsilon}{\partial t} \end{cases} \tag{7-48}$$

接下来求上式控制方程组的特征线方程和相应的特征相容方程：

$$(L + M)\frac{\partial \varepsilon}{\partial t} + \left(M\rho_0 \frac{\partial}{\partial t} - L \frac{\partial}{\partial t}\right)v + \left(-\frac{N}{E}\frac{\partial}{\partial t} - M\frac{\partial}{\partial t}\right)\sigma - M(-pv + \rho_0 g) = 0 \tag{7-49}$$

加载波分析，波阵面求解：

$$v_1(x) = \left(\frac{\rho_0 g}{p} - v_0\right) \exp\left(-\frac{p}{2 C_0 \rho_0} x\right) + \rho_0 g / p \tag{7-50}$$

$$\varepsilon_1(x) = \left(\frac{\rho_0 g}{\frac{p}{C_0}} - \frac{1}{\frac{p}{C_0}}\right) \exp\left(\frac{p}{2C_0\rho_0}x\right) - \frac{\rho_0 g}{\frac{p}{C_0}} \qquad (7-51)$$

时间轴求解，得到振动锤土接触面应力边界条件

$$\varepsilon_{x0}(t) = \frac{1}{E}\sigma_{x0}(t)$$

中间任意一点的求解。

由上式推导可得到加载区所有应力、应变及运动速度求解方程：

$$v(x,t) = \frac{1}{2}\left(1 - \frac{p}{3\rho_0}t\right)\left[v_1(2x) + v_{x0}\frac{2}{3}t\right] + \frac{1}{3\rho_0}t\left[\sigma_1(2x) - v_{x0}\frac{2}{3}t\right] + \frac{1}{3}gt \quad (7-52)$$

$$\sigma(x,t) = \frac{1}{2}C_0\left(\rho_0 - \frac{1}{3}pt\right)v_0(2x) + \frac{1}{2}C_0\left(\rho_0 + \frac{1}{3}pt\right)v_{x0}\left(\frac{2}{3}t\right) + \frac{1}{6}C_0 t\left[\sigma_{x0}\frac{2}{3}t - \sigma_0 2x\right] \qquad (7-53)$$

$$\varepsilon(x,t) = \frac{1}{E_0}[\sigma(x,t) - \sigma_0(x)] + \varepsilon_1(x) \qquad (7-54)$$

本章研究针对实际工程问题，基于上述推导计算公式确定冲击振动压实的有效影响深度，通过加载代数运算，计算其最大压实深度。计算考虑最大冲击应力作用下土体中应力分布情况，不考虑冲击应力随时间的变化。计算得到不同深度土体（$x=0.5\text{ m}$，1 m，1.5 m，2 m，2.5 m，3 m）振动压实动应力（表7-3）。

表7-3 振动压实动力作用下应力分布计算

填土深度（m）	0	0.5	1	1.5	2	2.5	3
σ 振动应力（kPa）	587.4	332.9	200.7	142.3	108.5	87.7	69.1
σ' 自重应力（kPa）	0	9.35	18.7	28.05	37.4	46.75	56.1

根据计算可知，冲击应力随着土体深度增加而减小，当冲击力传递到2 m时，冲击应力衰减达到80%，>2 m时振动应力与自重应力相近，因此压实作用基本可以忽略不计。由于拟静力法是把最大冲击应力简化为静荷载施加于土体上，应力波计算的是动荷载在土体中所产生的动应力。因此，动应力计算一般大于拟静力法计算。

7.3 路基分层填筑动力压实数值模拟计算

7.3.1 数值计算模型建立

数值模型选取工程项目代表性路段，路基模型以及土体材料参数均采用工程现场实际指标。公路路基属于长条基础范畴，理论研究与测试数据表明，沿路基纵向路基结构内部变形与应力分布规律基本相似，因此建立平面应变模型可以实现路基状态仿真；依据现场土层分布特点、路基尺寸，设计模型60 m×40 m，可以有效反映振动压实影响范围，同时避免减少无谓的计算量。模拟地基土深度至15 m；根据相关静力触探资料，划分三个土层；路堤填土

高 1.5 m，预压土 2 m。

模拟中所作的主要假定和简化如下：①所有土层以及路堤填料假定为遵守摩尔-库仑模型。②所有土体、路堤填料均不承受拉力，即拉伸截断强度为 0。③采用 Plaxis 推荐的固定边界，即左右两侧水平固定，模拟无侧限情况，底部完全固定。④关闭的固结边界，由于路堤左右对称，对称中心无渗流发生，即无固结发生，需要关闭；底部以下为岩体，认为不透水，因此也需关闭。故关闭的固结边界有左右两侧及底部土层边界。⑤（1）粉质黏土层处在浅层，所受的自重压力不大，不考虑压缩模量随深度的变化；对于（2）粉质黏土层，考虑压缩模量随深度的增加的效果，增量取为 500kPa/m。

土层分层根据静力触探，各项土体物理力学参数根据室内土工试验得到表 7-4 中各项指标。

表 7-4 土层材料主要参数指标

土层名称	土层厚度	本构模型	饱和容重	杨氏模量 E (MPa)	泊松比	粘聚力 C (kPa)	内摩擦角 ϕ	渗透系数 cm/s 垂直 k_V	水平 k_H
Q4 粉质黏土	4.6	摩尔—库仑	17.5	8.60	0.3	20.70	3.82	9.45E-08	4.31E-06
Q4 粉质黏土	8.9	摩尔—库仑	19.0	7.30	0.3	43.82	16.47	5.28E-08	2.05E-08
Q3 黏土	4.3	摩尔—库仑	20.4	8.50	0.3	37.00	17.10	4.34E-07	5.86E-07
路堤土	1.5	摩尔—库仑	20	3	0.35	1.0	30	1.0	1.0
预压土	2.0	摩尔—库仑	20	3	0.35	1.0	30	1.0	1.0

为验证振动压实对路基动力补强效果，并对比分析动力补强技术的控制影响因素，参照实际施工过程，建立的数值计算模型考虑以下几种工况（表 7-5）。

表 7-5 数值计算工况

序号	工况
1	填土预压
2	振动压实
3	路基填筑（1~5 分层填筑）

模拟不同施工阶段工况的同时，考虑新工法的特点，建立对比计算模型（图 7-2）：①采用堆载预压路基受力变形分布变化规律；②动力加载作用下路基受力变形分布变化规律；③模拟不同加载参数（振动频率、振动力大小、加载位置）影响下路基受力变形分布变化规律。

为便于分析路基受力变形，选取代表性位置作为计算监测点，重点分析监测点沉降变形、应力、孔压等指标，监测点包括路基基底中心、路基顶部中心、左右路肩、左右路基坡脚（图 7-3）。

图 7-2 有限元计算模型

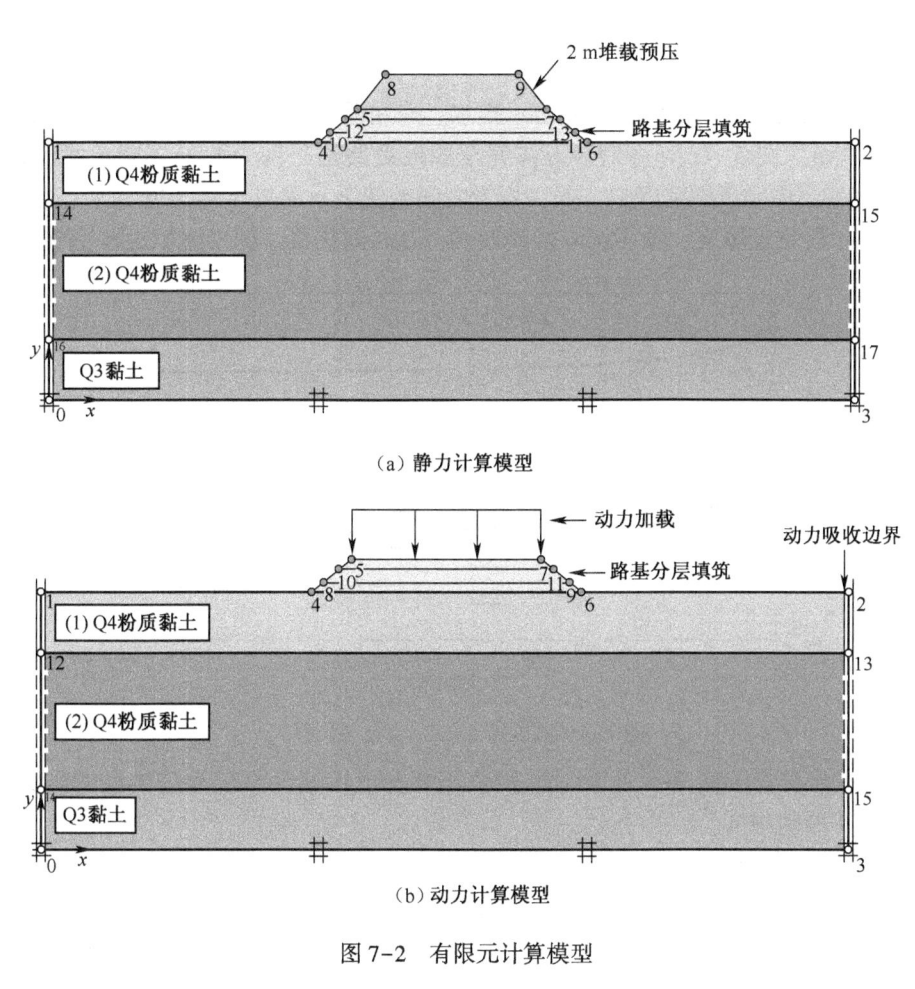

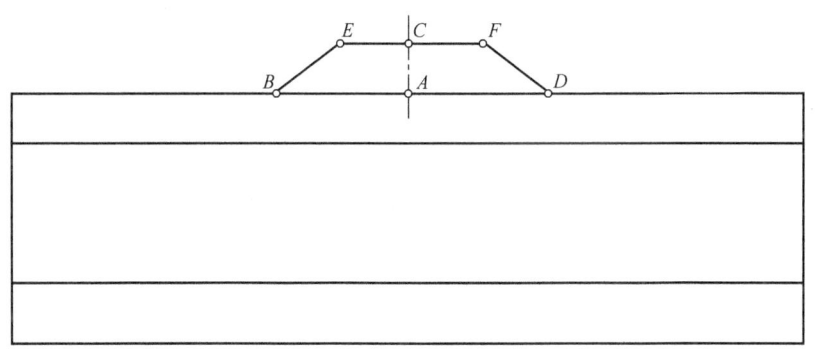

图 7-3 计算监测点

7.3.2 计算结果分析

（一）静力分析

模型计算考虑 2 m 预压土加载作用，路基施工包括两个阶段：路基分层填筑、预压土加载，各需 5 天。填筑施工阶段完成后，将执行一长达 200 天的固结期，以便允许超静水压消散，须定义4个计算工序。

1. 沉降变形

计算模型路堤土设置为排水，地基土不排水，采用固结计算，绘制监测点 A、B、C 的沉降-时间变化曲线（图7-4）。可知，土体完全固结后路基顶部中心处沉降最大，最终沉降 108 mm，路基基底中心最终沉降 87 mm，两者之间差值表示路堤本体压密变形，路基边坡坡脚为 26 mm。初期完成填筑、预压沉降发展较快，随时间推移，固结速率逐步变缓。

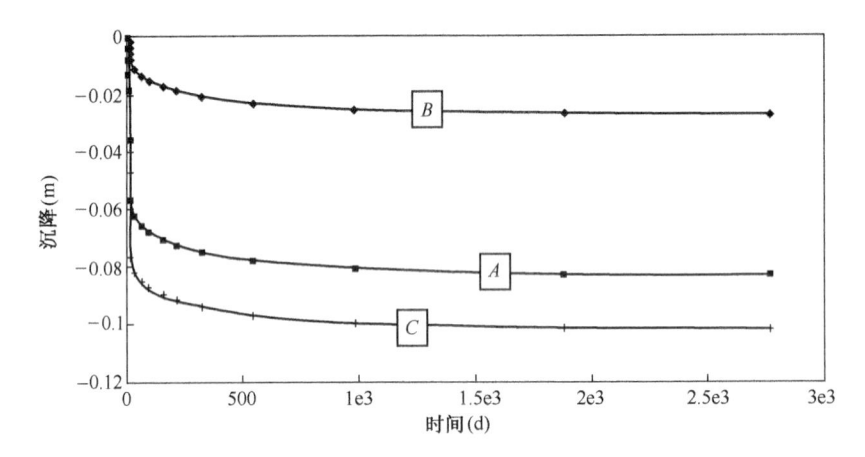

图 7-4 监测点 A、B、C 竖向位移

路基总体位移分布如图7-5所示，堆载预压情况下路基沉降变形呈典型的倒钟形分布，最大沉降发生于路基中部。

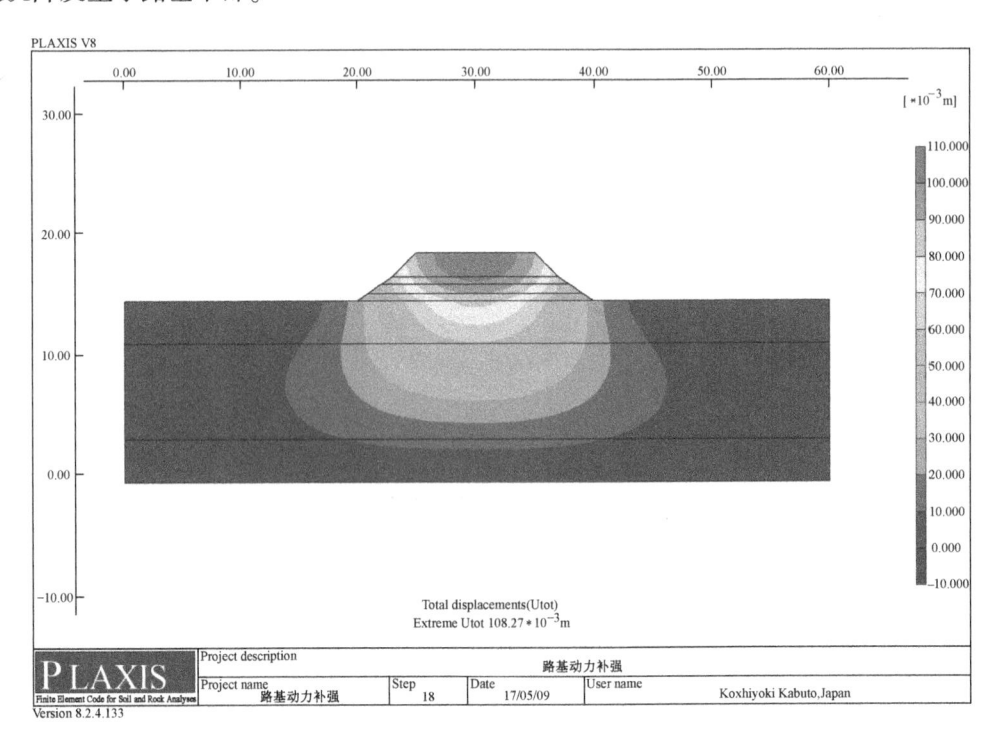

图 7-5 竖向位移云图

第 7 章　路基填筑碾压盲区及弱碾区动力补强技术

2. 侧向位移

有限元计算得到侧向位移分布如图 7-6 所示，可知最大侧向位移发生在路基边坡坡脚以下（2）粉质黏土层，侧向位移最大 13.9 mm，路基整体侧向位移呈对称分布。

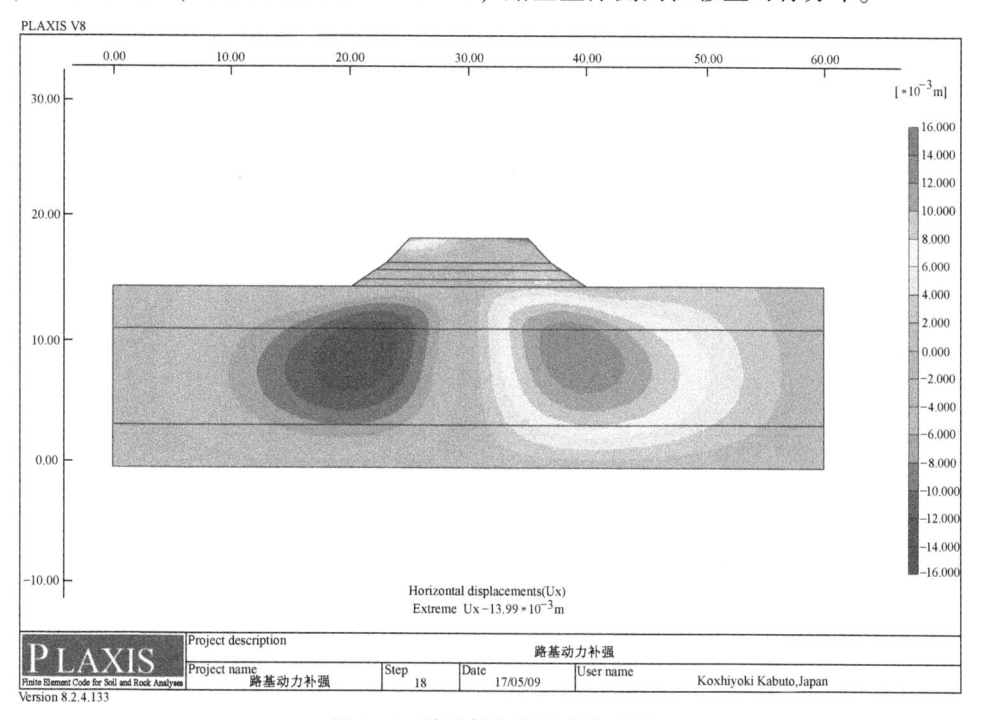

图 7-6　路基侧向位移分布云图

取路基边坡坡脚处侧向位移-深度分布曲线，可见曲线呈"弓"字形分布（图 7-7），凸出部位是地基土较软弱层，在附加应力作用下出现较大变形所致。

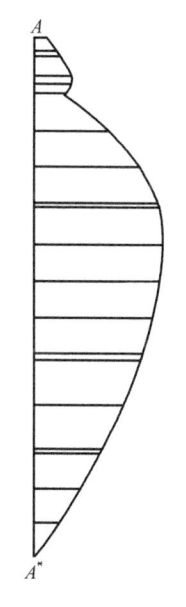

图 7-7　路基坡脚侧向位移-深度分布曲线

侧向位移变化规律如图 7-8 所示。图中记录监测点 B（路基坡脚）、E（路肩）侧向位移变化发展趋势，可以明显看出，土体侧向位移在填筑初期迅速增加之后，进入预压阶段发生明显的回缩现象，分析认为该回缩现象与路基、地基沉降变形速率有关。

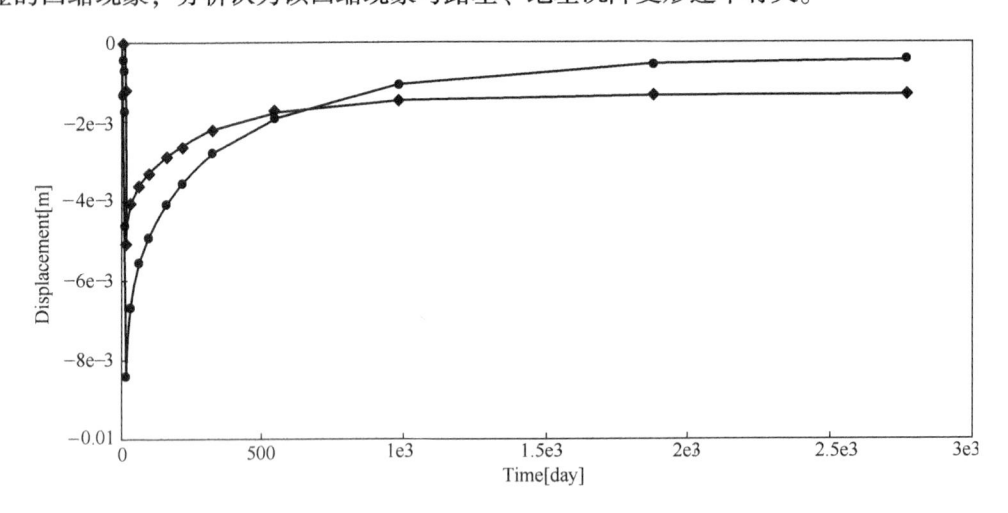

图 7-8 侧向位移-时间变化曲线

地基在路堤荷载作用下的变形如图 7-9 所示。软基上修筑路堤时，可依据地基表面各点的沉降值 A_S 与路基坡脚下地基土体各深度处的侧向位移值 A_D 之间的关系判断路基的强度稳定性。当软土地基中固结占主导地位时，A_S 增大的速率大于 A_D，路基的稳定性得到提高；路基接近破坏时，A_D 值变得等于或大于 A_S。

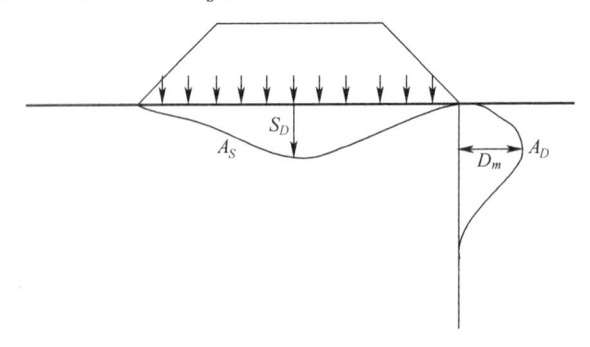

图 7-9 路堤荷载作用下地基变形示意图

认为最大侧向位移与路堤中心沉降量的关系如图 7-10 所示，图中 A 点表示填土达到设计标高。图中 OA 段表示施工期，黏性土地基表现为不排水变形，大部分侧向位移在该工期完成；AB 段为固结期，黏性土地基处于固结状态，孔隙水压力消散，有效应力增加，该阶段不发生侧向位移，甚至出现回缩现象。

3. 超孔隙水压

在不排水施工过程中，超静水压在短时间内增加，而在固结期，超静水压随时间的增加而减小。事实上，在路基施工期，土固结已经出现，不过这只涉及一个很短的时间段。根据曲线（图 7-11），土的完全固结需要超过 700 天。孔压分布云图如图 7-12 所示，最大超孔压发生在（2）粉质黏土层，468.5×10^3 kN/m²。

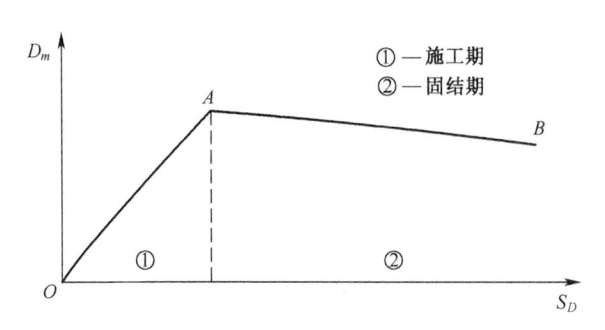

第 7 章　路基填筑碾压盲区及弱碾区动力补强技术

①—施工期
②—固结期

图 7-10　侧向位移与中心沉降关系示意图

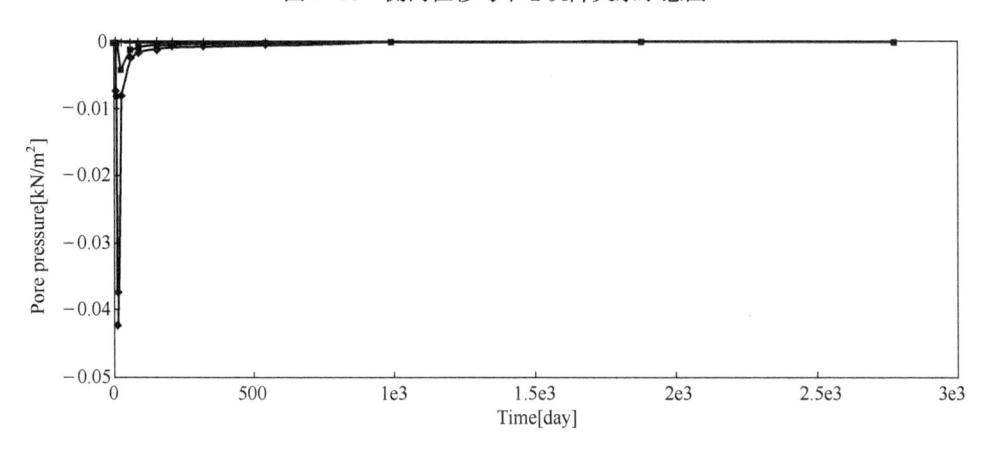

图 7-11　超孔隙水压-时间变化曲线

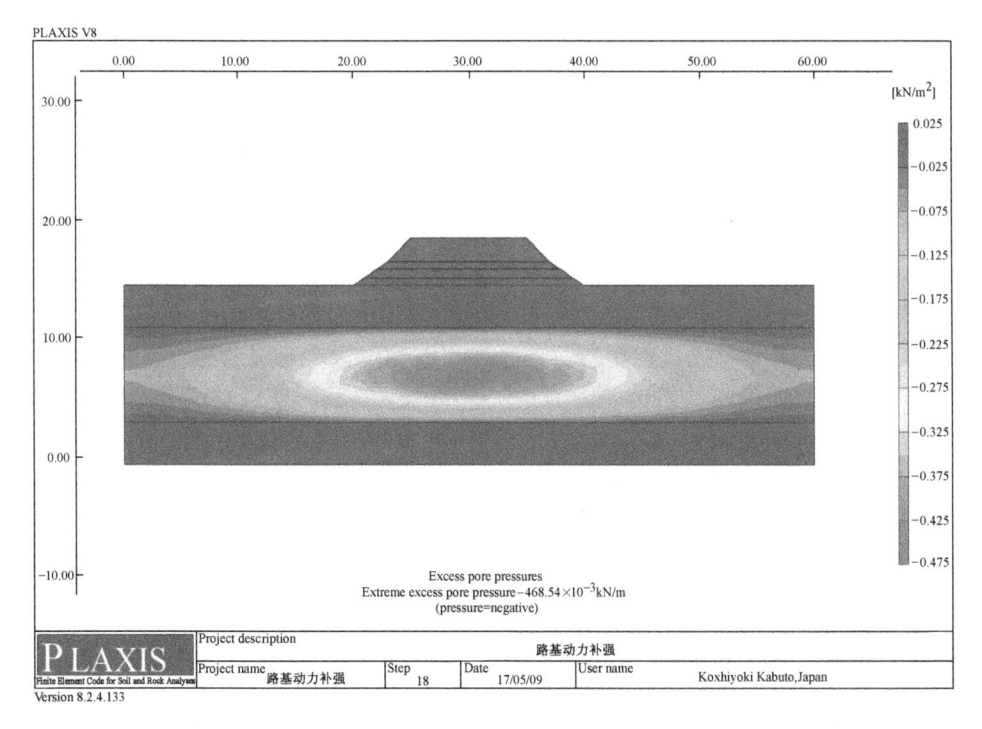

图 7-12　超孔隙水压分布云图

考虑工程实际情况采用 2 m 堆载预压,模拟计算过程中路基模型没有出现破坏应力分布(图 7-13),为便于了解路基内部可能发生的破坏趋势,计算输出选用相对剪应力指标,相对剪应力选项近似表示的是应力点离破坏包线的距离。

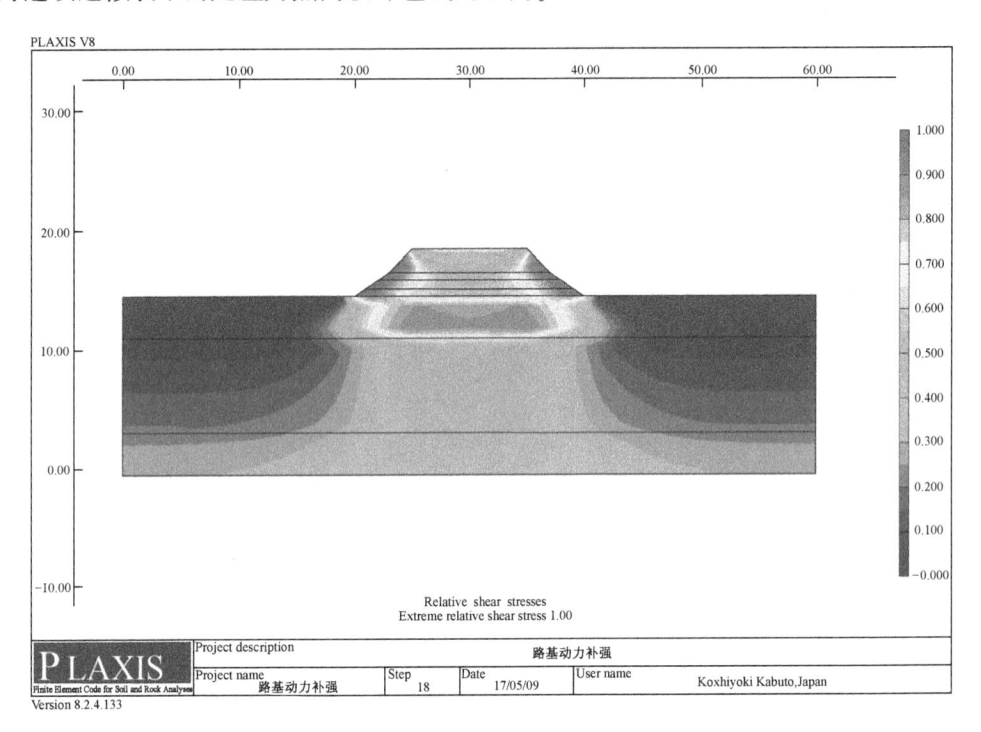

图 7-13 路基相对剪应力分布云图

(二) 动力分析

有限元模型模拟动力荷载作用下路基压密效果。动力模拟计算分为两个步骤:①考虑冲击压路机单次冲击模拟计算;②考虑压路机全路基顶部振动压实效果计算。

1. 单次冲击模拟计算

冲击压实作为典型的动力加载过程,会引起土体振动,由于土体中的应力快速增加,土体中会产生超孔隙水压。为此建立冲击过程简化几何模型,模型为轴对称模型,使用标准重力加速度(9.8 m/s²),时间的单位为秒(s)。土体和用 15 节点单元来模拟,计算模型的边界应足够远,避免边界条件的反射影响。在底部和右侧设置动态吸收边界避免杂波反射。在加载位置施加分布荷载模拟冲击力。因为是快速的加载过程,所以材料设置为不排水属性,设置模型初始条件:假定潜水位在地表,静态孔隙水压力由水位线生成;初始有效应力由"K0 过程"生成。计算过程分析由两个工序组成:第一工序通过激活半个周期的简谐波荷载施加一个冲击;第二工序冻结荷载,分析动力响应。动力计算使用标准迭代步(250),重置位移为 0。设置"时间间隔"为 0.01 s。施加动力荷载输入值如图 7-14 和图 7-15 所示。

计算得到冲击荷载作用下冲击点的时间位移曲线中可以看出:由于单次冲击产生最大沉降为 18 mm,最终沉降为 5 mm。大部分的沉降发生在第三步冲击结束后。这是因为压缩波向下传播,引起附加沉降。虽然没有瑞利阻尼,但由于土体的塑性和振动波能量在模型边界上被吸收,振动逐渐减弱(图 7-16)。

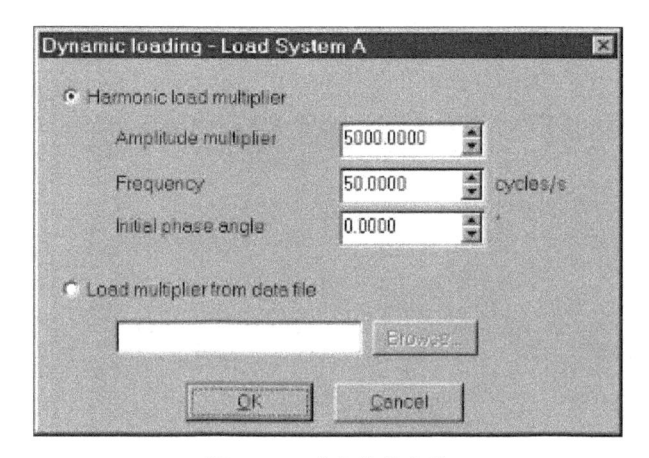

图 7-14　冲击荷载参数

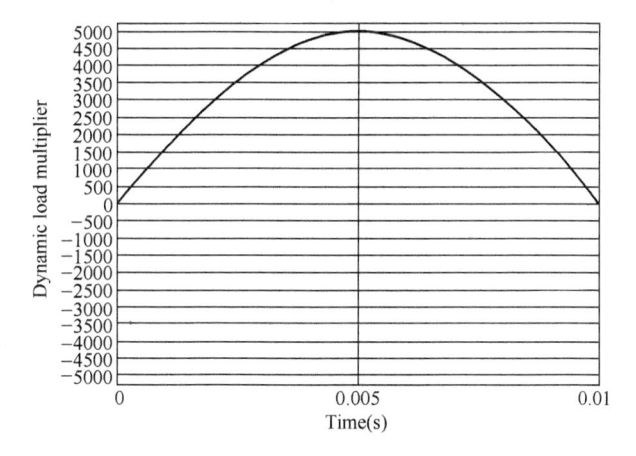

图 7-15　冲击荷载模型输入形式

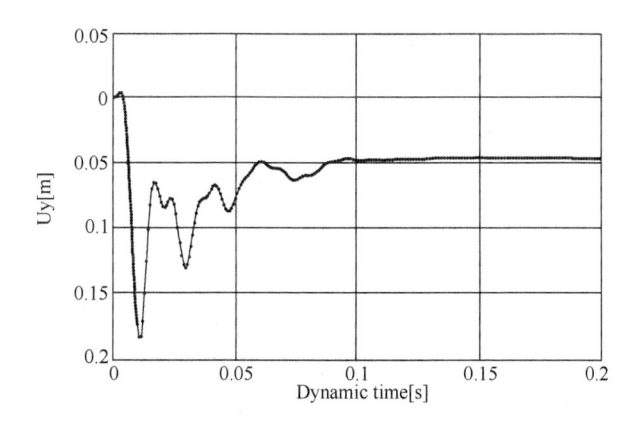

图 7-16　沉降-时间曲线

$t=0.01$ s，冲击发生后可以发现在冲击点周围产生了较大超孔隙水压，这减小了土体的抗剪强度（图 7-17、图 7-18）。

[kN/m²]
11000.000
10000.000
9000.000
8000.000
7000.000
6000.000
5000.000
4000.000
3000.000
2000.000
1000.000
0.000
-1000.000
-2000.000

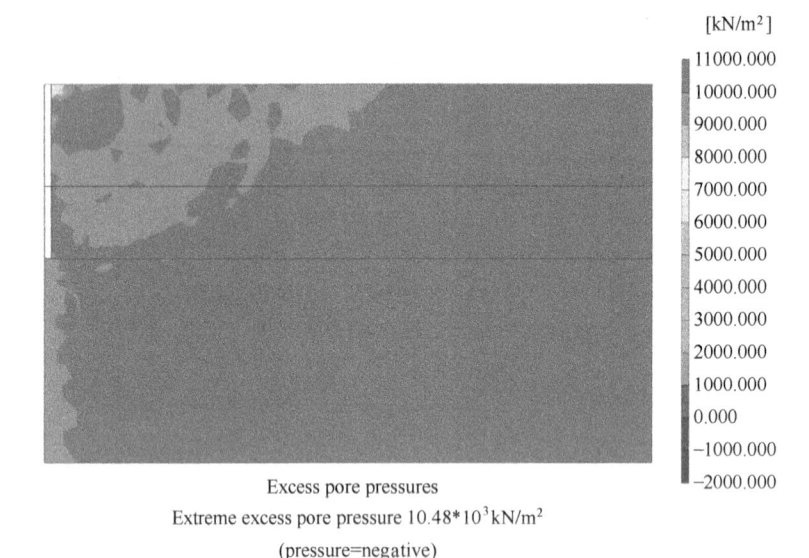

Excess pore pressures
Extreme excess pore pressure 10.48*10³kN/m²
(pressure=negative)

图 7-17 冲击过程动力响应超孔隙水压分布（$T=0.001$ s）

[kN/m²]
260.000
240.000
220.000
200.000
180.000
160.000
140.000
120.000
100.000
80.000
60.000
40.000
20.000
0.000
-20.000
-40.000
-60.000
-80.000

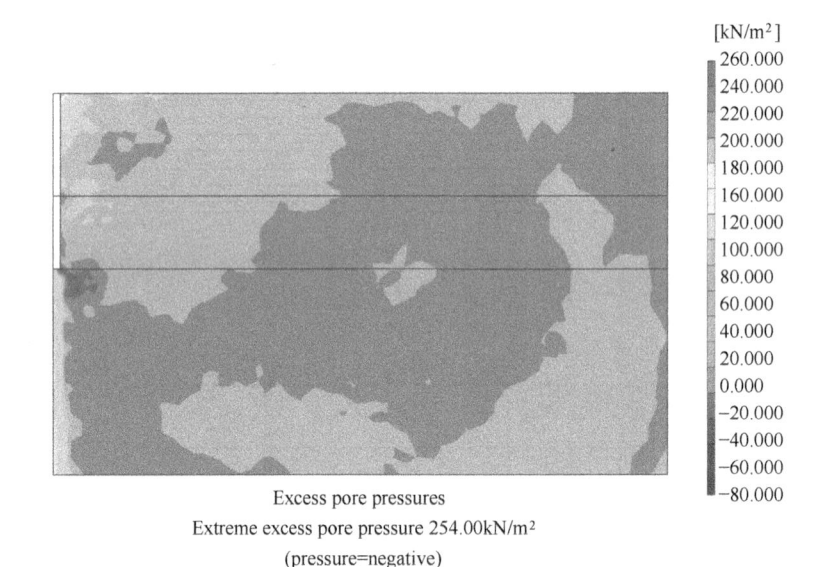

Excess pore pressures
Extreme excess pore pressure 254.00kN/m²
(pressure=negative)

图 7-18 冲击过程动力响应超孔隙水压分布（$T=0.2$ s）

动载冲击过程中剪应力扩散过程如图 7-19 和图 7-20 所示，可见地基动力响应大体呈波形扩散，影响范围水平方向达到 25~30 m，深度在 16~20 m。

目前构筑物振动限值多用振动速度表征，因此研究冲击过程的振动速度变化具有重要意义。冲击过程中土体振动速度峰值达到 1.3 cm/s，振动速度扩散形态、影响范围与剪应力分布类似（图 7-21、图 7-22）。

图 7-23 显示了冲击点振动速度时程变化，由加载初期 40 cm/s 逐渐衰减为 0。

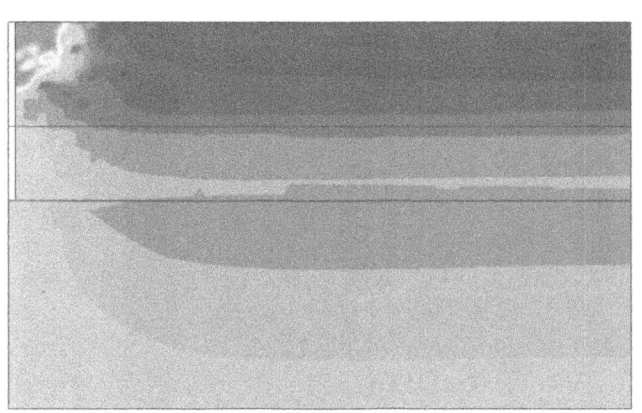

图 7-19 冲击过程动力响应剪应力分布（$T=0.001$ s）

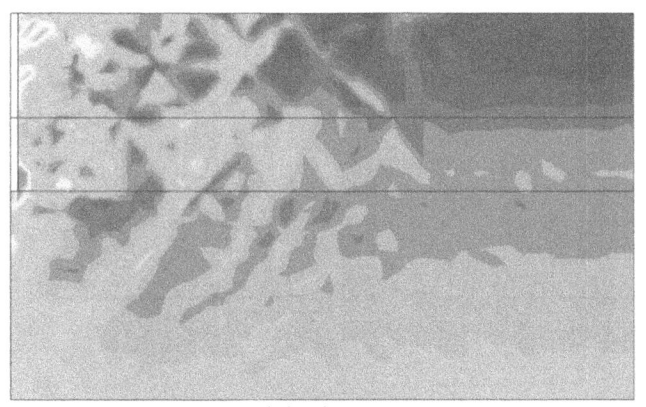

图 7-20 冲击过程动力响应剪应力分布（$T=0.2$ s）

图 7-21 打桩过程动力响应振动速度分布（$T=0.001$ s）

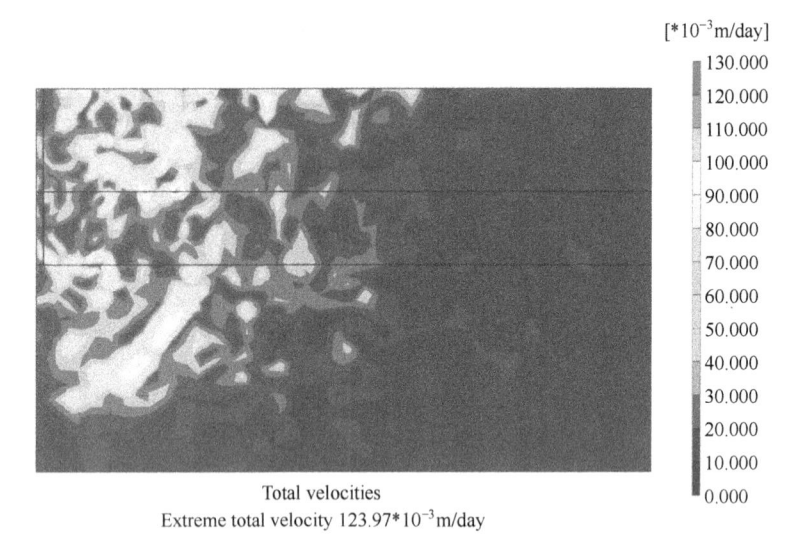

图 7-22　冲击过程动力响应振动速度分布（$T=0.2$ s）

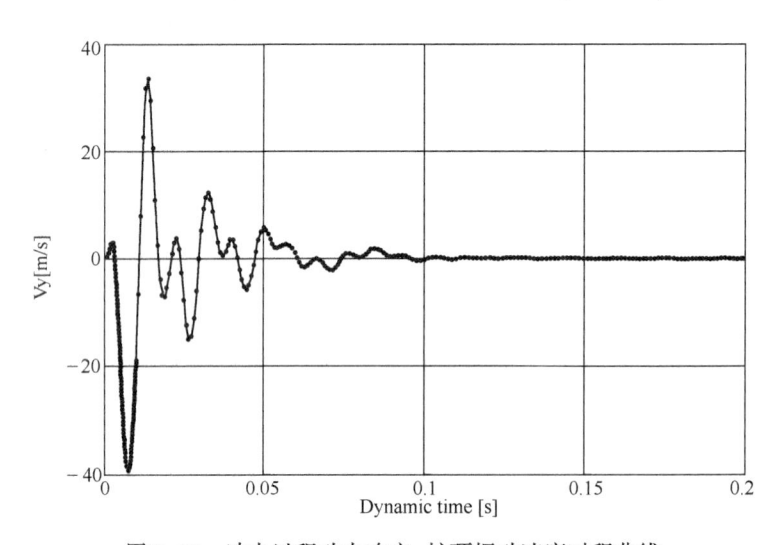

图 7-23　冲击过程动力响应-桩顶振动速度时程曲线

提取距离冲击点范围接近地表处监测点振动位移数据，可见经过初期的振荡之后，位移曲线振动中轴线最终在 2 mm 水平上，表明此处监测点产生了 2 mm 塑性变形（图 7-24）。

2. 压路机全路基顶部振动加载模拟计算

有限元仿真模型只建立振动轮与路基填土的接触模型，以方便模型简化。仿真所需参数是参考目前常用单钢轮重型自行式振动压路机的技术参数（表 7-6）。

计算激振频率采用 27 Hz，激振力幅值约为 280 kN，动力加载时间 5 s。模型采用静力计算相同的路基分层填筑厚度，不考虑 2 m 堆载预压情况，路基填筑过程中直接采用动力压实（图 7-25、图 7-26）。

路基 5 天时间填筑后完成模拟，进行一次振动碾压得到总体位移如图 7-27 和图 7-28 所示，最大竖向位移值 49.7 mm，最大水平位移 7.65 mm。

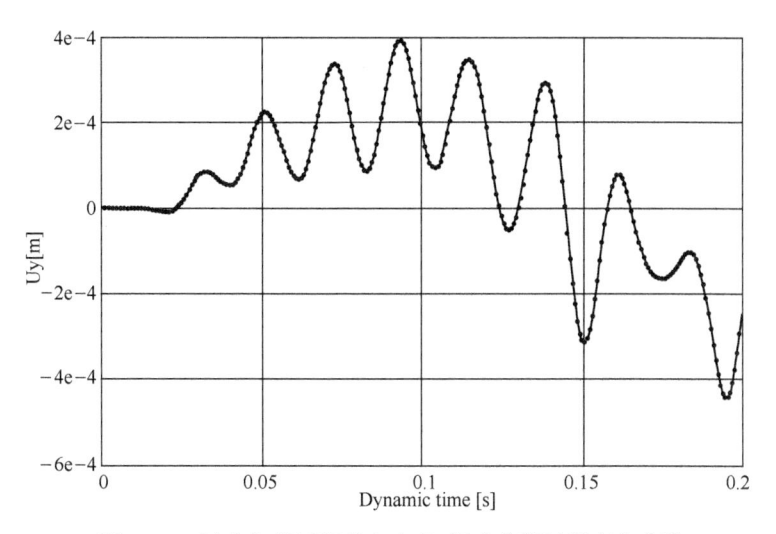

图 7-24 冲击加载过程动力响应-振动位移时程变化曲线

表 7-6 压路机参数

前轮质量（kg）	15 100
前轮直径（m）	1.6
前轮宽度（m）	2.13
振动频率（Hz）	27-32
激振力（kN）	280-415
振动轮静线压力（N/cm）	460

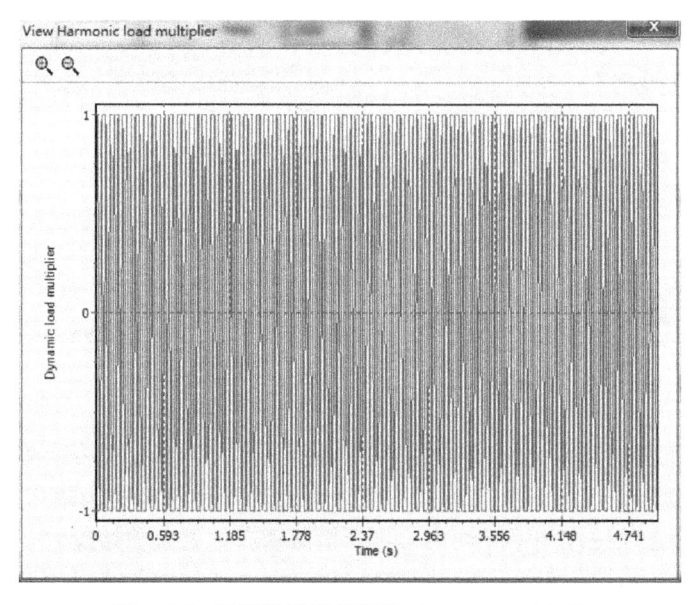

图 7-25 压路机模拟动荷载（27 Hz，280 kN）

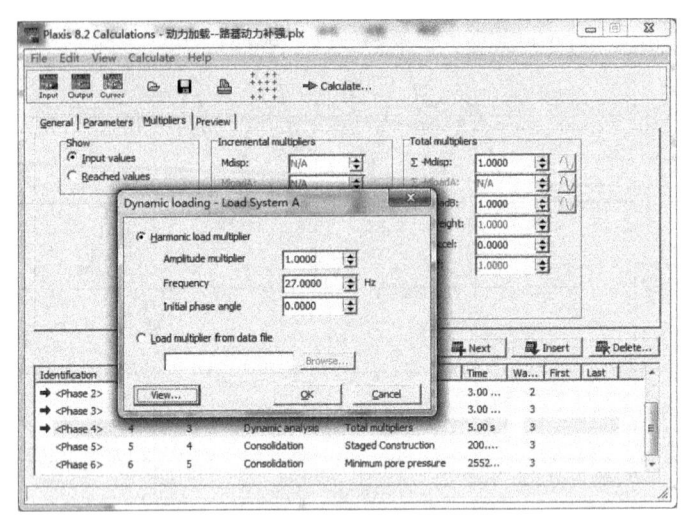

图 7-26 动力加载计算步骤

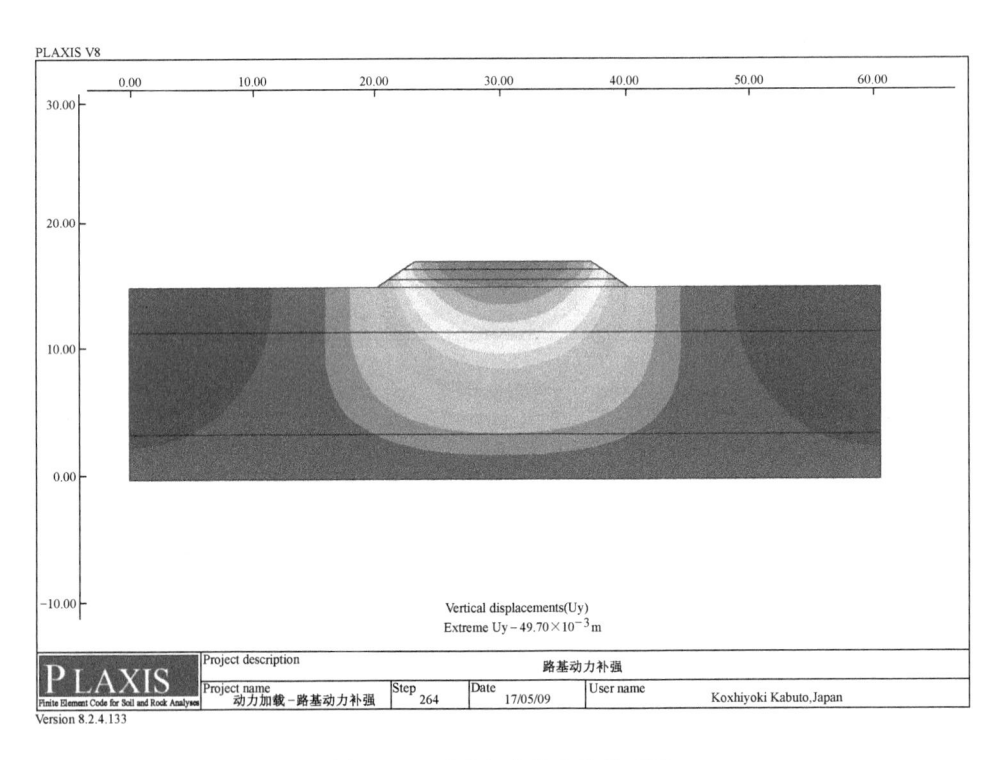

图 7-27 动力加载竖向位移云图

振动加载作用下相对剪应力云图如图 7-29 所示，动力计算过程中距离破坏包络线的位置集中在路基边坡两侧，该结果与静力计算不同（静力计算相对剪应力集中在路基坡脚以下软弱土层），分析认为在动载作用下无约束边界受迫振动产生更大剪切应力（图 7-30）。

增加动力计算步骤（5 s 全断面振动压实）后，路基长期固结变形规律如图 7-31 和图 7-32 所示，可见其长期固结变化规律与静力计算相似。

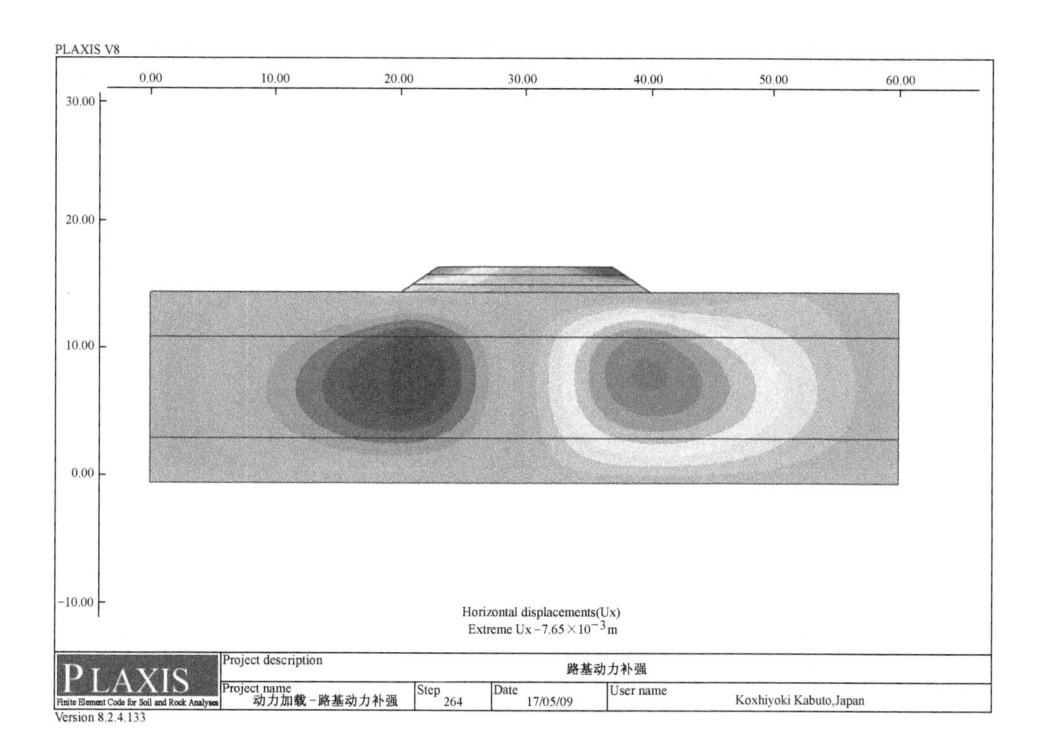

图 7-28　动力加载水平位移云图

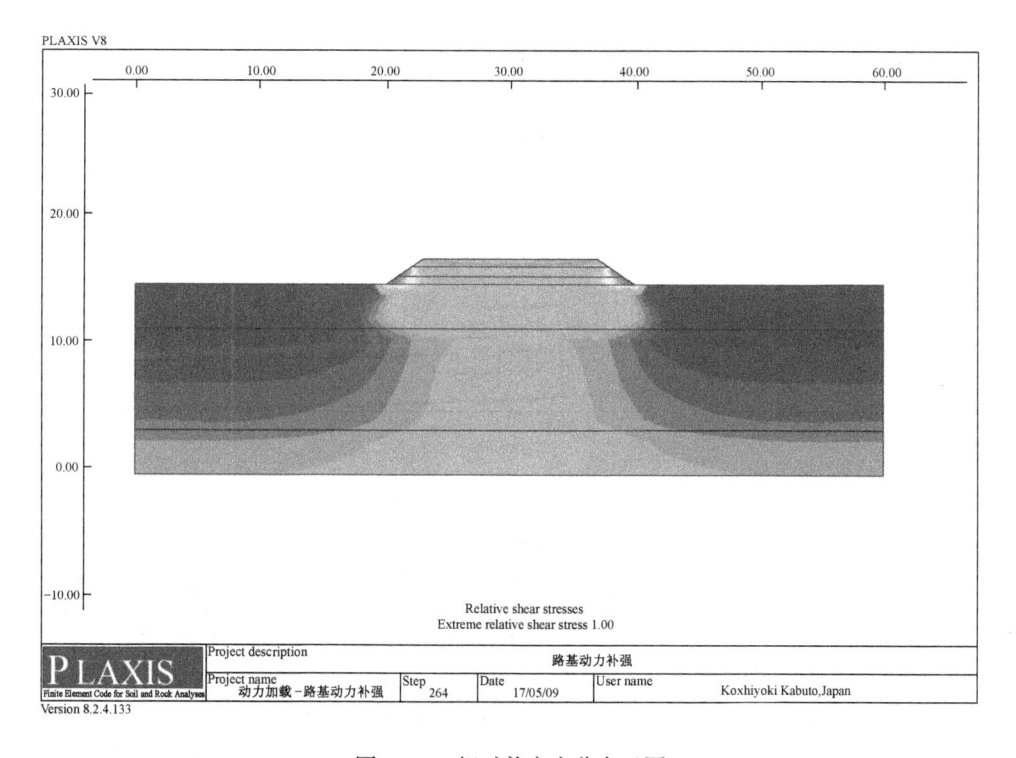

图 7-29　相对剪应力分布云图

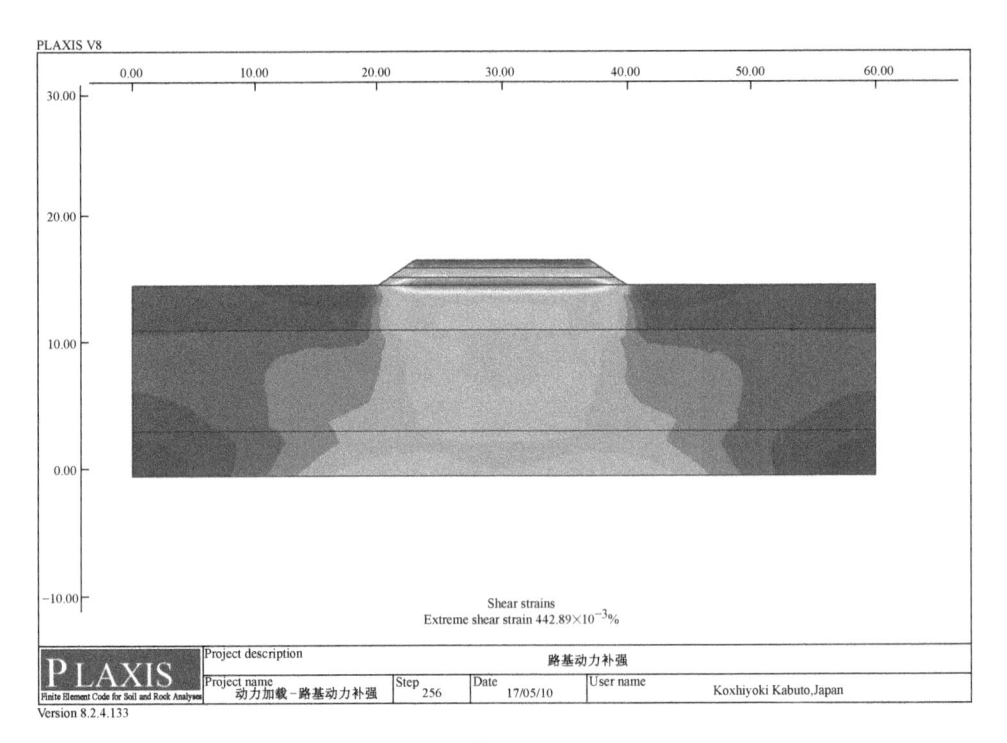

图 7-30　剪应变分布云图

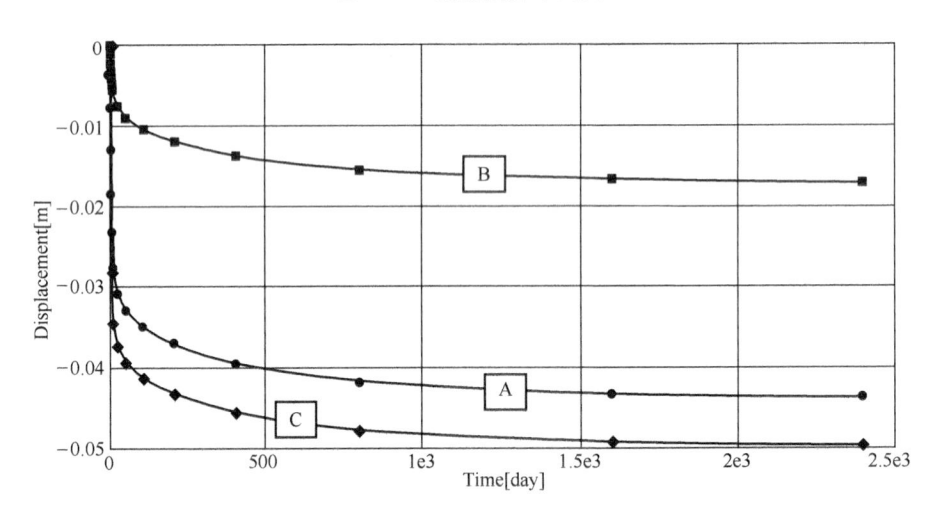

图 7-31　动力计算沉降发展曲线

国内外多数研究采用质点振动速度值来评价建筑物的振动效应（图 7-33、图 7-34）。动力计算得到动力加载过程中路基振动速度矢量分布如图 7-35 所示，可见在深度方向上以振动速度衰减至 10% 为控制标准，得出振动碾压在深度方向的影响范围约在路基基底以下 2 m。

(三) 动力补强控制影响因素分析

上文对单次冲击、一遍振动碾压的效果进行计算分析，考虑工程实际情况，分别考虑路基分层填筑动力压实的几个控制影响因素：碾压次数、激振力、振动频率，对比计算得出路基的响应指标如表 7-7 所示。

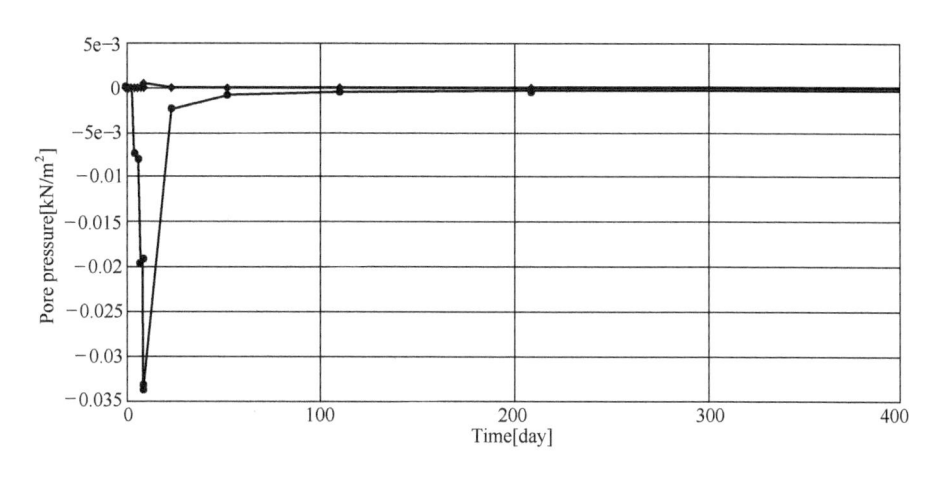

第 7 章 路基填筑碾压盲区及弱碾区动力补强技术

图 7-32 动力计算超孔压发展曲线

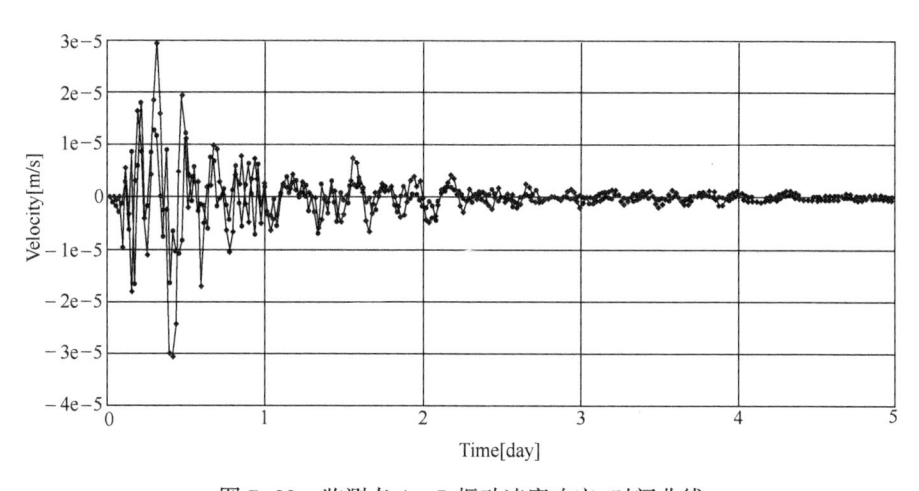

图 7-33 监测点 A、B 振动速度响应-时间曲线

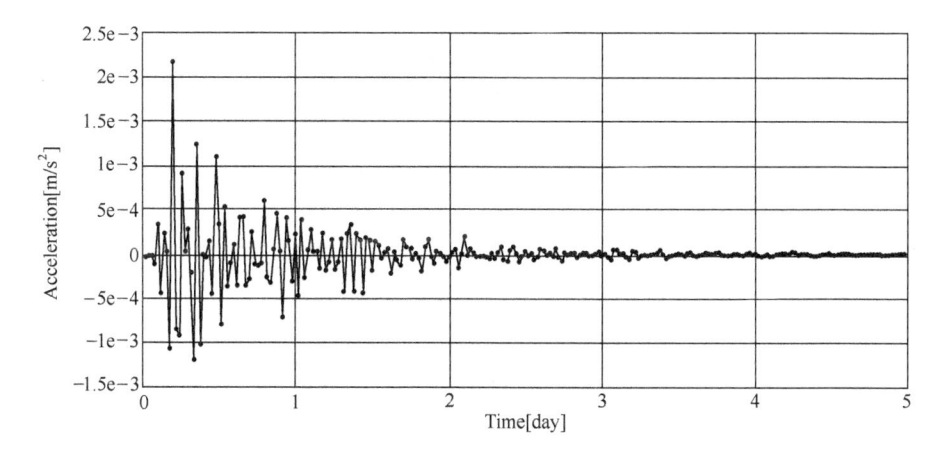

图 7-34 监测点 A、B 振动加速度响应-时间曲线

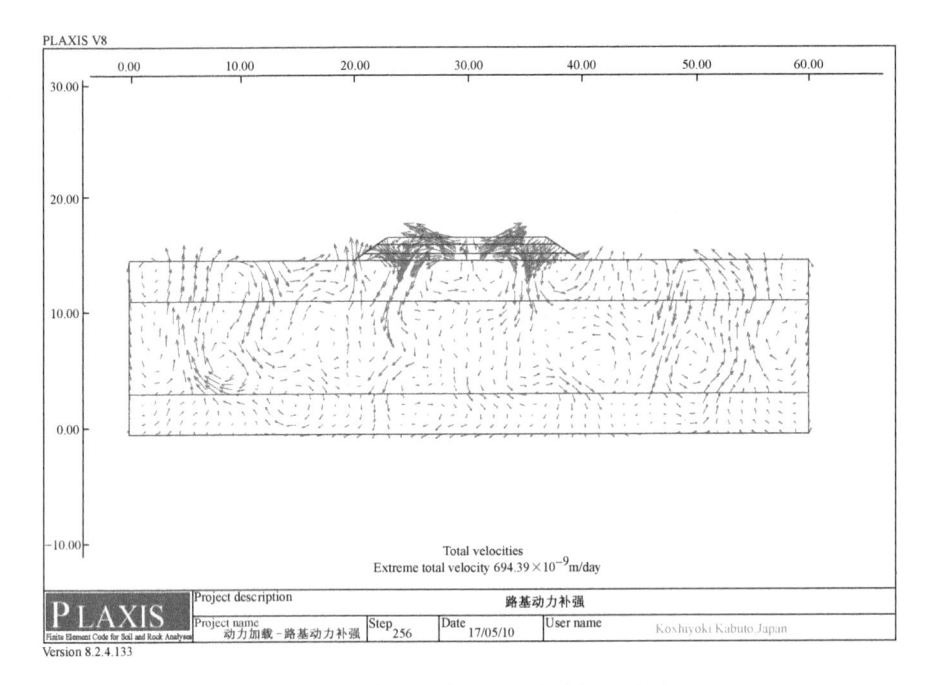

图 7-35 路基振动速度响应分布矢量图

表 7-7 动力补强影响因素对比分析

影响因素	响应指标	沉降（mm）（竖向位移）	侧向位移（mm）	剪应变	超孔压（kN/m²）
碾压次数	1	49.7	7.65	442.89E-03	34.7E-03
	2	61.4	8.70	448.50E-03	36.5E-03
	3	88.5	10.1	451.12E-03	37.1E-03
	4	103.5	12.2	462.77E-03	38.4E-03
	5	107.7	14.1	486.71E-03	39.2E-03
激振力（kN）	100	20.5	4.87	351.47E-03	30.5E-03
	200	31.3	5.52	392.03E-03	31.9E-03
	280	49.7	7.65	442.89E-03	34.7E-03
	400	55.6	8.09	472.17E-03	35.6E-03
	500	63.8	8.21	502.53E-03	37.2E-03
振动频率（Hz）	10	33.2	3.22	412.08E-03	30.1E-03
	20	40.5	5.44	424.41E-03	32.2E-03
	27	49.7	7.65	442.89E-03	34.7E-03
	40	55.6	8.71	452.69E-03	35.9E-03
	50	61.0	10.05	472.15E-03	37.3E-03

不同影响因素对比计算得出各响应指标如图 7-36 至图 7-39 所示，总体分析曲线趋势可

第 7 章 路基填筑碾压盲区及弱碾区动力补强技术

知,碾压次数对路基各指标影响显著,随次数的增加,变形、应变及孔压显著增加。激振力由 100 kN 逐级增大至 500 kN,随激振力的增加路基变形增加明显,但超孔压增加幅度不大,分析认为与上述振动速度衰减相关联,路堤土排水,而超孔压最大的(2)层粉质黏土位于基底以下 5 m 深度,激振力引发的动应力在此深度已衰减至远小于 10% 的自重应力。已有研究表明路基自振频率为 20~40 Hz,碾压频率与这一范围相重叠,可能引起路基土的共振,计算各参数除剪应变之外,其余参数受频率影响不是很明显,剪应变可在一定程度上反映路基邻近破坏时最易失稳的区域。

图 7-36 不同影响参数下竖向位移变化规律

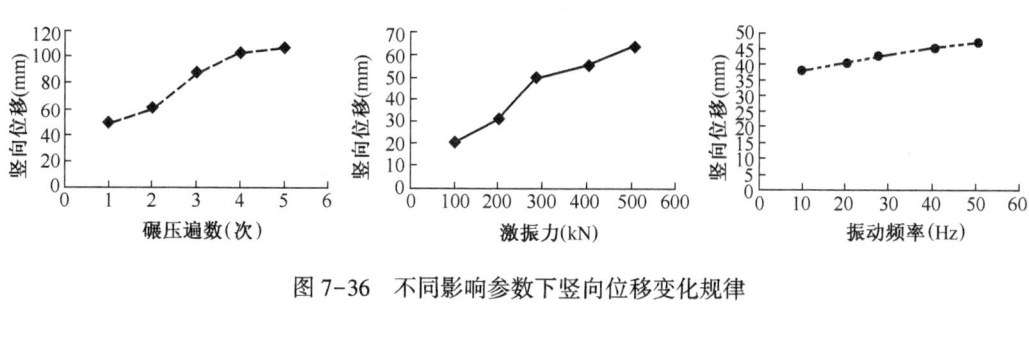

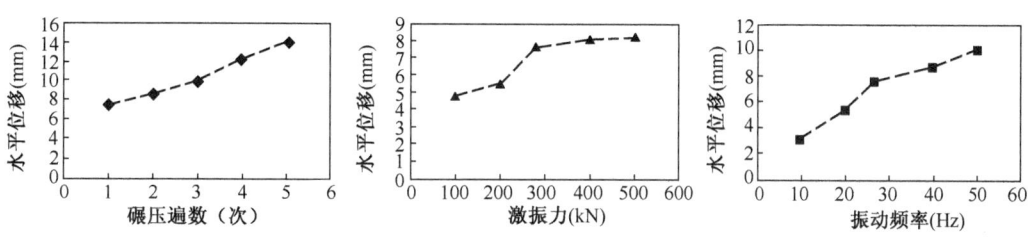

图 7-37 不同影响参数下竖向位移变化规律

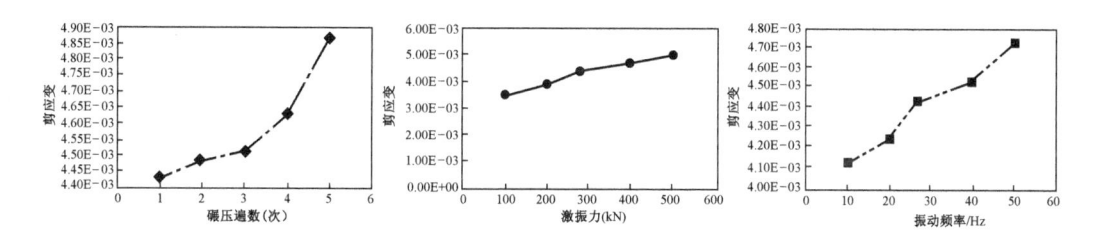

图 7-38 不同影响参数下剪应变变化规律

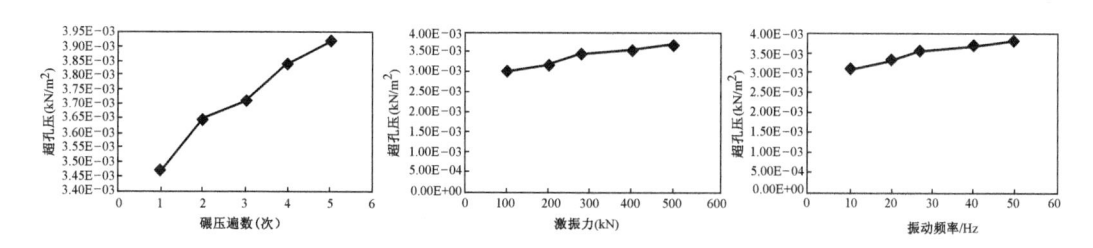

图 7-39 不同影响参数下超孔压变化规律

7.4 路基填筑碾压盲区及弱碾区动力补强施工工艺

基于理论分析、有限元模拟、现场试验等手段，采用新型高速液压夯实机（BSP），总结提出一整套路基分层填筑碾压盲区或弱碾区动力补强施工工艺，该工艺重点针对桥涵台背、邻近构筑物、高填深挖、连续沟壑"鸡爪地形"等作业面狭小、常规压实难以实施的施工区域，可以对作业面进行单点或者连续的夯实，通过高速液压夯机作业补强可以有效减小台背、墙背、高填路基等的工后沉降。

7.4.1 施工工艺特点

①施工作业盲区小。本施工工艺可对桥涵台背、邻近构筑物、高填深挖、连续沟壑"鸡爪地形"等作业面狭小、常规压实机械难以实施的施工区域进行路基压实、动力补强。在只有挖掘机能进入的狭窄区域，可使用该技术分层夯实，墙背及涵顶可直接进行夯实。

②压实效果好、影响范围小。常规夯实对土体存在强力剪切作用，破坏了土体结构，并产生较大水平力，易造成邻近构筑物的破坏。本施工工艺中的高速液压夯实机夯击强度高，属于动力压实法，路基补强时影响深度可达4 m以上，同时剪切作用小，不破坏分层成型路基土体的既有结构，对周边构筑物水平作用力小。

③适用性强，便于施工和就近取材。本施工工艺高强度、高频率反复施压，高速液压夯实机对路基填料含水量、颗粒度、黏性颗粒含量等指标敏感度及要求远低于压路机。

7.4.2 适用范围

①本工法适用于各种填土的各级公路路基分层碾压，路堤（床）补压。
②本工艺尤其适用于针对施工作业面狭小、不利于常规压实的路基填筑压实施工作业，如桥涵台背、高填深挖路段、鸡爪沟地形路基填筑等位置。

7.4.3 工艺原理

首先，按设计要求压实标准、平整度等对路基土进行检验；其次，进行高速液压夯实点的布设；然后，采用高速液压夯实机进行夯实，该机械设备路基补强时影响深度可达4 m以上，既能大幅度压缩压实度96%以上的分层碾压成型土体，剪切作用又比较小，不会破坏土体的既有结构，对周边土体影响小，可靠近桥台等构筑物施工。高速液压夯实机利用机器重力和变力的合力压缩土体，常规夯实机械对土体存在强力剪切作用，破坏了土体结构，锤体正面高速压缩土体的同时，向周边高速挤土，产生强烈的剪切波，破坏力很大。高速液压夯实机液压桩锤尽管单次夯击的能量比传统强夯设备小，但是其高速夯击频率完全弥补了这一点，并且在单位面积内夯击能更高，地基改善效果更好，同时对路基填料含水量、颗粒度、黏性颗粒含量等指标敏感度及要求远低于压路机。路基动力补强区域按要求夯点进行夯击，夯击作业过程中洒水保持夯实区域湿润；并在一定的锤击次数后进行沉降差、压实度、承载力试验检测；检测指标达到标准后，采用PY180型平地机对该区域整平，然后采用22T振动压路机洒水碾压至表面无明显轮迹，对于台背衔接处及其他死角部位，采用小型人工夯机夯实；最后，对路基质量进行检测。

高速液压夯实机动力压实示意见图 7-40 所示，与其他碾压技术影响深度对比见图 7-41 所示。

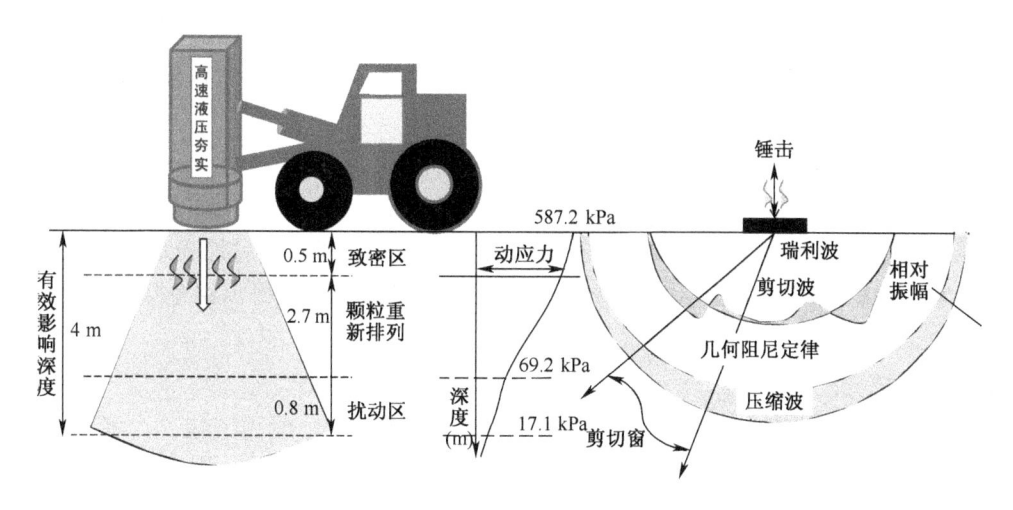

图 7-40 高速液压夯实机动力压实示意图

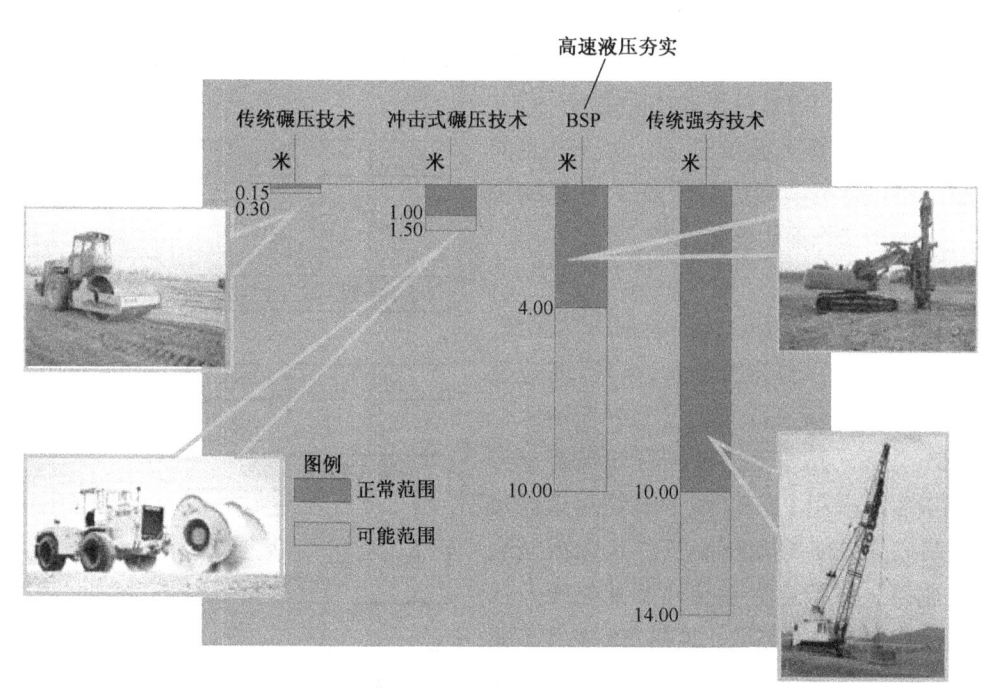

图 7-41 高速液压夯实机与其他碾压技术影响深度对比

（一）操作要点

1. 施工准备

需对碾压区域进行清理整平，以保证均匀传递落锤冲击力。预先在现场布置沉降观测点，利用全站仪实际测量坐标。

2. 测量放样

已整平路基进行放样测量，测量动压前标高，便于量测动压前后沉降差。

3. 试验段布置

路基分层动压，每 20 m 设置 1 个检测断面，每检测断面布置路基左、中、右 3 个沉降监测点。动压过程中按照每 3 锤检测 1 次沉降，并详细记录数据，整理分析检测数据，确定最佳动压次数以指导施工。

4. 动力压实过程

采用 3 档档位每次累加 3 锤夯实作业，利用水准仪测量每夯机 3 锤后的相对高程，得到对应累积沉降量和相对沉降量，采用动力触探试验分别检测夯实前后地表地基承载力变化，最后对夯实面测得最终填筑面整体沉降量。各种数据整理汇总后得出结论以便指导大面积施工。

5. 注意事项

①桥涵等邻近构筑物台背回填补强施工前，应完成支撑梁、涵顶铺装、八字墙施工，且混凝土强度应达到 100%。

②在涵台布设位移监控观测点，实时监控。安排专人对构筑物进行检查，防止不均匀侧压力对构筑物产生推移。靠近八字墙的夯点应适当降低夯击势能和夯击锤数。

③高速液压夯实机夯实作业过程中应洒水保持夯实区域湿润，能更有效地提高夯实作业质量。夯实作业时，应从两边向中间进行夯实。

④如果出现局部沉降量过大，对于夯点间空隙部位，可以根据实际情况予以 3~6 锤的补充夯实，以利于工作面的整体找平。

（二）施工流程

路基在夯击前必须按设计要求的压实标准、平整度等进行检验，检测合格后，进行高速液压夯实点的布设。在夯实作业过程中应洒水保持夯实区域湿润。路基动力补强区域按要求夯点夯击完毕后，采用 PY180 型平地机对该区域整平，然后采用 22T 振动压路机洒水碾压至表面无明显轮迹，对于台背衔接处及其他死角部位，采用小型人工夯机夯实。采用 HC36 型高速液压夯实机对涵洞台背等碾压盲区或弱碾区回填进行动力补强施工工艺流程如图 7-42 所示。

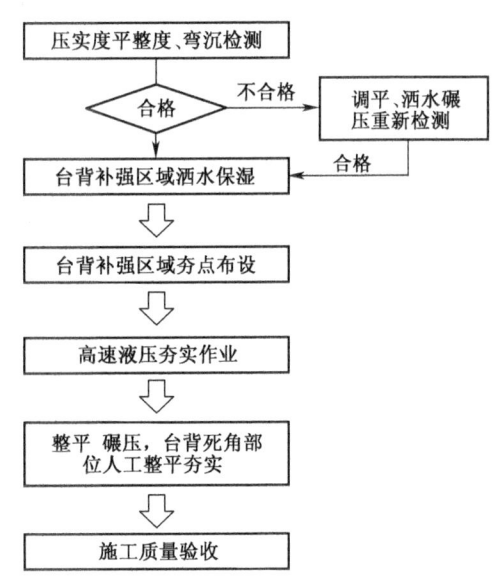

图 7-42　高速液压夯台背补强施工工艺流程

7.4.4　材料与设备

见表 7-8 至表 7-10 所示。

表 7-8 人 员 配 置

序号	工种	数量	职责
1	技术员	1	全程监控施工过程，观察夯实过程中产生压力对构筑物及其附属结构的扰动
2	测量员	1	观测沉降量以及构筑物位移监控
3	杂工	2	台背补强区域修筑围堰，台背衔接处及其他死角部位整平，并采用小型人工夯机夯实

表 7-9 机械设备配置

序号	设备名称	型号	数量
1	高速液压夯实机	HC36	1
2	洒水车	16T	1
3	平地机	PY180	1
4	压路机	22T	1
5	小型夯机	HCR90	1

表 7-10 试验仪器设备

序号	试验仪器	数量
1	灌砂筒	4套
2	高精度电子天平	1台
3	全站仪	1台
4	水准仪	1台
5	土工标准筛	1套
6	10kg案秤	1台
7	50cm钢尺	1个

7.4.5 施工质量控制

①路基填筑前按《公路土工试验规程》规定的方法进行颗粒分析、含水量与密实度、液限和塑限、有机质含量、承载比（CBR）试验和击实试验土的物理力学参数根据土质类型与工程要求确定，其基本物理参数有：天然含水量（%）、液塑限、天然密度（g/cm³）、粒径组成。力学参数有：压缩系数 α、压缩模量 E_s、粘聚力 c、内摩擦角 ϕ、湿陷系数 δ_s。

②填筑施工时按标准化施工工艺作业。

③填筑前，根据不同的地质情况，选择相应的设计措施进行基底处理。按照施工规范严格施工，并做好路基两侧的排水沟工程，防止雨季或其他地表水侵蚀路基。

④严格控制填料质量，当填料不合格时，弃掉或进行改良处理。

⑤填筑应从最低点起全断面水平分层填筑，严格控制填料松铺厚度。压实层厚在 60~100 cm 之间，根据具体情况选择 2~3 个不同的松铺厚度试验。

⑥填土路基填筑摊铺时，施工面要形成2%~4%的人字形坡，防止雨后出现积水；含水量控制在最佳含水量-3%~+2%时进行碾压。

⑦检测项目要求与频数见表7-11所示。

表7-11　路基试验段检测项目

序号	检测项目	备注
1	层厚	/
2	沉降量	必做
3	压实度	必做
4	土物理力学参数	选作
5	贯入度	选作
6	承载力	/
7	土体振动速度	选作

沉降量定点沉降量检测：动力压实从6锤起开始记录数据变化，利用水准仪测量每夯击3锤后的相对高程，得到对应累计沉降量和相对沉降量；采用动力触探试验检测夯实前后地表地基承载力；采用灌砂法试验检测夯实前后的压实度；最后对夯实面整平碾压测得最终路基填筑面整体沉降量。

压实度：压实度检测的样本数不少于4个，检测位置见表7-12所示。

表7-12　压实度检测位移

项目	测点位置	检测时间
桥涵台背等弱碾区动力补强	表面以下20 cm、50 cm、80 cm	动压前10次、后期每动压5次
路基分层填筑动力压实	表面以下20 cm、50 cm、80 cm、120 cm	动压前10次、后期每动压10次

路基土含水量：动力压实路基土含水量范围要求如下：细粒土含量≥50%，$w_{opt}-4 \leqslant w \leqslant w_{opt}+2$；细粒土含量<50%，$w_{opt}-3 \leqslant w \leqslant w_{opt}+2$；高液限土的冲击碾压的含水量上限可放宽至28%。含水量超出此范围的可根据实际情况经试验验证后确定控制范围。

7.4.6　施工安全措施

（一）安全风险分析

邻近桥涵等构筑物进行路基动力压实，产生的水平力可能造成构筑物的推移；高速液压夯实机械在运行时可能发生机械倾覆危险撞到旁边施工人员，造成人员伤亡事故。

（二）保证措施

安排专人对压实邻近构筑物进行实时监控，通过经纬仪或全站仪重点监测水平位移情况。严格执行技术交底，对各种机械设备制定专门的操作规程和安全手册；用白灰线提前标示出机械行走范围，让司机一目了然，可有效防止机械倾覆事故发生；周围人员时刻注意自身安全，同时由专人指挥机械，随时提醒；在构筑物处设立警戒安全标志，防止对构筑物造成损伤。

7.4.7 环保措施

①施工前查明动力压实范围内的地下管线及附近各种构筑物,并应根据构筑物的类型采取相应的保护措施,机械改线或者拆除,确定安全距离以保护构筑物。

②施工场地附近有构筑物时,应注意观察,发现异常情况时,应立即中断施工,以避免构筑物损伤。

③施工过程中合理安排施工时间,减少噪声与振动对环境的影响,对扬尘应洒水降尘。

7.4.8 效益分析

①使用高速液压夯实进行路基分层锤击压实或补压振碾达标路床工程,能较好地提高路基的整体强度与均匀性,有利于避免路面的早期损坏,延长路面的良好服务水平。

②通过该施工技术动力压实,可消除路基不均匀沉降,减少路基的工后沉降。

③路基压实机械无法进入或进行作业的施工狭小区域,常规采用人工整平夯实,费时费力且压实效果不好,采用本施工工艺确保路基压实效果的同时节省时间与成本。

7.5 路基填筑碾压盲区及弱碾区动力补强效果评价

7.5.1 省道 S316 永莘线动力补强应用效果分析

(一)工程概况

S316 永莘线禹城市西外环至禹城与高唐界段改建工程,全长 15.2 kM;项目位于德州禹城市境内。德州市位于黄河下游北岸,山东省的西北部,北以漳卫新河为界,与河北省沧州市为邻;西以为运河为界,与河北省衡水市毗连;西南与聊城市接壤;南隔黄河与济南市相望;东临滨州市。

路线所经区域属暖温带半湿润大陆性季风气候区,四季分明,雨量集中。春季干旱多风,盛夏炎热多雨,秋季凉爽,冬季干冷,具有显著的大陆性气候特征。年平均气温 12.4 ℃,7月份最热,平均气温 26 ℃。极端高温主要在 6~7 月份,极端高温平均为 41.5 ℃。秋季空气湿度小,降水比夏季明显减少,呈现出风和日丽、秋高气爽的天气。冬季盛行西北风,气候寒冷干燥,雨雪较少,1 月份最冷,平均气温-3.2 ℃。极端低温主要出现在 1 月份,极端低温平均为-24 ℃。平均无霜期 202 天,年平均降水量 555.5 mm,降水量的时间分配以 7 月份最多,有明显的"春季雨少多干旱,秋季雨少多晴天,雨季雨多常有涝,冬季少雪多干燥"的季节分配特点。

全线共有中桥 2 座、小桥涵 5 座、圆管涵 32 道,为保证工程质量,减小涵洞台背回填工后沉降,预防后期出现"桥台跳车"现象。我单位采用 HC36 型高速液压夯实技术并通过实地试验研究设备性能,确定合理施工参数以形成补强工艺。根据现场实际情况,将 K2437+139 涵洞台背填筑作为本次高速液压夯实机夯实试验点。本项目台背回填填料全部通过土工试验选定的级配良好的透水性沙砾,粒径不大于 53 mm,分层压实厚度不大于 15 cm,压实度

≥96%，施工中严格遵守先过筛备料后分层施工检测的程序。

（二）试验方法

路基在夯击前必须按设计要求的压实标准、平整度等进行检验，检测合格后，进行高速液压夯实点的布设。在已施工完并按设计要求的压实标准检测合格的路基上放出夯点，用白灰标识并编号，之后按照编号测出每一点初始高程。液压夯实机按测量放样的位置就位，使夯锤对准点位。台背补强处理区域为距离涵台6 m范围，共6排。前三排夯点布点采取沿锤心距离1 m呈梅花形布置，第四排夯点1.2 m（横向）×1 m（纵向），第五、第六排夯点1.5 m（横向）×1 m（纵向），夯锤边缘距台背最小距离为0.2 m，夯点布置如图7-43所示。

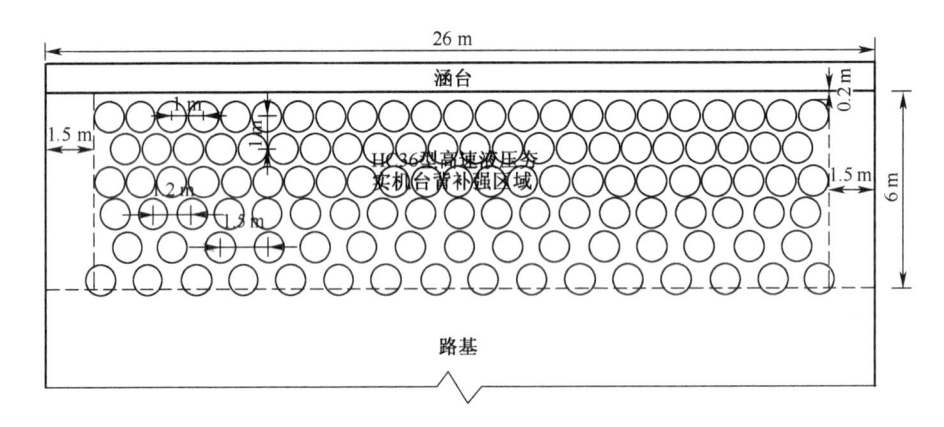

图7-43 夯点布置示意图

（三）试验过程

结合现场施工，试验工点选择在本标段K2437+139涵洞台背填。设备型号：泰安恒大HC36型，夯锤重量为3.2 t，行程1.2 m，夯击最大势能36 kJ，夯板直径1 m（表7-13）。

表7-13 高速液压夯实机主要技术参数

型号 type	HC36
锤体质量 drop weight	名义值3000/实际值3250
锤体行程（3挡）stroke	200~1200
最大击打能量 max energy	名义值36/实际值39
击打频率（可调）frequency	30~80
整机质量 total weight	6400
总高 length	3730
总宽 weight	1420
总深 deep	1480
工作压力 working pressure	16
工作流量 working flow	160
适配装载机 wheel loader	5（ZL50等）

试验中采用3挡档位每次累加3锤夯实作业，利用水准仪测量每夯击3锤后的相对高程，得到对应累积沉降量和相对沉降量，采用动力触探试验分别检测夯实前后地表地基承载力变

化。最后对夯实面测得台背填筑面整体沉降量（图 7-44 至图 7-46）。

图 7-44　夯实作业

图 7-45　夯点沉降观测

图 7-46　夯点重型动力触探检测地基承载力

(四) 试验结果分析

根据现场沉降观测及承载力检测试验，整理得到的试验结果见表 7-14 所示。由表中可以较明显看出沉降量随夯击锤数的增加而增加，但增加幅度逐渐减小。

表 7-14 试 验 成 果

项目 夯击次数	累计沉降（mm）	相对沉降（mm）	承载力（kPa）
0	0	0	500
3	42	42	
6	69	27	
9	87	18	
12	99	12	
15	107	8	
18	112	5	1200
21	116	4	

对于 3 档作业，前 3 锤的相对沉降量最大，前 9 锤的累积沉降量占试验 21 锤总沉降量的 75%，前 12 锤的累积沉降量占试验 21 锤总沉降量的 85.3%，前 15 锤的累积沉降量占试验 21 锤总沉降量的 92.2%，同时注意到 16~18 锤作业产生的相对沉降量只占总沉降量的 4.3%。因此，对于实际作业采用 18 锤已经能够达到现场补强要求，并且极大地提高了作业效率，通过试验数据观察 18 锤击实后表层地基承载力提高 700 kPa，经试验夯实 18 锤对夯实面整平收面后复测标高，得到整体夯实面沉降 8~11 cm。

7.5.2 禹城市振兴大道路基动力补强应用效果分析

（一）工程概况

禹城市振兴大道建设工程，全长 7.8 km；合同段共含中桥 1 座，小桥涵 1 座，涵洞 13 道，道路两侧毗邻建筑物最近距离 5~7 m，施工作业环境复杂、场地狭小。采用高速液压夯实技术并通过实地试验研究设备性能，确定合理施工参数以形成补强工艺建设。本项目路基填料全部通过土工试验选定的级配良好料，粒径不大于 15 cm，分层压实厚度不大于 30 cm，压实度≥96%，施工中严格遵守先过筛备料后分层施工检测的程序。

（二）试验方法

1. 试验注意事项

①击打频率取决于承载设备（装载机）油泵供油量。表列 80 b/min 是指最小击打能量（1 挡）时的许用值，30 b/min 是指最大击打能量（3 挡）时的许用值，标准配置时，最大击打能量（3 挡）时的实际值大于 30 b/min。

②最大击打能量名义值及配置一定时，最大击打能量（3 挡）时的击打频率是考核夯实机夯实质量（落锤速度决定实际夯击能量）、生产率、产品可靠性的首要指标。与相同装载机匹配后，最大击打能量（3 挡）时的击打频率越低，产品效能、技术水平、质量水平越低。

2. 布点

布点采取沿锤心距离 1.5 m 均匀布点,如图 7-47 所示。

图 7-47 布 点

布点采取沿锤心距离 1.5 m 梅花形均匀布点,布设范围为涵背范围内布点,如图 7-48 所示。

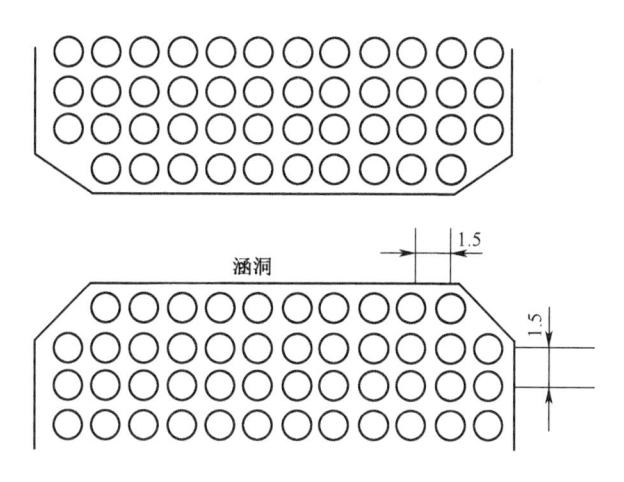

图 7-48 涵背高速液压夯机夯点布置示意图

3. 夯实过程及测试方法

结合现场施工,试验工点选择在本标段 K109+960 至 K110+050 路基段,路基中桩最大填筑高度 30.13 m。设备型号:泰安恒大 HC36 型,采用 3 挡每次累加 3 锤夯实作业,利用水准仪测量每夯击 3 锤后的相对高程,得到对应累积沉降量和相对沉降量,分别采用动力触探试验检测夯实前后地表、不同夯击次数点位 60 cm 深入的地基承载力。最后对夯实面整平碾压收面测得最终路基填筑面整体沉降量(图 7-49 至图 7-53)。

(三) 试验结果分析

根据现场进行的沉降观测、地基承载力、压实度检测试验,整理得到的试验结果见表 7-15 至表 7-17 所示。

图 7-49 夯实前测量原地面的地基承载力

图 7-50 夯实前测量原地面的压实度

图 7-51 夯实前测量原地面的高程

第7章 路基填筑碾压盲区及弱碾区动力补强技术

图 7-52 夯实作业

图 7-53 动力触探试验

表 7-15 高速液压夯击沉降记录

锤击数 观测点标高	1	2	3	4	5	6
6 锤相对沉降量（mm）	48	43	42	38	28	26
9 锤相对沉降量（mm）	14	12	11	13	15	14
12 锤相对沉降量（mm）	12	12	12	11	10	13
15 锤相对沉降量（mm）	11	10	10	10	9	10
18 锤相对沉降量（mm）	10	10	10	9	6	8
21 锤相对沉降量（mm）	8	8	9	7	4	7
累计沉降量	103	95	94	88	72	78

由表 7-15 可以较明显看出沉降量随夯击锤数的增加而增加，但增加幅度逐渐减小甚至出

现土体周边破坏隆起现象。对于3挡作业，前6锤的相对沉降量最大，前9锤的累计沉降量占21锤总沉降量的51%~60%；前12锤的累计沉降量占21锤总沉降量的67%~73.6%；同时注意到15锤作业产生的相对沉降量只占沉降量的10%。因此，对于实际作业9~12锤已经能够达到现场补强要求，并且极大地提高了作业效率。施工中不宜过夯，以免造成周围土体隆起侧压及破坏原有分层结构，经试验夯实9~12锤击后夯实而整平碾压后复测标高，得到整体夯实面沉降为53~74 mm。

表7-16 高速液压夯击地基承载力记录

序号	原始地基承载力（kPa）	21锤后地基承载力（kPa）
1	220	791.1
2	260	791.1
3	220	733.8
4	300	850.3

表7-17 高速液压夯击压实度记录表

序号	原始压实度（%）	21锤击后压实度（%）
1	96.3	99.2
2	96.9	100
3	97.4	99.7
4	96.5	99.4

7.6 小　　结

公路路基分层填筑过程中存在桥涵台背回填、高填深挖、鸡爪沟地形等施工作业面狭小、大型压实机械无法施工的区域，此外强夯、冲击压路机对分层碾压路基补强时将产生剪切，破坏既有路基结构，不宜用于成型路基补强。针对当前常规路基压实施工技术存在的作业盲区大、具有较大水平力、易破坏邻近构筑物等问题，采用路基分层填筑碾压盲区及弱碾区动力补强施工技术可有效解决上述问题。

①归纳总结当前路基填筑压实技术常见的四种压实方法（静力压实、振动压实、夯实、冲击压实）各具优缺点。静力压实利用重力对材料施加垂直压力作用，产生法向应力和剪切应力使得材料颗粒发生槽移，但受限于重物尺寸，静力获得的压实度较低。振动压实通过激振作用材料更为密实，可使材料颗粒处于共振状态下，从而获得最佳的压实效果。夯击和冲击压实都是利用动能转化为冲击能来压实土，只是在冲程和频率上有所不同。可在土中产生很大剪切应力和法向应力，压缩土体并排除土中的空气和水分。冲击波可以传至很深的深度，能获得最大的压实深度。

②基于拟静力法、应力波估算冲击压实过程中路基土中的应力分布和土体竖向位移。通过计算得到：随着填土深度的增大，冲击荷载产生的动应力衰减，填土厚度到达2 m时，附

加应力衰减84%；工程中有效影响深度范围为1.5~2 m。在冲击补强作用下，路基土的应力应变与土的基本参数和冲击压路机相关参数有关，在土体一定埋深处，应力和速度在应力波到达瞬间为最大值，该值沿深度呈指数衰减。

③建立有限元计算模型开展静力分析与动力分析。静力分析路基分层填筑采用堆载预压计算得到路基长期固结变形（沉降、侧向位移）、超孔压；动力分析考虑单次冲击荷载、一次振动碾压、多参数影响下振动碾压计算。静力计算得到路基长期固结变形最终沉降、监测路基坡脚侧向位移累积变形，侧向位移在固结期间出现"回缩"现象，深度分布曲线呈现"弓"型。动力计算得到单次冲击作用下路基土振动影响范围及深度，一遍振动碾压情况下路基变形、应变及超孔压变化规律；得到路基变形最大竖向位移值、水平位移；通过振动速度评价影响范围，可知在基底以下2 m衰减至10%，视为其有效影响深度；对比计算碾压次数、激振力、振动频率等影响因素，碾压次数对路基各指标影响较显著，随激振力的增加路基变形增加明显，但超孔压增加幅度不大，振动频率与路基自振频率范围相重叠，剪应变受该指标变化影响较为明显。

④总结提出路基分层填筑碾压盲区及弱碾区动力补强施工技术，该技术采用高速液压夯实机，具有施工作业盲区小、压实效果好、影响范围小、适用性强、便于施工和就近取材等优点。本施工工艺可对桥涵台背、邻近构筑物、高填深挖、连续沟壑"鸡爪地形"等作业面狭小、常规压实机械难以实施的施工区域进行路基压实、动力补强，剪切作用小，不破坏土体的既有结构，对周边构筑物水平作用力小。对路基填料含水量、颗粒度、黏性颗粒含量等指标的敏感度及要求远低于压路机。

⑤将路基分层填筑碾压盲区及弱碾区动力补强施工技术应用于S316永莘线禹城市西外环至禹城与高唐界段改建工程、禹城市振兴大道建设等工程项目，总结试验方法与操作要点，通过沉降量、压实度、地基承载力等试验检测验证了该施工技术的有效性与适用性。

第 8 章

公路路基景观绿化设计

8.1 公路景观绿化设计

公路绿化、美化是公路建设中不可分割的重要组成部分，绿化、美化的质量直接影响公路的功能与档次。它力求对公路绿化进行全方位、立体式、多功能的科学设计，将绿化、美化以及景观观赏和窗口示范等功能和谐优化，融为一体，创建一条景观环保型"绿色生态公路"，或者说是一种较高层次的绿化。因此，它是我们在实施公路绿化的过程中追求的目标。

公路景观绿化设计属于景观设计学的范畴，景观设计学是一个庞大、复杂的综合学科，它融合了社会行为学、人类文化学、艺术、建筑学、当代科技、历史学、心理学、地域学、风俗学、地理、自然等众多学科的理论，并且相互交叉渗透。

公路景观绿化设计是指在公路路域范围内利用植物及其他材料创造一个具有形态、形式因素构成的较为独立的，具有一定社会文化内涵及审美价值并能满足公路交通功能要求的景物的过程。这样它必须具有以下三个属性：一是自然属性，它必须作为一个有光、形、色、体的可被人感知的因素，一定的空间形态，较为独立并易于从公路路域形态背景中分离出来的客体。二是社会属性，它必须有一定的社会文化内涵，有观赏功能，改善环境及使用功能，可以通过其内涵，引发公路使用者——司机、乘客、公路管理养护人员等的情感、意趣、联想、移情等心理反应，即所谓的景观效应。三是特殊的功能性，这是公路景观绿化设计区别于一般景观设计的重要特征，公路景观绿化设计的依附主体是公路，在其具有上述两种属性的同时必须注意应满足公路在设计、施工、运营过程中的具体功能要求，如交通安全、防止水土流失、净化空气、降低交通噪声等等。

8.1.1 公路景观绿化的功能及作用

（一）改善道路景观

公路景观绿化是国土绿化的重要组成部分。公路绿化反映公路建设系统工程的水平，景观绿化能使本来生硬、单调的公路线形变得丰富多彩，创造出许多优美的景观；能使裸露的挖方路堑岩石边坡披上绿装，使新建公路对周围环境景观的负面影响降低；能使公路两侧的自然及人文景观资源与环境景观有机结合、协调，使公路构筑物（如立交桥、服务停车区、收费和管养站区）巧妙地融入到周围的环境之中，给高速公路的使用者——司机及乘客提供优美宜人、舒适和谐的行车环境。

(二) 吸尘防噪、净化空气

绿色植物体可以通过光合作用过程吸收二氧化碳，放出氧气，使高速公路沿线的空气保持清新。同时，植物的叶片还能吸收和阻滞在高速公路上行驶的车辆排放的尾气中所含的各种有害气体（CO、NO_x 等）、烟尘、飘尘以及产生的交通噪声，减轻并防治污染，净化和改善大气的环境质量。

(三) 固土护坡及防止水土流失

植物体通过根系对土壤的固着作用，以及植物枝叶和地被植物的有关作用达到涵养水源的目的，并能阻止或减少地表径流，降低和防止雨水冲刷路基、路堤、路堑、边沟、边坡，避免水土流失。

(四) 视线诱导

著名的风景建筑师詹斯·詹森说："如果公路旁过于单调而使驾驶者打瞌睡，那么，不管公路本身有多么好，都是危险的"。公路绿化是司机和游客视野范围内的主要视觉对象，规整亮丽的树木花草，不仅可以给人以优美、舒适的享受，而且可以提示高速公路路线线形的变化，使行驶于高速公路上的车辆能更安全。

(五) 降低路面温度

有关试验表明：夏季沥青混凝土路面，温度高达 40 ℃ ~ 50 ℃，比草地和林荫处高 1 ℃ ~ 14 ℃，绿地气温较非绿地一般低 3 ℃ ~ 5 ℃。通过景观绿化美化，可以改善地温和气温，改善小气候，减轻路面老化，延长公路使用寿命。

8.1.2 公路景观绿化设计的范围与内容

从严格意义上讲，高速公路征地范围之内的可绿化场地均属于景观绿化设计的范围，按其共同特点可分为以下几部分内容：公路沿线附属设施（服务区、停车区、管理所、养护工区、收费站等）；互通立交；公路边坡及路侧隔离栅以内区域（含边坡、土路肩、护坡道、隔离栅、隔离栅内侧绿带）；中央分隔带；特殊路段的绿化防护带（防噪降噪林带、污染气体超标防护林带、戈壁沙漠区公路防护林）；取弃土场的景观美化等。公路景观绿化工程的各部分的有关设计原则简述如下。

(一) 服务区、停车区、管养工区等公路附属设施景观绿化工程

1. 功能

以美化为主，创造优美、舒适的工作和生活空间，以及适宜的游憩、休闲环境。

2. 设计要求

服务区与收费站区的建筑物及构筑物一般都较新颖别致，外观美丽，设施先进，具有较强烈的现代感，视觉标志性极强，而且通常空间较大，绿化用地较充足，除周边的大块绿地需要与周围环境背景互相协调外，其建筑、广场、花坛、绿地主要采用庭院园林式绿化手法，加强美化效果，使整体环境舒适宜人，轻松活泼，起到良好的休闲目的。同时，服务区亦可根据各自所处的地域特征，通过绿化加以表达，突出地方文化氛围（图 8-1）。

(二) 互通立交绿化美化工程

1. 功能

诱导视线，减少水土流失，绿化美化环境，丰富道路景观。

图 8-1 服务区的绿化植物配置

2. 设计要求

互通立交区绿化以地被植草为主，适量配置灌木、乔木，以既不影响视线又对视线有诱导作用为原则。图案的设计简洁明快，以形成大色块。依据互通所处的地理位置，服务城镇性质、社会发展，结合当地历史典故、人文景观、民俗风情等决定表现形式和植物配置，可以将沿线互通分为三类。

（1）城郊型

地处城市近郊，或本身就是城市的组成部分。在吸纳当地人文历史等背景资料的前提下，可设计抽象或规则图案，表现此地区的综合文化内涵，同时注意城市建筑和公路绿化景观的统一与协调。图案设计体量宜大，简洁流畅，色彩艳丽丰富（图 8-2）。

图 8-2 榕树作为立交的标志性树种

（2）田园型

地处农村郊野，距城镇较远。绿化形式以自然式为主，强调表现本地区的自然风光，突出绿化的层次感及立体效应，使互通景观充分融入周围原野中（图 8-3）。

（3）中间型

距离大城镇较远，而又靠近小的乡镇，地处农田原野，是城郊和田园型的中间类型。绿化应兼顾双重性，强调表现个性，给游客以深刻印象（图 8-4）。

图 8-3 富有田园特色的绿化

图 8-4 靠近乡镇的立交绿化

(三) 边坡、土路肩、护坡道、隔离栅及内侧绿化带等的防护及绿化工程

1. 功能

保护路基边坡，稳定路基，减少水土流失，丰富公路景观，隔离外界干扰。

2. 设计要求

土质边坡栽植多年生耐旱、耐瘠薄的草本植物与当地适应性强的低矮灌木相结合来固土护坡（图 8-5）。

挖方路堑路段的石质边坡采用垂直绿化材料加以覆盖，增加美观。可选用阳性、抗性强的攀援植物（图 8-6）。

护坡道绿化应以防护、美化环境为目的，栽植适应性强、管理粗放的低矮灌木。

边沟外侧绿地的绿化以生态防护为主要目的，兼顾美化环境，可栽植浅根性的花灌木，种植间距可适当加大（图 8-7）。

隔离栅绿化以隔离保护、丰富路域景观为主要目的。选择当地适应性强的藤本植物对公路隔离栅进行垂直绿化。

图 8-5 土质边坡绿化

图 8-6 石质边坡绿化

图 8-7 边沟外侧绿地的绿化

(四) 中央分隔带绿化美化

1. 功能

防眩为主，丰富公路景观。

2. 设计要求

树高不应低于 120 cm，以 120~180 cm 的高度为佳，而树木的分枝高度应在 50 cm 以内。过高的植物，由于路面风速大，树体摇晃剧烈，反而容易造成行车人员心理紧张，不利于交通安全；植株过低，又起不到防眩作用，同样也不利于安全。中央隔离带绿篱栽植既有防眩作用，又可以在有雾和降雪天气引导驾驶员视线。中央分隔带防眩遮光角控制在 8°~15°之间，常见中央分隔带绿化栽植形式主要有三种：①常绿灌木为主的栽植（图 8-8）；②以花灌木为主的栽植（图 8-9）；③常绿灌木与花灌木相结合的栽植方式（图 8-10）。

图 8-8 热带常绿灌木

图 8-9 分层次的花灌木

(五) 特殊路段的绿化防护带

1. 功能

减轻公路运营期所造成噪声及汽车排放的气体污染物超标造成的环境污染，保护公路免

图 8-10 两种植物结合栽植

受不良环境条件影响。

2. 设计要求

特殊路段绿化防护林带设计应以环境保护及防护为主,设计前应详细查阅环境影响报告书、水土保持方案报告书、公路工程地质勘测报告书等相关资料,明确防护林带的位置、长度、宽度等事宜。同时,在植物选择时应注意以下原则:①以规则式栽植为主(图 8-11);②以乔灌木栽植为主,结合植草,进行多层次防护(图 8-12);③所选树种及草种应能对污染物有较强的抗性并有适应不良环境条件的能力。

图 8-11 规则式栽植的绿化防护林带

(六) 公路取弃土场绿化美化

1. 功能

减少水土流失,恢复自然景观。

图 8-12　多种植物相结合栽植的绿化防护林带

2. 设计要求

取弃土场绿化设计应以防护为主,尽量降低工程造价,设计方法可参考边坡防护工程有关内容。同时,在植物选择时应注意以下原则:①以自然式栽植为主;②以植草为主,结合栽植乔灌木(图 8-13);③草种及树种选择遵循"适地适树"的原则。

图 8-13　公路取弃土场绿化

(七) 公路两侧绿化美化

1. 功能

美化环境,诱导视线,提高交通安全。

2. 设计要求

以当地树木为主,适量配置灌木、乔木,栽植高低有序,该挡时挡,该露时露,以既不影响视线又对视线有诱导作用为原则。

（1）平曲线路段

为使车辆行驶在弯道处有良好的行车视距，应在外侧植树，显示线形变化。如果全部植高树，会对司机产生压迫感。因此，除少量高树外，可栽一些低矮灌木，起到视觉缓冲作用（图8-14、图8-15）。为保证视线，弯道内侧半径小于100 m时不栽树。

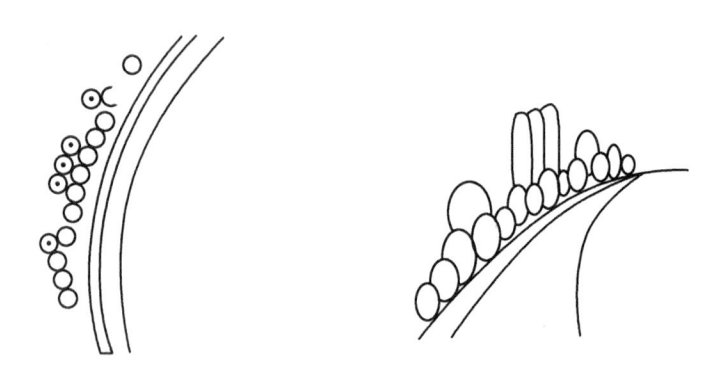

图8-14 平曲线部外侧的视线诱导栽植

图8-15 平曲线部外侧视线诱导植被

（2）竖曲线路段

①峰形区间的栽植：线形如峰形的地方，其顶部种植低树，在稍低一点的地方种植高树，这样就可以从远处越过峰顶看见后面高树的顶端，使方向明确，起到视线诱导的作用（图8-16、图8-17）。

②谷形区间的栽植：线形成为谷形的地方，植树最好避开谷形底部，在谷形区间排列种植高树时，使视野狭窄，更加突出了谷形，起到视线诱导作用（图8-18）。

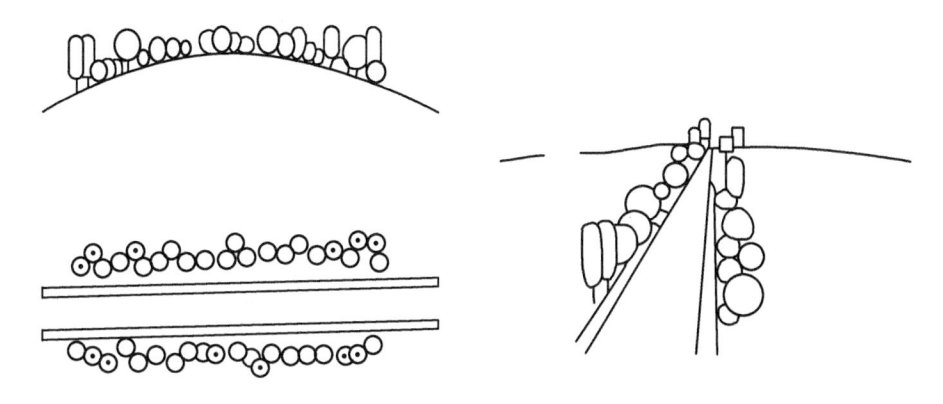

图 8-16　竖曲线两侧的视线诱导栽植

图 8-17　竖曲线路段视线诱导植被

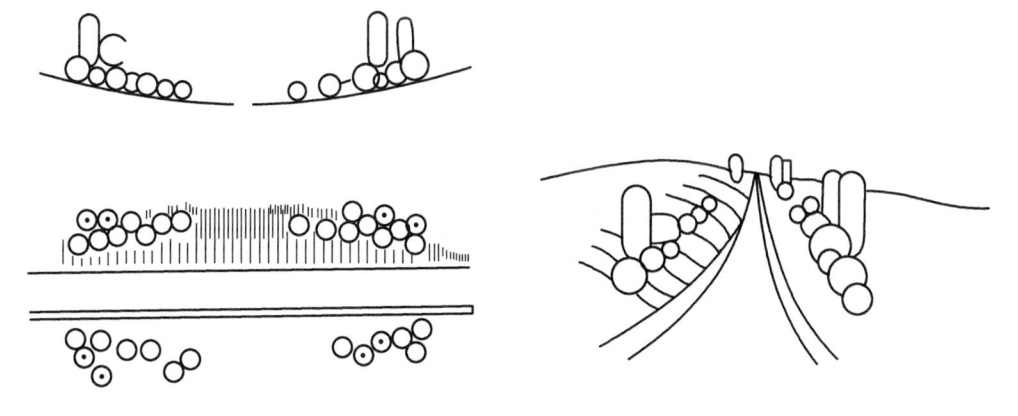

图 8-18　谷形曲线两侧的视线诱导栽植

8.2 总体设计要点

8.2.1 总体设计思路和原则

高速公路勘察设计是一项技术活动，勘察设计产品是工程技术人员理念、思想、思维意识的结晶，是用数据和线条形态表达的思维意识和思想，具有一般产品的特性，又区别于一般产品，勘察设计产品的生产过程既有创造，又有发明，而勘察设计管理和指导既是生产力，又是创造的领头羊。因此，高速公路勘察设计应根据所建公路的特点和难点，认真分析总结已建的高速公路勘察设计经验，根据总体设计思想和中心原则制订明确的主题，确定合理的建设目的，确立理性的设计目标。

(一) 总体设计的指导思想

要做好总体设计，关键在于项目负责人。项目负责人必须通晓公路各专业及其他领域的相关知识。首先，项目负责人要懂得工程经济，对工程经济学的透彻理解有助于在有限的资金条件下获得最佳效果；其次要懂得管理，就是把各个专业融会起来，有效地推进项目进程；还要懂得社会学，因为公路建设是为社会发展服务，社会学可以让其知道社会需求；还要了解历史，以防止其重犯错误；还要具有高超的协调能力，有能力修正或调整一些不完善的布局或规划，有能力说服影响项目实施的主管部门，而不是一味地迁就，被动地配合……。只对某个狭窄领域非常专业的技术人员可以成为一名该专业领域的专家，但不是一名好的项目负责人。项目负责人需要深度，更需要广度，并能以此形成完整的总体设计思想，最终付诸实践。

以人为本，是公路科学发展的本质和核心。公路设计应采取一切有效措施，保障公路设施的自身安全和运营安全；应推行公路设计安全性评价，从根本上解决行车安全问题，为公路使用者提供安全保障和人性化服务，提高公路交通的安全水平和服务水准。公路设计必须将安全放在首位。

平原微丘区地形平坦，村镇密布，道路纵横，经济组团发达，产业布局密集，公路对区域经济的发展十分重要，要求路线短捷、顺直，强调线形舒展顺适、平纵组合协调合理，达到行车舒适、视觉良好及快速高效的目的。在强调公路的功能和用路者利益的同时，应正确处理好路线与环境特别是人文环境的关系，高度重视环境保护设计和公路景观设计，使整条公路与周围自然环境相互交融，给公路使用者以独特的视觉感受。对于平原微丘区公路设计，舒适和环保应处于第二、第三位。

山区沟壑交错，横坡陡峻，地形、地质、水文条件复杂，不良地质病害多；生态环境脆弱，一旦破坏很难恢复。如果山区公路仍强调采用较高的技术标准，使得路基填挖高度增大，出现大量的高填深挖路段，不仅严重破坏区域的自然环境，影响公路景观，而且诱发大量的地质灾害，直接影响公路的正常运营。因而，山区公路应强调"环保优先"，坚持地形选线、地质选线、生态选线，合理、灵活地运用技术指标，并保证技术指标的连续与均衡；坚持最大限度地保护、最低程度地破坏、最强力度地恢复，实现环境保护与公路建设并举、公路发展与自然环境相和谐，达到可持续发展。

以"经济为主"的设计指导思想不利于公路交通的持续发展，已逐渐成为广大公路建设者的共识，但不等于公路设计不需要重视经济性。只不过考虑的不仅仅是工程本身的造价，而应树立全寿命周期成本的理念，统筹考虑规划、建设、养护、运营的全过程，系统解决工程结构的耐久性、抗疲劳性，人车行驶的安全性，养护维修的可行性，防灾减灾的有效性，以及环境景观的协调性等问题，实现公路使用寿命更长、总体投资更省的目标。虽然技术标准与工程造价的矛盾已不突出，但经济因素仍是目前公路交通发展的瓶颈，应坚持从国情出发，从实际需要出发，不盲目追求和攀比力所不能及的高指标、高要求，要增加成本意识，采用合理的工程规模、技术标准和建设方案，在确保安全和使用功能的前提下，努力降低工程造价，节约工程投资。

促进技术进步与技术创新，是公路持续发展的保证。没有技术创新作支撑，不论多好的设计思路和方案，只能是一纸空谈。应结合设计、施工实际对重大技术难点问题开展技术研究开发工作，实现勘测手段和设计方法的创新，广泛采用新技术、新材料、新工艺、新设备，提高公路的设计质量。

综上所述，平原微丘区公路的总体设计指导思想以"安全、舒适、环保、经济、创新"为宜，山区公路的总体设计指导思想则以"安全、环保、和谐、经济、创新"为好。

（二）路线三维立体空间勘察设计原则

所谓三维设计原则，具体表述为：线形曲化连续，顺势贴切自然；指标均衡灵活，舒适安全；断面灵巧经济，交融自然，以新理念实现高速公路的巧妙布设，打造出人与自然和谐发展的又一景观。

三维立体空间勘察设计措施表现为：线形顺势利导、生态环保，避开环境敏感点、避让不良地质、避免高填深挖，减少社区阻隔；提高线形曲线比例，追求"理想"环保、经济线位，避免线形指标突变，减少填挖高边坡，消除交通安全黑点；路线填挖控制应遵循"宁隧勿挖、宁桥勿填"的原则；路线平面线位、纵面标高要做到精益求精。

按照平原微丘区和山区公路各自的总体设计指导思想，不同地形的公路应根据各自的特点制定相应的设计原则。

1. 平原微丘区公路总体设计原则

平原微丘区地势平坦，城镇密布，人口众多，道路纵横，灌溉沟渠发达，土地肥沃，耕地资源紧张，软土等不良地质分布广泛，这类地形的公路总体设计一般应遵循以下原则。

（1）符合区域干线公路网规划总体布局的要求

路线总体方案布局应符合项目所在区域干线公路网规划总体布局的要求，处理好拟建项目与干线公路网及其规划的关系，合理选择交通流集散点位置，充分发挥公路主干线为工程所在地区和沿线群众提供可持续发展条件和方便生产、生活环境的作用。

（2）正确处理好与沿线城镇规划与发展的关系

路线总体方案应努力做到与所经地区的城镇规划形成良好的结合，以"近而不进，远而不离"为原则，尽量不侵占城镇规划用地，给城镇发展留下足够空间；结合城镇规划及周边路网现状，合理布设出入口位置，发挥公路的最佳营运效益，促进沿线各地的经济发展。

（3）力求路线短捷、顺直

结合工程所在地区的自然地理环境，力求路线短捷、顺直，灵活选用规范所规定的各种指标，在合理的工程造价范围内，尽量选用较高指标，确保主干线的高水平、高效能和高质量，同时严格控制工程造价，做到安全、舒适、高效、经济。

（4）重视地质选线

尽可能将路线布设在建设条件较好的区域，尽量绕避工程地质、水文地质不良地带，尤其是严重液化土、软土地带、湖泽湿地、煤矿采空区等，以减少处理费用，降低工程造价。

（5）正确处理好路线与占地、拆迁的关系

平原微丘区人口密集，村庄星罗棋布，土地资源紧张。公路总体设计应尽量避绕电力、电信、国防光缆等重要设施和工厂、学校等公共设施，减少拆迁；应最大限度地降低土地征用规模，特别是高产田、经济作物田，以保护当地人民赖以生存但日益紧缺的土地资源。应合理确定取土坑占地和临时占地复耕以及居民搬迁的实施方案。

（6）综合考虑路线与农田水利布局的关系

平原微丘区地势平坦，土地肥沃，产量高，灌溉沟渠发达。在公路总体设计中，必须结合沿线实际情况，最大限度地保持原有灌溉环境和灌溉格局，合理布设桥梁、分离式立体交叉、通道、涵洞，为沿线居民生产、生活提供足够的互通条件。对现农田水利布局影响较大的路段，在路线方案总体布局时要与沿线乡镇政府和有关部门密切配合，做好水系和农田的规划和调整工作。

（7）有效降低路基填土高度

合理确定通道与分离式立体交叉的位置、数量及净空，对与地方道路的交叉做支线上跨和下穿的比较，选择最为合理的交叉方式，有效降低路基填土高度，降低工程造价。

（8）重视与周围环境的协调

注重与周围环境的协调，减少对生态环境、人文景观的破坏，注意路线指标的均衡、连续、协调，重视环保设计，防止水土流失和噪声扰民，加强路容美观，路基防护与路容美化、绿化有机结合。对环境敏感的重点工程、重要路段的线位应进行反复比选，深入研究，综合考虑，并充分征求地方政府意见。

2. 山区公路总体设计原则

山区山岭纵横，沟壑交错，横坡陡峻，地形复杂；地层岩性差异较大，地质构造复杂，断裂带、滑坡、坍塌、落石等不良地质病害多；气候条件变化多端；生态环境脆弱，一旦破坏很难恢复；可耕种和适宜居住的土地少，在已有公路、铁路、电力、通信等通道和大型水电、水利设施的共同占用挤压下，公路路线走廊带稀缺。根据这些特点，山区公路总体设计原则一般可制定如下。

（1）坚持地形选线，做到地质选线，突出生态选线

山区地形、地质、水文条件复杂，路线布设应遵循地形选线、地质选线和生态选线相结合的原则。

①地形选线：为避免大填大挖，有效控制工程规模，降低工程造价，保护区域的生态环境，必须使路线顺应地形。在保证行车安全的前提下，强调因地制宜，灵活和均衡地选用技术指标，坚持路线与地形条件相互协调的原则，不应片面追求高指标。灵活运用整体式、分离式、错台式、半路半桥等断面形式，减少对自然地形、地貌的破坏，使路线与周围环境融为一体。

②地质选线：山区地质构造复杂，地质灾害的类型多，分布面广，且成因复杂。有些灾害具有极强的隐蔽性，在路线测设的某个阶段中有时不被人们所认识，这些灾害会对公路施工和运营带来不可估量的影响。同时，地质灾害的发生将直接影响到区域的自然环境，造成水土流失，甚至会诱发其他新的灾害，形成连锁式的不良反应。在路线方案拟订过程中，往往由于地质灾害的可治性及治理费用的原因，使得在其他方面表现较优的方案最终被舍弃。因此，在路线布线时，应首先研究路线走廊内的地质条件，合理布设路线，避开大型不良地质地带，从根本上提高公路抵御自然灾害的能力，保证施工和运营安全、降低工程风险。必须穿越时，应选择有利地带通过，并做好稳定技术措施。

③生态选线：生态选线是公路建设与环境保护协调发展的有效途径，是可持续发展思想的具体体现，在地形、地质选线的基础上，更加注重生态保护。在路线方案进行多方案深入、细致的论证比选时，不仅要着眼于路线和工程方案本身，还应将生态环境保护列为重要的比选内容，使得拟订的方案具有利于生态和环境保护、技术可行、经济合理的优点。

(2) 以人为本，重视交通安全设计

山区地形复杂、地面起伏较大、重载交通较多，应重视交通安全设计，体现"以人为本，预防在先，容错与防护相结合"的原则。路线应选择纵坡平缓、线形均衡、行车安全的方案。线形设计应运用运行速度等设计方法加强检验，改善相邻路段指标的组合，降低相邻路段容许速度差，提高线形设计的连续性和一致性，消除安全隐患。连续上、下坡路段，既要考虑上坡方向的爬坡能力和道路通行能力，又要考虑载重车辆连续下坡刹车失效时的安全。要通过合理设置爬坡车道、避险车道及安全防护设施，提高交通行车安全。

(3) 对典型工程方案加强综合比选

在山区公路设计中不可避免地会出现一些典型工程，一般包括高路堤、高架桥、深路堑、隧道、高边坡、半边桥或纵向桥等。这些工程不仅对路线总体方案和工程造价有极强的控制作用，而且不同工程方案在山体开挖及土石方数量方面有较大差异，从而严重影响区域的生态环境，同时还会影响道路的安全运营，因此在山区公路设计中必须强调对典型工程方案的综合比选。

(4) 合理利用路线走廊资源

山区路线走廊资源十分贫乏，是铁路、公路、管线等线状工程争夺的对象，应把走廊带作为不可再生的资源，统筹规划、合理布局、近远结合、综合利用。

由于地形、地质、区域经济布局、公路施工等方面的原因，拟建公路往往与既有的铁路、公路、管线等工程位于同一走廊带，对此资源空间各行业应互助协作，进行综合考虑，合理布局。公路与铁路交叉的上跨桥梁，除留有足够的净空外，还应考虑如电气化、复线等改扩建的需求；与管线交叉时应设置检修通道。既有公路是公路建设中各种物资十分重要的运输通道，也是公路建成后交通来源的路径，应注意保护。

(5) 正确处理公路建设与自然景观、人文景观的关系

山区独特的自然条件往往是名胜、古迹的诞生地，优美的生态环境也会形成独特的自然景观，是人们休闲、度假、旅游的好去处。因此，公路总体设计应从自然和人文景观这一重要因素出发，不仅要做到与周围环境、景观的相互协调，讲求美感，还应结合沿线地形、地貌及周边环境，合理设置停车区、服务区、观景台等设施，有利于当地旅游资源的开发。

(6) 正确处理公路建设与占地、拆迁的关系

虽然山区的土地资源较为丰富,但可用于农业耕作的土地十分贫乏,高产农作物耕地大多分布于山间平原或河谷阶地,同时居民的居住地也分布于此,而这些区域往往也是较为优越的路线走廊。因此,公路总体设计应尽量少占高产田、经济作物田或经济林园,以保护当地人民赖以生存的土地资源,并应综合考虑占地、拆迁与路线绕避及增加结构物的比选方案,合理确定造地还田和居民搬迁的实施方案。

(7) 综合考虑路线与水源地的关系

山区独特的地形和生态环境形成了丰富的水资源,往往是下游居民赖以生存的水源地,公路设计必须重视保护,避免污染,并做好水土保持工作。

(8) 充分考虑土石方平衡,减小土石方数量,做好土地复垦、弃方造地和恢复植被设计

山区公路建设中的最大问题是土石方工程数量较大,往往出现挖方大于填方的情况,从而导致大量弃方。挖方和弃方不仅直接破坏了山体植被,影响区域生态环境,而且极易造成水土流失。因此,在设计时要重点寻求土石方利用的路径和途径,讲求土石方平衡。除合理布设路线方案、恰当运用技术指标外,还要对"以桥代路、以隧代路"以及为减小边坡开挖率所采取的工程措施进行全面评价比选,从各个角度出发,综合寻求减小土石方数量的途径。对于取土场应做好土地复垦和植被恢复设计;对于弃土场,首先应做好防洪设计,防止水土流失,进而做好造地工作,进行植被种植设计,并将由此而发生的工程全部计入公路工程中,进行综合造价比选。

(9) 充分进行分期修建的论证

拟建的山区公路近期交通量不大时,经过充分分析论证,可以按照一次设计、分期实施的原则,合理安排建设计划。分期修建分为纵向分期修建和横向分期修建两种。纵向分期修建主要根据交通增长的需求予以确定,即分析各个路段现有道路的通行能力,按此路段交通量的增长情况计算分期修建的实施年限。整体式路基不得采用分幅分期修建方案,分离式路基的分幅分期修建应在一次设计的基础上,提出便于与二期工程衔接的配套措施,保证项目一期工程的有效利用和整体功能的实现。同时,在充分研究地形、地质等自然条件的基础上,应分析二期工程的实施对一期工程的影响以及对自然环境造成的新的破坏程度及其恢复环境的代价。

8.2.2 应重视的几点问题

①控制点和走廊带是一个项目的基础。一旦发生变化,不但影响项目的工程规模和投资,而且还影响路网结构、路网整体功能,甚至影响区域路网的社会经济效益。因此,可行性研究阶段对控制点和走廊带的选择要慎之又慎,应深入研究,多方案比选。

②应以区域经济社会发展情况确定路线走廊带。当区域经济欠发达或交通基础设施不完善时,路线走廊应选择在具有一定经济基础的区域和经济带上,以刺激和带动当地经济社会发展;当区域经济高度发达或交通基础设施相对完善时,路线走廊带应侧重选择在区域经济社会不均衡的走廊带内,以避免重复布线,同时有利于促进协调发展。

③以运行车速理论指导路线方案选择和线形设计,从根本上解决安全问题。公路相邻路段线形指标不均衡,衔接不合理,会使车辆行驶速度出现较大悬殊,从而导致交通事故。以

运行车速理论指导线形设计是改善线形安全的有效方法。山区高速公路长陡纵坡的安全问题比较突出，路线走廊选择时也应予以特别重视。

④项目所在区域的工程地质灾害评价和环境影响评价应在路线走廊选择前完成，路线走廊选择应绕避活动断裂带、大型滑坡、泥石流等重大地质灾害多发区，绕避环境敏感点。

⑤路线走廊选择要从建设、养护、运营、管理等各阶段进行全面经济比较，树立全寿命周期成本的理念。统筹考虑规划、建设、养护、运营的全过程，系统解决工程结构的耐久性、抗疲劳性、人车行驶的安全性，养护维修的可行性，防灾减灾的有效性，以及环境景观的协调性等问题，实现公路使用寿命更长、环境更美、行车更舒适、投资更节省的总体目标。

8.2.3 服务社会的几点考虑

回顾多年来的公路建设历程，我们通常比较重视公路工程初期建设成本，把它作为方案取舍的第一考虑因素，而对从国家总体可持续发展角度的环境保护和土地资源利用等问题关注不够；较重视公路直接使用者的安全和利益，常忽视路外居民和公众的感受；较重视地面以上可见地形、地物的控制，而对地面以下的地质、文物、矿藏等建设条件考虑不足；较重视公路自身各专业间的协调设计，而对公路与沿线自然、生态、社会、人文等周边环境的协调研究不够。

从坚持"以人为本，树立全面、协调、可持续的科学发展观"角度，从贯彻"六个坚持、六个树立"的公路勘察设计新理念角度，在总体设计和路线方案选择时，需要开拓新的思路，探索新的方法。

(一) 对占用耕地的考虑

公路建设不可避免地会占用土地，但占用何种类型的土地与公路设计者选定的路线方案有直接关系。耕地是不可再生的资源，在偏僻的山区，几亩耕地可能就是居民祖辈生存的唯一手段，一旦被占用，他们就将被迫改变生存方式；有些经济发达地区，由于赔偿标准较高，拆迁占地工作难度不大，业主和公路设计者往往就放松对占用耕地的控制，这种做法也是狭隘的和不负责任的。

作为有责任心的设计者，在路线方案布设时必须时刻考虑尽量少占耕地，需要不辞辛劳地反复优化路线方案，尽量在山坡或坡脚布线，避免在耕地中部穿过；不可避免时，尽量降低填土高度或者布设桥梁；同样是耕地也有贫瘠和肥沃之分，若必须占用，也应尽量占用贫瘠耕地。

分离式路基一般情况下占地多、工程量大，且分离路段较长时，事故抢险或道路维修难度较大，原则上不宜长距离采用。隧道、桥梁方案造价较高，但对于地形、地质条件复杂或土地昂贵的路段，却不失为一种好的选择。长隧道一般采用分离式，其进出口路基不必太长(线形指标不必太高)，保证 100~300 m 即可；短隧道可采用小净距隧道或联拱式。高架桥虽然造价高，但在地价很高而高架路桥下空间又可开发利用的高度城市化地段也常会成为合理可行的方案。

公路建设必然占用一定数量的土地，包括永久占地及施工期的临时占地。在项目决策上，一定要根据规划认真研究，避免因工程重复建设或前、后期工程衔接不合理造成土地资源的浪费。公路技术标准的采用，不但要考虑交通需求及资金等方面的因素，更应当从项目的路网功能,充分利用"线位资源"的角度考虑。对近期交通量较小,但路网功能比较明确的项目,标准选择上应适当超前。对采用分期建设的项目,在近远期标准、线位选择上要统筹考虑。

(二) 对于灯光扰民问题的考虑

曲线路段的路线布设除通常考虑的因素外,还需注意夜间行车对路侧居民的灯光干扰问题。应通过调整路线纵面设计或者采用在曲线外侧设置防眩林带等措施,消除或减轻夜间灯光扰民问题。

(三) 对村镇生产生活环境的考虑

在公路建设中,应充分考虑区域社会经济的发展要求,降低对村镇等生活环境的影响,减小对农民生产出行等的干扰。公路选线应尽量避开村镇;尽量避免由于公路阻隔影响两侧居民往来、农耕;尽量避免大规模的拆迁安置,并要充分体现国家安置补助政策;农用通道要保证排水通畅、使用方便。

(四) 对水资源保护的考虑

路线方案布设时,时常遇到水库、湖泊、水产养殖区等,有些水体往往是附近城镇居民的饮用水源地。因公路排水属污染水,直接排入上述水体是对水资源的一种破坏,因此路线布设时,应优先考虑在水体下游布线,不得已必须在上游布线或以桥梁跨越水体时,应进行专项排水设计,做到路面积水独立排除,避免对水资源的污染。

(五) 对里程节约的考虑

在路线方案比选过程中,经常遇到造价低但路线需绕行一定长度、造价高但路线顺直两种方案比选的情况,设计者难于把握是绕行而节约直接建设成本的方案好,还是初期建设成本高一些但顺直的方案好。在其他建设条件基本相同的前提下,掌握这一定量关系对科学决策路线方案是有帮助的。

工程造价和节约里程实际上是统筹考虑建设成本和运营成本的问题。为保持路线顺直、减短路线里程,可能需设置隧道或桥梁工程,这样势必增加初期建设成本;而绕行方案虽初期建设成本低,但由于公路运行里程增长,运行成本(如燃油消耗、时间损失、轮胎和机械损耗等)较高。分别计算一定评价期内绕行长度的运行成本并予以折现比较,即可形成建设成本和运营成本直接比较的定量关系。

8.2.4 整体协调

(一) 分段遴选设计主题

设计主题是一个项目的核心,它把握项目朝着特定方向发展。公路设计由各专业组成,各专业相互独立又相互联系,为达到共同的设计目标,总体设计中需将所有专业进行统一考虑,使各专业设计成为完整理念的一部分,设计主题的确定反过来也有助于项目的总体设计,利用周围环境来引导设计主题的形成,有助于该项目与周围环境的融合,也有助于该项目各专业相互间的协调统一。

1. 设计主题的确定不应求"新",而应求"融(合)"

公路自身景观应以融入沿线景观特征为主要目的,任何"别出心裁""喧宾夺主"地突出公路自身景观(尤其是结构物设计和绿化方式)都不可取。任何路段设计主题的确定必须以原生景观为主旨，任何非原生景观或创造景观均会对自然随意的主旨造成破坏，形成视觉、心理污染。

在人迹罕至、自然景观原始的路段，设计中应尽量避免人工痕迹，以追求自然、和谐为主要目的，不应也不必耗费大量的人力、物力和财力去再造景观，隧道洞门、桥梁等结构物的设计应尽可能简捷、朴素。同时，公路为人所用的性质使其不可避免地要通过人类居住区，多年的人类活动使这些区域富于人文色彩，充分结合当地人文特征（风土人情、历史传闻、古迹遗址等社会、民族、宗教文化特征），设置数量和位置适宜的、可以引导驾乘人员兴致的、充分展现这一区域特点的人工构筑物，这对于丰富公路景观、赋予公路文化气息、展现地区特性、营造公路动感行驶环境也是必要的。

2. 进行适当的"强化""发掘"和"修饰"

公路是线性和带状构筑物，公路所通过的大量景观空间为公路使用者提供了丰富的景观资源。然而，受自然原生性质的限制，这种"展现"有时特点不够鲜明，有时"展现"和"再展现"的变化过于单调或频繁（频繁变化也会导致观赏者因目不暇接而疲倦）。因此，有必要通过遴选主题，对景观环境进行适当的"强化""发掘"和"修饰"。基于景观特色带和景观过渡带的原生分布，以适宜驾乘人员观赏的合适间距或比例来确定保留（必要时加以强化）、发掘（原有景观特色不够鲜明）、修饰（原有景观特色过于鲜明，导致景观变化过于频繁）景观，使景观过渡带和景观特色带以合适的比例相互配合、和谐变换，形成有张有弛的景观节奏，创造真正宜人的公路景观。

（二）体现多学科"创作"艺术

1. 多学科创作

公路所处的外部景观环境是一个系统，景观因子众多，涉及领域广泛，与此对应，公路设计过程是一个跨学科的精细的"艺术创作"过程，而不是从公路专业角度对以往设计的复制，这一创作过程应以对公路沿线自然和社会环境充分调查评价为基础，以创作人员对公路专业、美学、生态学、建筑学、园林学、社会学、人类文化学、历史学、心理学以及民间风俗等相关学科的综合能力为条件，对公路所处的自然和社会环境所进行的一个再造（新建项目）或再融合（改扩建项目）过程。

2. 细节艺术

设计主题一旦确定，各专业的诸多设计、创作过程均应围绕设计主题展开。不同路段如果设计主题不同（一般可分为自然景观主题、半自然景观主题、村落景观主题、田野景观主题、城镇景观主题、城市景观主题等），各专业、各细节的表现手法就可以各异；但是对于具有特定主题的某一路段，各专业、各细节设计的手法和目的均应体现共同主题，追求共同效果。

8.3　公路景观设计案例

8.3.1　景观设计分段

以西南地区某山区高速公路为例，首先按沿线气候、地形、地貌和位置，将公路划成不同区段，进行区段设计，全线分为三段。

第一段："层峦叠翠"，为 K96+000 至 K164+500 段。本段地势较高，平均海拔约 600 m，山体雄伟，沟壑发育，横坡陡峭。本段设计风格淳朴自然，以山岳、河川、水库自然景观为主。路堑边坡景观作为重点绿化，两侧路堤绿化以本地树种为主，以融入当地的自然环境。本地区有毛南族聚居，毛南族有精美壮观的石雕艺术。本段边坡景观设计除通过绿化来美化以外，还要因地制宜，在适当地点放置相应的石雕小品，以体现毛南族的石雕艺术。

第二段："田园风光"，为 K164+500 至 K253+220 段。平均海拔 300~400 m，多丘陵地形。本段设计风格流畅自然，以观赏沿途田园风光为主，景观设计中体现出瑶族文化特色。对瑶族文化中的《盘古开天地》《盘王》传说，加以提炼，反映在立交和服务区景观设计中。

第三段："绿城新貌"，为 K253+220 至 K335+139 段。平均海拔约 150 m，地势较平坦。

总体来说，"绿城新貌"是全线的景观、绿化重点路段，"层峦叠翠"作为该路景观的起点，"田园风光"作为过渡段，"绿城新貌"则作为全线景观的高潮段。公路边坡景观设计的作用是将景观破坏限制到最低程度，并注意新、老景观的协调，以及代表"乡情"的景观的调和。边坡景观进行分段设计，同时注意各路段景观的平衡、连续性，实现公路内部、外部景观统一与协调。

8.3.2 总体规划构思

项目以"现代化、田园化、生态化、地域文化的体现"为主题。

①景观感受与节奏：基调是中央隔离带和两侧山体护坡或农田原野、村舍风光。主要节点包括起点、终点、立交区、收费站、服务区等。次要节点包括道路转弯处、道路大起坡处、两侧山体峡谷处等。

②绿化设计具有强烈的时代气息：植物通过变化、统一、平衡、协调和韵律等配置原则进行搭配种植，产生美的艺术、美的景观。

③变化和统一：把不同形态、不同大小的树种、花木甚至地被植物有机结合起来，配置形成多层次变化的植物景观。还可利用季相变化配置路树，不求四季常绿，花开不断，只要整体景观丰富，各具特色。

④韵律和节奏：公路绿化多为规则式重复，表现出较强的节奏感，既体现了韵律美，又丰富了林冠线变化。它体现的是自然的韵律美，具有时代气息。

⑤平衡和协调：道路的植物配置大多要求对称性的平衡，特别是主干道，这种平衡使道路显得稳重、整洁、大方，很有气势，与现代环境相协调。此外，设计时还要考虑与道路周边环境相协调。

⑥植物层次丰富，品种多样：一是景观建设与生态建设并重，植物层次丰富，虚实、疏密关系也应处理得当。二是重点突出行道树种，提倡品种多样性。三是注重有色植物的应用，充分利用植物色彩、季相变化来营造优美的绿色景观。

8.3.3 景观设计要点

路堑边坡按位置分为上层边坡、下层边坡进行景观设计，充分考虑不同地理位置防护功能和景观效果的要求。观测距离远近不同，边坡景观的视觉效果也不同，对于第一、第二级边坡，进行重点景观处理，对于第三级以及第三级以上的边坡绿化满足绿化、防护的要求即可。

边坡绿化方案注重景观季相、色彩变化。在植物配置时适当选择一些当地多年生的花草、灌木，对绿色的草皮起到点缀作用。植物配置能够反映不同的季节景观，选择适当的硬质景观，体现当地的地域文化特点。

植物选择时要考虑公路沿线区域的气候、土壤条件和边坡的特殊性，要求所选择的护坡植物根系深、适应性强、耐贫瘠、耐粗放管理。

在混播材料上采用耐粗放管理的草本和灌木植物相结合，禾本科与豆科植物或肥料树相结合，当地野生植物与栽培草坪品种相结合，速生种与优势种及不同季相绿色植物的合理搭配，以满足固定坡面和防止水土流失的要求，又可兼顾边坡常年有绿色的绿化美化效果。由于是以防止长期侵蚀为目的，必须避免由于挤压、竞争产生的衰退。因此，播种量控制在每平方米 9 000 粒左右。不同土质的边坡选用不同的植物种类混播。

8.3.4 图案设计说明

在面积比较大的边坡或重要地段，可以适当考虑图案设计以增加边坡景观的观赏性，但考虑到高速公路行车动态和边坡美化施工难度，其图案设计力求简单、明快。即无论采取哪一种设计图案，其图案的色彩、形状都不可过于复杂，以求大效果和易施工为主，并且仅限于边坡平缓、土质较好、观赏价值较高的地段。在图案的设计上有以下几种形式。

①文字式：在立交区边坡上设计文字模纹。
②图案式：流畅自然的标志、对称图案等。
③自然式：灌木混播或花卉混播。
④抽象式：表达人文、历史、地理、景观的图案。
⑤开天窗式：用于混凝土锚喷或浆砌片石的重要位置边坡。

种植方式：自然式图案的种植以种子喷播方式为主，其他图案方式的种植方式以移栽袋苗、盆苗为主，土质差的地方必须坑内换土。所选择的植物应具备抗旱、耐贫瘠、低维护、绿期长的特性（图 8-19）。

8.3.5 分项景观设计

（一）边坡景观绿化设计

边坡景观设计要点是：在面积比较大的边坡或重要地段，可以适当考虑图案设计以增加边坡景观的观赏性，但考虑到高速公路行车动态和边坡美化施工难度，其图案设计力求简单、明快。无论采取哪一种设计图案，其图案的色彩、形状都不可过于复杂，以求大效果和易施工为主，并且仅限于边坡平缓、土质较好、观赏价值较高的地段。图案种植方式以移栽袋苗、盆苗为主，土质差的地方必须坑内换土。所选择的植物应具备抗旱、耐贫薄、低维护、绿期长的特性。在图案的设计上有以下几种形式：①图案式，如流畅自然的标志、对称图案等（图 8-20）；②自然式，利用灌木混播或花卉混播（图 8-21）；③开天窗式，用于混凝土铆喷或浆砌片石的重要位置边坡。土质边坡坡面满铺草皮；在第一级边坡底部列植一排常绿花灌木，也可在第一级边坡平台筑种植槽，种植槽内列植上述花灌木或采用绿篱的种植形式；在

边坡景观设计方案

说明：
① 本段边坡为土夹石，且边坡较高。为保持边坡的稳定性及恢复边坡景观，作相应景观设计。
② 设计在第一、第二层边坡上作"大体量"图案，以保证远景效果。
③ 图案由水泥砌骨架勾出，骨架砌出坡面15cm，同时骨架内向坡面挖15cm深，槽内换客土植草。
④ 图中"红色太阳"图案内终止小蚌兰。
⑤ 第三极边坡进行喷草处理。

▼ 边坡现状

▲ 方案效果图

(a)

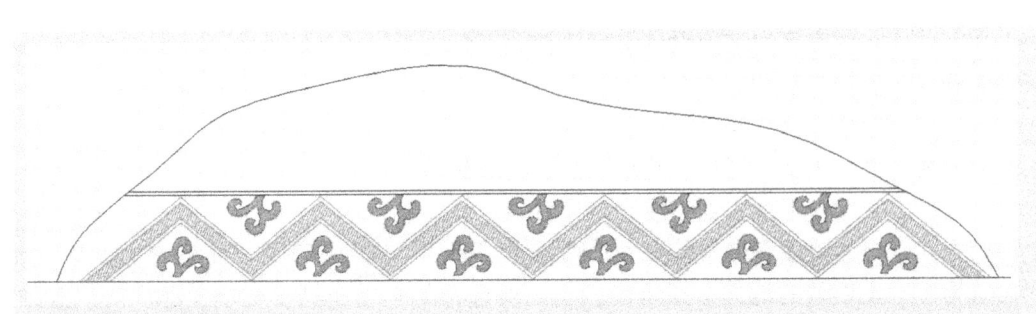

▲ 方案立面图

▶ 边坡现状

说明：
① 本段边坡为强风化岩层，边坡不稳定、影响公路景观。
② 设计边坡进行浆砌片石处理，同时为了增加边坡的景观效果，作折形骨架，骨架内点缀以曲线图案。
③ 图案由水泥砌骨架勾出，骨架砌出坡面15 cm，同时骨架内向坡面挖15 cm深，槽内换客土植草。

(b)

图 8-19 边坡图案处理

图 8-20 图案式边坡

第二级边坡平台筑种植槽，种植南迎春或藤本植物：藤性三角梅、糙叶爬山虎、薜荔等；石砌护面墙一般采用垂直绿化形式，在第一、第二级边坡平台筑种植槽种植南迎春或爬藤植物对坡面进行绿化；重点部位石砌护面墙进行开天窗绿化，天窗图案要求简洁大方。

边坡绿化方案应注重景观季相、色彩、层次、距离远近的变化。在植物配置时选择一些当地优良的多年生花草、灌木，对绿色的草皮起到点缀、丰富层次的作用。植物配植能够反映不同的季节景观，选择适当地点做反映当地地域文化特点的硬质景观处理。在混播材料上

图 8-21 自然式边坡

采用耐粗放管理的草本和灌木植物相结合，禾本科与豆科植物或肥料植物相结合，当地野生植物与栽培草坪品种相结合，速生种与优势种及不同季相绿色植物的合理搭配，以满足固定坡面和防止水土流失的要求，又可兼顾边坡常年有绿色的绿化美化效果。由于是以防止长期侵蚀为目的，必须避免由于挤压、竞争产生的衰退。因此，播种量控制在每平方米 9 000 粒左右。不同土质的边坡选用不同的植物种类混播。

在公路施工中边坡的高度影响类似于海拔对植被在垂直地形中分布的影响，从温差角度来说，通常 100 m 的海拔或高度差别对于植被生长不会有太大影响（100 m 高度变化只有 0.3 ℃温差），但是土质和供水是影响植物生长的关键因素。由于高坡的土质和供水等因素，播撒草籽或草苗后，应考虑种植植物数量和维持一定的存活率之间的关系。因此，在景观设计中将边坡分成不同高度在技术上是可行的。通常，以边坡不同高度分成三类：A 类，40 m 以下高度的边坡；B 类，40~80 m 高度的边坡；C 类，80~118 m 高度的边坡。

对于不同边坡，选择不同植物进行不同的边坡景观绿化处治，如图 8-22 至图 8-24 所示。

(a) 未设计前　　　　　　　　　　(b) 景观设计效果

图 8-22 边坡景观绿化（方案一）

方案一说明：在坡脚平台设置种植槽单排种植迎春，株距 20 cm；在第一级碎落平台设置种植槽单排种植金银花，株距 100 cm；坡面上种植槽内种植山葡萄，每 5~10 m 设 1 个槽。

(a) 未设计前　　　　　　　　　　　　　(b) 景观设计效果

图 8-23　边坡景观绿化（方案二）

(a) 未设计前　　　　　　　　　　　　　(b) 景观设计效果

图 8-24　边坡景观绿化（方案三）

方案二说明：在坡脚平台设置种植槽，在靠向公路一侧单排种植三角梅，株距 100 cm；在靠向坡面一侧单排种植爬山虎，株距 20 cm；在第一级碎落平台设置种植槽，在靠向公路一侧单排种植三角梅，株距 100 cm；在靠向坡面一侧单排种植爬山虎，株距 20 cm。

方案三说明：坡脚平台设置种植槽单排种植黄素梅球，株距 200 cm；在第一级碎落平台设置种植槽单排种植红绒球，株距 200 cm；在坡面上喷播狗牙根（或白喜草、黑麦草、铁苋连）草籽。

（二）路基横断面景观绿化设计

①路基下边坡满铺本地草皮。

②在距路缘石 1.5 m 的地方组合种植花灌木，丰富公路景观。

③在距路缘石 4.5 m 处种植一排行道树，主要选用红花羊蹄甲、黄槐、人面果、扁桃，株距 4 m。

④半填半挖路段靠近上边坡的地方种植化灌木，在靠山一侧地方种植高大乔木。

⑤以下三种情况密植速生桉及台湾相思林带，起到固土、护坡、隔音或屏蔽的作用：路基外侧为学校或居民区等环境敏感地段；路基边坡景观可能对行车带来不适合的；远处有破

旧构筑物或遭到破坏的自然景观等，并且影响到公路整体景观的地段。

⑥ 每 3 km 变换栽植树种。

⑦ 在隔离栅内侧种植一排勒仔树刺篱，株距 20 cm。

（三）中央隔离带景观绿化设计

①选用乡土树种，生长缓慢，且耐旱、抗污染。

②植物一般选择常绿、小冠植物，高度控制在 1.2~1.5 m；待植物生长修剪后，高度控制在 1.5~1.7 m。

③采用马尼拉草皮覆盖地表面，防止土壤裸露、影响道路环境，兼顾美化功能，消除视觉疲劳。

④为使公路沿线景观富于变化，连续栽植不超过 10 km，段状栽植距离为 50~100 m。

⑤在主线收费站前后 100 m，采用修剪绿篱形式，色彩醒目，起到提示作用（图 8-25）。

图 8-25 中央隔离带景观绿化设计效果

（四）互通立交区景观绿化设计

①采用大色块的草坪为基础绿化，给人以视线开畅、绿化大气魄的效果。

②追求视觉效果上的舒适性，较多采用当地的常绿阔叶乡土植物，以获得较多的绿量。

③设计中以植物造景为主，突出每个立交不同的景观特性。

④城乡结合部互通立交中心绿地注意构图的整体性，用大手笔的整形树和低矮花灌木做成一定图案。

⑤在匝道两侧绿地的入口处，适当种植一些低矮的树丛、树球或 3~5 株小乔木以增强标志性和导向性。

⑥弯道外侧种植高大的乔灌木做行道树，以引导行车方向，并使司乘人员有一种心理安全感，弯道内侧绿化为保证视线通畅，则种植低矮的花灌木（图 8-26）。

⑦驶出匝道作引导栽植，使可见区变窄，间接示意司机减速。

（五）收费站、停车区、服务区景观绿化设计

①充分考虑地域性与景观特性，并与人的尺度相适应（图 8-27）。

②用不同的木本和草本花卉来创造出季节性的变化。

图 8-26　互通式立交景观设计效果

③在休憩区里，安排一定的长椅、野餐桌、园路、广场和其他休闲设施，以供行驶者放松、娱乐之用。

④由于服务区建筑比较多，人文气息比较重，景观设计中注意与这种人文气息的协调。

⑤在必要的地点设置园路、花架、林荫广场等小品设施，但无论哪种小品，其设计都应遵循结构简单、容易施工、功能性强的原则。

⑥对较大面积的停车场采用嵌草砖，同时列植遮荫树种。

图 8-27　收费站景观设计

8.3.6　景观分项评价及改进

(一) 边坡

1. 优点和成功之处

按位置分为上层边坡、下层边坡进行景观设计，充分考虑不同地理位置防护功能和景观效果的要求。对于第一级边坡，进行重点景观处理，对于第二以及第二级以上的边坡满足绿化、防护的要求即可。一阶的边坡，设计形成自然花灌木色块效果，多阶边坡在第一台阶边坡设计种植常绿花灌木，第二台阶边坡砌花槽种植藤本植物，第二级以上边坡面点播乡土松树种子。

根据边坡长度和宽度的不同而选用不同色彩植物进行搭配组合，对面积较小的地方种植单一品种，形成连片的效果，对于长和宽都较大的边坡可进行简单图案组合或流线型组合，突出简单明快的色彩变化。

边坡坡脚搭配种植花灌木，注重景观的季相变化。

对于土质状况差，无草坪立地条件，或立地条件不理想，影响以后生长的边坡进行生态防护或生态与工程相结合防护。

在节点位置或造景条件较好的地段设计富有南国风情的边坡景观。

路基上下边坡绿化是公路绿化的一项重要内容。主要功能是保护路基边坡，稳固路基，减少水土流失。路基边坡生态防护主要种植多年生耐旱、耐瘠薄的草本植物与当地适应性强的低矮灌木来护坡。作为景观绿化树种，选用色彩变化强且能很好覆盖地面的品种：花灌木包括马缨丹、红花继木、三角梅、迎春等，色彩丰富，适应性强；垂直绿化植物包括迎春、蟛蜞菊、爬山虎、薜荔等，长成之后成片覆盖效果好，景观壮丽；草种选用本地草、马尼拉草、弯叶画眉草、狗牙根、百喜草等，这些草大多耐贫瘠、耐干旱、再生能力强。

2. 不足和建议

目前该路边坡绿化客土喷播采用的植物材料全部是草本植物，根据日本的经验，可以选择灌木和乔木，这样更容易形成稳定的易于管理的自然植物群落，以节省养护费用。

（二）中央分隔带

1. 优点及成功之处

中央分隔带的设计遵从了以下原则：隔离带是景观设计中功能性要求最强的一部分，设计要满足防眩要求；设计风格简洁，色调明快，粗犷大气，给人舒适的美观体验；通过精心的绿化配置，再现自然，充分体现公路沿线的地域特征。

在设计中注意了以下要点：选用乡土树种，生长缓慢，且耐旱、抗污染；植物一般选择常绿、小冠植物，高度控制在 1.3~1.5 m；待植物生长修剪后，高度控制在 1.5~1.7 m，长成后防眩效果将十分显著；种植草皮（马尼拉草）覆盖地表面，防止土壤裸露、影响道路环境，兼顾美化功能，消除视觉疲劳；为使公路沿线景观富于变化，连续栽植不超过 10 km，以 100 km/h 的速度，10 km 是 6 min 的行车距离，符合司乘人员的生理心理特征；第九标和第十标处于南宁市城乡结合部，隔离带选用南方树种，风格流畅、色彩明快，展示南宁市南亚热带景观特色。

在绿化树种选择中，大量采用了红绒球、马缨丹、垂叶榕、黄金榕、木槿榄、龙船花、黄素梅等，这些植物符合中央分隔带的绿化要求，开花期较长，耐修剪，常年绿色，适应性强，寿命长。这些植物相应组合，间隔种植，季相景观丰富，代表了地域植物的特征。整条道路每隔一段距离（如 10 km）即变换栽植形式，调节司机的视觉刺激，减少疲劳。

2. 不足及建议

在安吉立交桥附近，株型黄金垂叶榕第一次被用到中央分隔带，防眩及景观效果目前不错，每株造价在 100 元左右；而在马山立交区，用于造景的古榕树一棵超过 2 万元。景观生态的再造应充分考虑地域性和经济性，达到恢复自然、保护生态的目的，而且能起到其相应功能即可，考虑到植物的价格因素，建议以后类似设计时尽可能避免。

在中央分隔带中种植的植物需要修剪，这给后期的养护带来不便，而且高速公路上车速高，养护工人操作时有潜在危险。

(三) 立交区

1. 优点及成功之处

互通立交绿化的主要目的是充分利用原有植被，采用与周围立地条件相适应的树种及恰当的绿化形式来维持环境景观的协调一致，同时通过植物造景或小品设置来体现当地的风俗人情和地域文化。

该路互通立交区景观设计遵循了交通安全性、景观舒适性、生态适应性、造价经济性等原则。通过绿化配置，增强导向作用，达到进一步确保行车安全，创造良好的立交区生态环境，美化立交区的目的。把导向栽植、缓冲栽植、标志栽植、明暗过渡栽植、地带风光栽植等考虑进去，充分满足了安全、环保、美化功能。匝道与主、次干道同向交汇处，主干道 100 m、次干道 80 m、匝道 60 m 为禁栽区，应保持视线通透。

设计中遵从了以下要点：①互通立交中的景观设计追求视觉效果上的舒适性，较多采用当地的常绿阔叶乡土植物，以获得较多的绿量。②设计中以植物造景为主，突出马山互通立交的景观特性。通过植物造景，使景观的造型与自然景观相融合，利用不同植物材料的镶嵌组合，形成层次丰富、景色各异的花园绿岛，以增强立交和道路的识别特征。③采用大色块的草坪为基础绿化，给人以视线开畅、绿化大气魄的效果。④中心绿地注意构图的整体性，用大手笔的整形树和低矮花灌木做成一定图案，力求图案美观大方、简洁有序、自然疏朗，使人印象深刻。⑤在匝道两侧绿地的入口处，适当种植一些低矮的树丛、树球或 3~5 株小乔木以增强标志性和导向性。⑥弯道外侧种植高大的乔灌木做行道树，以引导行车方向，并使司乘人员有一种心理安全感，弯道内侧绿化为保证视线通畅，则种植低矮的花灌木。⑦驶出匝道作引导栽植，使可见区变窄，间接示意司机减速。⑧地被植物选择了易于成活、质感细腻的马尼拉草，其他植物品种选择了乔木和花灌木，乔木包括盆架子、枫树、红花羊蹄甲和小叶榕等，这些树木端庄优美，枝叶繁茂，树干通直，树姿挺拔，分枝逐级轮生，叶色终年亮绿，十分繁茂。适应性强，广泛用于立交区、服务区及两侧林带绿化。⑨花灌木有多种，如红花继木、马缨丹、三角梅、迎春、夹竹桃、芭蕉等，这些植物大多为常绿灌木，花色丰富。有的宛如无数的彩带，美艳异常；有的可随意修剪，具有较高的观赏价值。在立交区，尤其在匝道上行驶，车速放慢，司乘人员有条件看到立交区内的植被、景点，从而给人以感官上的强烈刺激，有利于克服公路上长时间的单调感。

2. 不足及建议

植物配置的艺术性有待商榷，中国传统园林植物配置讲求"疏可跑马，密不透风"，即植物的种植有疏有密，形成不同的景观空间。目前大多立交区的植物配置用力比较平均，缺少疏密变化，建议随着植物的生长，再作进一步调整。

8.4 公路生态景观恢复效果仿真方法介绍

8.4.1 生态景观恢复效果三维动态仿真方法

(一) UC-win/Road 简介

UC-win/road 是由日本株式会社研发的一款三维动画软件,该软件可通过简单的 PC 操作,进行三维仿真模拟,不仅能够在运动的三维空间进行操作,而且在道路桥梁、城市规划等各种公共事业建设中,为相关人员进行方案比较、设计施工、协议制定等提供一个广阔的公共平台。此软件地形编辑方便,标准模型与材质可根据实际情况自行制作,交通量可进行动态模拟。使用该软件可通过丰富的三维具体材质进行人流状态模拟、车行模拟、飞行模拟、河流水文模拟以及园林效果、施工方法等各方面模拟,可以逼真地展现设计者的思想。

具体的制作流程见图 8-28 所示。

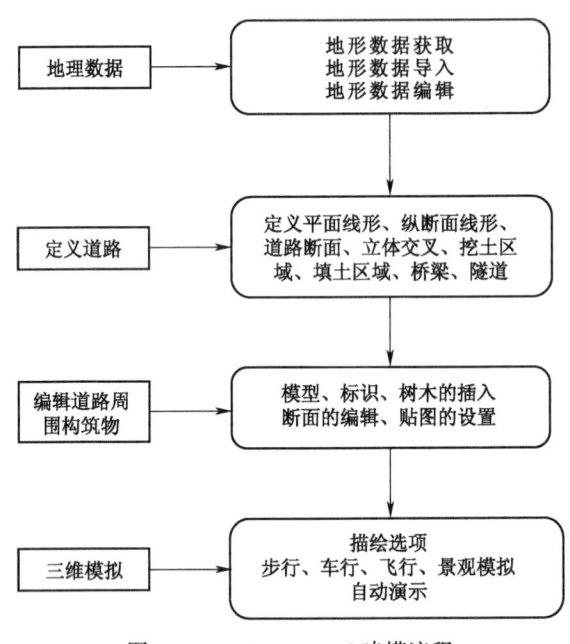

图 8-28 UC-win/road 建模流程

(二) 三维仿真模型的建立

1. 建模区域地理数据收集及导入

建立三维仿真模型之前,首先要收集基础资料,详见图 8-29 所示。

(1) 地形资料

主要收集建模区域的地形图,以数字地形图为主,同时辅助收集建模区域的地貌照片。
①地形、地貌资料:建模区域的地形、地貌、原始自然形态、色彩及人为变动后的状态。
②水体:建模区域水体的形式及其所处的地理位置。

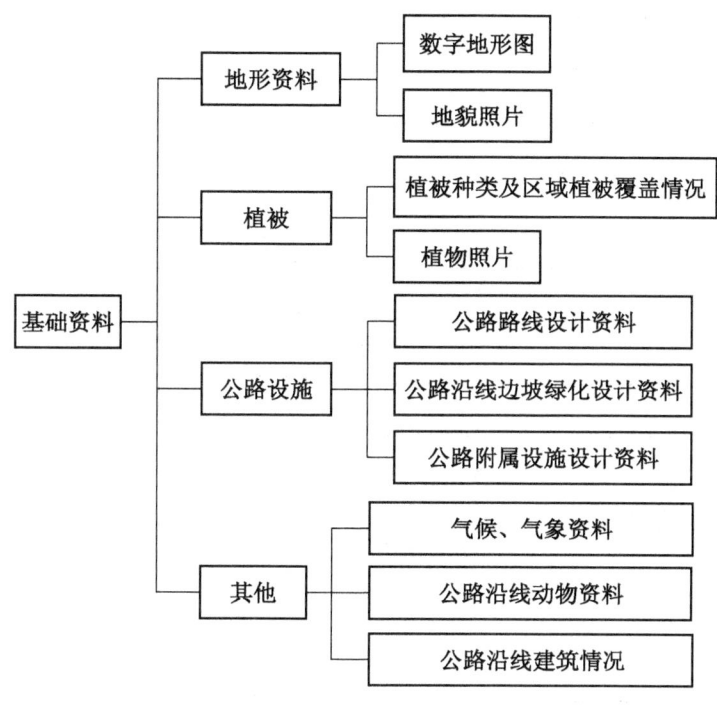

```
                    ┌─ 地形资料 ─┬─ 数字地形图
                    │           └─ 地貌照片
                    │
                    ├─ 植被 ─┬─ 植被种类及区域植被覆盖情况
                    │       └─ 植物照片
基础资料 ─┤
                    ├─ 公路设施 ─┬─ 公路路线设计资料
                    │           ├─ 公路沿线边坡绿化设计资料
                    │           └─ 公路附属设施设计资料
                    │
                    └─ 其他 ─┬─ 气候、气象资料
                            ├─ 公路沿线动物资料
                            └─ 公路沿线建筑情况
```

图 8-29　基础资料

（2）植被资料

①植物种类：建模区域内植物栽植情况，主要包括植物物种、栽植方式及栽植密度等。

②植被覆盖情况：建模区域的植被覆盖具体情况，并辅以照片加以说明。

（3）公路设施

①公路路线设计资料：是建立公路路域模型的基础。主要收集路线平面线形、纵断面线形及横断面设计资料，用于建立公路路线仿真模型。

②公路沿线边坡、分隔带绿化设计资料：高等级公路修建时需要设计分隔带；公路穿过平原、山岭区时，需要修建一定的路堑或者是路基边坡，并在边坡上绿化栽植。

③公路设施设计资料：包括公路标志标线、桥梁、照明设施、立交、收费场站、安全设施等。

（4）其他

为了使三维仿真模型达到一定的真实性，还需收集以下资料。

①气候气象资料。

②公路沿线动物资源。

③公路沿线建筑物形状以位置资料。

在收集到具体资料之后就可以建立建模区域的地形模型。使用 UC-win/road 软件中的"载入地形补丁数据"工具，将做好的 XML 格式的地形数据文件载入，得出道路沿线的基本地形模型。具体流程见图 8-30 所示。

2. 定义道路

在得出的三维模型上根据平面交点文件定义道路，使用 UC-win/road 软件中的"定义道

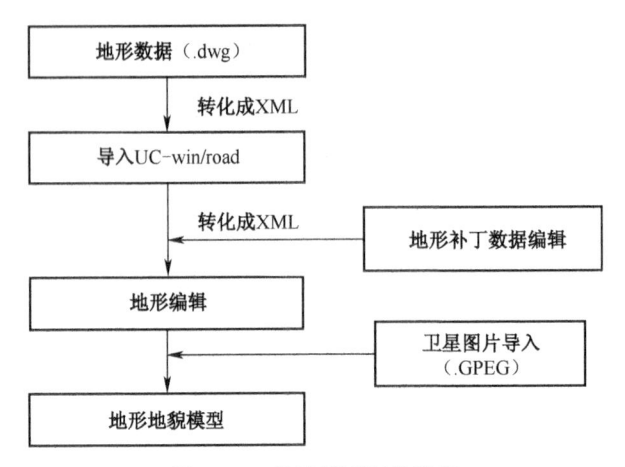

```
地形数据（.dwg）
      ↓ 转化成XML
导入UC-win/road
      ↓ 转化成XML ← 地形补丁数据编辑
地形编辑
      ↓ ← 卫星图片导入（.GPEG）
地形地貌模型
```

图 8-30 地形模型制作流程

路"工具定义公路的平面线形；根据纵断面设计文件定义道路的纵断面线形；同时利用该软件中的"编辑道路横断面"工具制作道路的横断面，主要包括横断面的具体尺寸、边坡及边坡绿化形式，中央分隔带尺寸及绿化设计，隧道、桥梁的设计（图 8-31）。

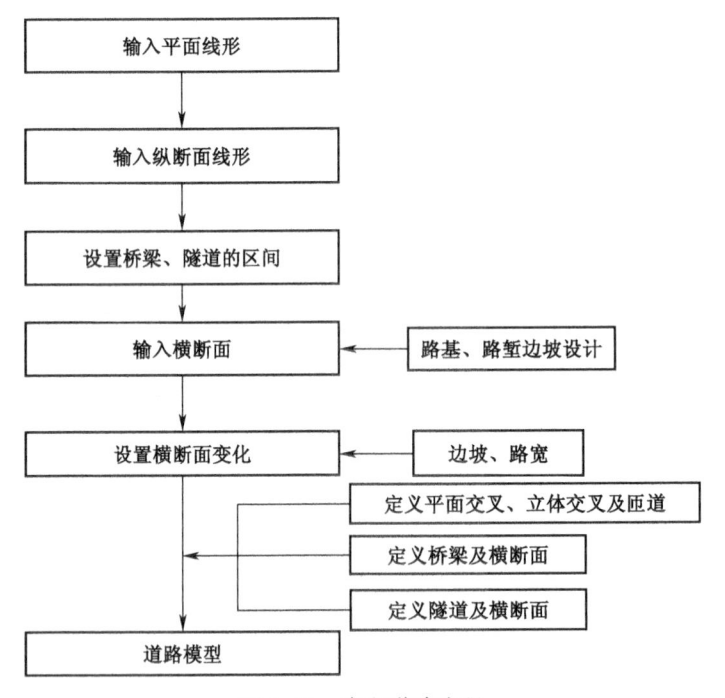

```
输入平面线形
      ↓
输入纵断面线形
      ↓
设置桥梁、隧道的区间
      ↓
输入横断面 ← 路基、路堑边坡设计
      ↓
设置横断面变化 ← 边坡、路宽
      ↓ ← 定义平面交叉、立体交叉及匝道
       ← 定义桥梁及横断面
       ← 定义隧道及横断面
道路模型
```

图 8-31 定义道路流程

3. 编辑道路周围景观

道路所在地基本地形模型及道路模型建立完成之后，可以使用 UC-win/road 软件设置道路及道路周围的其他自然景观，主要包括道路上标志标线，道路两侧设置的护栏、路灯以及其他附属设施。同时，还包括道路沿线的服务区、居民区，沿线的土地利用状况。如当道路处于山岭区时，根据实际收集的山区植物栽植情况，编辑道路模型两侧的植物栽植。

4. 模拟

利用 UC-win/road 软件中的"模拟"工具,根据使用者的目的,制作输出所要求的模型。UC-win/road 软件可以输出不同的格式的文件如 JPEG 图像、AVI 视频等,可根据使用者的不同要求输出具体的效果图。

8.4.2 某高速公路生态景观恢复效果仿真

(一)边坡生态景观恢复效果仿真

利用 UC-win/road,根据以上方法,针对不同地段的生态特点,对本课题生态恢复体系中的典型方案进行生态景观恢复效果仿真。

1. 路堤

各类路堤生态景观恢复效果图见图 8-32 所示。

(a) 1~3m 路堤

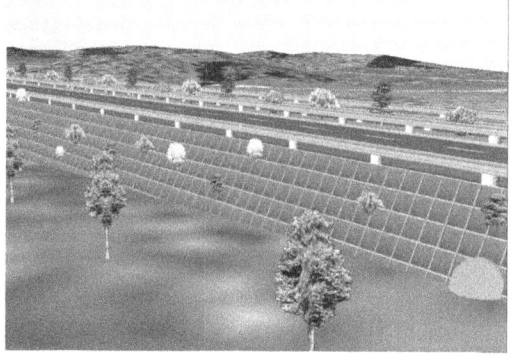

(b) 3~5m 路堤

(c) 5m 以上路堤

图 8-32 路堤生态景观恢复效果图

2. 路堑

各类路堑生态景观恢复效果图见图 8-33 至图 8-35 所示。

(a) 边坡植草　　　　　　　　　　　　(b) 边坡孤石

图 8-33　路堑生态景观恢复效果图（挖方较小、未设工程防护）

(a) 未设置阶梯式平台（骨架护坡）　　　　(b) 设置阶梯式平台（骨架护坡）

(c) 边坡吊篮（混凝土铆喷或浆砌片石）　　(d) 边坡植草

图 8-34　路堑生态景观恢复效果图（挖方较大、设置工程防护的路段）

（二）立交区生态恢复效果仿真

见图 8-36 所示。

图 8-35　路堑生态景观恢复效果图（边坡平台）

（a）立交主线　　　　　　　　　　　（b）立交区域绿化

图 8-36　立交区生态景观恢复效果图

（三）桥梁区生态景观恢复效果仿真

见图 8-37 所示。

图 8-37　桥梁区生态景观恢复效果图

（四）隧道区生态景观恢复效果仿真

见图 8-38 所示。

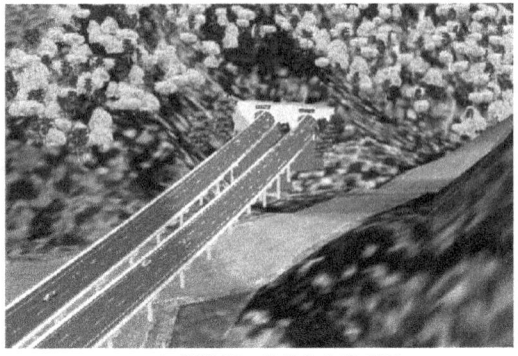

（a）隧道洞口形式图　　　　　　　　（b）隧道洞口整体生态景观图

图 8-38　隧道区生态景观恢复效果图

（五）绿化带生态景观恢复效果仿真

见图 8-39 所示。

图 8-39　绿化带生态景观恢复效果图

第 9 章

基于无线传输的公路施工现场监控系统设计

9.1 引 言

由于公路工程建设自身存在点多、线长、面广的特点，项目建设指挥部与各承包商、监理单位相距较远，信息交流不畅通，想了解试验室、拌和站、料场、预制场、大桥、隧道等重点工程施工情况必须到现场，故经常出现管理漏洞，工作效率不高。

同时，为加强大桥、隧道等重点工程安全生产监督管理，保证安全生产措施正常进行，在各种环境下发生伤亡事故，各预防监控措施和应急预案均能得到体现，从而达到现场人员及作业人员在紧急情况下应当采取的应急措施。在重点工程安全生产保证体系，人的不安全行为和物的不安全状态以及不良环境条件更好地得到控制。

公路施工现场监控系统采用先进的数字视音频监控技术，在拌和站、料场、大桥、隧道等重点工程上安装终端，使用大容量硬盘对拌和站生产和重点工程施工过程中的视音频信息进行实时记录并保存，以备日后查证使用。本系统结合无线网络传输技术，将拌和站和重点工程现场图像及所在位置传送到指挥部监控中心，给领导远程指挥调度提供第一手资料；在发生突发事件时，监控中心能根据获取的现场资料迅速作出反应；是打造"安全生产"强有力的不可缺少的基础设施之一。

9.2 无线局域网技术概述

无线网络自诞生以来，已被公认为可为用户提供前所未有的灵活性、便利性及显著提高工作效率，在减少工作压力、改善生活水平乃至提高用户社会地位等方面都具有得天独厚的优势。

随着 Internet 的蓬勃发展，信息的获得更为便利。信息的及时交换与传递显得非常重要，很多企业相继开办了分支机构、第二厂区等多个办公、生产点。而随着企业管理上的需求，需要将这些分散的点的计算机组成一个局域网，WLAN 无线桥接就应运而生，以具有安全、方便、快捷、经济等多项优点而受到人们青睐，成为多点联网的首选方案。

9.2.1 无线局域网标准简介

（一）IEEE 802.11b

IEEE 802.11 Task Group b 于 1999 年年底确定 IEEE 802.11b 标准，以直序展频（又称 Direct Sequence Spread Spectrum，DSSS）作为调变技术，所谓"直序展频"是将原来 1 个位的讯号，利用 10 个以上的位来表示，使得原来高功率、窄频率的讯号，变成低功率、宽频率。另一方面，802.11b 传输速率最高可达到 11 Mbps，频段则采用 2.4 GHz 免执照频段，但目前已基本被淘汰。

（二）IEEE802.11a

IEEE 802.11a 的传输速率可高达 108 Mbps，有五个独立频道，可使用在点数比较多的环境下，有效带宽高，抗干扰能力强，可使用在更多的应用中，是目前最常使用的无线局域网络规格，802.11a 选择具有能有效降低多重路径衰减与有效使用频率的 OFDM 为调变技术，并选择干扰较少的 5 GHz 频段。

（三）IEEE802.11g

由于下一代规格 IEEE 802.11a 与目前的 802.11b 规格之间，频段与调变方式不同使得其互相之间不能够相通，已经拥有 802.11b 产品的消费者可能不会在 802.11a 设备问世之后就立即购买；而 802.11g 就是为这段过渡时间所发展的规格，它建构在既有的 IEEE 802.11b 实体层与媒体层标准基础上，选择 2.4 GHz 频段、传输速率较 11 Mbps 高，让已拥有 802.11b 产品的使用者能够以 802.11 g 的产品达到一个速度升级的需求。

9.2.2 无线技术的特性（802.11 标准）

（一）可靠的通信

抗射频干扰性能。理想的接收灵敏度，宽范围天线能提供强大的、可靠的无线传输。

（二）低成本

可以避免安装线缆的高成本费用，租用线路的月租费用以及与设备需要经常移动，增加和改变相关的费用。

（三）灵活性

由于没有线缆的限制，可以随心所欲地增加工作站或重新配置工作站。

（四）移动性

由于设置允许在任何时间、任何地点访问网络数据，而不是在指定的地点，所以用户可以在网络中漫游。

（五）快速安装

无须施工许可证，不需要开挖沟槽，安装无线网络所需的时间只是安装有线网络的零头。

（六）高吞吐量

可实现 11 mbps 至 54 mbps 或更高的数据传输速率（未来），高于 T1、E1 线路速率。

（七）保护用户投资

可实现向未来技术的平滑升级，无须更换设备重复投资。

（八）抗干扰性强

抗干扰是扩频通信的主要特性之一，比如信号扩频宽度为 100 倍，窄带干扰基本上不起作用。而宽带干扰的强度降低了 100 倍,如要保持原干扰强度,则需加大 100 倍总功率,这实际上是难以实现的。因信号接收需要扩频编码进行相关解扩处理才能得到,所以即使以同类型信号进行干扰,在不知道信号的扩频码的情况下,由于不同扩频编码之间的不同的相关性,干扰也不起作用。正因为扩频技术的这种抗干扰性质,美国军方在海湾战争等处广泛采用扩频无线网桥来连接分布在不同区域的计算机网络。

(九) 隐蔽性好

因为信号在很宽的频带上被扩展,单位带宽上的功率很小,即信号功率谱密度很低,信号淹没在噪声之中,别人难以发现信号的存在,加之不知扩频编码,很难拾取有用信号,而极低的功率谱密度,也很少对于其他电讯设备构成干扰。

(十) 抗多径干扰

在无线通信中,抗多径问题一直是难以解决的问题,利用扩频编码之间的相关特性,在接收端可以用相关技术从多径信号中提取分离出最强的有用信号,也可把多个路径来的同一码序列的波形相加使之得到加强,从而达到有效的抗多径干扰。

9.2.3 无线技术和有线技术的比较

有线通信的开通必须架设电缆,或挖掘电缆沟或架设架空明线;而架设无线链路则无需架线挖沟,线路开通速度快,将所有成本和工程周期统筹考虑,无线扩频的投资是相当节省的。

一般有线通信的质量会随着线路的扩展而急剧下降,如果中间通过电话转接局,则信号质量下降更快,到 4~5 km 已经无法传输高速率数据,或者会产生很高的误码率,速率级别明显降低。而对于无线扩频通信方式,50 km 内几乎没有影响,一般可提供从 64K 到 25M 的通信速率,误码率小于 10^{-10}。

有线通信受地势影响,不能任意铺设;而无线通信覆盖范围大,几乎不受地理环境限制。

有线通信铺设时需挖沟架线,成本投入较大,且电缆数量固定,通信容量有限;而无线扩频则可以随时架设,随时增加链路,安装、扩容方便。

有线通信除电信部门外,其他单位的通信系统没有在城区挖沟铺设电缆的权力;而无线通信方式则可根据客户需求灵活定制专网。

有线链路的维护需沿线路检查,出现故障时,一般很难及时找出故障点;而无线扩频通信只需维护扩频电台,出现故障时能快速找出原因,恢复线路正常运行。

建设通信线路时一般需要备份,如果主备通道皆为有线线路,往往会存在相关故障点。若一条有线中断,另外一条很可能由于整个电缆被挖断或被破坏、配线架损坏、转接局断电等原因,同时中断。如果有线通信线路利用无线扩频进行备份,当有线线路中断时,则可将通信链路切换到无线链路上,仍可保证通信线路的畅通。

无线扩频通信可以迅速(数十分钟内)组建起通信链路,实现临时、应急、抗灾通信的目的,而有线通信则需要较长的时间。

在安全性能方面,无线扩频通信本身就起源于军事上的防窃听技术,而有线链路沿线均可能遭搭线窃听。

与 X.25 和 DDN 相比,无线扩频网具有速率高(1 Mbps、2 Mbps、4 Mbps、11 Mbps、

54 Mbps、108 Mbps），安装简单，运行费用低（无须租费，仅投入少量维护费用），无须申请频率资源，容易扩展，投资少等优点。另外，如使用 X.25 或 DDN 作为网间互联的链路，在链路两端要使用路由器、多路复用器等设备，而无线扩频产品有网桥、路由器、调制解调器等多种选择，节省设备和投资，因此无线扩频网比 X.25 和 DDN 在数百千米范围内联网要有明显的优势。

综上所述，无线扩频通信在可靠性、可用性和抗毁性等很多方面超出了传统的有线通信方式，尤其在一些特殊的地理环境下，更是体现出了其优越性。当然，无论是选择有线还是无线通信手段，都应根据具体情况因地制宜，量体裁衣。

9.2.4 无线局域网的未来

有线 LAN 的技术发展历史可用一句话来概括，"更快、更好、更便宜"。无线 LAN 技术已经开始沿着同一道路发展：数据传输速率从 1 Mbps 增加到 108 Mbps，随着 IEEE 802.11abg 标准的出现，互操作性已经成为事实，而且价格已经大大降低。改进在目前看来还只是刚刚开始。

9.3 业务分析

9.3.1 现场调研情况

为了满足系统的使用，对青临高速公路项目沿线 24 个标段试验室、拌和站、料场、预制场、重点工程施工现场以及项目部进行了实地调研走访，具体汇报如下。

①监控部位：目前拥有实验室 24 处，共 184 间；拌和站 37 个，其中罐车 179 辆；预制场 37 个。

②网络情况：目前有 3、17、19 等标段是百兆光纤接入，网络条件很好；1、2、5、14、15、16、18、20、21 等标段为 10 Mbps 光纤接入，网络条件较好；其余标段为 2 Mbps 接入。

③拌和站：符合生产数据自动采集条件的站点共计 15 个。

9.3.2 无线视频监控原理

前端网络视频编码器将摄像机输出的模拟视频信号以及云台和镜头的控制信号打包编码成网络传输的 TCP/IP 数据包，再通过无线网桥将信号发回监控中心，监控中心通过视频解码器解码后还原成模拟视频信号和 485 控制线，再通过矩阵就可以对所有摄像点进行监看、录像、回放，对云镜进行控制，如图 9-1 所示。

9.3.3 无线传输设备的频率选择与规划

（一）频率选择

目前在 WLAN 中主要使用 2.4 GHz 和 5 GHz 的 ISM 频谱资源。IEEE802.11b/g 无线设备工作在 2.4 GHz 频段（ISM 频段），无线的收发频率范围在 2 400~2 483.5 MHz 之间。根据

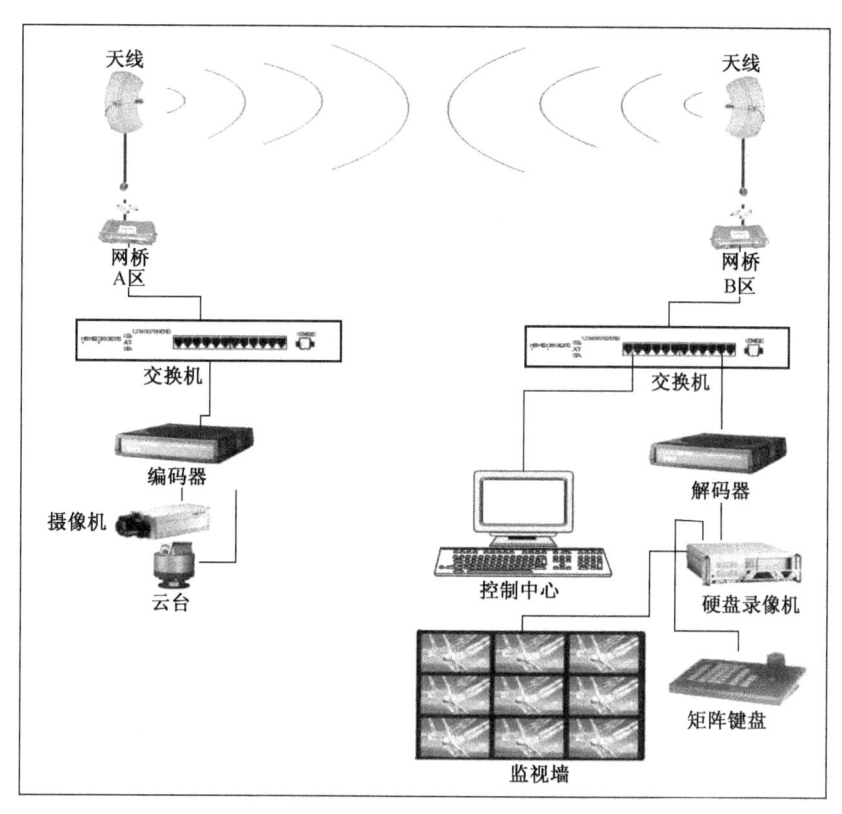

图 9-1 无线视频监控原理

IEEE 802.11b/g 频道的分布状态和交叠情况，每隔 5 个信道无线信号才不会出现交叠现象，也就是不会出现干扰。这样在整个频段中只有 3 个不干扰的信道。

在此次项目中有 31 个监控点，监控数据需要回传至分控中心，为了避免设备之间的同频干扰，需要使相邻的设备采用不交叠的工作信道，而基于 IEEE802.11b/g 标准的 2.4 GHz 只有 3 个可用信道，根本不能满足此次项目的要求。从以上分析可以得知，使用 802.11b/g 工作在 2.4 GHz 的无线设备在本次项目中是不现实、不可靠的。

而工作在 5 GHz 频段的设备，提供 24 个不交叠的工作信道。通过配合中继点的选择以及做好相应的频率规划，完全可满足项目的要求，避免同频之间的干扰。因此，根据对项目情况的分析，本次项目应选用 5 GHz 频段的设备。

(二) 频率划分原则

5 GHz 设备的频率信道资源能够满足设备的使用，但是为了更好地提高频率的使用和无线网络的可靠性，我们还是应该合理规划信道的分配。而信道分配的主要原则是同一区域所应用的无线设备的信道必须错开。具体到此项目，31 个监控点需要分别向分控中心回传数据，最终满足监控中心在线查看。我们设计先寻找相应的中继点，31 个监控点的数据先根据情况汇聚至各中继点，然后再从各中继点汇总至分控中心。这样层层汇聚、逐级向上的方式，能最大限度地解放频率资源。每个中继点各采用一个独立信道，从中继点到分控中心则采用另一个独立信道，实现各点间信道的错开，保证无线网络工作的稳定性。

9.3.4 各监控点至分控中心距离分析

根据以上结论,我们选择无线网络的 5 GHz 无线网桥作为此次项目的主要使用设备。根据图纸相关数据,各视频监控点通视情况如表 9-1 所示。

表 9-1 各视频监控点通视情况

序号	合同段 项目经理部	点位名称	宏观位置距离通视情况 坐标位置	通视情况	点位类型
1	第 1 合同段	水泥混凝土拌和站	k6+500	良好	拌和站
2	第 1 合同段	沥青混合料拌和站	k6+500	良好	拌和站
3	第 1 合同段	公铁立交	k5+700	良好	重要工程施工现场
4	第 2 合同段	沥青混合料拌和站	k8+700	良好	拌和站
5	第 2 合同段	跨河大桥	k12	良好	重要工程施工现场
6	第 3 合同段	沥青混合料拌和站	k13+599	良好	拌和站
7	第 4 合同段	沥青混合料拌和站	待定	良好	拌和站
8	第 5 合同段	沥青混合料拌和站	k34	良好	拌和站
9	第 6 合同段	沥青混合料拌和站	待定	良好	拌和站
10	第 7 合同段	沥青混合料拌和站	待定		拌和站
11	第 8 合同段	沥青混合料拌和站	待定		拌和站
12	第 9 合同段	水泥混凝土拌和站 1	k70+487	项目 3 km	拌和站
13	第 9 合同段	水泥混凝土拌和站 2	k74	项目 10 km	拌和站
14	第 9 合同段	水泥混凝土拌和站 3	k75+577	项目 12 km	拌和站
15	第 9 合同段	沥青混合料拌和站	待定		拌和站
16	第 9 合同段	齐长城遗址	k71	70 m	重要工程施工现场
17	第 10 合同段	水泥混凝土拌和站 1	k85		拌和站
18	第 10 合同段	水泥混凝土拌和站 2	k71+250	项目 2 km	拌和站
19	第 10 合同段	沥青混合料拌和站	待定		拌和站
20	第 10 合同段	隧道	k76+390	700 m	重要工程施工现场
21	第 11 合同段	沥青混合料拌和站	待定		拌和站
22	第 12 合同段	沥青混合料拌和站	k100+87	项目 3 km	拌和站
23	第 13 合同段	沥青混合料拌和站	k105+200		拌和站
24	第 14 合同段	沥青混合料拌和站	k115+600		拌和站
25	第 15 合同段	沥青混合料拌和站	k128+500	主干 200 m	拌和站
26	第 16 合同段	水泥混凝土拌和站	k141	项目 1 km	拌和站
27	第 16 合同段	沥青混合料拌和站	k141	项目 1 km	拌和站
28	第 16 合同段	下穿顶推	k143+900	项目 2 km	重要工程施工现场
29	第 17 合同段	沥青混合料拌和站	待定		拌和站
30	第 18 合同段	沥青混合料拌和站	待定		拌和站

续表

序号	合同段 项目经理部	点位名称	宏观位置距离通视情况		点位类型
			坐标位置	通视情况	
31	第19合同段	沥青混合料拌和站	k172	项目2 km	拌和站
32	第20合同段	水泥混凝土拌和站	k188+500	项目1.5 km	拌和站
33		沥青混合料拌和站	待定		拌和站
34		铁路桥	k188+300		重要工程施工现场
35	第21合同段	水泥混凝土拌和站	k195+200	项目2 km	拌和站
36		沥青混合料拌和站	k195+200	项目2 km	拌和站
37		特大桥	k195+200	项目2 km	重要工程施工现场
38	第22合同段	沥青混合料拌和站	k202	项目1 km	拌和站
39	第23合同段	沥青混合料拌和站	k211	项目4 km	拌和站
40	第24合同段	沥青混合料拌和站	k220+500	项目1 km	拌和站

其中分控中心拟定设在24个合同段项目经理部中。由表9-1可以看出，整个路段中，各合同段主干至分控中心的路程不超过10 km，而各合同段中的各监控点到分控中心的直线距离则更是小于20 km（最大距离为12 km）。

当前市场上的无线设备在实际应用项目中最远传输距离超过35 km，所以对于20 km以内的传输距离完全能满足。另外，还能确保在远距离传输的同时有稳定的高带宽可供视频传输使用。

9.3.5 各监控点所需网络带宽分析

此项目要求从监控点到分控中心采用D1的图像格式，即720×576@25fps。一般而言，一路D1格式的图像所占的网络带宽大约为2 Mbps，每个合同段的监控点为1~2个，故分控中心所需网络带宽为2~4 Mbps；针对24个分控中心的视频在线查看，指挥部所需网络带宽为48 Mbps。

一般情况下，无线网桥在传输时能提供高达24 Mbps的实际网络带宽，因此采用层层汇聚的方式传输后，完全能满足整个视频监控网络带宽的需要。

9.3.6 无线设备选型

整个系统的无线设备我们选用Doublecom（多倍通）DB6000系列无线网络产品，DB6000系列网络产品是一款电信级无线设备，其强大的数据传输能力和无线传输性能，可以支持复杂的网络功能，充分满足运营商系统建设的需要。产品采用了优质铝合金压铸工艺外壳，完全密封、完全屏蔽，具有全天候使用、防水、防尘、防酸、抗振动、抗冲击、抗强电磁环境等出众的高稳定性、高鲁棒性特点。其环境防护等级高达IP68，所有产品都能在-70 ℃正常工作。

9.4 系统设计

整个监控系统涉及多个部分，包括前端视频采集部分、无线传输部分、供电系统部分、后台管理部分、存储备份部分等。以下着重针对其中的无线传输部分进行分析、设计和说明。

9.4.1 网络传输方式

方式一：全程无线传输。前端无线方式接入，汇总后，中途用大功率、高带宽的无线中继设备，直接传输到项目总指挥部。

方式二：远端无线接入+有线传输。前端无线接入后，汇聚到各个项目部，再通过项目部的有线网络传输到项目总指挥部。

9.4.2 设计概述

针对于青临高速施工现场情况复杂，战线比较长，且都处于野外没有有线网络接入条件的情况，我们建议采取"远端无线接入+项目部有线传输"的方式实现远程的视频监控系统。具体就是说：项目部到各个拌和站之间没有很好的有线网络连接条件，建议采用无线网桥的接入方式，而项目部和总指挥部之间，由于各个项目部目前都有了不同程度的网络接入，具备了有线传输视频的条件，所以建议采用有线传输的方式，这样既保证了传输的效果，又节省了成本。具体连接如图9-2所示。

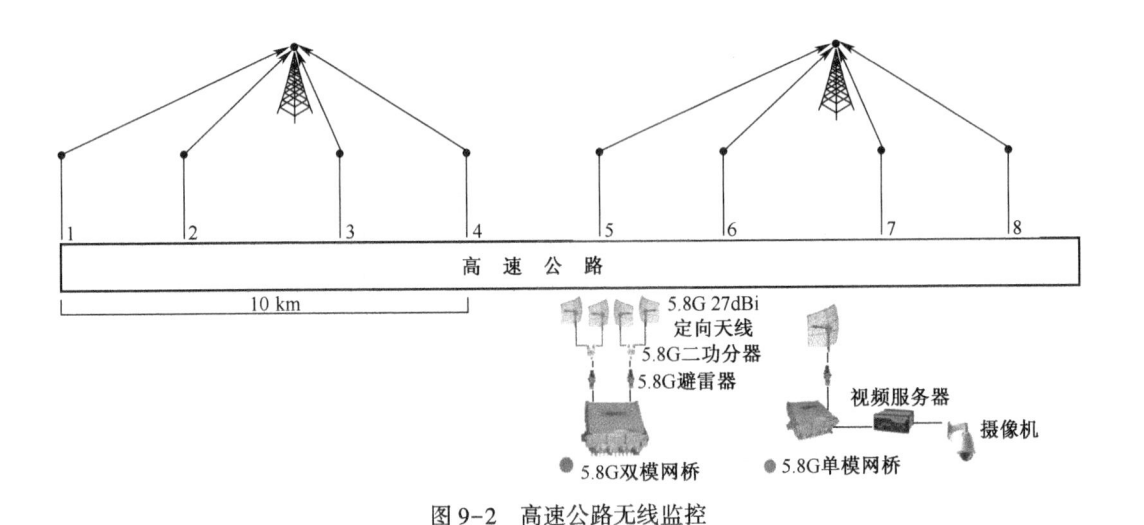

图 9-2 高速公路无线监控

同时，为了避免硬件资金投入过多，经过与建设项目单位的沟通和交流，取消了试验室、预制场共计61个监控点，也大大缩短了项目实施工期。

9.4.3 整体流程简述

本系统由三部分组成。

（一）视频监控终端

监控终端负责对前端采集的视音频数据压缩处理，并进行数据保存。

（二）数据传输系统

通过大容量硬盘对视音频信号进行存储，存储的历史数据可保证在两周以上，将终端数据采集点各类业务数据通过"无线接入+有线传输"方式传到项目数据中心的服务器中，数据的采集和上传采用无线和高速磁盘备份两种方式实现。

（三）监控中心平台

通过"公路工程质量动态管理辅助监控系统"对各类业务数据进行数理统计、汇总、综合分析、存储，业主、总监办、驻地办等主管领导可以分权限基于 Internet 网络登录系统，查询监控部位的实时数据。

9.4.4 数据采集部分简述

视频信号采集：通常采用室外型高清晰度摄像机，比较常见的是"球机"。这种设备内部集成了变焦摄像机、云台、云台控制器等，可以通过远程操作控制摄像机改变摄像机的方位角和俯仰角，从而改变监控区域范围，同时也可以通过变焦抓特写等。另外一种叫"枪机"，用于监控固定点，不用远程控制变焦、转动等。根据道路视频监控的需求，推荐全部选择网络"球机"进行监控。

9.4.5 信号变换传输部分简述

普通"球机"的模拟视频信号需要经过网络视频服务器转换为数字化的网络信号才能进入 WLAN 无线网桥进行数据传输，而网络"球机"则可以直接连接无线网桥。前端采集的数字视频信号通过无线网络设备传输并汇总到分控中心，通过硬盘录像机记录下来。前端的每个监控摄像机都有一个唯一的 IP 地址，便于网络中心的统一管理，同时也便于分控中心以及监控中心的集中控制。

根据现场实际情况，为保障无线网桥的可视传输或者执行层层汇聚的宗旨，我们会设计中继点，前端监控点的视频信息会先传输至中继点，然后再通过中继点汇聚至分控中心。

中继点示意图见图 9-3 所示。

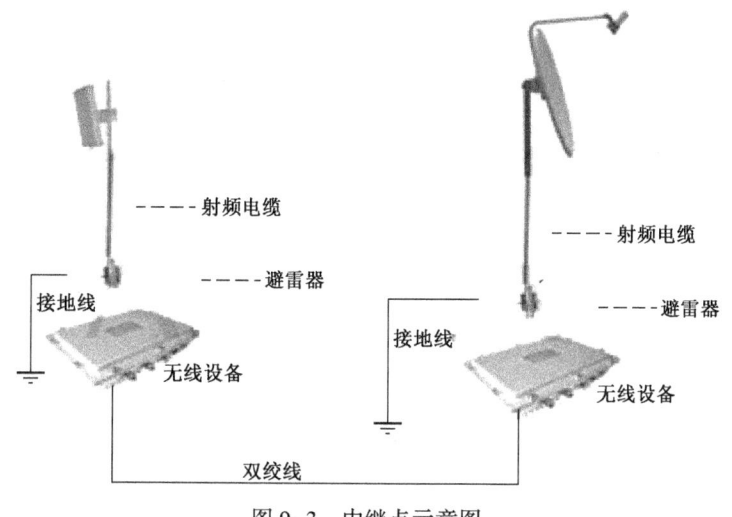

图 9-3 中继点示意图

从中继点到中心点的示意图见图 9-4 所示。

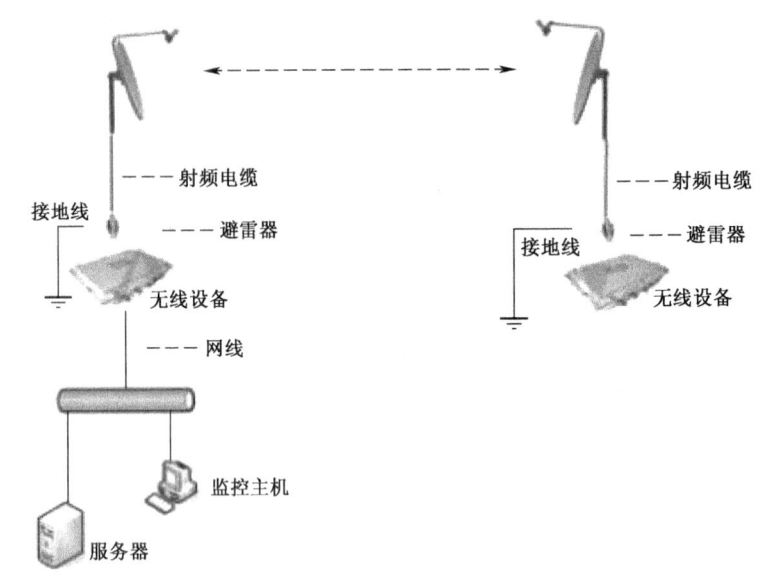

图 9-4 从中继点到中心点的示意图

9.4.6 公路各合同段监控点无线链路设计

鉴于对于整个路段的现场情况勘察，所选取中继点与各监控点成可视状态，中继点与分控中心成可视状态（图 9-5）。

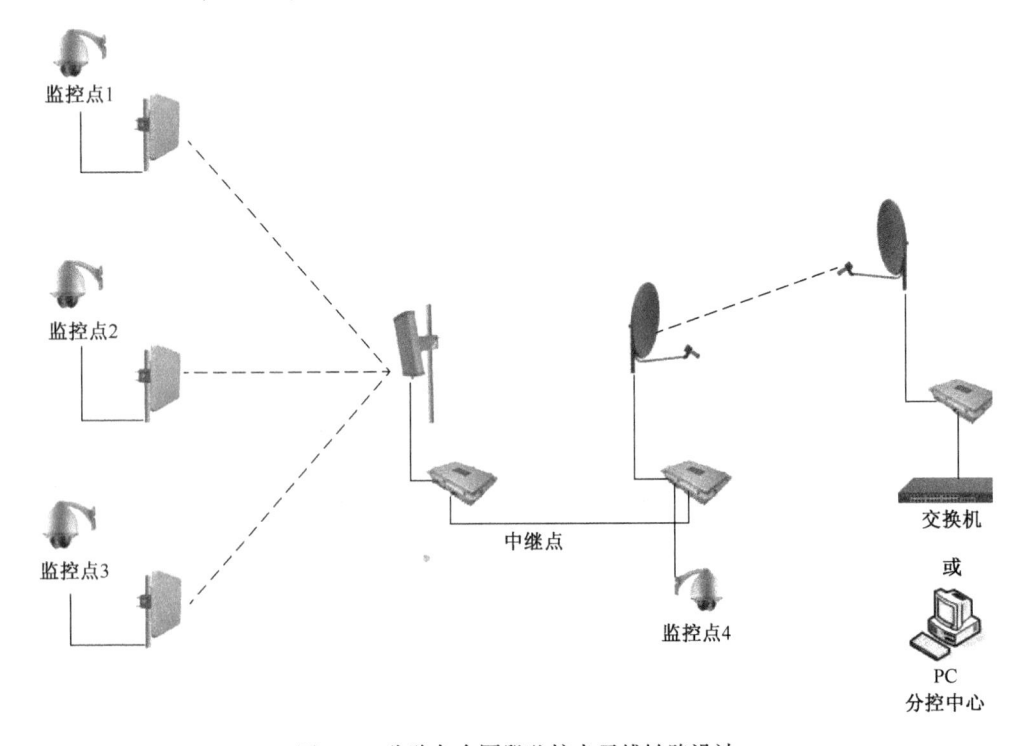

图 9-5 公路各合同段监控点无线链路设计

若在点对多点情况下,分控中心点设备应采用天线与设备分离的方式来设计,这样分控中心的天线可以采用大角度或全向天线,每个监控点采用天线一体化无线网桥。根据表9-1,将各合同段设备配置清单归纳为以下三种。

(一) 5 km 传输设备清单(点对四点,计 17 个合同段)

见表9-2所示。

表9-2　5 km 传输设备清单

编号	描　　述	数量	备　　注
1	5.8 GHz 电信级无线网桥	1	安装于分控中心
2	5.8 GHz 电信级天线一体化无线网桥	4	安装于监控点
3	5.8 GHz 17 dBi 室外 90 度扇区天线	1	与分控中心设备连接
4	6.0 GHz 同轴避雷器	1	防止雷击造成的浪涌损坏设备
5	5.8 GHz 高频馈线	1	连接分控中心设备与天线
6	POE 电源适配器(48 V)	5	48 V 供电模块
7	标准交流供电 POE 插入器	5	配合 POE 电源适配器
8	防水套装	5	防止室外设备的接口处进水

(二) 10 km 传输设备清单(点对四点,因传输距离不同,仅定向天线不同,计 4 个合同段)

见表9-3所示。

表9-3　10 km 传输设备清单

编号	描　　述	数量	备　　注
1	5.8 GHz 电信级无线网桥	1	安装于分控中心
2	5.8 GHz 电信级天线一体化无线网桥	4	安装于监控点
3	5 GHz 28 dBi 0.5 m 高效抛物面天线	1	与分控中心设备连接
4	6.0 GHz 同轴避雷器	1	防止雷击造成的浪涌损坏设备
5	5.8 GHz 高频馈线	1	连接分控中心设备与天线
6	POE 电源适配器(48 V)	5	48 V 供电模块
7	标准交流供电 POE 插入器	5	配合 POE 电源适配器
8	防水套装	5	防止室外设备的接口处进水

(三) 15 km 传输设备清单(点对四点,因传输距离不同,仅定向天线不同,计 3 个合同段)

见表9-4所示。

表9-4　15 km 传输设备清单

编号	描　　述	数量	备　　注
1	5.8 GHz 电信级无线网桥	1	安装于分控中心
2	5.8 GHz 电信级天线一体化无线网桥	4	安装于监控点
3	5 GHz 34 dBi 1 m 高效抛物面天线	1	与分控中心设备连接
4	6.0 GHz 同轴避雷器	1	防止雷击造成的浪涌损坏设备

续表

编号	描述	数量	备注
5	5.8 GHz 高频馈线	1	连接分控中心设备与天线
6	POE 电源适配器（48 V）	5	48 V 供电模块
7	标准交流供电 POE 插入器	5	配合 POE 电源适配器
8	防水套装	5	防止室外设备的接口处进水

根据设计与我们对现场环境实际情况，系统中主要设备清单如表 9-5 所示。

表 9-5 系统中主要设备清单

编号	描述	数量	备注
1	5.8 GHz 电信级无线网桥	24	安装于分控中心
2	5.8 GHz 电信级天线一体化无线网桥	96	安装于监控点
3	5.8 GHz 17 dBi 室外 90°扇区天线	17	与分控中心设备连接
	5 GHz 28 dBi 0.5 m 高效抛物面天线	4	
	5 GHz 34 dBi 1 m 高效抛物面天线	3	
4	6.0 GHz 同轴避雷器	24	防止雷击造成的浪涌损坏设备
5	5.8 GHz 高频馈线	24	连接分控中心设备与天线
6	POE 电源适配器（48V）	120	48 V 供电模块
7	标准交流供电 POE 插入器	120	配合 POE 电源适配器
8	防水套装	120	防止室外设备的接口处进水

此设备清单涉及整个无线监控系统的关键设备，并非全部设备。设备选型与实际使用的数量可能根据实际需要而相应调整。

9.5 功能介绍

9.5.1 网络实现

为保障公路施工期间的质量与安全，满足系统的使用，将在整个路段的合同段试验室、拌和站、料场、预制场及重点工程施工现场设置监控点，将施工现场的情况通过 WLAN 技术实时将各监控点的图像传输至分控中心（各项目经理部），分控中心可以做到本地存储监控图像，方便以后调用，同时还能通过网络控制现场监控点的监控摄像。监控中心（项目指挥部）可以随时通过网络调用查看分控中心所有现场视频，将对现场情况一目了然。

网络实现方式如图 9-6 所示。

9.5.2 对画面实时监控

播放面板默认以 2×2 播放窗口显示，可通过画面分割按键进行窗口分割的选择，最大可支持 64 画面分割（图 9-7）。

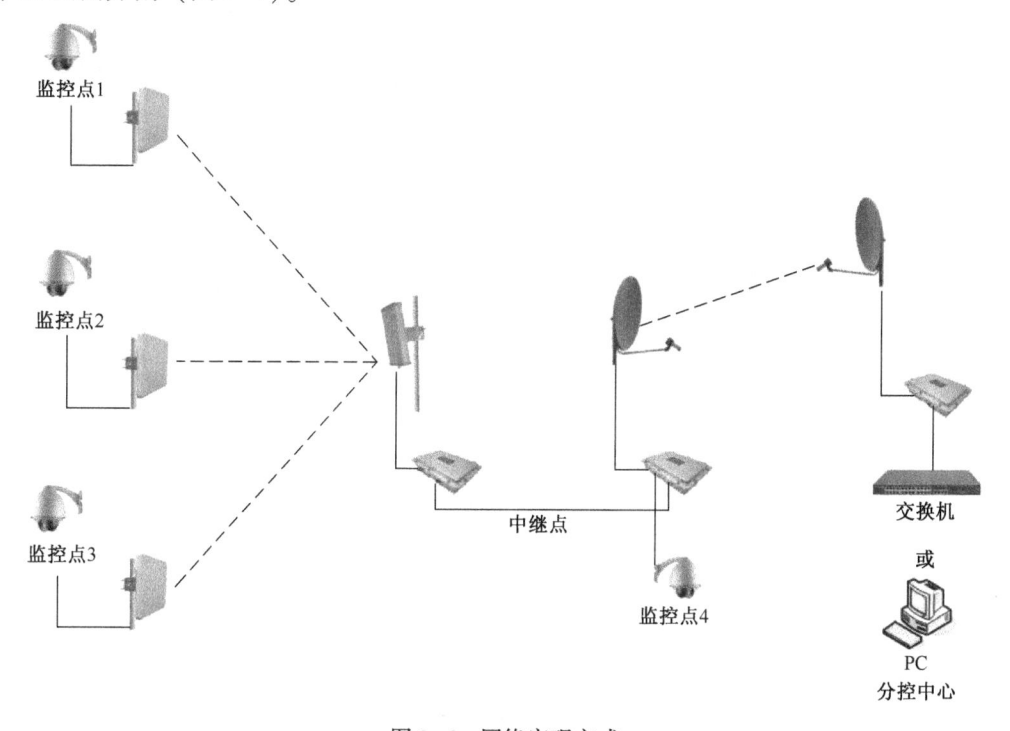

图 9-6　网络实现方式

图 9-7　对画面实时监控

9.5.3 云台控制

在权限许可范围内,通过对前端云台和镜头的控制,改变摄像机的方位、俯仰角度和焦距等。

通过方向键控制云台 8 个方向的转动,通过拖动条可控制云台转动的速度,速度级别 1~7 可调,默认速度为 4。

可进行焦距、光圈和变倍的调节。

系统还提供了另外一种云台控制方式——屏幕云台控制。用户可以通过在播放窗口中点击和拖动控制云台转动,进行 3D 定位,可插入 USB 摇杆对窗口进行控制。

9.5.4 录像、抓拍

可远程配置通道在 NVR 服务器上的录像计划,实现录像在 NVR 服务器上的统一保存;也可开启处于预览状态通道的录像,将需要的录像文件保存在本地 PC。

通过存储配置,可设置预览状态下即时录像文件在本地 PC 的保存盘符和录像文件的打包大小。

实时图像抓拍是用来实时拍摄图像的辅助功能,它将动态图像中的单帧图像以 BMP 的图像格式保存下来,可以对正在监视或正在回放的图像抓拍。

视频服务器图像 D1 JPEG 抓拍:视频服务器 JPEG D1 格式抓拍是指视频服务器的前端直接抓拍,它抓拍的格式为 D1 格式,清晰度不受网络传输的影响。

9.5.5 音频监听、对讲、广播

系统与前端设备之间可以进行双向语音传输,系统可以监听前端设备的音频。

系统可将音频发送到前端设备,与前端设备实现对讲。

系统可对前端设备进行单向语音广播。

9.5.6 回放

本地回放:系统将从本地 PC 的硬盘中查找回放录像文件。

远程点播:系统将从 NVR 服务器或硬盘录像机上查找回放录像文件。如果在系统中设置过 NVR 服务器的录像计划,则从 NVR 服务器进行点播;若未添加 NVR 服务器或 NVR 服务器录像计划为空,则从设备上进行点播。

事件回放:针对设备中的移动侦测录像和信号量报警录像进行重点查询、回放。

9.5.7 火灾预警

火情预警是利用烟火图像识别模块,根据火焰烟雾的行为特征,如颜色、颜色分布、形状、轮廓、纹理等,利用施工现场背景图像与火灾、基于网络摄像机的烟火自动识别技术对烟火自动识别算法进行了分析,提出了基于网络摄像机的智能实时监测方法。烟火检测对由网络摄像机传过来的视频帧,使用一系列算法进行实时图像分析,这些算法由数字图像处理、数字图像模式识别技术组成。算法的实现是基于火焰和烟雾的行为特征,如颜色、颜色分布、

形状、轮廓、纹理等。这一系列独立的算法是并行处理的，最后将结果一起输入到模糊神经网络中，给出前面每一个算法的权重，得出一个是否有烟火出现的最终评估。

烟雾图像在光谱特征、空间几何特征上的差异，运用图像处理方法和复杂的识别算法，对施工现场图像进行分析，判断现场图像上是否有疑似火点。用户可以通过对云台的控制来实现镜头的景深、焦距以及光圈的调节，还可以通过云台的上下左右调节来获取不同角度的图像。火灾发生时，火情报警模块发出报警信息，同时云台控制模块向火情监测子系统发送锁定云台动作指令，从而控制云台固定范围（或定点）扫描。智能烟火识别系统的一个重要部分是软件算法，系统采用数字图像处理技术，着重在提高探测系统算法的效率和降低误报率等。

检测算法如下。

基于火焰颜色的预判算法：通常施工现场大部分时间处于无火源的状态，故可对从视频流截取的并转换为 BMP 格式的图像先进行简单的判断。本系统采用基于颜色的算法检测图像的状态。不论在什么情况下，由于火焰的外焰高温部分是绝对高温，并且火焰本身的亮度大多集中在红色，火的颜色总是表现为红色的，故在火的算法中，我们首先对图像进行一次预判。即判断该图像是否有红色的信息，若没有红色的区域，就根本不用执行其他火的算法，这样就大大加快了识别效率。其算法为：Pi（x，y）∈［R1，R2］其中，Pi（x，y）为待处理的图像像素的 RGB 值，［R1，R2］为实验确定后的表现为火的红色阈值。当 Pi（x，y）∈［R1，R2］时，则判定有疑似火源，取用红色通道，舍弃其他两个通道的颜色，而单独对红色通道进行识别处理，并将该区域从背景中分离出来。接着进入下面对各种林火行为特征的算法判断。当 Pi（x，y）!［R1，R2］时，则判定无火，于是判断该图像是否出现烟。

基于火焰颜色分布的算法：火焰一般从焰心到外焰其颜色应从白色向红色移动，根据这一特点，提出了如下识别算法。从火焰颜色物体的左上像素开始，依次取连通像素点，连通方向为右下，如右下无连通像素则取下连通，直至取完。每三个像素点取红色比重的平均值，组成数列，然后做一阶差分。最后得到的差分数列输入给判别算法，从起始像素为起点，当红色比重的减少趋势持续一定步数时，说明有从红向白移动趋势；同理从截止像素为起点，当红色比重持续增至一定步数时，说明有从红向白移动趋势。任一种情况出现都说明颜色分布具有火焰特点。计算红色比重的公式如下：

redratio(x,y)= x ,y∈m " R(Pi(x,y))R(Pi(x,y))+G(Pi(x,y))+B(Pi(x,y))

其中，R(Pi(x,y))为第 P 帧(x,y)点的 RGB 中的 R(Pi(x,y))，G(Pi(x,y))，B(Pi(x,y))。

图像分割：大律算法。经过预处理的图像可能有多个区域的亮点，故采用图像分割算法对图像进行区域分割，再在各分割区域提取有用的特征信息。本系统采用的是大津算法。大津算法由大津于 1979 年提出，求取图像最佳阈值 g 的公式为：g=w0*(u0-u)/2+w1*(u1-u)/2 对当前图像，记 t 为前景与背景的分割阈值，前景点数占图像比例为 w0，平均灰度为 u0；背景点数占图像比例为 w1，平均灰度为 u1。图像的总平均灰度为：u=w0*u0+w1*u1。从最小灰度值到最大灰度值遍历 t，当 t 使得值最大时 t 即为分割的最佳阈值。对大津算法可作如下理解：该式实际上就是类间方差值，阈值 t 分割出的前景和背景两部分构成了整幅图像，而前景取值 u0，概率为 w0，背景取值 u1，概率为 w1，总均值为 u，根据方差的定义即得该式。因方差是灰度分布均匀性的一种度量，方差值越大，说明构成图像的两部分差别越大，当部分目标错分为背景或部分背景错分为目标都会导致两部分差别变小，因此使类间方差最大的分割意味着错分概率最小。大津算法选取出来的阈值非常理想，对各种情况的表现都较为良好。虽然它在很多情况下都不是最佳的分割，但分割质量通常都有一定的保障，可以说是最稳定的分割。在后面的算法中，只对分割后框里的区域进行运算，避免了处理背景的大量无用计算，大幅提升效率。

基于火焰形状识别的算法：圆形度圆形度表征物体形状的复杂程度，其计算公式为：$\mu = L^2/S$。式中，μ 为圆形度，L 为周长，S 为面积。周长为物体的边界长度，可遍历边界链码，算出边界长度。通过统计图元的亮点数可获得面积。圆形度对圆形物体取最小值 4π，物体形状越复杂其值越大。本系统将圆形度值除以 4π，使圆形度的最小值为 1，以便观测。圆形度作为表征火灾火焰特性的判据是十分有效的，可以做早期的判断，排除规则发亮物体（如太阳等）的干扰，从而减少计算量。

基于烟雾颜色的检测算法：火灾烟雾的主要组分是可燃物燃烧产生的气相产物与掺混进来的空气，并混杂着许多微小的固体颗粒和液滴，不同可燃物燃烧产生的烟雾，其颗粒的粒径分布、平均粒径、颗粒形状、组分和浓度等参数都不相同，对入射光的散射也不相同。物体的颜色是光照到物体上散射到人眼的结果。小颗粒的烟雾散射为蓝色，当小颗粒的烟雾带上雾气时，逐渐变成大颗粒，颜色也变为灰白色。故可从灰色烟和蓝色烟两个方面进行判断。下面以灰色烟为例说明判断某点为灰色方法的算法，蓝色烟与此类似。在计算机中，理想的黑色用三原色（红，绿，蓝）表示为（0，0，0），理想的白色用三原色表示为（255，255，255）。但是在数码照片中黑色和白色都是一定灰度颜色的，黑色可能表示为（7，20，10），白色也可能表示为（159，162，178）。为解决这一问题，我们可以使用双控色彩指标进行颜色识别，其基本含义就是用平均灰度和三原色误差分别作为控制指标。这里平均灰度的含义是平均灰度 = Average（Red + Green + Blue），三原色误差 = Red（or Green or Blue）– 平均灰度。例如，如果某像素点的颜色信息是 RGB =（159，162，178），则其平均灰度为 166.3，三原色误差为（-7.3，-4.3，+11.7）。有了控制指标之后，就可以在程序中进行黑色和白色的定义。首先，定义平均灰度的识别参数 White Tolerance 和 Black Tolerance，以及三原色误差的识别参数 Error Band。如果平均灰度低于 Black Tolerance 且三原色误差小于 Error Band，则认为是黑色；如果平均灰度高于 White Tolerance 且三原色误差小于 Error Band 则认为是白色。由于不同照片拍摄亮度不同，因而 White Tolerance 和 Black Tolerance 也随数码照片亮度差异而不同。根据大量算例试验，推荐使用以下步骤确定这些参数的取值。

①给 Error Band 取值，议取为 30。该参数取值适用性较广，在照片白平衡问题不是非常严重的情况下，该参数一般都可以得到较好的结果。

②遍历所有像素点，如果某个像素点的三原色误差小于 Error Band，则认为该点为灰色点。当物体是纯灰色即 R = G = B 时，最大差值为 0，从实验中可以看出，烟一般也不是纯灰色；枯草与灰色烟的颜色非常相似。设定阈值为（0，16，33）。另外，计算时我们都用强制类型转换将浮点数转换为 int 整型以提高运行效率。

基于模板匹配的检测算法：本系统采用模板匹配的方法找到图像中的烟雾区域。模板匹配就是拿已知的模板图像和原图像中同样大小的一块区域去对比。开始时，模板的左上角点和图像的左上角点是重合的,拿模板和原图像中同样大小的一块区域去对比,然后平移到下一个像素,仍然进行同样的操作,所有的位置都对完后,差别最小的那块就是我们要找的物体。模板 T($m×n$ 个像素)叠放在被搜索图 S($W×H$ 个像素)上平移,模板覆盖被搜索图的那块区域叫子图。为了提高图像匹配速度,满足某些领域的实时性要求,提出了一种快速图像匹配算法。该算法利用 Sobel 边缘算子得到模板的灰度边缘图像,并对该边缘图像进行抽样以提取匹配点,从而显著减少匹配过程的计算量。

图像模板匹配的关键是对模板和搜索子图进行相似性的检测,这种检测建立在模板和搜索子图灰度信息的基础上,利用的图像灰度信息越多越可以更好地度量两者之间的相似程度。然而应用中利用的图像信息多少与匹配实现的速度有很大关系,利用的信息越多,需要的计算量就越大,匹配速度会越低。抽样点匹配方法是在相关匹配时计算模板上所有的像素的基础上的改进。图像相关匹配时,从模板和搜索子图中抽取一部分像素来计算匹配值,而不是计算模板和搜索子图上所有的点。这样在不改变匹配时搜索所有可能的匹配点时,减少了每个匹配参考点上的相关计算量。假设图像的高度和宽度为 1Height 和 1Width,取水平方向的间隔 H 和竖直方向的间隔 V 分别为 1Width/N 和 1Height/M,则在匹配中可以得到 ($N+1$)×($M+1$) 个匹配点,这 ($N+1$)×($M+1$) 个匹配点可以均匀地分布在图像上。模板大小与匹配精度相关。模板过大或过小都不利于匹配。合理确定有效匹配点的个数得到的时间效果是很可观的。本系统通过实验得出,图像匹配模板大小为 10×10 时效果最好。

物 体	颜色(RGB)	均 值	最大差值
灰枯草	(181,165,148)	164.67	16.33
浓烟	(115,107,107)	109.67	5.33
较浓烟	(156,148,148)	150.67	5.33
淡浓烟	(165,165,165)	165.00	0.00
淡白烟	(210,214,213)	212.33	1.67
很淡烟	(173,189,198)	186.67	11.33
很淡烟	(156,173,189)	172.67	16.33
浓烟	(66,74,82)	74.00	8.00
淡浓烟	(173,156,156)	161.67	11.33
白烟	(255,247,247)	249.67	5.33
浓烟	(107,107,115)	109.67	5.33
枯草	(189,181,173)	181.00	8.00
较浓烟	(165,165,173)	167.67	5.33

9.5.8 异常速度分析

异常速度分析是利用现场的视频流对运动的事物做速度判断,尤其是车辆运行速度,利用抽帧捕捉出现车辆的频度来判断车辆的快慢原理来实现。

程序原理见图 9-8 所示。

(一)预处理(图像平滑-平均模板)

图像平滑的主要目的就是去除或衰减图像上的噪声和假轮廓,即衰减高频分量,增强低

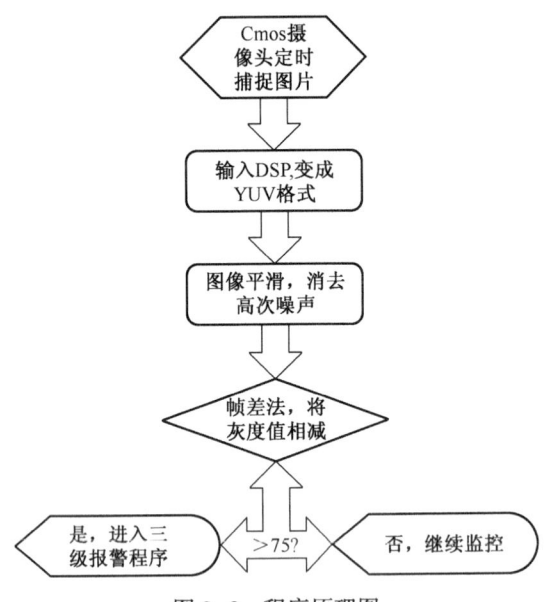

图 9-8　程序原理图

频分量。平滑模板的思想是通过某一点和其周围 8 个点的像素值平均来滤除噪声。

本系统中采用的平滑技术是对噪声图像使用局部算子，即仅对他的局部小领域内的一些像素加以运算。

我们使用的模板是平均模板，它均等地对待领域中的每个像素。设图像中某像素的灰度值为 f (x, y)，他的领域 S 为 3×3，点集总数为 9，则平滑后该点的灰度值为整个区域的平均值。即最终得到 9 个点集的值均为相同。

（二）帧差法（核心算法）判断有无物体进入监控区

相邻两帧数据相减，图像信号采用 YUV422 格式，主要对亮度信号 Y 进行处理。帧间差分是把当前帧与前一帧图像的像素亮度或者梯度值相减从而得到运动物体的位置与形状等信息，它对光照的适应性较强。

为此，构建函数 f (1)，f (2) 分别表示 t_1，t_2 时刻某一点所对应的三原色函数值。当 |f (1)-f (2)| =a>75 时（a 称为域值），可准确实现 t_1，t_2 时刻前背景图像的分离，且系统反映速度较快，属于非常合适的"折中点"。因此，当 a≤75 时，可以认为图像中 t_1，t_2 时刻的三原色差值是由于摄像头的误差造成的，否则判断有快速物体进入了监控区域。

在系统的研究过程中，课题组投入了大量经历致力于 CMOS 摄像头的研究，成功地克服了摄像头稳定性差、精度低等问题。探索出了一条低成本多媒体监控系统开发之路。课题组设计出了完整的开发程序，实现了嵌入式电路板下的自动报警。

两帧相减核心程序如下。

```
for (i=0; i<numLines; i++)
{
    for (j=0; j<numPixels; j++)
    {
        temp1= ( * (Uint8 *) (capYbuffer+ i * numPixels+ j) );
```

```
            temp2 = ( * (Uint8 * ) (tempYbuffer+ i * numPixels+ j) );
            temp=temp1-temp2;
            if (abs (temp) >75)
            * (Uint8 * ) (tempYbuffer+ i * numPixels+ j) = 0xff;
            else
            * (Uint8 * ) (tempYbuffer+ i * numPixels+ j) = 0;
        }
    }
Alarm ();
{
    for (i=0; i<numLines; i++)
{
    /*传送Y缓冲区*/
    DAT_ copy ( (void *) (tempYbuffer + i * numPixels),
    (void *) (disYbuffer + i * numPixels),
    numPixels);
     }
    for (i=0; i<numLines; i++)
{
    /*传送临时Y缓冲区*/
    DAT_ copy ( (void *) (capYbuffer + i * numPixels),
    (void *) (tempYbuffer + i * numPixels)
    numPixels);
     }
}
```

参 考 文 献

[1] 交通部公路司. 新理念公路设计指南 [M]. 北京：人民交通出版社，2005
[2] 陈胜营，汪亚干，张剑飞. 公路设计指南 [M]. 北京：人民交通出版社，2000
[3] 中国公路学会《交通工程手册》编委会. 交通工程手册 [M]. 北京：人民交通出版社，1995
[4] 赵一飞，杨少伟. 高速公路设计 [M]. 北京：人民交通出版社，2006
[5] 张阳. 公路景观学 [M]. 北京：中国建材工业出版社，2004
[6] 庄传仪. 基于汽车动力性能的爬坡车道设计研究 [D]. 长安大学，2006
[7] 叶亚丽. 山区高速公路景观设计与评价 [D]. 长安大学，2006
[8] 李国锋. 雨林公路修建技术-思小高速公路建设论文集 [C]. 北京：人民交通出版社，2006
[9] 刘书套. 高速公路环境保护与绿化 [M]. 北京：人民交通出版社，2001
[10] 中华人民共和国行业标准. 公路环境保护设计规范 [M]. 北京：人民交通出版社，1999
[11] 魏中华. 公路景观设计理论研究 [D]. 北京工业大学，2005
[12] 于胜男. 高等级公路景观设计与评价 [D]. 北京工业大学，2003
[13] 刘勇. 高速公路生态景观设计与评价方法研究 [D]. 山东大学，2008
[14] 陈胜营，刘祖祥. 高速公路改扩建方案思考 [J]. 公路，2001（7）：102-103
[15] 高翔. 高速公路新老路基相互作用分析与处理技术研究 [D]. 东南大学，2006
[16] 江苏省交通基础技术工程研究中心. 沪宁高速公路拓宽工程试验段（K0+000~K1+170）地基处理方案中间研究成果分析报告 [R]. 2003：107-109
[17] 苏超，徐泽中，吴钰. 高速公路拼接段地基参数反分析方法及其应用 [J]. 河海大学学报，2000，28（6）：38-42
[18] 谢康和，周健. 岩土工程有限元分析理论与应用 [M]. 北京：科学出版社，2000
[19] 杨涛. 复合地基沉降计算理论、位移反分析模型和二灰土桩软基加固实验研究 [D]. 河海大学，1997
[20] 高文明. 路堤荷载下粉喷桩加固软土地基沉降研究分析 [D]. 浙江大学，2002
[21] Tavanas. F. A. et al. the behavior of embankment on clay foundations. Canada Geo Joumal 1980, 17 (2)
[22] 陈建峰，石振明，沈明荣. 宽路堤软土路基沉降的有限元模拟 [J]. 公路交通科技，2003，20（4）：23-26
[23] 郭志边. 软土地区高速公路拼接段路基的设计及沉降规律分析 [D]. 河海大学，1999
[24] 周虎鑫. 软土地基上修建高等级公路后沉降指标的研究 [D]. 东南大学，1993
[25] 叶见曙. 桥头引道工后沉降控制标准的研究 [J]. 东南大学学报，1997，27（3）：12-17
[26] 张嘉凡，张慧梅. 软土地基路基不均匀沉降引起路面结构附加应力 [J]. 长安大学学报（自然科学版），2003，23（3）：21-25
[27] 曾庆军. 强夯与强夯置换加固效果及冲击荷载下饱和黏土孔压特性 [D]. 浙江大学，2000
[28] 郭见扬. 强夯地面沉降特性及地基双层构造的形成（强夯加固机理探讨之五）[J]. 土工基础，1996，11（3）：29-33
[29] 曾庆军，李茂英，李大勇. 强夯置换深度的估算 [J]. 岩石工程学报，2002，24（5）：608-611
[30] 左名麟. 震动波与强夯加固机理 [J]. 岩土工程学报，1986，8（3）
[31] Scott, R. A. etal. Soil compaction by impact. Geotechnique, 1975, Vol. 25 (1): 19-30
[32] 刘松玉等. 强夯法加固高等级公路液化地基试验研究 [J]. 东南大学学报，2000，30（6A）：25-33
[33] Chow, Y. K. etal, Numerical modeling of dynamic compaction. Computer Methods and advances in Geomechanics, 1991, 232-242

参考文献

[34] Chow, Y. K. etal, Dynamic compaction analysis. ASCE, 1992, Vol. 118 (8): 1141-1157

[35] 孔令伟, 袁建新. 强夯的边界接触应力与沉降特性研究 [J]. 岩土工程学报, 1998, 20 (2): 86-92

[36] 年廷凯, 李鸿江等. 不同土质条件下高能级强夯加固效果测试与对比分析 [J]. 岩土工程学报. 2009, 31 (1): 139-144

[37] 贾敏才, 王磊, 周健. 干砂强夯动力特性的细观颗粒流分析 [J]. 岩土力学, 2009, 30 (4): 871-878

[38] 汪浩. 新老高速公路结合部处治技术研究 [D]. 南京: 东南大学, 2004

[39] Ludlow, S. J. Chen, W. F. Bourdeau, P. L. Lovell. C. W. Embankment widening and grade raising on soft foundation soils [R]. Research Project Final Report: Joint Highway Research Project Purdue University, 1993

[40] 赵维炳. 设置砂井的动力固结计算 [D]. 华东水利学院, 1985

[41] 冯光乐, 凌天清, 许志鸿, 张连进. 土工合成材料处理桥头过渡段路基离心模型试验研究 [J]. 公路交通科技, 2003, 20 (5): 10-14

[42] 孙四平, 侯芸, 郭忠印. 旧路加宽综合处治的模型试验研究 [J]. 合肥工业大学学报 (自然科学版), 2004, 24 (5): 513-517

[43] 周志刚, 郑健龙. 老路拓宽设计方法的研究 [J]. 长沙交通学院学报, 1995, 11 (3): 50-56.

[44] 黄琴龙, 凌建明, 唐伯明等. 新老路基不协调变形模拟试验研究 [J]. 公路交通科技, 2004, 21 (12): 18-21

[45] Richard J. Deschamps et al, Embankment widenjing design guidelines and construction procedures [R]. Purdue University, 1999: 45-59

[46] Vos, E. J. F. Couvreur, M. Vermaut. Comparsion of numerical analysis with field data of a road widening project on peaty siol. Proc. International Workshop: Advances in understanding and modeling the mechanical behavior of peat [C]. Balkema, Rotterdam, 1994, 267-274

[47] 杨惠林. 黄土地区路基边坡生态防护技术研究 [D]. 长安大学, 2006

[48] 何福道. 高速公路边坡防护与加固初探 [J]. 公路, 2001, 2: 55-57

[49] Barker, D. H. el. Vegetation and Slopes Stabilisation, Protection and Eology-Proceedings of the International Conference Held at the University museum. Oxford: 1994, 29-30

[50] Coppin, N. J. and Richard, I. G. Use of Vegetation in Civil Engineering [J]. Butterworths. Londen, 1990

[51] Greenwood, J. R. Morgan, R. P. C. and Short, J. A Field Trial at Lonham Wood Cutting [J]. M20. Motorway, CIRIA. Londen, 1996

[52] 曾宪明, 王振宇等编译. 国际岩土工程新技术新材料新方法 [M]. 北京: 中国建筑工业出版社, 2003

[53] Greenwood, J. R., Vickers, A. W., Coppin, N. J., Morgan, R. P. C. and Norris, J. E. In Press. Bioengineering: The Lonham Wood Cutting Field Trial [J]. CIRIA. Londen.

[54] 罗宾. 路基边坡坡面冲刷研究 [D]. 西南交通大学, 2003

[55] 王可钧, 李焯芬. 植物固坡的力学简析 [J]. 岩石力学与工程学报, 1998, 17 (6): 687-691

[56] 周培德, 张俊云. 植被护坡工程技术 [M]. 北京: 人民交通出版社, 2003

[57] 蒋德松, 蒋冲. 城市岩质边坡土工格室生态防护技术及其应用 [J]. 湖南大学学报 (自然科学版), 2008, 35 (11): 12-16

[58] 杨惠林, 李晋, 杨晓华. 黄土边坡植被护坡的应用技术研究 [J]. 公路交通科技 (应用技术版), 2006

[59] 王毓芳, 郝凤. 过程控制与统计技术. 北京: 中国计量出版社, 2001

[60] 张雄飞, 方方. Windows 平台下数据采集串口通讯的实现 [J]. 计算机测量与控制, 2001 (4): 66-68

[61] 杨东凯, 吴今培, 张其善. 自动车辆定位系统在智能交通系统中的应用 [J]. 电子技术应用, 1999 (1)